MW01613610

# KANT AUJOURD'HUI

Œuvres de Kant
chez Aubier

*Critique de la faculté de juger* (traduction d'Alain Renaut).
*Critique de la raison pure* (traduction d'Alain Renaut).

Œuvres de Kant
chez Flammarion

*Anthropologie* (traduction d'Alain Renaut).
*Critique de la raison pure* (traduction de Jules Barni).
*Essai sur les maladies de la tête – Observations sur le sentiment du Beau et du Sublime* (traduction de Monique David-Ménard).
*Métaphysique des mœurs I. Fondation – Introduction* (traduction d'Alain Renaut).
*Métaphysique des mœurs II. Doctrine du droit – Doctrine de la vertu* (traduction d'Alain Renaut).
*Opuscules sur l'histoire* (traduction de Stéphane Piobetta).
*Théorie et pratique* (traduction de Françoise Proust).
*Vers la paix perpétuelle – Qu'est-ce que les Lumières ? – Que signifie s'orienter dans la pensée ?* (traduction de Françoise Proust et Jean-François Poirier).

ALAIN RENAUT

# KANT AUJOURD'HUI

FLAMMARION

© AUBIER, Paris, 1997.
I.S.B.N. : 2-08-081436-2

## LIMINAIRE

Ce livre répondait dans mon esprit à une situation et à un objectif précis.

Parce que je mettais un terme, en livrant une nouvelle version française de la Critique de la raison pure, à un programme de traductions de Kant entrepris depuis six ans à l'initiative de Monique Labrune (dont je ne savais pas que, me proposant de retraduire l'Anthropologie, elle m'entraînait dans une telle aventure), j'ai souhaité donner à l'éditeur qui avait suscité et accueilli les produits de ce labeur un bilan des réflexions qui l'ont accompagné. Sommé ces dernières années de relire, et même un peu davantage, environ deux mille pages de l'édition de l'Académie, j'ai eu l'occasion de m'interroger sur les raisons pour lesquelles il me semblait depuis quelque temps déjà qu'après tout l'on pouvait philosophiquement, aujourd'hui, être kantien — tout en pratiquant la philosophie à partir d'une conscience claire de sa détermination spécifiquement contemporaine. Ce livre essaye de répondre, dans cette situation très particulière où un heureux hasard m'a placé, à cet objectif précis.

J'ai réinvesti ici, par référence à cet objectif, quelques matériaux épars qui ne m'étaient jamais apparus dessiner quelque chose comme une interprétation, dont j'ai tenté de préciser les contours et les enjeux. J'ai dû forger aussi beaucoup d'autres éléments d'instrumentation, indispensables pour essayer de répondre au moins partiellement au but que je m'étais proposé. J'ai surtout essayé de réfléchir à nouveaux frais à quelques convictions acquises en les confrontant librement à d'autres appréhensions contemporaines du criticisme.

Ce travail n'aurait pas été possible sans l'invitation au kantisme qu'a constituée pour moi et, je crois, pour quelques autres, depuis 1975 et pendant une quinzaine d'années, le travail accompli avec Luc Ferry dans le cadre de ce que nous avions appelé alors le Collège de Philosophie. Les trajets spécifiques dans lesquels, venant du Collège de Philosophie ou non, certains de mes amis et, plus récemment, quelques-uns de mes étudiants se sont engagés à l'intérieur du kantisme ou à partir de Kant – je pense notamment à Heinz Wismann, Jean-Marc Ferry, Jean-Michel Besnier, Alain Boyer, Sylvie Mesure, Lukas Sosoé, Ridha Chennoufi, Fabien Capeillères, Christian Berner, Stéphane Chauvier, Jean-Christophe Merle, Pierre-Henri Tavoillot, Patrick Savidan – ont donné à ce livre une partie de son ouverture à certains champs du criticisme ou à certains domaines de son application qui ne m'étaient pas familiers ; ceux qui ont entrepris ces trajets m'ont aussi invité à des confrontations auxquelles je n'aurais sans doute pas songé. Je leur dédie bien volontiers ces pages.

*A.R.*
*Le 15 novembre 1996*

Avant-propos

## SITUATION DU KANTISME

Cet ouvrage n'est pas celui d'un historien de la philosophie kantienne, et il n'entend nullement rivaliser, dans
la reconstruction de la genèse de la philosophie critique
ou dans celle de son développement, avec les grandes
contributions à l'exégèse savante de l'œuvre de Kant.
L'habitude n'est certes pas, dans la corporation à laquelle,
malgré tout, j'appartiens, de commencer par raconter sa
vie, même simplement philosophique. J'ai pourtant envie,
après avoir écrit treize livres sans déroger à cette règle,
d'ouvrir celui-ci par un semblant de confidence : un éton-
nement plus ou moins vif, mais irréductible, continue de
me saisir lorsque je constate que, parti dans la carrière
avec la conviction qu'une ère nouvelle s'était ouverte,
pour la pensée, depuis quelques décennies à peine [1], je me
retrouve, vingt ans plus tard, faire usage de façon quasiment quotidienne, dans les diverses tâches de mon métier,
d'une philosophie vieille de plus de deux siècles. Sans
doute n'y aurait-il rien de déconcertant dans le fait même
de se reporter à Kant, comme il peut m'arriver de le faire,
de façon plus ou moins décorative et éclectique, ou péda-
gogique, à Platon, à Aristote, à Descartes ou à Hegel : la
mémoire de son passé est constitutive d'une discipline et
du savoir qu'elle mobilise. Il m'est plus difficile de

---

1. Conviction souvent partagée dans ma génération, et qu'avait suscitée chez moi la lecture de Heidegger : comme on sait, d'autres la
nourrissaient de la lecture de Marx, de Nietzsche, de Freud, de
Bataille, et bientôt de Husserl.

comprendre comment des débats contemporains ou des questions issues du présent peuvent me reconduire avec une insistance si forte vers des modes de problématisation ou vers des types de solution présupposant, non pas simplement une allusion, mais une adhésion, au moins partielle, à un modèle philosophique et intellectuel si éloigné de nous. Expérience qui serait dépourvue du moindre intérêt si elle m'était propre, mais dont un survol, même rapide, du paysage actuel de notre discipline montre qu'elle correspond à l'une des déterminations philosophiques de notre temps. J'ai voulu essayer d'interroger ici cette détermination, en recherchant comment on peut être kantien aujourd'hui, c'est-à-dire et plus profondément : comment il est possible que Kant, deux cents ans après ses *Critiques*, demeure un philosophe contemporain.

Le titre retenu pour ce livre indique donc sous quel angle l'œuvre de Kant y sera interrogée : moins dans la perspective de la reconstitution historique que dans celle de l'évaluation, sans complaisance ni dédain, de la fécondité, pour nos réflexions et discussions contemporaines, de ce « possible » de la philosophie dont nous séparent à l'évidence tant de bouleversements de tous ordres, philosophiques, intellectuels, culturels, esthétiques, politiques, sociaux.

Kant aujourd'hui : encore convient-il de ne pas se méprendre sur cet intitulé en l'entendant trop naïvement, à la manière, par exemple, dont Benedetto Croce avait jadis traité de Hegel sous le titre : *Ce qui est vivant et ce qui est mort dans la philosophie de Hegel*. Dans mon esprit, dégager ce qu'il peut en être du criticisme aujourd'hui ne veut pas dire (ne veut surtout pas dire) discerner ce qui est vivant et ce qui est mort dans la philosophie de Kant. Il n'est nullement certain en effet que l'on puisse, dans quelque philosophie que ce soit, faire le partage du « vivant » et du « mort », comme si la partie dite vivante pouvait être isolée de celle qui est dite morte, comme si les deux ne s'appartenaient pas l'une à l'autre, comme si l'on pouvait chez Hegel retenir la philosophie de l'histoire, mais non point la philosophie de la nature, en croyant que l'une conserverait sa signification sans l'autre,

ou chez Kant garder le droit, mais pas la morale, la première *Critique,* mais pas la troisième, à moins que ce ne
soit l'inverse. Nulle philosophie n'est structurée de
manière à permettre un tel éclectisme, et la question du
partage ne se pose jamais dans ces termes – chaque philosophie constituée se donnant pour ainsi dire comme à
prendre ou à laisser dans sa globalité, faute de quoi, si
l'on procède à un partage, c'est une autre philosophie que
l'on s'engage alors à construire.

Au demeurant conviendra-t-on, en outre, que ce qui
s'exprime dans une approche du type de celle de Croce
témoigne d'une singulière illusion, caractéristique de toute
historiographie de type positiviste : car comment croire
encore que l'éventuel partage du vivant et du mort se trouverait inscrit purement et simplement dans la philosophie
considérée, qu'une partie s'en serait en elle-même et par
elle-même nécrosée, tandis qu'une autre continuerait en
elle-même et par elle-même à se développer ? Bien au
contraire est-ce clairement toujours pour nous, à partir de
nos propres intérêts, que s'instaure une relation plus ou
moins marquée à telle ou telle partie de l'œuvre, et tout
partage, si partage, avec les réserves indiquées, il devait
y avoir, témoignerait plutôt de ce que nous sommes philosophiquement, aujourd'hui, que de ce qu'est, en elle-
même, l'œuvre ainsi appréhendée.

Pour espérer comprendre ce qu'il en est, aujourd'hui,
de la situation du kantisme dans le débat philosophique,
il faut donc prendre résolument pour point de départ, non
Kant lui-même, mais notre relation effective au criticisme.
Deux faits, à cet égard, méritent à mon sens d'être soigneusement enregistrés et analysés.

# I
## Présence du kantisme

Premier fait : l'insistance, en quelque sorte empiriquement constatable, avec laquelle le criticisme a continué
d'affirmer sa présence et sa fécondité philosophiques au-
delà de son invention et de sa mise au point par Kant lui-

même. La référence à la philosophie kantienne n'a au
fond, après Kant, cessé de fonctionner dans la production
même des positions et des idées, et ce jusqu'à aujourd'hui,
puisque cette référence au kantisme ou à un certain kantisme demeure présente, de façon fortement accentuée,
dans la philosophie contemporaine. Ce qui spécifie déjà
la situation du kantisme et donne un sens particulier à la
formule : « Kant aujourd'hui » – tant il semble d'emblée
douteux, sous ce rapport, que des formules parallèles du
type : « Platon aujourd'hui », « Descartes aujourd'hui »,
« Hegel aujourd'hui », pour ne rien dire d'un éventuel :
« Marx aujourd'hui », posséderaient le même sens, ou
autant de sens, voire le moindre sens. Autrement dit : alors
que personne ne se dit plus, sauf par jeu, coquetterie ou
provocation, « platonicien » ou « cartésien », même s'il
existe des historiens spécialistes de Platon ou spécialistes
de Descartes, il y a certes des spécialistes de Kant, mais
il se trouve aussi (et cette donnée spécifie considérablement la situation du kantisme vis-à-vis de celle des autres
philosophies) des « kantiens » en dehors des titulaires des
chaires d'histoire de la philosophie. Ainsi un auteur tel
que Rawls dont on sait maintenant que la *Théorie de la
justice* constituera l'ouvrage philosophique sur lequel,
durant le XXᵉ siècle, il y aura eu le plus de travaux,
indique-t-il volontiers (abusivement ou non) que toute sa
recherche est « de nature profondément kantienne », en
tant qu'elle présuppose la conception des personnes
comme des êtres libres et égaux, capables d'autonomie [1].
On illustrerait tout autant cette pratique de la référence à
Kant en mentionnant, à des titres divers et chacun avec
une relation spécifique au criticisme, des auteurs comme
Apel, Habermas, Dworkin ou encore, du côté épistémologique, Putnam et bien d'autres, qui ne sont pas aujour-
d'hui les philosophes les plus négligeables, ni les plus
inconnus, et qui entretiennent tous une relation certes
libre, mais néanmoins affirmée et assumée comme telle,
à l'héritage du criticisme. En vertu de quoi deux philo-

---

1. J. Rawls, *Théorie de la justice*, trad. par C. Audard, Paris, Seuil,
1987, préface.

sophes politiques de Louvain, Jacques Lenoble et André Berten, ont même cru pouvoir adopter comme fil conducteur, en 1990, de leur présentation fort suggestive de la philosophie contemporaine une analyse comparée et critique des différents modes de présence du kantisme dans les traditions philosophiques actuelles, en soulignant que cette présence « semble essentiellement prendre la forme d'une réflexion sur la raison pratique, c'est-à-dire d'une philosophie morale, juridique et politique [1] ». Sans doute n'est-ce pas là le seul champ philosophique concerné par la présence contemporaine de la référence kantienne, mais il est vrai que cette présence y est particulièrement marquée (on tentera de comprendre pourquoi) – permettant ainsi aux mêmes auteurs de parler d'un « néorationalisme kantien » auquel il faudrait rattacher (je leur en laisse la responsabilité) « K.O. Apel, J. Habermas, L. Ferry et A. Renaut, entre autres », de même qu'« indirectement certains courants anglo-saxons et principalement J. Rawls » [2].

Je n'ai évidemment pas à me prononcer sur cette présentation du paysage actuel de la philosophie politique mondiale, ni sur les rapprochements qu'elle suggère, ni sur les clivages qu'il lui faut pour cela estomper. Tel n'est pas ici mon objet. En revanche, la possibilité même d'une telle appréhension du présent de la philosophie me paraît significative de cette situation particulière du kantisme que j'évoquais ci-dessus – puisque, de fait, il n'existe pas, en amont de Nietzsche, d'autre philosophe pour lequel se pourrait envisager le même exercice, consistant à regrouper dans son sillage une aussi grande diversité d'auteurs actuels. En amont de Nietzsche, ai-je pris la précaution d'écrire, c'est-à-dire en amont de l'époque contemporaine, puisque bien des philosophes se réclament certes, aujour-

1. J. Lenoble et A. Berten, *Dire la norme*, Paris, L.G.D.J., 1990, p. 8.
2. J. Lenoble et A. Berten, « Jugement juridique et jugement pratique : de Kant à la philosophie du langage », *Revue de métaphysique et de morale*, n° 3, 1990, p. 342. Dans *Dire la norme*, p. 8, les mêmes auteurs précisent : « Il s'agit, en Allemagne, de K.O. Apel et de J. Habermas, en France, d'A. Philonenko, et à sa suite de L. Ferry et d'A. Renaut et enfin, dans la philosophie anglo-saxonne, de J. Rawls et de R. Dworkin. »

d'hui, de Nietzsche lui-même, de Husserl, de Heidegger, de Wittgenstein : il y a ainsi encore, je dois en convenir, des « nietzschéens » ou des « heideggeriens », voire, pour plus de tranquillité, des « husserliens », parfois même ai-je rencontré des « wittgensteiniens » plus ou moins heureux de l'être, mais l'existence de telles affiliations constitue un phénomène autrement moins énigmatique que celui qui se produit avec Kant. De fait : Nietzsche, Husserl, Heidegger, Wittgenstein sont presque nos contemporains, tandis que, si l'on s'enquiert de la présence philosophique d'un auteur aussi classique que Kant et dont l'éloignement chronologique soit comparable, on n'en trouvera pas d'autre que lui. Même la référence spinoziste, qui, du côté du marxisme althussérien, fut forte voici une vingtaine d'années, n'eut rien de comparable : elle resta conjoncturelle, intellectuellement située, et il n'y a guère aujourd'hui que le talent et la coquetterie d'André Comte-Sponville pour laisser croire à une présence de Spinoza. En revanche, présent au cœur de la production contemporaine des idées, le criticisme est, qu'on le veuille ou non, une philosophie d'« actualité » – l'« actualité » d'une philosophie ne se mesurant certes pas au fait qu'elle est plus ou moins « à la mode », mais à la façon plus ou moins accentuée dont elle nous sert d'instrument ou d'instrumentation théoriques pour développer des problématiques, voire pour résoudre des questions qui nous interpellent philosophiquement à travers le présent. Ce régime particulier, unique, de la référence kantienne, qui s'exprime dans son « actualité », pourrait être interrogé à partir du présent de la philosophie, ce qui n'est pas mon objet ici ; il peut l'être aussi à partir de Kant, sous la forme d'une interrogation sur ce qui a pu faire en sorte qu'un certain paradigme kantien continuât, plus de deux siècles après son élaboration, à servir d'emblème à toute une part de la philosophie contemporaine.

Encore une telle interrogation doit-elle intégrer dans ses raisons d'être un autre aspect de cette étrange présence du kantisme qui confère déjà par elle-même à cette philosophie une situation particulière. Non seulement, en effet, le criticisme demeure aujourd'hui une référence philosophique majeure, mais il n'a en outre jamais cessé, depuis la fin du XVIII<sup>e</sup> siècle, d'apparaître comme tel et d'accompagner les transformations de la philosophie en se transformant sans doute lui-même. Bref : non seulement il y a aujourd'hui des kantiens, mais il n'a pas cessé depuis Kant d'y en avoir. Les écoles néokantiennes de Marbourg et de Heidelberg, dominées par Natorp, Cohen, Cassirer d'un côté, Windelband, Rickert de l'autre, constituent déjà par elles-mêmes un évident et impressionnant témoignage de cette constance. Mais c'est en réalité l'essentiel de la philosophie allemande contemporaine qui s'est distribuée autour d'un projet de réactivation du kantisme – lequel, certes différemment accentué chez les uns et chez les autres, s'est trouvé symbolisé par le slogan, si souvent mal compris, du « retour à Kant ».

Ce mouvement de « retour à Kant » est couramment daté par les historiens de 1862 et de la leçon inaugurale de Eduard Zeller à Heidelberg (*Sur la signification et la tâche de la théorie de la connaissance*) [1] : texte assurément canonique, où intervient le mot d'ordre fameux : *Zurück zu Kant !*, auquel Cohen donnera ensuite son adhésion et autour duquel il fondera en 1883 l'école dite de Marbourg. En fait, pour mieux mesurer l'ampleur et cerner avec plus de précision la signification du mouvement, il convient de remonter quelques années avant ce texte célèbre de Zeller, jusqu'en 1857, où paraît le *Hegel et son temps* de Rudolf Haym, l'une des œuvres majeures de l'exégèse hégélienne, qui forge déjà le thème du pas à accomplir vers Kant, et ce d'une manière qui éclaire grandement l'esprit de ces « retours à Kant » en fournissant une piste sérieuse pour une première compréhension de cette présence du kantisme.

Haym appartient à une génération (autour des années 1850) qu'ont très profondément marquée les espoirs placés dans la raison par l'idéalisme absolu, mais qui a aussi enregistré, après la mort de Hegel, la rapide décomposition de son système. C'est dans ce contexte

---

1. Voir par exemple A. Philonenko, *L'École de Marbourg* : *Cohen, Natorp, Cassirer*, Paris, Vrin, 1989, p. 9.

qu'il s'interroge, en 1857, sur la tâche de la philosophie. Sa réponse est intéressante dans son principe : il faut, explique-t-il, retourner à « la voie tracée par Kant et Fichte », mais sans oublier pour autant l'irremplaçable apport hégélien – donc un retour, mais (et ici s'invente la véritable formule des retours à Kant) un retour non régressif, puisque tenu d'intégrer le moment hégélien. Plus précisément : il faut revenir, selon Haym, des prétentions de la spéculation vers « une philosophie critique et transcendantale » (qui recherche, non plus le sens ultime des choses, mais les conditions de possibilité de nos représentations), tout en s'efforçant d'intégrer à cette enquête plus modeste « la métaphysique dogmatique du dernier système ». Notamment, souligne-t-il, « pour ne rien perdre du caractère concret de la philosophie hégélienne », il s'agira, en reposant d'un point de vue critique la question du rôle de la raison dans l'histoire, de rendre la philosophie transcendantale moins formelle qu'elle ne l'était chez Kant et chez Fichte. Ainsi se trouveraient réconciliés, en une « nouvelle *Critique* » dont l'objet sera « l'homme vivant, dans toute la concrétion de son intériorité et dans la totalité de sa manifestation et de son développement historiques », le *contenu* du système hégélien et la *forme* de la philosophie critique : ce pourquoi l'on soumettra à la question transcendantale (et c'est la tâche que se donne Haym) l'expérience de la conscience telle que Hegel en avait enchaîné dialectiquement le contenu.

Programme impressionnant, peut-être démesuré, que Haym n'a bien sûr pas lui-même réalisé. Du moins donnait-il la formule de bien des projets philosophiques des décennies suivantes, qui s'inscriront, plus ou moins sans le savoir, dans le cadre ainsi tracé et se définiront dès lors très souvent, et parfois expressément, par référence au moment kantien. Indépendamment même des écoles néo-kantiennes, c'est en effet dans la postérité d'une telle formule qu'il conviendrait de situer la thématique de la « critique de la raison historique », si importante à partir de Dilthey. De fait, sait-on aujourd'hui que, si ce dernier définira son projet en ces termes surtout à partir de 1883 (*Introduction aux sciences de l'esprit*), la genèse en

remonte à son arrivée à Berlin, en 1850, et procède tout
à fait du même dessein que celui de Haym, qu'il est venu
en quelque sorte relayer et, en ouvrant la tradition des
« philosophies critiques de l'histoire », accomplir au
moins en partie [1]. De même encore, lorsqu'en 1938, Raymond Aron, après avoir suivi les cours de Kojève sur
Hegel, écrivit une *Introduction à la philosophie de l'histoire* conçue par lui comme sa « version personnelle de la
critique de la raison historique », est-ce, à son insu sans
doute, le programme de Haym qu'il s'appliqua à remplir
en revendiquant clairement l'intégration du contenu du
système hégélien à une philosophie définie par la méthode
du criticisme : aussi n'était-il nullement abusif qu'en ce
sens précis, jusque dans ses dernières interventions
publiques, Aron jugeât bon de se dire expressément « kantien » [2].

Cette présence constante du kantisme, après la brève
éclipse qui correspond à la genèse et à l'accomplissement
de l'idéalisme allemand [3], se vérifierait au reste jusque
dans la formation des courants qui semblent souvent,

1. Sur ce thème, on se reportera à S. Mesure, *Dilthey et la fondation
des sciences historiques*, Paris, PUF, 1990 ; voir aussi la présentation
de S. Mesure à sa traduction nouvelle de l'*Introduction aux sciences
de l'esprit*, in W. Dilthey, *Critique de la raison historique, Œuvres*,
I, Paris, Cerf, 1992.

2. Je renvoie sur ce point à S. Mesure, *Raymond Aron et la raison
historique*, Paris, Vrin, 1984.

3. Encore cette éclipse, que l'on peut dater de la fin des années
quatre-vingt-dix (le texte désigné comme *Premier programme systématique de l'idéalisme allemand*, rédigé en commun par Hölderlin,
Schelling et Hegel, date de 1796) à la fin des années trente du siècle
suivant (où s'enclenche le processus de décomposition de l'école hégélienne), correspond-elle aussi à la plus intense période d'explicitation
et de discussion du kantisme que l'histoire de la philosophie ait jamais
connue : ainsi que l'a parfaitement montré l'enseignement de J. Rivelaygue (*Leçons de métaphysique allemande*, I, Paris, Grasset, 1990),
toute la genèse de l'idéalisme allemand ne s'est opérée qu'à travers
un débat avec l'idéalisme transcendantal ; au demeurant faut-il ajouter
que l'un des plus grands (à mon sens : le plus grand) philosophes de
cette séquence, à savoir Fichte, n'a cessé de proclamer, à tort ou à
raison, sa fidélité au kantisme. En ce sens, il n'est pas excessif de
souligner que la période de l'idéalisme allemand fut, selon l'intitulé
retenu pour une collection célèbre, une « *aetas kantiana* ».

aujourd'hui, constituer des alternatives au criticisme. À preuve, entre autres, la manière dont, chez le Husserl du premier tome des *Recherches logiques*, la phénoménologie est née, en 1900, d'une prise de position retentissante dans « la controverse portant sur le point de savoir si les fondements théoriques essentiels de la logique normative se trouvent dans la psychologie » : face à la relativisation de la logique induite par le courant « psychologiste » (Mill, Lipps, Wundt), les défenseurs d'une « logique pure » (Hamilton, Herbart, Lotze) se réclamaient expressément de la célèbre distinction qu'opérait Kant, afin de situer sa démarche transcendantale, entre psychologie et critique de la connaissance [1] ; c'est dans ce contexte que Husserl, contre toute confusion de l'« éthique de la pensée » (les lois normatives de la logique) avec une « physique de la pensée » (les lois descriptives de la psychologie), a alors résolu d'inscrire clairement sa propre entreprise dans le second camp – revendiquant ainsi lui aussi, à côté des recherches sur la formation ou la genèse des énoncés et des jugements, la légitimité d'une problématique transcendantale de forme kantienne, axée davantage sur la question de droit que sur la question de fait [2]. Option qui, bien sûr, n'impliquait pas, ici non plus, une pure et simple répétition du criticisme, puisque – c'est là ce qui, du moins en principe, distingua la phénoménologie d'un simple néokantisme – il apparut dans le même temps à Husserl que le développement de cette problématique transcendantale imposait une profonde réélaboration, non seulement de la théorie de la connaissance, mais aussi de la philosophie de la cons-

1. Kant, *Prolégomènes à toute métaphysique future*, trad. par J. Gibelin, Paris, Vrin, 1974, p. 74 : « Il ne s'agit pas ici de l'origine de l'expérience, mais de ce qu'elle renferme. Le premier point relève de la psychologie empirique, où il ne pourrait jamais d'ailleurs être convenablement développé sans le second qui relève de la critique de la connaissance et notamment de celle de l'entendement. »

2. Sur cette controverse et ses suites, voir l'excellente étude de P. Engel, *Philosophie et psychologie*, Paris, Gallimard, 1996, p. 14 sq. (Husserl), p. 29 sq. (Wundt, Mill), p. 33 sq. (Herbart), etc. La critique kantienne de la psychologie est analysée (et discutée) aux p. 128 sq.

cience ou du sujet, y compris par rapport à l'état dans lequel Kant l'avait laissée [1].

Filiation sans ralliement : on aura ici même l'occasion de voir comment ce geste sera encore, à bien des égards, celui de Heidegger, quand en 1929, après *Être et Temps*, il éprouvera le besoin, à travers *Kant et le problème de la métaphysique*, de revendiquer à son tour pour sa propre entreprise une remobilisation d'un certain kantisme, plus authentiquement kantien à ses yeux que celui des néokantiens. Bref, et pour ne considérer que la seule philosophie allemande [2], ce sont plusieurs générations philosophiques qui ont ainsi défini leurs programmes, justifié leurs orientations fondamentales, précisé leurs adhésions et leurs refus à partir d'une relation toujours libre, mais sans cesse privilégiée, avec l'ascendance kantienne.

Bref : s'il y a des « kantiens » aujourd'hui, qui présentent au moins certains champs de leur philosophie comme procédant d'un « kantisme élargi » ou « assoupli » (là où nul contemporain ne songerait à se réclamer, je le répète, d'un « platonisme assoupli » ou d'un « hégélianisme élargi »), la même observation vaudrait très en amont de notre présent immédiat, et c'est la majeure partie

---

1. Sur ce point, voir *Recherches logiques*, I, Paris, PUF, 1990, p. 232 sq., où Husserl évoque très brièvement ce qu'il appelle ses « points d'attache » avec Kant, en indiquant qu'il est « d'accord avec la thèse principale de Kant », à savoir la distinction de la « logique pure » et de toute « psychologie empirique de la connaissance », mais qu'à ses yeux Kant n'a pas « clairement vu à fond l'essence » de la logique pure, et que notamment sa théorie des « facultés de l'âme », comme l'entendement et la raison, est insuffisante pour développer pleinement l'idée d'une « logique pure ». Pour une analyse plus détaillée, je renvoie à mon *Sartre, le dernier philosophe*, Paris, Grasset, 1993, première partie, chap. I.

2. Je laisse en effet de côté ici la tradition des « kantiens » français, de J. Barni ou J. Simon à L. Brunschvicg ou J. Nabert, en passant par Ch. Renouvier ou L. Liard (sur ce dernier, voir mon étude « Une philosophie française de l'Université allemande : le cas de Louis Liard », in *Romantisme, revue du dix-neuvième siècle* », n° 88, Paris, 1995). Il faut enregistrer, concernant ce kantisme français, qu'il fut plus précoce qu'on ne le crut longtemps : voir sur ce point les documents utilement rassemblés par F. Azouvi et D. Bourel, *De Königsberg à Paris. La réception de Kant en France*, Paris, Vrin, 1991. Il y aurait un travail parallèle à construire sur les « kantiens » anglais.

de l'histoire de la philosophie contemporaine que l'on pourrait baliser à l'aide de ces proclamations sans cesse réitérées au moins depuis l'effondrement du système hégélien.

Ainsi le kantisme – telle est la première particularité que je voulais souligner concernant sa « situation » – n'est-il pas seulement un moment de l'histoire de la philosophie moderne : la référence à Kant transcende visiblement ce moment, sur un tout autre mode que ce n'est le cas pour la référence à Platon, à Aristote, à Descartes ou à Hegel. Une telle constatation invite à se demander ce qui, dans le kantisme de Kant lui-même, a pu rendre possible, y compris aujourd'hui, cette particularité. Question complexe, dans la mesure où la diversité de ces références à la philosophie critique, de Haym à aujourd'hui, pourrait aisément faire naître la tentation de conclure que si, depuis deux siècles, tout philosophe ou presque se dit ou s'est dit « kantien » à un moment ou à un autre, c'est que la déterminité philosophique de telles proclamations est mince et peu significative – auquel cas, après Kant, le kantisme n'aurait pour ainsi dire gagné en extension que parce qu'il aurait perdu en compréhension. Il faudra assurément se demander ce que vaut ce soupçon, et si, du kantisme de Kant aux kantismes contemporains, le trajet accompli par la référence kantienne se résume à un processus de banalisation à la faveur duquel une position originellement séparante se serait progressivement transformée en un « lieu commun », au sens propre du terme, permettant à un œcuménisme et à un irénisme fades et sans saveur de prendre le pas sur ce que l'option kantienne avait pu avoir d'offensif : si l'on accorde qu'une philosophie forte est une philosophie qui ne séduit les uns que parce qu'elle heurte les autres, qu'a gagné au juste le kantisme à « s'assouplir » ou à « s'élargir » sans cesse ? En tout état de cause conviendrait-il, pour expliquer cette plasticité de la référence à Kant, de mesurer le rôle qu'a pu jouer à cet égard l'appréhension du criticisme, par Haym et les néokantiens, en termes de « méthode » : si le kantisme est en effet une simple méthode, la référence à cette méthode peut coexister, au moins en droit, avec des contenus philosophiques fort divers et regrouper aisément des auteurs, voire des courants, très éloignés les uns des autres. Il n'est donc pas exclu que cette appréhension du criticisme comme méthode constitue une piste non négligeable pour rendre compte de cette situation exceptionnelle qui est celle du kantisme dans l'histoire et même dans le présent de la philosophie ; de même qu'il n'est pas impossible que cette réduction du kantisme à une méthode ait contribué fortement à en éroder la teneur, et qu'il faille donc aujourd'hui, contre le kantisme assoupli, élargi, donc banalisé, en appeler à un kantisme reconstruit dans sa dureté et dans la vigueur doctrinale de ses contenus.

Purement descriptive en apparence, la simple constatation d'une présence du criticisme se transforme donc bien vite en un problème complexe qui engage l'interprétation même de la philosophie critique, j'entends : du kantisme de Kant et de son devenir. Pour autant, même ainsi explicité, ce premier type d'interrogation sur la situation du kantisme n'épuise pas toutefois ce qui, à mon sens, fait que cette situation est si particulière dans l'histoire de la philosophie contemporaine. Au-delà de ces références sans cesse maintenues et réaffirmées, il faut en vérité, pour cerner plus complètement ce que la situation du kantisme a d'original, prendre la mesure d'un second fait, qui consiste dans l'existence, autour de la philosophie kantienne, d'un singulier conflit des interprétations.

## II
### Le conflit des interprétations

Bien évidemment, ce ne saurait être à elle seule l'existence de débats interprétatifs qui, à propos de Kant, constituerait un fait à interroger plus particulièrement qu'à propos d'autres philosophies. Ce qui fait qu'ici les débats ont quelque chose de particulier et que cette particularité engage la nature du rapport que nous avons à entretenir aujourd'hui avec le kantisme, c'est bien plutôt qu'en l'occurrence ce conflit des interprétations, du moins pour les

plus intéressantes d'entre elles, a justement pour principal
enjeu la situation même de Kant par rapport à la dynamique de la philosophie contemporaine. Je n'entrerai pas
pour l'instant dans le détail de ces conflits : nous aurons
l'occasion de les examiner sur pièces quand les questions
qui les suscitent seront rencontrées. Il entre, en revanche,
directement dans la logique de cet avant-propos de faire
ressortir de quelle manière ce qui continue d'opposer,
aujourd'hui, les principales interprétations de Kant se
concentre autour d'une question : comment situer le criticisme par rapport à l'autre grand monument de la philosophie contemporaine, à savoir le système hégélien ? Au
reste, cette concentration des efforts interprétatifs sur la
relation entre kantisme et hégélianisme est aisément
compréhensible : de fait, selon ce qu'il peut en être de la
situation du criticisme par rapport au système hégélien, la
portée philosophique susceptible d'être conservée aujour-
d'hui par la référence kantienne se modifie du tout au tout.
Alexis Philonenko le suggérait naguère dans son grand
livre sur *La Liberté humaine dans la philosophie de
Fichte* : à bien des égards, « philosopher consiste encore
maintenant à philosopher pour ou contre Hegel » – en
clair : pour ou contre l'achèvement systématique de la philosophie et l'accomplissement systématique du projet de
la rationalité [1]. En ce sens, la situation de Kant par rapport
à Hegel (la situation philosophique de l'idéalisme transcendantal par rapport à l'idéalisme absolu) décide aussi
de la situation du criticisme au sein de ce que sont aujour-
d'hui les « possibles » du champ philosophique. Or, aussi
étrange que cela puisse paraître au premier abord tant la
question est convenue, cette situation de Kant par rapport
à Hegel reste la croix des interprétations de la dynamique
interne à la philosophie contemporaine. Deux thèses
majeures ne cessent en effet à ce propos, depuis bien longtemps, de s'affronter.

---

1. A. Philonenko, *La Liberté humaine dans la philosophie de
Fichte*, Paris, Vrin, 1966 (2ᵉ éd., 1980), p. 27.

*L'interprétation continuiste*

Une première thèse consiste à voir chez les postkantiens, de Fichte à Hegel, l'accomplissement d'un projet que Kant aurait lui-même visé sans être capable de le mener à bien – savoir le projet même du système comme accomplissement du programme moderne de la rationalité. Soit : le kantisme, pour préparer à l'hégélianisme. Ainsi comprise, la brisure kantienne de la rationalité ne serait que de fait, mais non de droit : entre les synthèses et le système, entre la rationalité scientifique et la rationalité spéculative, il y a bien, pour Kant, un abîme impossible à franchir, mais cet écart irréductible serait, non pas principiel, mais résiduel, et il faudrait y voir le simple effet d'une difficulté de Kant à accomplir ce qu'il avait entrepris et que ses successeurs auraient, en reprenant le projet à leur compte, conduit à achèvement. Bref, la brisure de la rationalité aurait été estompée, chez les successeurs de Kant, au nom même de la cohérence de la philosophie critique, donc, d'une certaine façon, par fidélité à l'esprit même du criticisme – par fidélité à cet esprit au niveau duquel la lettre du discours kantien n'aurait pas su s'élever.

Dans une telle perspective, il n'y a assurément rien d'étonnant à ce que le point supposé faible plus particulièrement visé chez Kant par les postkantiens, convaincus d'y atteindre ce qui a empêché le kantisme d'aller jusqu'au bout de son projet, eût été la question de la chose en soi. Ainsi serait-ce, à suivre par exemple Victor Delbos [1], l'« obscurité de l'affirmation de la chose en soi » qui aurait conduit, dès l'Appendice consacré par Jacobi à l'idéalisme transcendantal dans son *David Hume* (1787), à soutenir que les prémisses mêmes du système et son esprit (la conviction, proclamée par Kant, que nous n'avons jamais affaire qu'à des représentations) interdisaient en réalité la position d'objets en eux-mêmes, donc la position d'une quelconque chose en soi : par consé-

---

1. V. Delbos, *De Kant aux postkantiens*, Paris, Aubier, 1902, p. 41 sq.

quent, selon une appréciation de Jacobi que Delbos fait expressément sienne et qui est caractéristique de la thèse continuiste en général, l'idéalisme transcendantal se serait ainsi enfermé lui-même dans des difficultés innombrables, dont il n'était possible de sortir qu'en supprimant la chose en soi, donc en réduisant l'être à la représentation, c'est-à-dire en adoptant le principe d'un idéalisme complet ou absolu – que, par la doctrine de la chose en soi, Kant repoussait d'une façon contradictoire. Question sur laquelle il conviendra bien sûr de revenir, mais dont la simple évocation permet d'ores et déjà de dégager le principe de cette première lecture : à travers l'assaut réitéré des postkantiens contre la chose en soi (chez Jacobi, mais aussi chez Reinhold, chez Schulze, chez Maimon, chez Fichte), l'idéalisme allemand, en procédant à l'exclusion de ce que Fichte appelait la « triste chose en soi », s'affirmerait à juste titre comme la vérité du kantisme – celui-ci ne constituant dans ces conditions que le point de départ encore malhabile de ce qui a trouvé son plein accomplissement dans le système hégélien. L'altérité irréductible de la chose en soi par rapport au phénomène impliquait en effet cette autre thèse centrale du kantisme que supprimeront les postkantiens, à savoir la distinction dualiste de la forme et de la matière de la connaissance, et la conviction décidément « préhégélienne » que la forme est incapable d'engendrer par elle-même la matière de la connaissance – contre quoi Hegel, refusant au contraire que les concepts, en l'absence d'intuitions qui leur correspondent, soient de pures formes vides, sans matière, redéfinira précisément le concept comme une forme produisant d'elle-même sa propre matière.

Cette appréhension du criticisme comme une simple étape vers ce qui n'est accompli qu'à la faveur de son dépassement remonte bien évidemment jusqu'à Hegel lui-même. À preuve, par exemple, la façon dont celui-ci reconnut certes à Kant le mérite d'avoir notamment tiré la dialectique de l'oubli, par l'étude des antinomies de la raison, mais lui reprocha d'avoir restreint la portée de sa découverte, d'une part en ne généralisant pas la loi de la contradiction (en bornant sa mise en évidence à l'étude de

sa présence dans les problèmes de la cosmologie rationnelle), d'autre part en faisant de cette loi de la contradiction une loi pour la seule pensée, donc une loi dont le
monde apparaît exempt dès lors que la pensée se préserve
des pièges de l'illusion transcendantale : bref, Kant aurait
seulement préparé l'avènement de la méthode dialectique [1]. La reconstruction du trajet conduisant du criticisme à l'idéalisme absolu comme parfaitement continu
obtenait ainsi son principe, avec tout le poids que pouvait
lui conférer l'autorité de Hegel.

L'adoption d'un tel principe devait, de fait, marquer
pour plus d'un siècle le travail de la plupart des historiens
de la séquence. L'une des mises en œuvre les plus significatives s'en trouve sans conteste dans ce véritable monument de l'interprétation continuiste que constitua dans les
années vingt de ce siècle le *De Kant à Hegel* de Richard
Kroner [2]. Selon une perception pour ainsi dire idéal-
typique du kantisme, Kroner stigmatise le caractère « trop
étroit » de la Dialectique transcendantale et déplore que
Kant ait cru devoir poser une « scission infranchissable »
entre le donné empirique et les formes de la sensibilité,
puis de l'entendement : une fois séparés l'empirique et le
transcendantal, il devenait en effet impossible, soutient
l'interprète, de démontrer *a priori* que le matériel de l'expérience se laisse ordonner aux formes, quels qu'aient pu
être à cet égard les efforts de Kant dans les deux versions
successives d'une Déduction transcendantale vouée à
manquer son but. À quoi viendrait s'ajouter, pour faire
bonne mesure, l'option jugée malencontreuse qui conduisit Kant à conférer à l'idéal transcendantal, c'est-à-dire à
l'unité de la liberté et de la nécessité, ou de la raison et
de la nature, le statut d'un élément transcendant, inacces-

---

1. Voir sur ce thème Hegel, *Science de la logique, S.W.*, III, 4,
*Encylopédie*, § 48 et 81, *Histoire de la philosophie*, XV, p. 551 sq.
Pour une analyse plus complète de la discussion hégélienne de Kant,
on peut se reporter à ma présentation de Kant, *Critique de la raison
pure*, trad. par A. Renaut, Paris, Aubier, 1997.
2. R. Kroner, *Von Kant bis Hegel*, Tübingen, Mohr, 1921-1924.
Les passages évoqués ci-dessous figurent dans la préface à l'édition
de 1961.

sible à la connaissance, au lieu d'y voir une identité immanente à la raison elle-même. Tous regrets sur la base desquels Kroner conclut « qu'on ne peut en rester à Kant »,
non sans ajouter que Fichte fut à ses yeux le premier à
tenter de guérir le kantisme de ses insuffisances en introduisant la dialectique dans le Moi absolu posé comme le
fondement du système : la *Doctrine de la science* aurait,
en ce sens, constitué un pas non négligeable vers « l'accomplissement » (*Erfüllung*) de l'Idéal de la raison. Ce
pas important ne constituerait cependant qu'un premier
pas, dans la mesure où chez Fichte, encore trop kantien à
cet égard, pour que la dialectique du Moi se mit en mouvement, le besoin demeurait d'un choc (*Anstoss*) venant
de l'extérieur – ce qui, d'une certaine façon, reconduisait
la limitation kantienne du Moi et réduisait à nouveau
l'Idéal de la raison à son statut kantien de simple Idée : il
subsistait ainsi une « lacune fondamentale » (*Grundman-
gel*), que Schelling « vit bien », mais pour retomber en ce
qui le concerne dans un spinozisme de l'identité morte,
en oubliant la dialectique, c'est-à-dire en oubliant ce qu'a-
vait été ici la profondeur du kantisme et en plaçant l'Absolu hors de toute dialectisation : bref, heureusement
Hegel vint, pour mener à bien la transformation de la dialectique du Moi en une « dialectique absolue » – réussis-
sant ainsi à conclure tous les efforts de la pensée occidentale, et à mettre un terme à ce qui, depuis Kant, avait
en ce sens constitué ce que Kroner désigne, en une notion
où se cristallise la lecture continuiste, un simple « développement » (*Entwicklung*).

On le perçoit d'emblée : si cette lecture était tenable,
elle exclurait que l'on pût comprendre pourquoi, aujour-
d'hui, ce serait du kantisme et non de l'hégélianisme que
nous pourrions constater la particulière fécondité philosophique, sauf à imputer cette actualité du kantisme à une
regrettable illusion. Si en revanche, l'on doit prendre au
sérieux la conviction issue du présent de la philosophie
selon laquelle rejouer une option kantienne, par-delà le
« dépassement » hégélien du criticisme, constituerait
aujourd'hui l'un des « possibles » philosophiquement les
plus consistants, une tout autre représentation du rapport

entre Kant et Hegel, donc une tout autre interprétation de la situation du kantisme, se trouve par là même requise : une interprétation qui serait pour ainsi dire la condition de possibilité philosophique des retours à Kant.

## L'interprétation discontinuiste

Cette seconde appréhension de la séquence conduisant de Kant à Hegel instaure une coupure radicale entre la philosophie critique et l'idéalisme allemand. Coupure au demeurant difficile à situer avec précision : intervient-elle entre Kant et Fichte ou, chez Fichte lui-même, entre le premier Fichte, celui de 1794-1798, et le Fichte des *Doctrines de la science* de 1801-1804 ? Si diverses options restent ici possibles [1], du moins ont-elles pour principe commun de reconnaître à l'idéalisme transcendantal une originalité foncière au sein de la dynamique globale qui conduisit la philosophie allemande de Leibniz à Hegel. Ce principe reçut sans doute son plus complet développement dans la fresque monumentale que Cassirer consacra au *Problème de la connaissance dans la philosophie et la science modernes* et qui ouvrait des perspectives directement antithétiques de celles qu'explorait, à la même époque, la lecture de Kroner [2].

À suivre Cassirer, le projet d'une « autocompréhension de la raison » (*Selbstverständigung der Vernunft*), spécifique d'une philosophie critique s'efforçant que le sujet, à travers son interrogation sur les conditions de possibilité de ses énoncés, pût réfléchir ses affirmations se serait en effet progressivement anéanti après Kant, au fil de l'avènement d'une pensée spéculative où la vérité ne répondait

---

1. Leur confrontation s'inscrit par définition au cœur de l'exégèse fichtéenne : voir sur ce point mon *Système du droit. Philosophie et droit dans la pensée de Fichte*, Paris, PUF, 1986.
2. E. Cassirer, *Les Systèmes postkantiens*, in *Das Erkenntnisproblem*, III, Presses universitaires de Lille, 1983 (cette traduction faite à l'initiative du collège de Philosophie. sera reprise prochainement dans la série des *Œuvres* de Cassirer dont F. Capeillères dirige l'édition aux éditions du Cerf). La première édition du texte de Cassirer date de 1920.

plus aux critères de l'autoréflexion, mais à une logique purement interne du discours philosophique. En ce sens, « c'est par euphémisme que l'on peut encore, ici, parler d'un *développement* (*Entwicklung*) des principes critiques : car ce que nous avons sous les yeux, c'est bien plutôt la *dissolution* de l'organisation théorique du criticisme et sa dispersion en intérêts et explications contradictoires ». Conviction qui anima alors la relecture par Cassirer de toute une histoire de l'idéalisme allemand insistant davantage sur les césures ou sur les déplacements que sur les continuités, bref : une histoire qui ne s'apparentait plus en rien à celle d'une construction graduelle de la totalité hégélienne, où le kantisme se fût pour ainsi dire, selon un processus organiquement réglé, révélé à lui-même. Bien au contraire se serait-il agi, de Kant à Hegel, d'une véritable décomposition : là où la *Critique de la faculté de juger* n'avait reconnu à l'unité ultime du réel (comme unité de la nature et de la liberté) que le statut d'une exigence (le statut du « comme si », du *als ob*), ses successeurs, pour conférer à l'Idée de système le statut d'une vérité, auraient accompli, en transformant une simple « pensée » en affirmation dogmatique, une sorte de régression philosophique reconduisant à Leibniz et à l'affirmation d'une harmonie préétablie réelle.

Sans qu'il soit besoin pour l'instant d'entrer dans le détail de cette interprétation de Cassirer, on perçoit sans peine qu'elle assignait au kantisme une tout autre situation dans la dynamique de la philosophie moderne : le criticisme devenait ainsi, non plus une simple *préparation* à l'idéalisme absolu, mais une *alternative* à la rationalité spéculative. En conséquence, il était parfaitement logique que Cassirer développât une interprétation de la chose en soi s'efforçant de sauver cette notion et de ne plus en faire, contrairement aux défenseurs d'une lecture continuiste de l'idéalisme allemand, le lieu de difficultés tellement insurmontables que les successeurs de Kant auraient été ainsi légitimement conduits à sortir du cadre du criticisme : ce que, tout en soulignant l'importance historique de ces difficultés dans la genèse des systèmes postkantiens, Cassirer récuse pour sa part en essayant de relire cette thématique comme cohérente avec les principes du criticisme [1]. Quelle que soit, sur ce problème dont nous verrons à quel point il est redoutable, la fécondité de cette tentative, du moins le principe en est-il clair : le kantisme serait par avance antihégélien, et la chose en soi, pièce indispensable du dispositif criticiste, constituerait un cran d'arrêt à la résorption spéculative de toute réalité dans le Moi, donc à l'affirmation de l'identité du sujet et de l'objet ou, si l'on préfère, du rationnel et du réel. En vertu de quoi c'est pleinement dans l'esprit de Cassirer qu'Alexis Philonenko pourra présenter la relation entre philosophie transcendantale et idéalisme absolu comme une « confrontation », voire comme un « choc d'une exceptionnelle violence » entre une critique de la métaphysique ontologique et une tentative pour assurer le retour victorieux d'une telle métaphysique [2].

Sans doute ce dédoublement des modèles interprétatifs n'offre-t-il plus guère, par lui-même, l'occasion de laisser aujourd'hui le lecteur de Kant dans l'embarras. Pour un certain nombre de raisons bien établies et que nous rencontrerons dans ce livre, la saisie du criticisme comme simple anticipation inachevée de l'hégélianisme apparaît dépourvue de la rigueur philologique que requiert désormais l'appréciation des philosophies : la proclamation explicite selon laquelle un « système de l'expérience » achevé est impossible [3] n'est nullement l'effet simplement résiduel, chez Kant, d'une démarche qui n'aurait

---

1. Voir sur ce point *Das Erkenntnisproblem, op. cit.,* II, p. 743 sq., de même que A. Philonenko, *L'Œuvre de Kant,* Paris, Vrin, 1972, I, p. 90 sq., p. 125 sq.

2. A. Philonenko, *L'Œuvre de Kant, op. cit.,* I, p. 267 sq., p. 334. De manière quelque peu déconcertante, Philonenko appelle « ontologie » (p. 306 sq.), par référence à l'argument ontologique, la volonté proprement métaphysico-spéculative de déduire le réel (l'existence, l'être) à partir des concepts, ainsi que la perspective consistant à placer le fondement du savoir dans un *être* posé hors de la conscience : en ce sens, la philosophie critique lui apparaît marquer la fin de l'ontologie.

3. Voir sur ce point le § 40 des *Prolégomènes,* qui pose qu'il n'y a pas d'expérience, ni réelle ni possible, de la totalité de l'expérience.

pas été jusqu'au bout de ce qu'elle visait, mais bien davantage s'impose-t-elle comme principielle – au sens où c'est l'Esthétique transcendantale elle-même qui, posant l'irréductibilité du concept et de l'intuition, met dès l'abord un terme, intrinsèquement et définitivement, à toute tentative pour assumer, dans le cadre de l'idéalisme critique, le projet d'une philosophie de l'identité entre réel et rationnel. Directement à l'encontre d'un tel projet, le kantisme occupe en fait l'espace d'une philosophie de la finitude, partant de l'impossibilité d'une clôture sur soi du discours philosophique : option qui fait d'ores et déjà de la philosophie transcendantale bien moins une anticipation inaboutie de l'achèvement hégélien du projet moderne de la rationalité que l'une des racines les plus certaines des philosophies contemporaines, telles qu'elles auront précisément en commun ce thème de la finitude radicale et de la non-clôture du discours.

Pour autant, suffit-il de donner raison, contre l'interprétation continuiste, au type de lecture développé par Cassirer pour avoir définitivement cerné la situation du kantisme dans l'histoire de la philosophie – et du même coup pour avoir tracé les contours de ce que peut signifier aujourd'hui une référence à Kant ? La question contient bien évidemment, dans la façon dont elle est posée, l'indication de sa réponse : penser de façon criticiste, c'est assurément penser « contre Hegel » et toute forme d'hégélianisme, ou, si l'on préfère : modèle kantien et modèle hégélien s'excluent – mais il n'en demeure pas moins qu'ainsi présentée, la situation du kantisme demeurerait encore excessivement indéterminée. Il existe en effet dans la philosophie contemporaine une autre pensée (un autre type de position, constituant comme un autre modèle possible) qui s'affirme contre Hegel et contre toute forme d'hégélianisme, et qui se donne tout autant comme une pensée de la finitude radicale : comment, en effet, ne pas identifier dans la phénoménologie, ou du moins dans la version qu'en a présentée Heidegger, une renonciation « philosophiquement fondée », selon les termes de ce dernier [1], à la recherche du système ? Condition nécessaire, mais non suffisante d'une réévaluation philosophique du « possible » kantien, l'insistance sur la discontinuité entre Kant et Hegel ne permet donc pas encore, par elle-même, d'identifier le type de position qui correspond au criticisme. Or, si modèle criticiste (kantien) et modèle phénoménologique (heideggerien) devaient se superposer, on voit mal quel sens il pourrait y avoir aujourd'hui à pratiquer un quelconque « retour à Kant », à développer un kantisme « élargi » ou « assoupli », plutôt que de gérer un héritage phénoménologique plus proche de nous et plus averti, puisque forgé après Hegel, des tours et des détours possibles de la raison spéculative. Longtemps dévalué par son inscription dans la dimension « préhégélienne », le criticisme le serait dorénavant par sa réinscription dans la dimension « préheideggerienne » ou, plus largement, « préphénoménologique ».

## L'interprétation phénoménologique de Kant

Une telle éventualité doit aujourd'hui être d'autant plus sérieusement considérée que Heidegger a lui-même produit une interprétation de Kant qui fait de celui-ci une sorte de phénoménologue avant l'heure, et qu'à suivre une telle « interprétation phénoménologique » [2], on ne voit pas ce que l'on pourrait trouver, dans la référence à Kant, qui ne soit susceptible d'être fourni par la référence à Heidegger.

Face à Hegel, Heidegger peut en effet revendiquer lui aussi pour sa pensée la pose ou la posture de l'adversaire le plus résolu – ce qu'il fait expressément à de multiples reprises, en opposant terme à terme la philosophie hégélienne de l'identité et la pensée phénoménologique de la

1. Heidegger, *Schelling*, trad. par J.-F. Courtine, Paris, Gallimard, 1977, p. 52.
2. C'est Heidegger qui désigne ainsi sa lecture de Kant, aussi bien dans *Kant et le problème de la métaphysique* (1929) que dans un certain nombre de cours qui, prononcés les années précédentes, ont préparé la publication du livre sur Kant (*Interprétation phénoménologique de la* Critique de la raison pure).

différence ontologique pour affirmer que « rien n'est plus
loin de Hegel et de tout idéalisme » que la pensée de la
différence, et qu'elle constitue « l'antithèse la plus aiguë
par rapport à Hegel » [1]. Le problème que soulèvent de
telles proclamations, pour une évaluation contemporaine
des « possibles » de la philosophie, est transparent : si rien
n'est plus loin de l'hégélianisme que la phénoménologie,
c'est, ou bien que le criticisme reste plus près de Hegel
(plus près, donc encore trop près), ou bien qu'il a pour
vérité la phénoménologie et qu'il n'en offre qu'une préparation. En conséquence, pour cerner la situation du
kantisme en tenant compte de la manière dont la phénoménologie heideggerienne vient ainsi complexifier l'interrogation, il s'avère nécessaire de prendre en considération
aujourd'hui, non plus simplement la relation entre modèle
kantien et modèle hégélien, mais aussi et peut-être surtout
celle qui s'instaure entre criticisme et phénoménologie,
entre modèle kantien et modèle heideggerien.

Dégager cette nouvelle dimension du problème posé par
la signification possible de la référence kantienne suppose
de rappeler la manière dont Heidegger lui-même se représente l'antithèse entre hégélianisme et phénoménologie.
Explicitant cette représentation, *Identité et différence*
désigne, entre la pensée issue de *Être et Temps* et celle
de Hegel, trois points d'opposition principaux, à partir
desquels il devient aisé de comprendre pourquoi l'entreprise heideggerienne devait nécessairement rencontrer sur
son chemin le criticisme et se trouver avec lui dans une
relation sans doute unique [2] :

1. La première opposition porte sur ce que Heidegger
appelle l'« affaire » (*Sache*) même de la pensée : il s'agit,
chez Hegel, de viser « la pensée totale comme concept
absolu », donc le système comme ce moment où, le
concept englobant en lui la totalité du réel, s'affirme
l'*identité* du sujet et de l'objet ; à l'inverse, ce qui est visé
par Heidegger n'est autre que « la *différence* en tant que

1. *Questions IV*, trad. par J. Beaufret et *al.*, Paris, Gallimard, 1976,
p. 306 (voir aussi p. 84 sq.).
2. *Questions I*, trad. par K. Axelos et *al.*, Paris, Gallimard, 1968,
p. 282 sq.

différence » – cette différence irréductible qui doit se penser entre l'étant et l'Être, entre la chose avec ses propriétés
conceptuellement identifiables et le fait qu'il y a des
choses plutôt que rien. Bref : contre la philosophie de
l'identité, la pensée de la différence.

2. Un deuxième écart concerne le « dialogue avec l'histoire de la pensée ». Des deux côtés il s'agit bien en effet
de « pénétrer dans la vigueur de la pensée d'autrefois »,
mais tandis que, chez Hegel, le dialogue a pour but de
recollecter ce qui a été pensé (le système accomplissant
précisément la recollection totale de ce que les philosophies du passé n'avaient pensé que fragmentairement ou
« unilatéralement »), la « vigueur de la pensée d'autrefois » (ce qu'il y avait de plus précieux dans les philosophies antérieures) réside, selon Heidegger, non pas
« dans ce qui a été pensé, mais dans un impensé » qui
donne à chaque pensée, par la manière même dont il s'y
trouve impensé, son style et sa teneur propres : cet
impensé, dont il s'agit de faire surgir précisément
comment il est impensé, c'est-à-dire « oublié », dans
chaque philosophie, n'est lui-même que la différence
comme telle – le dialogue avec l'histoire de la pensée
consistant ainsi à manifester que cette histoire est, non pas
celle de la construction progressive de l'Identité, mais
celle d'un oubli multiforme de l'Être lui-même, conduisant jusqu'à l'oubli de cet oubli : dans l'avènement du
système, le triomphe de l'Identité fait apparaître une pensée qui se pense elle-même comme totale et qui n'est donc
en rien traversée par la conscience qu'elle aurait pu laisser
échapper une quelconque dimension du réel – conscience
d'un manque qu'il faudrait alors faire resurgir en remontant de l'oubli de l'oubli à l'oubli lui-même, c'est-à-dire
en pointant dans les philosophies successives la dimension
d'impensé qui se dissimule en elles. Bref : non pas chercher dans les philosophies du passé ce qu'elles ont pensé
(fragmentairement) et, à partir de ces fragments ou de ces
moments du vrai, construire la « pensée totale », mais y
chercher l'impensé lui-même – cette recherche de l'impensé prenant alors la forme de ce que Heidegger puis ses

disciples français et nord-américains désignent comme
une « déconstruction ».

3. En conséquence, le dialogue avec la pensée d'autrefois aura, chez Hegel et chez Heidegger, deux horizons
bien différents. Pour Hegel, c'est la dialectique comme
*Aufhebung* qui fournit à ce dialogue sa dynamique : celle
d'un progrès qui conserve le dépassé en lui assignant sa
place dans ce qui le dépasse. Chez Heidegger, le dialogue
a bien plutôt pour horizon un « pas en arrière » qui « va
de l'impensé de la différence comme telle, vers ce qu'il
faut penser et qui est l'oubli de la différence ». Plutôt que
de conserver, il s'agit donc d'« éviter » ce qui a été pensé
tout au long d'un « déclin de la pensée » qu'il faut interroger en direction de ce qui le structure et lui donne sens,
à savoir l'oubli de l'Être.

À partir de cette triple opposition, la phénoménologie
heideggerienne peut alors assigner une signification claire
à sa relation d'antithèse avec l'hégélianisme : puisque la
différence en tant que telle est ce qui, par définition,
échappe à cette « pensée représentative » dont le Système
est la version la plus accomplie, c'est-à-dire à ce mode de
pensée qui vise la réduction du réel à la représentation
que le sujet peut s'en faire, la rupture avec la philosophie
de l'identité implique d'« abandonner l'attitude de la pensée représentative » – lequel abandon doit se concevoir
comme un « saut » (hors de la subjectivité) brisant les illusions de la clôture et conduisant vers un « dehors » ou
vers un « extérieur » à toute représentation [1]. Or, dans le
temps où se précise ainsi le sens de l'opposition à l'idéalisme absolu, il devient transparent qu'une telle déconstruction de la pensée spéculative devait inévitablement
éprouver la philosophie critique de Kant comme singulièrement proche d'elle – ne serait-ce qu'en raison de la
place qu'occupe chez Kant la thématique de la chose en
soi : car quelle fonction possède la notion de chose en soi,
si ce n'est d'indiquer précisément une dimension du réel
qui tombe hors de la représentation ? Indépendamment de
l'interprétation que, dans son *Kantbuch* de 1929, Heideg-

1. *Ibid.*, p. 266.

ger a esquissé de la chose en soi kantienne, du moins est-il patent que cette chose en soi souligne, en même temps que l'irréductibilité du réel à la représentation, les limites de la pensée représentative, c'est-à-dire cela même que Heidegger, à sa manière, tente d'exprimer à travers la thématique de l'Être. Au demeurant, le parallélisme se peut mener plus loin : quelle fonction assigner en effet à l'Esthétique transcendantale, si ce n'est celle d'interdire une définition de la pensée, en tout cas de la connaissance, comme « concept absolu » ? Car, de fait, l'acquis majeur de l'Esthétique est bien d'exclure, par la mise en évidence de la dimension spatio-temporelle comme intuitive, toute réduction du réel phénoménal à ses déterminations conceptuelles. On conviendra également sans peine que la critique kantienne de l'argument ontologique assure le rappel à une foncière irréductibilité de l'existence à l'essence : en ce sens, souligner, comme Kant, que « l'existence ou l'être n'est pas un prédicat réel », c'est-à-dire une détermination conceptuelle de la chose, n'était-ce pas déjà mettre en évidence ce qu'il faut bien appeler une « différence ontologique » ?

Pour ces diverses raisons et d'autres que nous rencontrerons, une interprétation de Kant était donc possible, dans l'orbite heideggerienne, qui tirât le criticisme de l'ornière faisant de lui un simple préhégélianisme. De la lecture néokantienne, cette interprétation partage le projet de conférer à l'idéalisme transcendantal un statut beaucoup plus original au sein de la philosophie contemporaine ; en revanche, contre la lecture néokantienne, elle tient que cette originalité ne pouvait être aperçue tant que Heidegger, dans *Sein und Zeit*, n'avait pas reconduit la philosophie elle-même à son véritable statut – celui qu'exprime en 1927 la notion d'« ontologie fondamentale ». Dans de telles conditions, l'affrontement entre l'appréhension néokantienne de Kant et cette interprétation « ontologisante » était inévitable : dans le camp des interprétations discontinuistes de la philosophie allemande, la discussion et le rejet de la lecture néokantienne constituaient, pour la lecture heideggerienne, les conditions de sa propre légitimation.

Comme on sait, cet affrontement eut lieu en 1929, à Davos, lors d'une rencontre sur le kantisme dont Cassirer et Heidegger furent les protagonistes[1]. Les désaccords entre néokantisme et phénoménologie s'y affirmèrent, à propos de Kant, principalement dans trois directions :

1. Un désaccord principiel engage la visée même de la *Critique de la raison pure*. Cassirer, dans une optique qui est celle de toute la tradition néokantienne, tend à réduire la *Critique* à une « théorie de la connaissance relative à la science de la nature » – à une simple analyse « juridique » cherchant à dégager les « conditions de droit » du « fait » des sciences[2]. Son interlocuteur, en revanche, présente la *Critique* comme « fondation de la *metaphysica generalis* (ontologie) » – où il faut donner son sens fort à la fondation, en l'entendant comme un approfondissement de l'interrogation ontologique en direction de ce qui est plus profond que l'ontologie elle-même, à savoir l'ontologie fondamentale : de fait Heidegger souligne-t-il expressément, à Davos, que ce qu'il propose dans son livre sur Kant, c'est de « réintégrer positivement [la *Critique*] dans l'ontologie », selon une lecture de la philosophie critique menée à partir de l'articulation entre ontologie et ontologie fondamentale.

2. Au-delà de cette divergence sur l'enjeu ultime du criticisme, le débat se concentre sur la question de la finitude : là où Heidegger soutient que chez Kant (comme dans *Être et Temps*) la finitude est radicale, qu'elle constitue l'essence indépassable de l'homme, Cassirer s'interroge sur l'éventualité d'un dépassement de la finitude. Ainsi défend-il la perspective d'un passage à ce qu'il

---

1. E. Cassirer, M. Heidegger, *Débat sur le kantisme et la philosophie*, Paris, Beauchesne, 1971. On reviendra ultérieurement sur certains aspects de cette discussion capitale. Pour une analyse plus complète, voir L. Ferry et A. Renaut, *La Pensée 68. Essai sur l'antihumanisme contemporain*, Paris, Gallimard, 1985 ; A. Renaut, *L'Ère de l'individu. Contribution à une histoire de la subjectivité*, Paris, Gallimard, 1989.

2. Concernant cette option interprétative, voir le chapitre sur la lecture néokantienne dans l'ouvrage de J. Vuillemin *L'Héritage kantien de la révolution copernicienne*, Paris, PUF, 1954, notamment p. 211 sq.

nomme « un autre ordre », cette « percée » hors de la finitude se trouvant située à ses yeux, chez Kant, au niveau
de la raison pratique, ainsi que (mais il s'agit là plutôt de
son œuvre propre) dans la sphère des formes symboliques.

3. C'est dans le cadre de ce désaccord sur la radicalité
de la finitude qu'il faut replacer enfin la discussion sur le
statut de l'imagination. Heidegger fait du bref chapitre sur
le schématisme le cœur de la *Critique de la raison pure*,
le lieu même où « la raison comme point de départ et
comme point d'appui se trouve réduite en morceaux », et
où aurait pu s'amorcer une « destruction de ce qui a été
jusqu'ici les fondements de la métaphysique occidentale
(l'Esprit, le Logos, la Raison) » : Kant, cependant, aurait
ensuite, dans la deuxième édition de la *Critique*, reculé
devant l'audace de ce qu'il avait ainsi entrepris en 1781,
et se serait employé à réaménager certains développements de manière à minimiser l'ébranlement infligé au
privilège de la raison et à la métaphysique du sujet. Cassirer, au contraire, limite considérablement la portée des
pages sur le schématisme : refusant la survalorisation heideggerienne de la première édition, il estime celle de 1787
bien supérieure vis-à-vis d'un certain nombre d'imperfections de la première [1].

Là encore, nous verrons, chemin faisant, ce qu'il faut
penser de ces points d'opposition. Au demeurant pourrat-on à cet égard être aujourd'hui assez partagé. Sans doute
la lecture du schématisme proposée par Cassirer apparaîtra-t-elle beaucoup moins contestable que celle qu'a développée Heidegger, et la perspective que ce dernier a cru
déceler dans la *Critique* de 1781 d'une destruction de la
raison se révélera-t-elle correspondre à l'une des plus
graves erreurs d'appréciation qui se puisse commettre sur
la portée du criticisme. En revanche, sur une question
aussi décisive que celle de la radicalité de la finitude, il
faudra se demander s'il ne convient pas, pour donner toute
sa profondeur au projet kantien, de partager au moins les

---

1. Pour le détail de cette discussion sur les deux éditions, et notamment pour les arguments de Cassirer, que je partage, en faveur de la
deuxième édition, je renvoie à la Présentation de ma traduction de la
*Critique de la raison pure, op. cit.*.

prémisses de l'interprétation heideggerienne, plutôt que ce qui sous-tend celle de Cassirer ; de même celui-ci aura-t-il eu tort, contre Heidegger, de restreindre la portée de la *Critique de la raison pure* à celle d'une épistémologie générale des sciences de la nature. Toutes considérations qu'il s'agira bien sûr, ultérieurement, d'argumenter, mais dont la simple évocation vise pour l'instant à suggérer que ce fameux débat de Davos reste aujourd'hui plus riche et plus difficile à arbitrer que ce ne serait le cas s'il avait opposé, comme les disciples des deux protagonistes ont fréquemment la naïveté de le croire, la vérité à l'erreur. Cela soit dit en passant pour suggérer d'ores et déjà que, si le présent ouvrage s'efforce à beaucoup d'égards d'arracher l'appréhension du criticisme aux conjectures heideggeriennes qui, particulièrement en France, la dominent encore souvent, il n'entend pas pour autant s'inscrire dans le cadre légué par l'interprétation néokantienne : contrairement à certaines simplifications polémiques, toute référence appuyée au criticisme n'identifie pas aujourd'hui son auteur comme « néokantien », si l'on entend par là, en toute rigueur, le type de référence à Kant qui s'est pratiqué dans l'horizon de l'école de Marbourg et qu'a systématisé Cassirer ; sous bien des rapports, c'est davantage d'une approche postheideggerienne que le principe sera défendu ici – à partir de la conviction que l'on peut et doit partager (contre la lecture néokantienne) les prémisses de l'interprétation phénoménologique (notamment sa saisie du kantisme comme philosophie de la finitude radicale), tout en récusant (contre la lecture heideggerienne) les conclusions que l'interlocuteur de Cassirer avait cru lui-même pouvoir en tirer quant à la situation du kantisme dans le processus d'achèvement de la modernité philosophique.

Chez Heidegger, le criticisme ne se trouve en effet dégagé de la situation philosophiquement subalterne qui lui était attribuée par son interprétation traditionnelle comme préhégélianisme que pour retrouver néanmoins, en fin de compte, un statut tout aussi subalterne. Allusion y a déjà été faite : Heidegger lit certes Kant, en tout cas celui de 1781, comme ayant été le premier, depuis Aris-

tote, à avoir (selon le mot d'*Être et Temps*) « désensablé
la question de l'Être », mais il estime que l'auteur de la
*Critique* a lui-même, dans la deuxième édition et dans la
suite de son œuvre, reculé devant sa propre audace et
assuré le retour en force de l'entendement et de la raison
au détriment de la sensibilité et de l'imagination [1]. Auquel
cas, aujourd'hui, la référence kantienne n'aurait de sens
que stratégique, instrumental ou, pour ainsi dire, pédago-
gique, comme moyen de procéder à une réouverture du
système dont l'achèvement proclamé par Hegel avait
conduit à son comble le projet de la rationalité : au-delà,
la référence serait toutefois vaine et stérile, puisqu'en
vertu même des conclusions de la lecture heideggerienne,
ce qui, du criticisme, relève d'une pensée de la différence
se retrouverait plus accompli dans l'option phénoménologique – le « reste » du kantisme, si l'on peut parler ainsi,
relevant alors du recouvrement de la différence par une
pensée de l'identité et conduisant en définitive (comme le
soutenait la lecture traditionnelle) au système hégélien.
Dans la logique de telles conclusions, tout « retour à
Kant », néokantien ou non, serait désormais une démarche
philosophiquement réactionnaire ou régressive, en tout cas
stérile.

C'est directement contre cette façon de situer le criticisme parmi les diverses options philosophiques possibles
que ce livre entend s'inscrire en faux. Plus généralement
voudrait-on faire ressortir ici que le criticisme ne constitue
pas une simple étape (comme telle, nécessairement dépassée) dans le processus d'achèvement de la philosophie
moderne (lecture hégélienne) ou dans le processus de
dépassement de la métaphysique (lecture heideggerienne) : non point simplement un moment, mais un
modèle.

---

1. *Kant et le problème de la métaphysique*, Paris, Gallimard, 1981,
p. 217 sq., *Débat sur le kantisme, op. cit.*, p. 77 sq.

### III
### Le modèle kantien

Je le notais en commençant : c'est aujourd'hui par référence à Kant que certaines tentatives, qui comptent parmi
les plus discutées dans le monde, pour construire ou
reconstruire une philosophie pratique trouvent leur définition philosophique. En revanche, la destruction heideggerienne de la raison, et notamment de la raison pratique,
n'a suscité aucun mouvement équivalent en ce domaine.
Contraste qui, à vrai dire, n'a rien de surprenant : à partir
des positions heideggeriennes, c'est en effet par principe
que la réflexion se trouve conduite à abandonner l'interrogation sur les valeurs ou sur les fins à son destin, qui
est supposé être notre destin, c'est-à-dire celui d'une
époque « nihiliste » pour laquelle il n'en est plus rien
quant à l'Être [1].

La même observation vaudrait à propos de la relation
aux sciences : l'ironie cinglante avec laquelle Heidegger
a eu coutume, dans les quelques allusions qu'il y fit, de
traiter le positivisme logique masque mal, vis-à-vis de la
rationalité scientifique, une indigence de réflexion. Pau-
vreté qui s'enracine directement dans la conviction que,
pierre angulaire, chez les Modernes, du projet de maîtrise
et de possession de la nature, décidément « la science ne
pense pas ».

Ainsi la tentative qui s'était conçue comme l'antithèse
la plus aiguë de l'hégélianisme devait-elle paradoxalement

1. J'ai maintes fois explicité (voir notamment, avec L. Ferry, *Système et critique*, Bruxelles, Ousia, 1985 ) les raisons de cette incapacité
pour ainsi dire congénitale de la tradition heideggerienne à développer
une philosophie pratique digne de ce nom : si, comme le soutient la
*Lettre sur l'humanisme*, « toute valorisation est une subjectivation »
(une mise en perspective du réel à partir du sujet) et s'il s'agit désormais de « penser contre l'humanisme » et « contre la subjectivité », on
voit mal comment toute interrogation sur de quelconques valeurs
(éthiques, juridiques ou politiques) ne serait pas identifiée, dans
ce contexte, comme un symptôme d'« oubli de l'Être », donc de
« déclin de la pensée ».

partager avec ce dernier le rejet, pour naïveté, de toute
« vision morale du monde » et l'incapacité foncière à
conférer un statut autre que subalterne à la rationalité
scientifique. Paradoxe seulement apparent. De fait, la phénoménologie heideggerienne et l'idéalisme absolu, en
dépit de ce qui les oppose, ont-ils pour le moins deux
points communs essentiels.

La philosophie spéculative et sa déconstruction se ren-
contrent tout d'abord pour faire de l'affirmation du sujet
humain comme principe un pur et simple obstacle à la
manifestation ultime de la Vérité – celle de l'autodéploiement du Concept comme Sujet absolu, ou celle de l'au-
todévoilement de l'Être. En ce sens, solidaire de l'illusion
de la subjectivité, l'idée même d'un devoir-être (*Sollen*)
éthique, juridique ou politique, et, avec elle, le projet
d'une philosophie pratique thématisant ce devoir-être ne
pouvaient, chez Heidegger comme chez Hegel, qu'être
rangés dans le magasin des accessoires périmés de la
métaphysique.

La déconstruction de la philosophie spéculative
conserva encore une autre conviction de son adversaire :
celle selon laquelle le développement des sciences particulières ne saurait faire preuve de la moindre autonomie
de fonctionnement ou de destin par rapport à l'accomplissement de la raison spéculative. Identification des
rationalités scientifiques à la rationalité du Système qui
était, chez Hegel, au principe de son *Encyclopédie des
sciences philosophiques*, et que Heidegger ne contesta nullement : c'est au contraire parce que les rationalités tech-
noscientifiques ne lui apparurent à lui aussi que consti-
tuées des moments de la raison moderne s'affirmant
comme « uni-totalité » que, percevant dans cette raison
« l'ennemi le plus acharné de la pensée », il réduisit les
sciences elles-mêmes aux figures multiformes de l'oubli
de l'Être [1].

---

1. Cette réduction critique des rationalités scientifiques à la Raison
comme déclin de la pensée est particulièrement marquée dans *Qu'est-
ce que la métaphysique ?*, où Heidegger souligne que « l'enracinement
des sciences dans leur fondement essentiel est bien mort » (trad. par

Tentatives majeures de la philosophie contemporaine, la reconstruction de la raison pratique comme le projet de rendre à leur teneur propre les rationalités scientifiques imposaient, en ce sens, de définir un type de rupture avec la philosophie spéculative qui fût capable aussi d'éviter l'ornière heideggerienne. C'est dans ce contexte que l'on peut sans doute le mieux comprendre selon quelle logique l'option criticiste est apparue à beaucoup fournir, pour surmonter l'antithétique fallacieuse de la spéculation et de sa déconstruction, un modèle philosophique disponible et exploitable [1].

Il faut en effet reconnaître, vis-à-vis de cette exigence du système à travers laquelle le projet moderne de la rationalité a achevé son parcours, la possibilité, non pas de deux, mais de trois modèles ou, si l'on préfère, de trois types de position :

1. Le modèle hégélien est celui qui assume pleinement cet accomplissement systématique de la rationalité, en rendant problématiques dès lors aussi bien le devenir futur

---

H. Corbin, in *Questions I*, Paris, Gallimard, 1968, p. 48) : le « fondement » qui est ainsi supposé faire défaut aux sciences et leur interdire de trouver leur véritable unité est évidemment la Vérité de l'Être. Il ne s'agit donc nullement pour Heidegger, à la faveur de sa déconstruction de la raison spéculative, d'autonomiser les sciences et d'en libérer la diversité, mais de les réenraciner dans une unité plus profonde encore que celle du Concept : en l'attente d'un tel réenracinement, « les sciences ne pensent pas ».

1. Dans le même contexte, une autre option fut assurément celle de la philosophie analytique, dont il serait aisé de montrer comment elle s'enracina elle aussi dans un refus du système ne s'accompagnant point, comme chez Heidegger, d'une mise en cause de la raison elle-même. L'opération prit toutefois plutôt la forme d'un retour à Hume que celle d'un retour à Kant : je me réserve d'examiner un jour comment cette tentative d'un néoempirisme se confronta avec l'héritage criticiste autour de la question de l'*a priori*, et de porter une appréciation argumentée sur ce qui résulta d'une telle confrontation. Du moins pourrait-il être éclairant, pour comprendre le clivage qui s'est introduit, à partir de la naissance de la tradition analytique, entre la philosophie continentale et ce qu'il est convenu d'appeler la philosophie anglo-américaine de prendre au sérieux l'hypothèse selon laquelle, dans le double évitement de la spéculation et de sa prétendue antithèse phénoménologique, une libre relation à l'empirisme a joué pour l'une un rôle analogue à celui qu'a pu remplir, pour l'autre, la référence kantienne.

des sciences (condamné à inscrire au moins principiellement son contenu dans le système d'ores et déjà clos) que
le statut de la raison pratique (réduite expressément à une
illusion du point de vue naïf ou juvénile qui ne sait pas
que le réel est par lui-même rationnel, donc que « le Bien
s'accomplit dans le monde de toute éternité »). Parce que
les contenus scientifiques ont connu depuis Hegel des
bouleversements dont on ne voit pas comment en inscrire
les principes dans le système (pour ne rien dire de l'émergence de disciplines nouvelles), et parce que les questions
normatives continuent de se poser avec insistance, l'adhésion à ce modèle est bien près, si elle fait partie en droit
du champ des philosophies possibles, d'être aujourd'hui
absente du champ des philosophies réelles [1].

2. Un deuxième modèle de position à l'égard de la systématicité, qu'incarne pleinement Heidegger, consiste à
renoncer intégralement à l'appel du système et à fonder
le renoncement au système, voire le culte de l'antisystème,
sur une déconstruction radicale de la rationalité ne laissant
rien subsister de celle-ci et de ses exigences après leur
critique.

3. Ce qui peut se désigner comme modèle kantien correspond enfin à un type idéal de position, par rapport à la
problématique du système, qui constitue un intermédiaire
entre les deux positions précédentes et dont la spécificité
se mesure précisément à sa capacité de ne se laisser ramener ni à l'un ni à l'autre des deux modèles préalablement
exposés. Cette spécificité de la position kantienne tient en
fait à la manière dont s'articulent chez Kant deux thèses,
aussi importantes l'une que l'autre, sur la question du système.

D'une part, le modèle kantien partage avec le modèle

---

1. Ce type de position ne survit en fait à son effondrement philosophique qu'en réapparaissant sous des formes nouvelles dans certaines pratiques des sciences humaines, où le modèle hégélien de la
« ruse de la raison » continue d'être exploité de façon plus ou moins
sauvage, aussi bien par certains sociologues de la connaissance que
par les versions les plus dogmatiques de la psychanalyse. Je ne peux
que renvoyer sur ces questions à L. Ferry et A. Renaut, *La Pensée 68.
Essai sur l'antihumanisme contemporain, op. cit.*

heideggerien la thèse selon laquelle l'achèvement du projet de système est impossible. Allusion a déjà été faite ici au § 40 des *Prolégomènes* : « La totalité de toute expérience possible [= le système] n'est pas elle-même une expérience. » Dit autrement : en raison de la radicalité de notre finitude, nous ne pouvons avoir une expérience de la totalité du réel – en termes plus précisément kantiens : nous ne pouvons avoir une expérience de la totalité des objets d'une expérience possible. En conséquence, comme nos concepts, sans intuitions capables de leur fournir une matière, sont des formes vides, les concepts que nous pouvons nous forger de la totalité des objets sont des « Idées » qui, si elles sont susceptibles d'être pensées, ne sauraient du moins donner lieu à une connaissance. L'unification du divers des connaissances sous une Idée (= leur constitution en un système) n'aura donc jamais elle-même le statut d'une connaissance, puisqu'il n'y a pas d'expérience possible susceptible de venir remplir l'Idée en donnant à cette *forme* de l'unité qu'est l'Idée une *matière* ou un *contenu*. Bref, la systématisation est un travail infini qui ne s'achèvera jamais par l'émergence d'un savoir qui, comme savoir de la totalité des objets (ou de leurs connaissances), serait Savoir absolu. Où l'on retrouve la perspective, chère aux kantismes contemporains, selon laquelle le criticisme serait philosophiquement « posthégélien » – Kant ayant fourni par avance les moyens d'une critique de l'idéalisme absolu [1].

On manquerait cependant la teneur spécifique de cette critique en ne soulignant pas une seconde thèse sur le système, qui vient donner, chez Kant, sa vraie portée à la première : car si « la totalité de toute expérience possible n'est pas elle-même une expérience » (première thèse), elle constitue néanmoins pour la raison, ajoute le même paragraphe des *Prolégomènes*, un « problème nécessaire,

---

1. Thème qui pose au demeurant à l'historien de la philosophie, mais aussi à toute tentative philosophique pour réinvestir aujourd'hui les positions kantiennes, un problème à la fois passionnant et redoutable – savoir : comment a-t-il pu se faire qu'après Kant, quelque chose comme l'hégélianisme eût été possible ou eût pu se croire possible ?

dont la simple représentation exige des concepts tout différents des concepts purs de l'entendement ». Pourquoi inscrire dans le registre de la nécessité un tel problème, ou une telle « tâche » (*Aufgabe*), dont il vient pourtant d'être exclu par principe qu'elle pût être menée à bien ? Consacré expressément à cette question décisive pour situer philosophiquement l'option kantienne, c'est l'Appendice à la Dialectique transcendantale, dans la *Critique de la raison pure*, qui fournit à cet égard les indications les plus complètes, dont je rappellerai ici simplement l'orientation générale [1].

Face à la diversité des connaissances acquises, il faut bien en effet, à chaque époque, chercher à la fois à les organiser et à les accroître – selon une visée de la totalité qui, explique Kant, fournit donc le moteur même du progrès scientifique. Or, pour l'accomplissement infini de cette tâche (infini, puisqu'en vertu de la première thèse, le système achevé est impossible), il est nécessaire de disposer de concepts unificateurs, qui sont des notions de la totalité et constituent comme les foyers sous lesquels nous pouvons nous imaginer ranger la diversité des connaissances sous une unité. Ainsi chaque notion de la totalité (= chaque Idée) joue-t-elle le rôle d'un « foyer imaginaire » (*focus imaginarius*) par référence auquel une diversité de connaissances peut se laisser ordonner comme à partir d'un principe d'unité. Si l'on ajoute que Kant nomme « raison », au sens propre de ce mot, la faculté de produire de telles Idées (à la différence de l'entendement comme faculté de produire des concepts auxquels peut correspondre une expérience réelle ou possible), on comprend alors qu'il puisse relier en ces termes raison et système :

« Si nous parcourons du regard nos connaissances d'entendement dans toute leur étendue, nous trouvons que ce qui s'y trouve à la charge propre de la raison et qu'elle cherche à mener à bien, c'est la *dimension systématique* de la connaissance, c'est-à-dire son articulation à partir

---

1. Pour une analyse plus complète (de ces indications de l'Appendice comme de la position globale de Kant à l'égard de la systématicité), voir la présentation de ma traduction de la *Critique de la raison pure*, *op. cit.*

d'un principe. Cette unité de la raison présuppose toujours une Idée, à savoir celle de la forme d'un tout de la connaissance précédant la connaissance déterminée des parties et contenant les conditions requises pour déterminer *a priori* à chaque partie sa place et son rapport avec toutes les autres. Cette Idée postule donc une unité complète de la connaissance de l'entendement, à la faveur de laquelle celle-ci ne soit pas seulement un agrégat contingent, mais un système articulé suivant des lois nécessaires [1]. »

Sans entrer ici dans le détail de la théorie des Idées, je me borne à souligner ce qu'implique cette constatation que, pour prendre en charge l'exigence légitime et féconde d'une organisation et d'une totalisation à l'infini du divers des connaissances, la raison utilise nécessairement des notions de la totalité auxquelles ne correspond aucune expérience possible. Ce que Kant découvre à cet égard est en effet d'une importance capitale pour le destin post-métaphysique de la raison : ces foyers imaginaires d'unité, requis pour l'activité même de l'esprit humain, y compris pour dynamiser son travail scientifique, correspondent de façon ultime aux notions mêmes dont la métaphysique dogmatique croyait pouvoir faire des objets de connaissance. Car, de fait, chacune des trois Idées de la Raison métaphysique (l'âme, le monde et Dieu) constitue à sa manière un tel foyer suprême d'unification du divers – l'Idée d'âme vis-à-vis de la diversité de tout ce qui peut survenir à un sujet-substrat, l'Idée de monde vis-à-vis du divers des phénomènes, l'Idée de Dieu vis-à-vis de la diversité infinie des possibles. Ainsi, d'une part, nous faut-il considérer que ce n'est ni par hasard ni par aberration que tant de pensées et de pratiques se sont orientées, durant tant de siècles, à de tels pôles : la formation de la psychologie, de la cosmologie et de la théologie rationnelles répondit à une nécessité qu'il nous faudra cerner plus en détail et qui s'enracinait en fait dans la structure même de la raison comme pouvoir des Idées. De même

---

1. *Critique de la raison pure*, A 645/B673, trad. par A. Renaut, Paris, Aubier, 1997, p. 561.

et surtout devrions-nous, d'autre part, comprendre que nous avons encore besoin de la raison et de ses Idées après leurs critiques : si l'illusion (constitutive de la métaphysique dogmatique), selon laquelle des objets réels correspondraient à de telles Idées et celles-ci pourraient définir la matière d'un savoir, se peut dissiper, ces mêmes Idées, à condition de ne pas être « réifiées » ou « objectivées » (dans le vocabulaire de Kant : « hypostasiées »), peuvent et doivent conserver, au-delà de la métaphysique, un « usage régulateur » pour l'organisation et l'accroissement du divers des connaissances.

La spécificité la plus certaine, et sans doute la plus profonde, du criticisme réside ainsi dans la mise en évidence de ce qui sépare l'usage régulateur des Idées de la raison comme foyers imaginaires d'unité et leur version métaphysique. Cet écart fonde en effet la possibilité d'une déconstruction de la métaphysique, imputant à celle-ci la tentative égarante et stérile pour construire, sur les Idées hypostasiées en objets, ce qu'en termes popperiens on appellerait aujourd'hui une « pseudo-science ». Mais cet écart fonde aussi la perspective d'une réévaluation de la raison après sa critique : la raison ressort de cette critique comme ne constituant nullement, de façon intrinsèque, une excroissance monstrueuse de l'entendement, mais comme faisant partie de la vie même de l'esprit humain, en tant que recherche toujours plus poussée d'une unité du divers. En ce sens, il eût été impossible à Kant d'écrire, comme devait le faire Heidegger, que « la raison est l'ennemi le plus acharné de la pensée » – et dans cette impossibilité même réside sans doute ce qui distingue ultimement les deux plus radicales critiques de la métaphysique que la philosophie ait jamais produites.

Si sévère à l'égard des illusions de la raison métaphysique, la Dialectique transcendantale, à travers son Appendice, ménageait en fait l'espace, qu'investira la *Critique de la faculté de juger*, d'une raison postmétaphysique. Geste qui assure aujourd'hui encore l'originalité du criticisme par rapport aux critiques nietzschéo-heideggeriennes de la métaphysique et exclut, parce que cette originalité, s'enracinant dans la conception même de la

raison, est principielle, toute réinscription de la philosophie critique dans le registre de la « préparation ». Certes,
plus personne ne le croit aujourd'hui, le kantisme ne préparait pas à un hégélianisme qui l'eût accompli tout en le
dépassant ; mais il ne préparait pas davantage à d'autres
critiques de la raison qui, notamment dans l'orbite de la
phénoménologie, se seraient acquittées plus complètement
d'une tâche qu'il se serait assignée, et devant laquelle il
aurait finalement reculé. L'écart ne se mesure pas ici en
termes de meilleure ou moindre réussite à partir d'un projet identique, donc en termes de « progrès » ou de
« déclin » : il tient à une différence de principe quant à la
question du système et de la rationalité. En ce sens, assimiler d'emblée la référence kantienne à un geste philosophiquement régressif et stérile par rapport à des critiques plus contemporaines de la métaphysique, c'est
précisément manquer cette différence de principe : sa prise
en compte invite au contraire à se demander si, de Kant
à Nietzsche ou à Heidegger, la critique de la raison, se
faisant, sinon plus radicale, du moins plus hyperbolique,
n'a pas, à la faveur de l'hyperbole, perdu en fécondité,
aussi bien en ce qui concerne le rapport à la rationalité
scientifique qu'en ce qui concerne la rationalité pratique.
C'est au fond cette hypothèse que ce livre se propose de
tester en clarifiant les bonnes raisons pour lesquelles il
serait dès lors compréhensible que l'on pût se dire aujour-
d'hui kantien.

*

Ces considérations préliminaires sur la situation du kantisme n'épuisent pas toutes les interrogations que soulève
la pratique insistante de la référence contemporaine à
Kant. Deux questions au moins, dont c'est peu dire que
de convenir qu'elles restent, pour celui qui les formule,
largement ouvertes, devront à cet égard accompagner le
parcours qui va être ici entrepris.

En premier lieu, il faudra bien affronter cette demande
déjà rencontrée au passage : si Kant fondait d'ores et déjà
une critique radicale de la raison qui constituait un cran

d'arrêt à la dynamique de la rationalité systématique, comment, après cette critique, a pu s'accomplir une sorte de retour à Leibniz et au rationalisme dogmatique, rendant possible le trajet qui conduisit jusqu'à Hegel ? Question qui revient, en un sens, à celle des difficultés internes au criticisme de Kant, puisque de telles difficultés internes ont pu pour le moins permettre à la dynamique du rationalisme dogmatique de reprendre et de chercher, à travers le dépassement du kantisme, les voies de son achèvement. À cet égard, les interrogations que suscite une thématique comme celle de la chose en soi mériteront un examen particulièrement attentif, de manière à mesurer si les difficultés qui semblent s'y trouver étaient véritablement insolubles chez Kant lui-même, et pouvaient de ce fait inviter, comme l'ont cru ses disciples eux-mêmes, à remodeler sur certains points, pour défendre l'esprit du criticisme, ce qui faisait partie de sa lettre. Au-delà de ce problème de la chose en soi, le statut de la raison pratique (notamment par rapport à la théorie de la finitude) a pu lui aussi apparaître fort problématique aux successeurs de Kant : où réside en effet la finitude du sujet pratique, si ce sujet, parce qu'il doit se penser comme autonome, possède la structure de l'autoposition, qui évoque davantage l'Absolu que l'être fini [1] ? Ainsi se laisse repérer toute une série de problèmes dont il faudra mesurer l'impact qu'ils ont eu sur les dépassements du kantisme : opération dont l'enjeu n'est pas seulement historique, tant il est clair que ces dépassements, par la manière étonnamment rapide

1. L'objection est reprise aujourd'hui contre moi par mon ami Charles Larmore : voir en ce sens *Modernité et morale*, Paris, PUF, 1993, p. 228 sq., où Larmore, à partir d'une lecture précise de *L'Ère de l'individu*, estime que l'affirmation du principe (kantien) d'autonomie fait de la raison pratique une instance trancendant tout enracinement historique – « vestige métaphysique qui entrave l'ambition que Renaut a d'élaborer un humanisme non métaphysique ». Contre quoi Larmore argumente en faveur d'une tout autre conception de la raison, « contextualiste » (p. 66), pour laquelle « le fonds de croyances morales, sur lequel se déroule tout raisonnement moral, trouve [...] son origine » dans « notre expérience sociale » telle qu'elle s'exprime dans des « croyances » ou des « traditions ». Dans la suite du présent livre, la façon dont je tente de souligner une finitude de la raison pratique constitue une réponse à cette discussion amicale.

dont ils se sont opérés, peuvent apparaître inquiétants pour la praticabilité même de la référence kantienne aujourd'hui.

Concernant cette référence contemporaine à Kant, une autre question engage sa dimension de répétition. Quelle que soit par elle-même la fécondité de cette référence, ne risque-t-il pas d'y avoir quelque chose de paralysant pour la réflexion dans l'éventualité selon laquelle l'axiomatique des positions par rapport à la rationalité serait close ? Quand bien même cette clôture se serait en effet opérée au bénéfice du modèle hérité de Kant, il reste que la philosophie, comme production de telles positions, aurait au fond atteint son terme, et qu'il n'y aurait plus aujourd'hui, une fois surmontées les illusions de la spéculation et les impasses de la déconstruction phénoménologique, qu'à gérer pour ainsi dire une position kantienne. Il se peut assurément que cette situation, dans ce qu'elle a d'inédit, soit la nôtre, et que Heidegger ou Sartre ait en ce sens été, comme l'avait envisagé Nietzsche pour lui-même, les derniers philosophes à avoir produit effectivement une position nouvelle ou à avoir eu la naïveté (je pense surtout à Sartre) de croire possible la production d'une nouvelle position. Reste que, si cette situation était la nôtre, il faudrait convenir qu'elle aurait quelque chose de troublant et qu'elle contraindrait à poser, non plus seulement la question de la situation du kantisme, mais bien, à partir du réenracinement criticiste, celle-là même du statut contemporain de la philosophie et de ses tâches. La dernière partie de ce livre dessine à cet égard quelques pistes.

PREMIÈRE SECTION

CRITICISME ET MÉTAPHYSIQUE

Chapitre premier

## LA QUESTION CRITIQUE

Parce que la situation philosophique du kantisme reste matière à controverses, je consacrerai la première étape de ce livre à dégager les principaux moments (au sens, non pas chronologique, mais systématique du terme) du modèle kantien, dans ce qu'il a de spécifique. À cette fin, mon fil conducteur sera la question de la représentation. Question critique par excellence, c'est elle qui a en effet conduit Kant à problématiser ce qui avait fourni si long-temps à la métaphysique son interrogation directrice.

Dans son principe, cette problématisation de la méta-physique à partir de la question de la représentation est devenue familière : au moins jusqu'à Berkeley (sur l'im-portance duquel je reviendrai ci-dessous), la métaphy-sique, constituée depuis Aristote comme science de l'être en tant qu'être, s'interroge sur les choses prises absolu-ment – en d'autres termes : sur l'Absolu, si on désigne par là l'être tel qu'en lui-même, exprimé à partir de lui-même, et non pas relativement à nous qui le pensons ; à l'encontre de quoi le criticisme naît quand, à cette inter-rogation sur l'être considéré en lui-même [1], se substitue celle qui porte sur les *méthodes* selon lesquelles nous connaissons les phénomènes. Déplacement bien connu,

---

1. C'est cette interrogation sur l'être pris absolument que Philo-nenko, dans *L'Œuvre de Kant*, I, *op. cit.,* p. 122 sq., désigne comme une « interrogation ontologique ». En ce sens (très particulier), il peut, je le répète, identifier la naissance du criticisme comme ayant mis fin à l'ontologie.

mais dont la portée philosophique reste pourtant inépui-
sable, tant il est vrai que c'est l'élaboration même de cette
démarche qui permettait au criticisme d'échapper à la
dynamique conduisant vers l'idéalisme absolu et de fonder
une pensée renouvelée de la finitude comme finitude radicale.

Plus complètement : en soutenant que nulle pensée
humaine ne sort de la représentation et ne rejoint jamais
l'Absolu, en assignant pour unique tâche à la philosophie
de décrire les structures (ou les *a priori*) de la représentation, Kant prenait à l'avance position à la fois par rapport à la dynamique de l'idéalisme dogmatique et par rapport à ce qui, après l'achèvement du système hégélien,
s'en présenterait comme la négation la plus rigoureuse.

Sous sa forme rationaliste, la métaphysique dogmatique
(ce que Heidegger appelle métaphysique de la subjectivité) se signale par la manière dont le Moi (le sujet) s'y
est cru maître et possesseur du réel au point de sortir de
soi et de la représentation pour coïncider avec le réel tel
qu'en lui-même : vis-à-vis d'une telle démarche, le criticisme consiste au contraire à partir du sujet, selon le mot
de Fichte [1], et, ajouterai-je, à y demeurer, en concevant
comme rigoureusement infranchissables les limites de la
représentation – ce pourquoi la finitude, cette impossibilité
de rejoindre l'Absolu, est ici pensée comme radicale. En
ce sens, la théorie de la représentation (ou, ce qui revient
donc au même, de la finitude) est bien la pièce centrale
du dispositif antimétaphysique qui constitue le criticisme.

Constatation certes banale, mais paradoxale pour nous
aujourd'hui, qui nous sommes habitués, depuis la déconstruction phénoménologique de la métaphysique comme
métaphysique de la subjectivité, à appréhender la métaphysique en termes d'enfermement de la pensée dans le
sujet et dans la représentation. Selon une telle identifica-

---

1. Fichte écrit à Reinhold, en 1795 : « Partir du sujet, voilà la pensée essentielle du kantisme. » En toute ingénuité Sartre reprend la
formule dans *L'Existentialisme est un humanisme*, Paris, Nagel, 1970,
p. 17 : « Ce qu'ils [= les « existentialistes athées »] ont en commun,
c'est simplement le fait qu'ils estiment que l'existence précède l'essence, ou, si vous voulez, qu'il faut partir de la subjectivité. »

tion, le « dépassement de la métaphysique » résiderait en effet bien davantage dans ce que Heidegger désigne comme un saut en dehors de la représentation et en dehors de toute pensée représentative. Or, ce geste philosophique est précisément celui que Kant condamne au nom de la radicalité de la finitude et dont il est fait le prototype du dogmatisme. Toute la question est évidemment de savoir s'il y a ici malentendu, ou si, relue à partir d'elle-même, la déconstruction kantienne de la métaphysique ne fait pas apparaître, justement à travers la problématique de la représentation, une étrange ambiguïté dans certaines critiques contemporaines de la subjectivité – en l'occurrence dans celles qui, prétendant faire le saut hors de la représentation, accomplissent ainsi pour le moins un étrange bout de chemin avec ce qu'elles prétendent critiquer ou dépasser.

Hypothèse qui dessine un programme : spécifier ce par quoi, chez Kant, le geste qui consiste à « partir de la subjectivité » (et à y demeurer) est le geste fondateur d'une critique spécifique de la métaphysique ; pour cela, faire paraître comment, en constituant la question de la représentation comme la question même de la philosophie, le criticisme négociait un virage dont l'ampleur demeure sans doute, par ce qu'il engageait, sans équivalent dans toute l'histoire de l'interrogation philosophique.

## La conscience d'objet

Que la question du criticisme soit proprement la question de la représentation (observation qui vaut aussi bien pour Kant que pour le Fichte des *Principes de la doctrine de la science* de 1794), c'est ce dont témoigne suffisamment la lettre à Marcus Herz du 21 février 1772 [1] – texte

1. AK (= Akademie-Ausgabe, Berlin), X, p. 129-135, trad. par J. Rivelaygue, in *Œuvres philosophiques de Kant*, Bibliothèque de la Pléiade, Gallimard, p. 690 sq. Une esquisse de l'analyse qui va suivre figure dans mon *Système du droit*, Paris, PUF, 1986, p. 155 sq. Il n'est pas sans intérêt de noter au passage que ce problème de la représentation sera expressément reformulé dans les mêmes termes par Fichte, en 1796, dans le *Fondement du droit naturel* (trad. par A. Renaut,

célèbre et souvent célébré, à juste titre, comme celui qui fournit sans doute le plus d'indications sur le travail préparatoire à la *Critique de la raison pure*. On sait que, d'abord fort satisfait des thèses défendues dans la *Dissertation de 1770* relativement à l'idéalité de l'espace et du temps, Kant avait néanmoins été ébranlé par des objections venues de Lambert, Mendelssohn, Schulze et Sulzer, auxquelles il lui était apparu difficile de répondre à partir des positions adoptées dans l'ouvrage qu'il continua pourtant à présenter comme inaugurant la philosophie critique. Or, la fameuse lettre à Herz précise à cet égard que le problème rencontré durant cette période de blocage théorique ne fut autre que celui-là même du rapport des représentations à l'objet, c'est-à-dire à la réalité entendue comme « chose en soi » :

« Alors que je m'étais mis au plan d'une œuvre qui aurait pu avoir pour titre quelque chose comme *Les Limites de la sensibilité et de la raison* [...], je remarquais qu'il me manquait quelque chose d'essentiel que, tout comme d'autres, j'avais négligé dans les longues recherches métaphysiques, et qui constitue, en fait, la clef de tout le mystère, celui de la métaphysique jusqu'ici encore cachée à elle-même. Je me demandai en effet sur quel fondement repose le rapport de ce qu'on nomme en nous représentation à l'objet. »

En d'autres termes, qui vont acheminer vers la question critique [1] : comment expliquer la conformité de nos représentations aux objets ? Ou encore : comment est possible une connaissance objective ? En explicitant ces questions,

---

Paris, PUF, 1985, p. 39) : « On a demandé : comment l'instance qui se représente parvient-elle à la conviction qu'en dehors de sa représentation il existe un objet de la représentation, et que celui-ci est, dans ses propriétés, tel qu'il est représenté ? » Dans les *Principes de la doctrine de la science*, en 1794, Fichte avait déjà présenté l'« explication » de ce problème comme équivalente à la « philosophie spéculative tout entière » (trad. par A. Philonenko, *Œuvres choisies de philosophie première*, Paris, Vrin, 1972, p. 61-62.)

1. Je reprends ici et développe une formalisation du problème esquissée par L. Ferry, dans sa préface à Kant, *Critique de la raison pure*, trad. par J. Barni, revue par P. Archambault, GF-Flammarion, 1987.

on dira que le problème de la représentation (ou de la conscience) naît de l'articulation entre un sujet en soi ($S_1$), qui peut se forger une représentation de lui-même ($S_2$), et un objet ou une chose en soi ($O_1$), dont il se forge une représentation ($O_2$). Problème, donc, à quatre termes dont il n'est guère difficile d'apercevoir comment, si on laisse de côté pour l'instant les interrogations soulevées par le rapport entre $S_1$ et $S_2$ (c'est-à-dire par la genèse et la validité de la conscience de soi), il équivaut à celui du rapport entre $O_1$ et $O_2$, entre la chose en soi et l'objet de la représentation – autrement dit : au problème de la conscience d'objet. Plus important est à vrai dire d'observer que ce problème est en réalité double :

1. Il équivaut tout d'abord au problème traditionnel de la vérité : comment peut-il y avoir accord ou adéquation entre $O_1$ et $O_2$ ?

2. Il fait surgir aussi le problème autrement moins traditionnel de l'« en-soi » : comment pouvons-nous, pour nous représenter cet accord, penser en effet quelque chose de $O_1$, alors même que, dès que nous pensons quelque chose de l'« en-soi », il perd son statut d'« en-soi » et devient « pour-nous », en sorte que ce n'est déjà plus du problème du rapport entre $O_1$ et $O_2$ qu'il s'agit ?

La première en même temps que l'une des plus certaines originalités constitutives du criticisme est d'avoir perçu et mis en lumière comment ces deux niveaux du problème de la conscience d'objet sont indissociables et en quel sens le problème de la vérité ne se pose dans toute sa rigueur (qui est aussi toute sa difficulté) que dans la mesure où il soulève le problème de l'en-soi. À poser donc le problème de la vérité dans les termes (classiques) d'une exigence de conformité de la représentation à l'en-soi, on en dissout immédiatement l'une des composantes ($O_2$), tant et si bien que le problème envisagé ne peut simplement plus être énoncé : pour formuler, du moins en ces termes (comme problème de la conformité), le problème de la vérité, il semble en effet nécessaire de poser quelque chose comme existant en soi hors de la représentation et indépendamment du sujet – ce qui pourtant apparaît impossible par définition, puisque la position est représentation et que poser quelque chose, ce serait d'ores et déjà se le représenter.

Problématique impressionnante, dont on conviendra certes que Kant ne l'invente pas comme telle, puisqu'il la reprend fort clairement à celui qu'il nomme, à la fin de l'Esthétique transcendantale, « l'excellent Berkeley » : ce que nous posons comme « en-soi » est toujours déjà un « en-soi pour-nous » – aporie dont Berkeley et, à partir de lui, toute la tradition de l'idéalisme dit « subjectif » déduisaient que l'en-soi n'existe pas, donc qu'il n'y a que des représentations et que la position d'un quelconque en-soi est rigoureusement impossible. Problématique non inédite, par conséquent, dans sa formulation même, mais cependant assumée par Kant (et par le Fichte de 1794) selon une tout autre option que celle qu'avait choisie Berkeley lui-même : à vrai dire, l'espace du criticisme s'ouvre en effet quand, dans le cadre ainsi tracé, se trouve pourtant récusée l'exténuation pure et simple de l'en-soi (et du problème qu'il constitue) telle qu'elle avait été pratiquée par Berkeley.

De cette originalité témoigne, dès 1772, la lettre à Herz. Sans ambiguïté aucune, Kant y souligne que la récusation de l'en-soi, tentante à partir de l'argumentation de Berkeley, interdirait de rendre compte d'une composante qui apparaît pourtant constitutive – nous dirions aujourd'hui : « phénoménologiquement » – du « vécu » de la représentation, à savoir que ce vécu est connoté de passivité. Effet ou dimension de passivité auxquels la lettre fait clairement allusion en suggérant que, si « ce qu'on appelle en nous représentation était *actif* vis-à-vis de l'objet, c'est-à-dire si par là même l'objet pouvait être produit », comme une simple représentation forgée par le sujet à partir de lui-même, assurément « la conformité des représentations aux objets serait intelligible », puisque, dans cette perspective, la représentation serait par définition conforme à ce qui émanerait directement d'elle et qui ne constituerait lui-même qu'un élément de la représentation. Pourtant, aux yeux du Kant de 1772, deux obstacles infranchissables apparaissent s'opposer à l'acceptation d'une telle perspective :

1. La structure envisagée est celle de la connaissance

divine, du moins telle qu'on s'en représente l'infinité, mais non point en tout cas celle de la connaissance humaine comme connaissance finie : « Notre entendement n'est pas, par ses représentations, la cause de l'objet (à l'exception des fins bonnes, en morale). » Certes notable, l'« exception » mentionnée réserve visiblement, il faudra y revenir, le cas des représentations pratiques – où le sujet moral, en se représentant telle ou telle fin comme bonne, est bien en un sens, en tant que législateur autonome, la cause de l'objet qu'il se donne comme devant être poursuivi (la « fin bonne » comme, si l'on peut dire, « chose à faire ») : où émerge d'ores et déjà la question de savoir ce qu'il peut en être, vis-à-vis d'une telle structure (autonome) de la subjectivité morale, du problème, entrevu dans notre avant-propos, de la finitude pratique. Pour autant, rien de tel ne paraît envisageable quand l'objet de la représentation correspond à ce que l'on pourrait appeler (pour la distinguer de la « chose à faire ») la « chose à connaître » (l'objet théorique, par opposition à l'objet pratique) : ce pourquoi, d'ores et déjà, l'éventualité que le sujet théorique produise à travers ses représentations l'objet même de celles-ci semble d'emblée exclue.

2. L'exclusion d'une telle perspective se trouve renforcée par la prise en compte d'une donnée incontournable du problème même de la représentation, à savoir précisément cette dimension de passivité qui caractérise le vécu d'une conscience d'objet où « la représentation se rapporte à un objet » comme si l'on pouvait dire que « ces choses nous sont *données* ». Au premier abord, l'intégration de cette passivité de la représentation reconduit à l'hypothèse de l'en-soi, apparemment indispensable pour rendre raison de ce vécu, où la représentation se rapporte à son objet comme s'il lui était « donné » [1] : comment toutefois ne pas

---

1. La seule démarche permettant, à vrai dire, d'esquiver cette référence réassumée, après l'objection de Berkeley, à l'hypothèse de l'en-soi consisterait à identifier la passivité de la représentation comme une illusion inhérente au point de vue fini qui est celui du sujet sur le processus considéré : auquel cas, toutefois, il faudrait faire la genèse d'une telle illusion – en une opération philosophique qui correspondra à la voie suivie par Schelling et l'idéalisme allemand, mais qui pré-

constater, si l'on est ainsi reconduit à une hypothèse légitimement condamnée depuis Berkeley, que ces questions, écrit Kant à Herz, « entraînent toujours une obscurité concernant le pouvoir de notre entendement » – savoir : « d'où lui vient cet accord avec les choses mêmes ? ».

Ainsi la manière dont se structure logiquement le problème de la vérité considéré sur ses deux versants (conformité, extériorité) se trouve-t-elle ici profondément éclairée, et ce de manière inédite : le problème de la vérité comme « accord » ou adéquation de la représentation avec l'objet se révèle être une conséquence directe du problème de l'en-soi, entendu comme problème de l'extériorité de la chose vis-à-vis de la représentation.

Cette structure logique du problème se trouvant explicitée, encore faut-il apercevoir quelles solutions Kant, en 1772, avait à sa disposition, et comprendre pourquoi, les évoquant allusivement, il les rejette sans compromis, exposant ainsi sa réflexion à un blocage que seule la *Critique de la raison pure*, neuf ans après, devait parvenir à surmonter.

### L'antinomie de la représentation

Deux solutions précritiques, parfaitement antithétiques, étaient à vrai dire disponibles, auxquelles Kant fait allusion dans sa lettre à Herz et qu'il écarte sans autre forme de procès. À bien des égards, c'est à Fichte qu'il appartiendra de construire, dans ses *Principes de la doctrine de la science*, cette antinomie qui, chez Kant lui-même, était demeurée largement implicite, même si l'effort pour la résoudre traverse toute la genèse du criticisme, de 1772 à 1781.

La solution « réaliste », dont Fichte estimera que le modèle est fourni par le spinozisme, consistait à considérer

___

supposera alors une négation pure et simple de la finitude théorique (sous la forme d'une conception de la connaissance comme produisant son objet et s'autolimitant à la faveur même de cette production). Parce que le criticisme est une philosophie de la finitude radicale, cette « solution » ne peut être envisagée.

que $O_1$, la chose en soi, produit en moi sa représentation $O_2$ : perspective qui, faisant de $O_1$ la cause de $O_2$, correspond à la « déduction de la représentation » selon ce que Fichte appellera le « point de vue de la causalité ». En clair : d'après la relation de causalité qui définit la solution réaliste, la passivité de la représentation, telle qu'elle est inscrite dans le Moi (dans son « vécu »), résulte d'une activité de l'en-soi (que Fichte nommera le Non-Moi) – bref, en termes fichtéens : « Le Moi est déterminé par le Non-Moi », où le Non-Moi est entendu de façon dogmatique [1] comme une cause extérieure au Moi, déterminant en lui des représentations qui sont elles-mêmes conçues comme les effets pour ainsi dire mécaniques de la chose en soi dans le sujet. Dispositif bien connu, qui constitue sans doute la thématisation du point de vue le plus spontané du sujet sur ses représentations, mais qui suppose cependant un investissement théorique assez lourd – savoir que 1. le Non-Moi existe hors du Moi, 2. ce Non-Moi est activité déterminante, 3. le Moi (le sujet de la représentation) est passivité déterminée. Que ce soit ou non en vertu du coût d'un tel investissement, cette solution se trouve en tout état de cause exclue, sans explication, par la lettre de février 1772 à Marcus Herz, où Kant l'évoque par allusion et négativement en reconnaissant les lacunes de la *Dissertation de 1770* : « Comment donc était possible [...] une représentation qui se rapporte à un objet sans être d'aucune façon *affectée* par lui, voilà ce que j'ai passé sous silence » – où il faut comprendre que si, en 1770, Kant n'a pas explicité les

---

1. La meilleure définition du dogmatisme, au sens que le criticisme donne à ce terme, est fournie par Fichte en 1794 (*Œuvres choisies de philosophie première, op. cit.*, p. 36) : le dogmatisme consiste à opposer quelque chose au Moi en soi, donc à prétendre sortir du Moi, donc « dépasser le Moi » – et, comme tel, le dogmatisme est « transcendant » ; par opposition, le criticisme consisterait à tout poser dans le Moi, et dès lors, comme tel, le criticisme serait « immanent ». En vertu de quoi il n'y aurait que deux systèmes philosophiques possibles : le criticisme, qui, concevant la chose elle-même comme « ce qui est posé dans le Moi », reconnaît la limite du Moi comme infranchissable, et le dogmatisme, qui croit pouvoir la dépasser. Ce qui bien évidemment, comme on le verra, réserve les redoutables questions posées, chez Kant, par la notion de chose en soi.

conditions de possibilité de la conscience d'objet, du moins
exclut-il d'ores et déjà catégoriquement en 1772, dans sa
position même du problème de la représentation, que la
solution doive en prendre la forme (réaliste) d'une théorie
de l'affection. Exclusion qui fait véritablement surgir la difficulté du problème, car s'il faut renoncer à notre point de
vue spontanément réaliste (ou dogmatique) sur la représentation, « par quel moyen ces choses nous sont-elles données, si elles ne le sont pas par la façon dont elles nous
affectent ? ».

Ce que la problématique de la représentation a d'ardu
est encore renforcé par l'exclusion kantienne de l'autre
solution envisageable, issue des interrogations soulevées
par Berkeley sur l'en-soi, à savoir la solution idéaliste.
Succinctement présentée, elle consiste à déclarer illusoire
l'impression d'extériorité inscrite dans la conscience d'objet (la passivité de la représentation) – en d'autres termes :
à nier l'intentionnalité de la conscience. Ainsi faudrait-il
considérer que $O_1$ n'existe pas, que l'objet est ma représentation, ou, selon la formule de Berkeley, qu'« être,
c'est être perçu ou percevoir » ; en l'occurrence : qu'il
n'existe que le sujet et ses représentations (ou ses
« idées »). En 1794, les *Principes de la doctrine de la
science* attribueront cette solution idéaliste, pour des raisons que l'on explicitera ci-dessous, à Leibniz en l'identifiant comme une « déduction de la représentation » selon
« le point de vue de la substantialité » – en ce sens que,
si l'en-soi n'existe pas, le Moi est la seule substance, dont
les représentations sont seulement les accidents, et toute
activité réside dès lors dans le Moi : auquel cas une telle
solution, pour prétendre à une quelconque consistance,
devra à l'évidence s'affronter au « phénomène » de la passivité inscrite dans le vécu du sujet représentatif et s'efforcer de rendre compte d'une telle passivité sans sortir
du sujet, c'est-à-dire sans retomber dans le réalisme.
L'idéalisme pouvait-il tenir ce pari et à quel prix ? Dès
1772, la lettre à Marcus Herz laisse penser que Kant a
perçu ce coût comme excessif, puisqu'il refuse catégoriquement que « ce qu'on appelle en nous représentation »
soit « *actif* vis-à-vis de l'*objet* ».

Catégorique, le rejet de l'idéalisme n'en était pas moins elliptique, tout comme celui du réalisme. Si l'on complète, notamment en suivant l'explicitation fichtéenne de l'antinomie de la représentation, ce que Kant s'est ici borné à suggérer, il n'est toutefois pas impossible de reconstruire la logique de cette double exclusion en vertu de laquelle le criticisme s'est imposé la tâche délicate de faire comprendre comment nos concepts (nos « représentations intellectuelles », dit alors Kant) peuvent se rapporter à l'objet « sans pour autant être causés par l'*objet* ni produire eux-mêmes l'*objet* », donc sur un mode qui ne saurait être ni celui qu'avait envisagé le réalisme ni celui qu'avait imaginé l'idéalisme [1].

Les apories du réalisme étaient en réalité flagrantes depuis l'assaut lancé par Berkeley, et l'on comprend que Kant n'ait pas jugé nécessaire d'y insister excessivement : au nom de quoi en venons-nous à poser l'objet de la représentation comme existant en soi ($O_1$), dès lors que, si c'est nous qui le posons comme tel, il n'est jamais proprement « en soi », mais « pour nous » ? Outre que le réalisme passe ainsi, de lui-même, dans l'idéalisme, sa théorie de la vérité comme conformité de $O_2$ à $O_1$ se heurte à une difficulté insurmontable dont le principe a déjà été pointé ci-dessus : soutenir que, dans la mesure où l'en-soi est la cause de ma représentation, cette dernière peut être conforme à sa cause ou lui « ressembler », c'est en effet concevoir la connaissance comme un « reflet » de la « réa-

---

1. Le souci de la précision impose de faire observer qu'en 1772, dans la lettre à Herz, Kant concentre encore cette interrogation sur les seules représentations *intellectuelles* (les concepts), par opposition aux représentations *sensibles*, dont il semble ne pas exclure une possible genèse de type réaliste. En témoigne la manière dont il suggère que « les représentations *passives* ou sensibles ont un rapport concevable à des objets » : identifier les représentations sensibles à des représentations purement passives, c'est inviter de fait, à concevoir leur relation à l'objet dans les termes réalistes d'une affection de la conscience sensible par l'objet. Dans la *Critique de la raison pure* en revanche, les représentations sensibles elles-mêmes supposeront une liaison de la matière par la forme des intuitions, donc une *activité* de synthèse : en ce sens, il ne sera plus possible, même au plan de la conscience sensible, de considérer que toute l'activité est dans le Non-Moi, et la perspective réaliste sera expulsée de son dernier bastion.

lité », et toute théorie réaliste de la vérité sera ainsi, plus ou moins directement, une théorie du reflet ; pour autant, de quelle façon fonder ce sous-entendu de toute théorie du reflet, à savoir précisément que la représentation vraie « ressemble » à sa cause – sinon en postulant, pour le sujet, la possibilité de sortir de lui-même et de comparer $O_2$ et $O_1$ ? Au-delà de ce qu'une telle possibilité aurait décidément de mystérieux, comment ne pas apercevoir alors que, si je me représente $O_1$ pour le comparer à $O_2$, le prétendu en-soi ($O_1$) se confond déjà avec $O_2$ ? Ainsi le réalisme est-il proprement impensable, puisque celui qui le défend ne peut penser ce qu'il énonce en distinguant $O_1$ et $O_2$ [1] : même si, de fait, les théories du reflet avaient encore, au moment où Kant en écartait le principe sans même le discuter, un bel avenir devant elles [2], on peut donc comprendre que l'essentiel de la discussion suscitée par la question de la représentation se soit concentré, pour Kant et ses successeurs, du côté de la solution idéaliste amorcée par l'« excellent Berkeley » [3].

1. En ce sens, Fichte estime en 1794 que, si Spinoza (le réalisme) est irréfutable, la seule critique pertinente consiste à mettre en évidence qu'il ne peut penser ce qu'il dit (*op. cit.*, p. 23, p. 37).

2. Impossible ici de ne pas évoquer un instant, de ce point de vue, l'inénarrable réhabilitation du « réalisme naïf » revendiquée par Lénine, commentant Engels, dans *Matérialisme et empiriocriticisme*, Moscou, Éd. du Progrès, 1970, p. 80 sq. : à suivre Lénine, « tout homme sain d'esprit qui ne sort pas d'une maison d'aliénés ou de l'école des philosophes idéalistes » admet « l'existence des choses [...] indépendamment de notre Moi » et considère que « les sensations, notre conscience » n'en sont que « l'image » ; c'est cette « conviction naïve » que le matérialisme « met consciemment à la base de sa théorie de la connaissance », en faisant de la représentation un « reflet » (*Abbild*) s'accordant avec la réalité qui existe hors de nous. Non sans audace, le matérialisme se trouve donc défini comme admettant l'existence de choses en soi et comme refusant (à la différence de Kant, précise Lénine, p. 127) qu'elles soient inconnaissables : « Tous les matérialistes admettent la possibilité de connaître les choses en soi », puisque les représentations sont pour eux des « copies » des objets en eux-mêmes (p. 132). On ne saurait rêver plus parfaite illustration de la manière dont, dans la version réaliste de la problématique de la représentation, celui qui fait de $O_2$ le reflet de $O_1$ ne peut penser ce qu'il dit en distinguant les deux termes.

3. Je laisse ici de côté la manière dont Kant, dans sa lettre à Herz,

L'idéalisme présente en effet un avantage flagrant, que Kant reconnaît volontiers dans sa lettre à Herz : si la représentation produisait activement l'objet, il n'y aurait rien d'étonnant à ce qu'elle soit conforme à son produit, et donc le problème de la vérité, apparemment, serait résolu sans grande peine. Pourtant, deux difficultés principales peuvent se repérer dans cette apparente solution.

La première tourne, on l'a dit, autour de cette dimension de passivité dont se trouve connoté notre vécu de la représentation et qui paraît malaisément compatible avec la perspective d'une production de l'objet par l'activité représentative. Dit autrement : un tel rapport à l'objet fait songer à la « connaissance divine », en tout cas telle que nous nous en représentons l'infinité, plutôt qu'à ce qu'a de fini un entendement comme le nôtre qui doit recevoir de l'extérieur le contenu de sa connaissance – ce dont témoigne précisément cette dimension de passivité qui accompagne toutes nos représentations. Là où le réalisme ne rendait pas compte de l'activité inhérente à la représentation, l'idéalisme interdit d'en penser la passivité – tant et si bien qu'une solution pleinement satisfaisante du problème de la représentation, surmontant les inconvénients symétriques et inverses du réalisme et de l'idéalisme, devrait avoir pour caractéristique, Fichte ne cessera d'y insister en 1794, de composer dans la représentation l'activité et la passivité.

Cette première difficulté est sérieuse : elle n'était cependant peut-être pas insurmontable par l'idéalisme lui-même, ainsi qu'en témoigne la manière dont elle sera directement affrontée par les premiers postkantiens, qui tenteront bel et bien d'expliquer la passivité sans sortir du sujet et sans la renvoyer à une affection par un quelconque

---

démonte la parade que les cartésiens ont tenté d'apporter, à travers la théorie de la « garantie divine », à l'aporie du réalisme : faire de Dieu le garant de l'accord entre $O_1$ et $O_2$ n'est qu'un expédient inefficace, qui fait entrer la réflexion dans un « cercle vicieux » (*op. cit.*, trad. citée, Pléiade, p. 693), puisque, pour pouvoir fonder sur l'idée d'un Dieu non trompeur « la validité de nos connaissances », il faudrait déjà avoir démontré que notre représentation de Dieu (comme ne pouvant vouloir nous tromper) correspond à l'être même de Dieu, à son « en-soi ».

en-soi. On sait en effet comment, dès 1790, Salomon Maimon, à la faveur de la transposition d'un modèle physique
leibnizien (qui faisait du repos un cas limite du mouvement), devait proposer une reconstruction du criticisme
évitant tout recours à une chose en soi et réinterprétant la
passivité comme une différentielle (un terme « infiniment
petit ») de la spontanéité [1] : l'entendement fini devenait
ainsi l'entendement infini se finitisant, donc un simple
moment de l'entendement infini. Solution originale et
puissante, qui joua un grand rôle dans la genèse de l'idéalisme allemand [2], mais que Kant, auquel Maimon avait
transmis le manuscrit de son *Essai* par l'intermédiaire de
Marcus Herz, devait rejeter catégoriquement dans une
lettre à ce dernier datée du 26 mai 1789 [3] : dans un
contexte fortement marqué, depuis 1785, par la « querelle
du panthéisme » [4], il y accuse la position maimonienne de
n'être qu'une forme de spinozisme, aboutissant à faire de
l'entendement fini une partie de l'entendement infini.
Rétrospectivement, le procédé apparaît certes quelque peu
expéditif et confirme que Kant ne manifesta décidément
pas (Fichte en fit peu après l'amère expérience) une
grande tendresse à l'égard de ceux de ses disciples qui
entreprirent d'« améliorer » son système. Surtout, achevant la *Critique de la faculté de juger*, il ne pouvait que
renvoyer à la parution de cet ouvrage, en 1790, sa véritable réponse – savoir que tout discours sur l'entendement

1. S. Maimon, *Essai sur la philosophie transcendantale*, trad. par
J.-B. Scherrer, Paris, Vrin, 1989.
2. On se reportera sur ce point aux analyses magistrales de
J. Rivelaygue, *Leçons de métaphysique allemande*, I, *op. cit.*,
p. 134 sq. La structure leibnizienne exploitée par Maimon a ensuite
largement inspiré le Fichte de 1794, dans sa conception du sujet
fini comme finitisation à l'infini du sujet absolu, puis la construction
hégélienne de la dialectique comme ce mouvement où « un terme
(l'activité) pose son contraire (la passivité) comme sa limite (la différentielle) et réintègre le contenu de ce contraire (en lui-même) »
(J. Rivelaygue, *op. cit.*, p. 149).
3. Cette lettre d'une grande importance (AK, XI (2), p. 48 sq.) est
traduite par J. Rivelaygue, in *Œuvres philosophiques de Kant*, II, *op.
cit.*, Bibliothèque de la Pléiade, p. 837 sq.
4. Sur cette querelle, qui est aussi une querelle du spinozisme, voir
ci-dessous, chapitre II.

infini (archétypique) ne saurait jamais avoir de statut que réfléchissant et constitue donc simplement un point de vue du sujet fini sur l'Absolu, mais non point une vérité susceptible de fonder ultimement la philosophie transcendantale [1].

Nous n'en sommes évidemment pas là, et pour cause, en 1772, lorsque la lettre à Marcus Herz repousse la solution idéaliste du problème de la représentation, et la difficulté qu'il y a, du point de vue de l'idéalisme, à penser la passivité de la représentation ne peut donc qu'apparaître à Kant particulièrement redoutable. D'autant que cette première difficulté se redouble d'une seconde : si l'objet est ma représentation, la question surgit en effet de la possibilité même d'une quelconque vérité, tant il est évident que, pour parler d'une vérité ou d'une objectivité, il faut pouvoir postuler l'accord des différents sujets sur leurs représentations ; or, si c'est la représentation, donc le sujet, qui produit l'objet, pourquoi n'y aurait-il pas autant d'objets qu'il y a de sujets ? Risquant ainsi de conduire au scepticisme, l'idéalisme a bien tenté d'élaborer ici une parade, en confiant à Dieu, chez Berkeley, le soin d'accorder entre elles les représentations : subterfuge théologique (comme du côté du réalisme, à travers la thématique du Dieu non trompeur) qui, toutefois, ne saurait clore durablement la discussion, puisque, avec ce recours à Dieu, est réintroduit dans l'idéalisme même un moment d'extériorité par rapport à la représentation (Dieu comme chose en soi) qui entre en contradiction avec le principe même de la position défendue. À moins que l'on ne considère que ce Dieu lui-même est ma représentation, auquel cas cependant l'on n'aurait pas progressé d'un pouce par rapport à la difficulté que le détour théologique était supposé résoudre. Ainsi la solution idéaliste achoppe-t-elle gravement sur cela même dont elle était censée pouvoir s'acquitter le plus aisément, à savoir la fondation de l'objectivité.

Ni le réalisme ni l'idéalisme ne résolvent donc la ques-

---

1. Les § 76-77 de la *Critique de la faculté de juger* jouent à cet égard un rôle décisif.

tion de la représentation, qui donne ainsi lieu à une véritable antinomie qu'aux yeux de Kant la métaphysique n'a jamais surmontée. C'est en fait de l'effort pour produire enfin la solution de cette antinomie, et pour imposer à l'interrogation philosophique les déplacements requis par une telle solution, qu'est née la *Critique de la raison pure*.

## L'interrogation transcendantale

Une fois perçu dans quelle mesure la question de la représentation est la question critique par excellence, celle dont la solution, selon la fameuse formule de la lettre à Marcus Herz, fournira la « clef » du « mystère » de « la métaphysique jusqu'ici encore cachée à elle-même », il faut encore comprendre en effet en quel sens le principe de la réponse kantienne consistera à faire émerger, de 1772 à 1781, un style inédit d'investigation philosophique, défini par une interrogation nouvelle que Kant a choisi de désigner comme « transcendantale » [1].

Depuis la Préface de la deuxième édition de la *Critique de la raison pure* et l'analogie que Kant y esquisse entre la révolution accomplie par les Modernes en physique et celle qu'il se propose de produire en métaphysique, on s'est accoutumé à évoquer la « révolution copernicienne » introduite par Kant dans la problématique de la connaissance. Il ne faut pas hésiter à déclarer confuse, voire égarante, cette façon de présenter le déplacement kantien. Par rapport à la démarche « ptolémaïque », Copernic avait décentré l'investigation physique en substituant le Soleil à la Terre comme foyer du système astronomique : à l'inverse, la révolution kantienne, en un sens plus « ptolémaïque » que « copernicienne », recentre l'investigation philosophique autour de la subjectivité en mettant entre parenthèses, dans la question de la vérité, la relation entre la représentation ($O_2$) et l'en-soi ($O_1$). Le déplacement est

---

1. Cette articulation de la question critique et de l'interrogation transcendantale est présentée brièvement, mais avec une grande netteté, par J. Rivelaygue, *Leçons de métaphysique allemande*, II, *op. cit.*, p. 51 sq. J'explicite ici l'articulation et souligne sa portée philosophique.

ainsi inverse – ce pourquoi la deuxième Préface n'établit, entre le moment copernicien de la physique et le moment kantien de la métaphysique, qu'une « analogie », que la réflexion doit donc dépasser si elle entend comprendre pleinement ce qui se joue dans la démarche critique.

La révolution kantienne, principe de la solution du problème de la représentation, correspond en fait à une façon renouvelée de poser la question de la vérité (ou de l'objectivité). Dans les termes de la métaphysique, la question de la vérité était celle du rapport entre $O_1$ et $O_2$ – manière de poser la question qui conduisait aux apories insurmontables du réalisme et de l'idéalisme. Pour échapper à l'antinomie de la représentation, il est donc nécessaire – telle a été la conviction de Kant, en même temps que la teneur de sa « révolution » – de modifier les termes mêmes de la question, en n'interrogeant résolument plus la relation entre le sujet (avec ses représentations) et l'en-soi, mais bien le rapport entre le sujet lui-même et ses représentations [1]. En un point ou en un autre, la première façon de poser la question de la vérité imposait que l'on crût pouvoir sortir de la représentation (soit pour comparer $O_1$ et $O_2$, soit pour poser l'existence en soi d'un Dieu non

1. De là procède, et non point du tout (comme on le verra) d'un quelconque solipsisme de Kant, le privilège accordé à la relation réflexive, c'est-à-dire au rapport entre le sujet et ses propres représentations. À cet égard, D. Henrich, même si je ne partage pas toutes ses options, me semble avoir autrement mieux compris que J. Habermas ou même K.O. Apel quel moment de vérité se trouve compris dans la décision de situer le « commencement » d'un discours philosophique dans le rapport à soi (autocompréhension) du sujet de la connaissance aussi bien que du sujet de l'action : voir notamment sur ce point, parmi les ouvrages de D. Henrich (dont on peut regretter l'absence de toute traduction française), *Fichtes ursprüngliche Einsicht*, Francfort, Suhrkamp, 1967, et *Sebstverhältnisse*, Stuttgart, Reclam, 1982. On se reportera aussi au volume d'hommage (éd. par K. Cramer, R.-P. Hortsmann et U. Pothast), *Theorie der Subjektivität*, Suhrkamp, 1987 ; de ce volume important, seule la contribution de Habermas, qui discute la « philosophie réflexive » de Henrich en la renvoyant à la « métaphysique », est traduite, par R. Rochlitz, in J. Habermas, *La Pensée postmétaphysique*, Paris, A. Colin, 1993, p. 18-34 (« La métaphysique après Kant » ). Le débat français sur la subjectivité gagnerait beaucoup à intégrer ce débat entre « philosophie réflexive » et « éthique de la discussion ».

trompeur ou d'un Dieu accordant entre elles les représentations) : elle impliquait ainsi un inévitable moment de
dogmatisme, au sens précisément kantien (ci-dessus
défini) de ce terme – autrement dit, à travers la conviction
que le sujet pouvait sortir de lui-même, une négation de
la radicalité de sa finitude. La seconde façon (critique) de
poser le problème de l'objectivité part de la subjectivité
et, il faut y insister, demeure à l'intérieur des limites de
la subjectivité, selon un geste (constitutif de la révolution
dite « copernicienne » du criticisme) qui, pour des raisons
claires, fait donc du kantisme une philosophie du sujet en
même temps qu'une philosophie de la finitude radicale.
Toute pseudo-lecture de Kant qui, s'empêtrant dans le filet
des stratégies et des polémiques, fait du criticisme le lieu
d'une destitution posthumaniste du sujet, ne sait proprement pas de quoi elle parle [1] : la révolution kantienne
commence avec l'installation de la réflexion à l'intérieur
de la seule et indépassable subjectivité ; que cette philosophie du sujet ait aussi développé une critique implacable, la plus implacable peut-être, des métaphysiques de
la subjectivité constitue justement son originalité la plus
profonde et n'autorise pas à la confondre avec une quelconque entreprise de destitution de la subjectivité en tant
que telle.

Dans ce cadre renouvelé (celui d'une philosophie du
sujet, par opposition aux philosophies de la chose qu'ont
été et demeurent les divers dogmatismes), quel sens
acquiert la question de la vérité ? Poser le problème de
l'objectivité à l'intérieur de la subjectivité, c'est inviter le
sujet à s'interroger sur ce qu'il peut tenir pour objectif en
lui, autrement dit : à discriminer celles de ses représentations qu'il doit considérer comme lui étant particulières
(irréductiblement subjectives, au sens, si je puis dire, de
la subjectivité individuelle) et celles qu'il peut considérer
comme objectives, c'est-à-dire comme susceptibles d'être

---

1. On me pardonnera d'en rester, pour une fois, à l'allusion et de
ne pas, comme on dit, « donner de noms » : je considère avoir été
assez clair ailleurs ; au demeurant retrouvera-t-on à plusieurs reprises,
dans la suite de ce livre, des traces de ce débat franco-français sur
l'appropriation de Kant.

partagées avec tout autre sujet (universelles). L'investigation trancendantale est ainsi celle qui tente de dégager les conditions de possibilité d'une objectivité comprise sur ce mode, donc les conditions qui rendent possible, à l'intérieur du sujet, cet arrachement à l'individualité, ou cette transcendance dans l'immanence, à la faveur de quoi certaines de mes représentations valent, non pas seulement pour moi, mais aussi, au moins en droit, pour tous.

Ainsi est-il clair qu'à travers ce déplacement dans le style de l'investigation philosophique, c'est la notion même de vérité (ou d'objectivité) qui change de sens : en amont de Kant, l'« objectif » (le vrai) est l'opposé du « subjectif », l'extérieur au sujet, le « hors-sujet », donc l'en-soi comme objet de la représentation ; chez Kant et dans la tradition issue de lui, l'objectif est ce qui vaut universellement pour tout sujet, donc l'intersubjectif. C'est donc bien du rapport du sujet à ses représentations (et non plus du rapport des représentations à l'en-soi) que dépend l'irruption de l'objectivité : là où le sujet appréhende en lui des représentations (théoriques, pratiques ou esthétiques) dont il éprouve, comme l'on dit, qu'elles le « dépassent » et pourraient (devraient) être partagées par tout autre sujet [1], s'ouvre un espace d'objectivité ; là où le sujet se rapporte à certaines de ses représentations en éprouvant qu'elles ne valent que pour lui (par exemple, à travers le plaisir qu'elles lui procurent), rien ne s'apparente à un quelconque sentiment de vérité.

On comprend dès lors pourquoi tout l'effort de Kant, dans la *Critique de la raison pure* et au-delà, sera pour montrer qu'il existe dans le sujet, structurant certaines de ses représentations (qui se signalent par cette vocation ou par cette prétention à l'universalité), des règles ou des lois nécessaires et universelles, constitutives pour ainsi dire de la possibilité même d'une expérience et donc précédant

---

1. La teneur et les modalités de ce « dépassement » ne sont assurément pas les mêmes dans les registres théorique, pratique et esthétique : les trois *Critiques* témoignent précisément de ces différences ; reste que, dans les trois sphères, il y va d'une telle transcendance dans l'immanence, dont il y a de ce fait matière à clarifier les conditions de possibilité.

toute expérience effective – c'est-à-dire : des règles ou des lois *a priori* permettant de lier ou de synthétiser de façon objective (au sens qui vient d'être dégagé) la diversité des représentations. L'investigation transcendantale consiste pour une large part à dégager ces règles qui ne constituent certes pas par elles-mêmes et en elles-mêmes des connaissances objectives : le surgissement de telles connaissances suppose en effet un contenu ou un « donné » (fourni par ce que Kant appelle l'« intuition »), à quoi les règles s'appliquent ou qui vient se subsumer sous elles ; du moins est-il aisément compréhensible que, sans l'intervention de ces règles et leur application au donné, l'apparition, dans le sujet, d'une sphère d'objectivité serait impossible. Ainsi voit-on poindre d'ores et déjà toute une série d'exigences auxquelles devra satisfaire la *Critique de la raison pure* et qui, dérivant directement de cette réélaboration kantienne de la problématique de l'objectivité en termes d'interrogation transcendantale, vont composer les pièces essentielles d'une critique de la métaphysique.

*De la question de la représentation à la critique de la métaphysique*

En 1772, la perspective d'une telle critique était en réalité encore fort éloignée. De fait, même si elle est irremplaçable pour voir se dessiner, à travers la question de la représentation, les déplacements d'où est né le criticisme, la lettre à Marcus Herz ne doit pas être l'objet d'une illusion rétrospective conduisant à la surestimer – auquel cas on s'exposerait à manquer la teneur spécifique de la philosophie transcendantale proprement dite.

D'une manière qui peut aujourd'hui nous déconcerter, c'est en effet en tentant de mener à bien une entreprise foncièrement « métaphysique » (non critique), héritée de la *Dissertation de 1770*, que le Kant de 1772 fut conduit à formuler, nous avons vu en quels termes, la question de la représentation. En 1770, comme on le sait, Kant croyait pouvoir édifier une métaphysique en isolant avec soin la science du sensible ou des phénomènes (nommée alors, en hommage à Lambert, « phénoménologie ») et la

science de l'intelligible ou des noumènes (désignée
comme une « ontologie ») [1]. Parallèlement, il distinguait
ce qu'il appelait l'« usage logique » de l'entendement, où
les concepts s'appliquent au sensible, et l'« usage réel »,
où ils s'appliqueraient aux noumènes, c'est-à-dire, croyait-
il encore, aux choses telles qu'elles sont, en elles-mêmes,
indépendamment de leur déformation par les cadres spa-
tio-temporels de la sensibilité [2]. Or, c'est en essayant de
cerner de plus près les conditions de cet usage réel que
Kant fut amené vers 1772, ainsi qu'en témoigne la lettre
à Herz, à s'interroger sur la teneur précise du rapport entre
le concept et le noumène, c'est-à-dire entre la représentation (intellectuelle) et l'objet en soi – faisant émerger
par là, à partir d'une visée parfaitement métaphysique, ce
problème de la représentation qui devait le conduire, paradoxalement, à une critique radicale de la métaphysique.
Ce pourquoi il importe de ne pas surévaluer, disais-je, le
document de 1772 : la question critique y apparaît bien,
mais dans un contexte, celui de l'interrogation métaphy-

1. Pour l'analyse du kantisme « précritique » de 1770, que je laisse
ici de côté, on se reportera à l'excellent exposé de J. Rivelaygue,
*Leçons de métaphysique allemande*, I, *op. cit.*, p. 13 sq. Sur la notion
de « phénoménologie », voir la lettre à Lambert du 2 septembre 1770,
trad. par J. Rivelaygue, in *Œuvres philosophiques de Kant*, I, *op. cit.*,
Bibliothèque de la Pléiade, p. 687 sq., et par G. Granel, in *L'Équivoque
ontologique de la pensée kantienne*, Paris, Gallimard, 1970, p. 35 : la
« phénoménologie générale » est « la science [qui] déterminera les
principes sensibles, leur validité et leurs limites, afin qu'ils ne troublent
plus les jugements portant sur les objets de la pure raison » – et en ce
sens elle constitue une « discipline purement négative », « propédeutique » à la « métaphysique proprement dite », qui, quant à elle, sépare
radicalement les « objets de la pure raison » et les « concepts de la
sensibilité ».
2. On ne saurait assez insister, comme l'a parfaitement fait
A. Philonenko (*L'Œuvre de Kant*, I, *op. cit.*, p. 80 sq.), sur le fait qu'en
1770 Kant, qui conçoit très traditionnellement la sensibilité comme
une souillure, pense encore qu'une connaissance métaphysique des
objets en soi par concepts est possible ; ainsi l'accès à la vérité relève-
t-il d'un travail autonome de l'entendement, épuré de tout contact avec
la sensibilité : « Toute méthode de la métaphysique relative aux sensibles et aux intelligibles revient essentiellement à ce précepte : 
prendre grand soin que les principes propres de la connaissance sensible ne sortent pas de leurs limites propres et n'aillent pas souiller les
intelligibles » (§ 24).

sique sur les noumènes, qui interdit encore d'y répondre
sur le mode d'une investigation transcendantale.

Dans le domaine français, Alexis Philonenko, puis
Jacques Rivelaygue [1] l'ont souligné avec une netteté telle
qu'il n'est plus nécessaire d'y revenir longuement : de
1772 à 1781, les principaux déplacements survenus dans
la problématique de la représentation engagent la manière
dont l'usage réel de l'entendement sera « interdit » (ce
pourquoi, dans la *Critique*, les concepts, sans intuition,
sont vides de tout objet et n'atteignent donc aucun noumène), tandis que l'usage logique, pour sa part, « va se
révéler problématique ». La lettre à Marcus Herz indiquait
qu'à constituer une table exhaustive et systématique des
concepts purs, on parviendrait à résoudre pleinement le
problème de la connaissance intellectuelle, et par là même
à « déterminer la nature et les limites de la *métaphysique* »
(comme connaissance de l'en-soi) : conviction certes
naïve [2], mais qui tenait au fait que, si de tels concepts purs
ne se pouvaient repérer, il faudrait en rester à la réduction
humienne de l'entendement à un ensemble de concepts
empiriques – auquel cas, assurément, la métaphysique
comme connaissance de l'intelligible serait impossible. Ce
pourquoi Kant exprimait alors sa conviction qu'il ne lui
faudrait qu'« environ trois mois » pour « présenter une
*Critique de la raison pure* ». Espoir dont la genèse beaucoup plus lente de la *Critique* montre à quel point il dut
être déçu, et ce pour des raisons aujourd'hui bien connues
et qui remirent en cause la belle confiance dont témoignait
en 1770 la théorie des usages de l'entendement.

1. A. Philonenko, *L'Œuvre de Kant*, I, *op. cit.,* p. 97 sq. ;
J. Rivelaygue, *Leçons de métaphysique allemande*, II, *op. cit.,* p. 33 sq.
Le parcours accompli entre 1772 et 1781 avait déjà été analysé avec
précision par H. Cohen, *Kants Theorie der Erfahrung* (1918) et *Kants
Begründung der Ethik* (1910). Concernant l'usage réel et l'usage
logique, je reprends ci-dessous les expressions de J. Rivelaygue sur
l'interdiction de l'un et la problématisation de l'autre.
2. La naïveté en réside dans la façon dont, à aucun moment, Kant
ne semble envisager que de tels concepts purs ou *a priori* pourraient
parfaitement ne pas se rapporter à l'en-soi et se trouveraient donc
exposés à demeurer vides.

Ainsi que l'a établi de Vleeschauwer [1], c'est entre 1775 et 1778 que Kant, s'efforçant de mener à bien son projet d'une table systématique des catégories, s'aperçut que le « fil conducteur » permettant d'établir une telle table se trouvait en fait dans la table des jugements. Découverte qui entraîna une modification radicale dans sa compréhension de l'entendement, qu'il concevait jusqu'ici comme une faculté d'analyse : en trouvant les catégories à partir des jugements, Kant était contraint d'apercevoir, dans la mesure où tout jugement relie ou « synthétise » une diversité (de concepts ou d'intuitions), que l'entendement est, intrinsèquement, une faculté de synthèse et que les concepts purs correspondent en fait aux notions fondamentales qui sont en jeu dans les différents types de synthèse que sont les divers ordres de jugements. En vertu de quoi, si l'entendement n'est plus simplement le réceptacle passif d'une collection d'idées, comme chez Descartes ou chez Hume, mais s'il est activité de synthèse, son usage logique, nullement problématisé en 1770-1772, va devenir l'objet d'interrogations redoutables : comment l'entendement peut-il en effet synthétiser des représentations (sensibles) qui ne procèdent pas de lui ? Si les concepts sont les différentes méthodes qu'utilise cet entendement pour ramener la diversité des intuitions à l'unité, comment s'appliquent-ils à un donné qui leur est hétérogène ? Bref, en même temps que Kant faisait prendre à la notion de concept, entendu désormais comme une opération du sujet, l'un des virages les plus radicaux qu'ait eus à négocier son histoire, il déplaçait considérablement les termes dans lesquels s'en pouvaient réfléchir les usages possibles.

L'éventualité même d'un usage réel de ces concepts, c'est-à-dire la perspective de leur entrée en rapport avec le noumène, apparaissait désormais exclue. Si le concept est la forme d'une activité de l'esprit humain, on ne voit en effet nullement pourquoi, sauf à être produit par le

---

1. H.J. van Vleeschauwer, *L'Évolution de la pensée kantienne*, Paris, Alcan, 1939 ; *La Déduction transcendantale dans l'œuvre de Kant*, 3 vol., La Haye, Nijhoff, 1934-1937 (rééd. Garland Publishing, New York, 1976).

concept (mais on a constaté que la lettre à Marcus Herz excluait cette éventualité), un tel objet intelligible, comme par miracle, lui correspondrait. Restait dès lors à confier à la sensibilité, seule source de contenu possible, le soin d'apporter aux concepts leur matière – si l'on préfère : la matière de ces synthèses dont les catégories constituent la forme. Auquel cas il fallait alors admettre que l'usage logique lui-même, repensé à partir de la découverte du caractère synthétique de l'entendement, non seulement prenait une importance imprévisible en 1770 ou même en 1772, mais, pour les raisons déjà indiquées, soulevait des difficultés à l'horizon desquelles se profilent déjà la déduction transcendantale et la théorie du schématisme : bref, confrontée à l'exigence de comprendre comment une activité peut s'appliquer à une matière étrangère à elle par sa provenance comme par sa teneur, la théorie de l'usage logique des concepts se présentait sous une tournure beaucoup plus problématique qu'avait pu le croire la lettre à Marcus Herz.

*

L'importance de ces déplacements permet de comprendre pourquoi le délai envisagé par Kant, en février 1772, pour mener à bien la *Critique de la raison pure* s'est démesurément allongé, de trois mois à neuf ans. Qui plus est, d'autres lettres à Herz d'avril et d'août 1778 prévoyaient un « petit ouvrage » (*Werkchen*), qui comptera finalement 856 pages dans l'édition de 1781, et 884 dans celle de 1787. Au demeurant, à en croire Kant (lettre à Mendelssohn du 16 août 1783), ces pages furent-elles écrites très rapidement, du moins dans leur version définitive, puisque la rédaction, étonnamment tardive, est dite avoir duré « quatre ou cinq mois ».

Je n'insisterai pas davantage ici sur cette émergence de la problématique kantienne. Simplement fallait-il faire ressortir selon quelle logique se sont trouvées impliquées l'une par l'autre, chez Kant, la question de la représentation, une critique de la métaphysique (à travers l'interdiction de l'usage réel de l'entendement), une pensée de la finitude comme radicale (précisément à travers l'exclusion de toute relation à l'en-soi) et un recentrement de l'interrogation philosophique sur la subjectivité – notamment sur la relation, au sein du sujet, entre concept et intuition, et non plus sur le rapport entre concept et noumène. C'est en fait à travers cette série d'implications que s'est construit le criticisme ; c'est aussi la mise en évidence de cette logique qui permet d'ores et déjà d'entrevoir à quel point il a pu correspondre, non pas simplement à une philosophie nouvelle, mais bien à une transformation, sans équivalent par son ampleur, de la philosophie elle-même.

Au-delà de la mise en évidence de ce qui a ainsi enclenché ce processus de transformation de la philosophie, le principal objectif de ce livre, je m'en suis expliqué dans l'avant-propos, est d'en mesurer la portée, et ce vis-à-vis de ce que sont devenues les exigences philosophiques de notre temps. Aussi m'est-il apparu nécessaire d'articuler d'emblée à ce premier chapitre un repérage et, au moins partiellement, une discussion des principales difficultés en vertu desquelles la question critique et son développement pourraient apparaître ne plus fournir aujourd'hui à la philosophie le fil conducteur de ses interrogations.

Chapitre II

## PROBLÉMATISER LE CRITICISME

Il existe assurément de multiples critiques de Kant, qu'il n'entre pas dans mon projet de passer en revue exhaustivement. Certaines d'entre elles, même intrinsèquement passionnantes, seront ici laissées de côté, dans la mesure où, à tort ou à raison, leurs attendus apparaissent difficilement susceptibles d'être intégrés par une philosophie contemporaine : ce disant, je songe notamment à la puissante critique hégélienne des philosophies de la réflexion. Développée à son plus profond niveau dans la *Logique de l'essence* [1], elle soulève certes, contre la démarche transcendantale, une objection très forte, mais elle présuppose un point de vue philosophique, celui de l'idéalisme absolu ou du Système, dont j'ai assez rappelé pourquoi il ne peut sans doute plus être assumé aujourd'hui.

En ce sens, je ne crois ni réducteur ni désinvolte de considérer que seules trois façons de problématiser le criticisme méritaient ici d'être mentionnées – et ce, pour des raisons systématiques qui tiennent au fait que la pensée kantienne, axée sur la question de la représentation, devait inévitablement soulever un certain nombre d'interrogations 1. sur sa conception de l'objet, 2. sur sa conception du sujet, 3. sur sa capacité à assumer pleinement cette thématique de l'intersubjectivité à partir de laquelle, en

---

1. Je l'examine et la discute, d'un point de vue plus historique, dans la présentation de ma traduction de la *Critique de la raison pure*, *op. cit.*

1781, elle entendit refonder la notion même de vérité. Je voudrais consacrer ce chapitre à mettre en lumière comment, dans ces trois directions, l'œuvre de Kant a pu et peut soulever diverses objections qui, compatibles avec nos principales exigences philosophiques, nous imposent de nous rapporter aujourd'hui au criticisme d'une façon suffisamment non dogmatique pour pouvoir mesurer et peut-être intégrer leur part de vérité. J'ajouterai que la première de ces discussions du kantisme, qui lui est immédiatement contemporaine, risque aussi d'être la plus redoutable : mettant en question la conception kantienne de l'objet, elle engage en effet directement la formulation même de la question de la représentation.

# I
## Représentation et chose en soi

Dès la lettre à Herz de février 1772, Kant, nous avons vu dans quel contexte, récuse que la position « réaliste » d'une chose en soi comme cause des représentations puisse résoudre la question de notre rapport à l'objet. Tout lecteur de la *Critique de la raison pure* sait pourtant qu'en 1781, Kant a recouru à la notion de chose en soi et qu'il a utilisé certaines formulations (non révisées par l'édition de 1787, pourtant riche en modifications et corrections) semblant faire de l'en-soi, sur le mode d'une théorie réaliste de l'affection, la cause des représentations : ainsi, selon le passage si connu qui appartient à la Préface de la deuxième édition, les « formes de l'intuition sensible » sont définies comme « des conditions de l'existence des choses en tant que phénomènes », au-delà desquelles il nous faut penser « les objets aussi comme choses en soi » – faute de quoi « il s'ensuivrait l'absurde proposition selon laquelle il y aurait un phénomène sans rien qui s'y phénoménalise » (B XXVII-XXVIII) ; plus nettement encore, au § 3 de l'Esthétique transcendantale, les « objets extérieurs » sont désignés comme de « simples représentations de notre sensibilité, dont l'espace est la forme », mais dont le « vrai corrélat » est la « chose en soi », laquelle, en ce sens, doit donc être, selon la dernière phrase de l'Esthétique transcendantale, conçue comme « au fondement (*zum Grunde*) des phénomènes ». Autant de formules déconcertantes, puisque par ailleurs, en toute logique, la Préface de 1787 réserve explicitement l'application du principe de causalité aux « choses comme phénomènes » (B XXVII). Formules dont on conviendra qu'elles rendaient pour le moins problématique la démarche kantienne [1] et qu'elles pouvaient susciter un certain nombre d'interrogations sur la cohérence même du criticisme. Au reste ne tardèrent-elles pas à trouver leur expression complète, puisque c'est sans conteste chez Jacobi que cette problématisation du kantisme obtint d'emblée sa formulation la plus radicale, et ce dans le contexte, qui donne son sens à cette discussion, de la fameuse « querelle du panthéisme ».

## *Jacobi* versus *Kant*

L'arrière-plan des objections adressées par Jacobi à Kant doit ici être évoqué dans ses grandes lignes, tant il éclaire, de fait, l'enjeu de ces objections et donne son sens à ce débat technique. La « querelle du panthéisme » (désignée aussi couramment comme une « querelle du spinozisme ») constitua en effet, sinon la première critique moderne de la raison, du moins la première critique de la raison qui, chez les Modernes, se fût développée avec tant d'ampleur et de radicalité.

Comme on sait [2], la querelle opposa à partir de 1785 Mendelssohn et Jacobi autour des conséquences du rationalisme des Lumières. Dans ses *Lettres à Mendelssohn*

---

1. A. Philonenko, qui les repère avec soin (*L'Œuvre de Kant*, I, *op. cit.*, p. 91), y voit les survivances de ce qu'il désigne comme une « conception cynique du réel », plus proches du matérialisme antique que d'une appréhension postréaliste du problème de l'objectivité.

2. Pour une analyse plus précise, voir S. Zac, *Spinoza en Allemagne. Mendelssohn, Lessing et Jacobi*, Paris, Klincksieck, 1989 ; J.-M. Vaysse, *Totalité et subjectivité. Spinoza dans l'idéalisme allemand*, Paris, Vrin, 1994 ; et surtout P.-H. Tavoillot, *Le Crépuscule des Lumières*, Paris, Cerf, 1995, qui donne les principaux documents de la querelle.

*sur la doctrine de Spinoza* (octobre 1785), Jacobi s'était
efforcé de montrer 1. que toute philosophie rationaliste se
réduisait en sa vérité au spinozisme (au déterminisme), et
que 2. le spinozisme lui-même était une philosophie athée,
incapable de fonder l'éthique (puisque niant la liberté) et
de saisir vraiment l'être en dépassant la représentation
vers la racine inconditionnée de toutes choses (parce que
la raison part toujours d'une réalité conditionnée dont elle
recherche la condition, ou la cause, en rapportant cette
condition à son tour, en vertu de sa loi de la causalité, à
une condition plus haute, et ainsi de suite à l'infini).
En conséquence, il fallait, selon Jacobi, abandonner la
connaissance rationnelle au profit de la croyance immédiate :

« La conviction produite par des preuves, écrivait-il, est
une certitude de seconde main, elle repose sur une comparaison et ne peut jamais être pleinement sûre et parfaite.
Si tout *assentiment* qui ne provient pas de motifs rationnels est une croyance, la conviction pour motifs rationnels
doit nécessairement venir elle-même de la croyance et
recevoir d'elle seule sa force. Grâce à la croyance, nous
savons que nous avons un corps et qu'il y a en dehors de
nous d'autres corps et d'autres êtres pensants [1]. »

En cet appel au dépassement de la raison vers la
croyance, le conflit avec les défenseurs de l'*Aufklärung*
ne pouvait être que plus frontal. En même temps, Kant
allait se trouver directement impliqué dans un tel conflit,
puisque Jacobi, attaqué par Mendelssohn sur cet abandon
de la raison, n'hésita pas à se réclamer du criticisme pour
justifier son appel à la croyance : avant même la parution
de la deuxième édition de la *Critique de la raison pure*,
où une célèbre formule de la Préface pourrait apparaître
lui apporter un précieux renfort [2], sa *Réponse aux accusations de Mendelssohn* signifiait déjà aux *Aufklärer*, en
avril 1786, que s'ils venaient à refuser sa propre thèse, ils
devraient *a fortiori* prendre leurs distances avec la *Cri-*

1. F. H. Jacobi, *Lettres à Mendelssohn sur la doctrine de Spinoza*,
trad. par P.-H. Tavoillot, *op. cit.*, p. 113.
2. Il s'agit bien sûr de l'énoncé (B XXX) : « Il me fallait donc
mettre de côté le *savoir* afin d'obtenir de la place pour la *croyance*. »

*tique de la raison pure* [1]. En sorte que la philosophie critique se trouvait prise dans une alternative : ou bien elle
rejoignait le camp des Lumières et, risquant la confusion
avec le rationalisme dogmatique (de provenance leibnizienne) d'un Mendelssohn, elle s'exposait elle-même à
l'accusation de spinozisme, donc d'amoralisme et
d'athéisme ; ou bien elle acceptait de se voir assimiler à
l'antirationalisme préromantique de Jacobi. Bien évidemment, l'alternative supposait qu'il n'y eût pas de troisième
position ou de troisième modèle qui fût concevable entre
le rationalisme dogmatique et une philosophie de la
croyance (ou du « sentiment ») – ce que précisément tout
le criticisme entendait démentir. Reste que le piège était
redoutable, et que Kant différa le plus longtemps possible
son entrée en scène, avant de finir par céder aux demandes
des *Aufklärer* en prenant clairement position dans l'opuscule publié en octobre 1786 sous le titre : *Qu'est-ce que
s'orienter dans la pensée ?*.

Je n'ai pas à analyser ici la teneur de l'intervention
kantienne [2], devenue inévitable dès lors que Jacobi

1. À tort ou à raison, Jacobi pouvait se croire en droit de se réclamer de la manière dont, dans la *Critique*, la troisième section de la
Méthodologie réarticulait savoir et croyance. Dans l'édition de 1787,
Kant a visiblement tenu compte de ce risque, puisque, si la formule
de la nouvelle Préface sur la limitation du savoir pouvait certes être
exploitée par Jacobi, la même Préface entendait aussi mettre un cran
d'arrêt à une telle stratégie grâce à la longue note (B XXXIX) qui
annonce et justifie l'ajout d'une « Réfutation de l'idéalisme » à l'Analytique des principes. S'y trouve expressément souligné en effet le
« scandale » que constituerait, pour la raison, le fait de « devoir
admettre simplement sous la forme d'une croyance l'existence des
choses hors de nous » : l'éventualité d'un tel « scandale » sera précisément résorbée par la « Réfutation de l'idéalisme », qui se propose
de fournir une « preuve de l'existence des objets hors de moi ». Ainsi
le Kant de 1787 s'efforçait-il de déminer lui-même l'utilisation antirationaliste de sa thématique de la croyance : certes, en dénonçant les
illusions de la métaphysique, la *Critique* met de côté, à certains égards,
le savoir pour faire de la place à une simple croyance, mais le geste
n'équivaut pas à abolir les droits du savoir ; notamment est-ce le cas
pour ce qui touche à la question de l'existence du monde extérieur,
puisqu'elle peut donner lieu à une preuve et qu'elle n'est donc pas,
contrairement à ce que soutenait Jacobi, affaire de croyance.
2. On se reportera à l'excellent commentaire qu'A. Philonenko a
joint à sa traduction de l'opuscule aux éditions Vrin.

compromettait gravement la philosophie critique en l'at-
tirant du côté de la *Schwärmerei* – cette « exaltation de
l'esprit » qui, délaissant le terrain du concept, s'abandon-
nait au mirage d'une « autre » pensée que la pensée rationnelle. Pour autant, en consentant à cette intervention
ferme, mais somme toute succincte, Kant en avait-il fini
avec la brèche ouverte par Jacobi ? La tradition interprétative a en général considéré que l'opuscule d'octobre
1786 constituait, de fait, l'ultime contribution de l'auteur
de la *Critique de la raison pure* à la défense de la raison [1].
Appréciation qui manque pourtant de plausibilité, dans la
mesure où, en octobre 1786, l'assaut lancé par Jacobi
n'avait en vérité pas encore pris toute son ampleur,
laquelle ne devait se laisser apercevoir qu'avec la publication, en 1787, de son *David Hume* [2] dans lequel la stratégie change : puisque, depuis la prise de position de Kant,
l'attaque contre la raison ne peut plus guère se réclamer
de lui, mieux vaut tenter de montrer, au-delà du paravent
humien, que c'est Leibniz lui-même qui, malgré son insistance sur la portée du principe de raison, peut servir de
caution à la démarche [3]. L'opération était certes osée, mais
elle avait un objectif transparent : montrer qu'en fait la
fidélité bien comprise à l'auteur de la *Monadologie* imposerait de concevoir pour la raison d'étroites limites hors
desquelles l'approche du réel relèverait d'une tout autre
instance, et donc prendre le rationalisme dans un nouveau
piège.

  Je n'examine pas ici, de façon détaillée, les modalités, subtiles, du traquenard [4], mais elles consistent pour

---

  1. À l'exception, notable il est vrai, de B. Erdmann, *Kants Kriti-
zismus*, Leipzig, 1878, qui avait souligné la manière dont, après 1786,
Kant a prolongé sa discussion de Jacobi dans ses ouvrages les plus
importants.
  2. F.H. Jacobi, *David Hume ou la croyance, idéalisme et réalisme*,
trad. par L. Guillermit, in *Le Réalisme de Jacobi*, Publications de
l'université de Provence, 1982.
  3. *Ibid.*, p. 332 : « Je ne vois guère de penseur qui ait été plus clairement vigilant que notre Leibniz », et même, précise Jacobi, « je suis
attaché de toute mon âme à la théorie des monades ».
  4. Qu'on me permette sur ce point de renvoyer à A. Renaut, *L'Ère
de l'individu, op. cit.*, p. 205 sq.

l'essentiel à extraire de l'idée monadologique défendue par Leibniz deux armes antirationalistes :

1. Si, comme l'avait défendu Leibniz, « toutes les choses vraiment réelles sont des individus ou des choses individuées, et, comme telles, des êtres vivants [1] », comment le concept, en sa généralité, pourrait-il ne pas oublier l'individualité au profit d'un universel vide et ne pas pétrifier la vie en abstractions mortes ?

2. Si, comme l'établit aussi la *Monadologie*, c'est en étant unie à un corps que l'âme se représente l'univers, « en exacte conformité à la nature et à l'organisation de ce corps » [2], la raison ne se doit pas concevoir comme une faculté capable, par elle seule, de donner accès à une quelconque vérité : « L'activité qui lui est propre est une activité de simple médiation entre le sens, l'entendement et le cœur, dont elle a à administrer l'économie commune [3]. » Il faut donc, contre le rationalisme, élargir le concept de raison, en sorte qu'il puisse inclure en lui cette ouverture immédiate à l'existence que Jacobi nomme « révélation », « sentiment » ou « croyance », et qui suppose l'intervention, non pas seulement de la raison comme capacité de démontrer et de déduire, mais de tout notre être.

En 1787, donc après la prise de position de Kant, c'est à l'aide de cette lecture paradoxale de Leibniz que Jacobi continuait de défier les défenseurs de la raison : soutenir que l'univers est entièrement rationnel, c'est manquer le réel, à la fois dans ce qu'il a de toujours individué et en tant que devenir, autrement dit : comme « Vie ». La querelle lancée en 1785 révélait ainsi, en 1787 seulement, ce qu'elle avait de plus menaçant, aussi bien pour la raison en général que pour la raison critique – puisque, dorénavant, Jacobi n'avait plus à ménager le criticisme, mais pouvait s'en prendre directement à lui pour dénoncer ses insuffisances : ce pourquoi précisément le *David Hume* se

1. F.H. Jacobi, *David Hume, op. cit.*, p. 342. Sur la pensée leibnizienne de la « matière » comme « vie », cf. *Monadologie*, § 63 sq.
2. F.H. Jacobi, *David Hume, op. cit.*, p. 335. Jacobi s'appuie sur le § 62 de la *Monadologie*.
3. Cité par L. Guillermit, *op. cit.*, p. 92.

clôt sur un Appendice intitulé De l'idéalisme transcendantal et entièrement consacré à montrer que la *Critique* était
traversée, autour de la notion de « chose en soi », par un
réseau de difficultés insurmontables [1].

*L'aporie de la chose en soi*

La critique de Jacobi articule le plan du droit et celui
du fait :

1. En droit, pour rester conséquent avec ses propres
principes, le kantisme devrait être un pur idéalisme (ce
que nous appelons aujourd'hui un « idéalisme absolu » ),
réduisant intégralement l'existence à la représentation.
Admettre en effet un quelconque être comme extérieur à
la représentation (ou aux « phénomènes ») constitue un
geste doublement contraire aux principes constitutifs du
criticisme : en premier lieu, l'extériorité à laquelle il est
ainsi fait référence n'a aucun sens pour une philosophie
se définissant comme « immanente » et refusant, contre le
dogmatisme, de dépasser les limites du Moi ; ensuite,
puisque la *Critique* elle-même établit, à la faveur de la
Déduction transcendantale, que les catégories sont catégories de l'expérience et démontre, tout au long de la Dialectique, qu'il est illégitime et égarant de les appliquer au-
delà de la sphère de l'expérience possible, la chose en soi
ne devrait pouvoir ni être posée (comme cause des représentations) ni être déterminée (comme existence, comme
substance) par ces catégories. Bref : l'idéalisme (absolu)
serait la version conséquente, en même temps que la vérité
du kantisme, ce dont Kant s'approche quand il définit
l'objet comme une synthèse de représentations, mais
devant quoi il se dérobe en distinguant de cet objet la
chose en soi.

2. Car pourtant, en fait, le criticisme s'est trouvé

1. Ce texte (*Jacobis Werke*, II, p. 291-310), où A. Philonenko voit
la première « critique intelligente de la philosophie kantienne » (introduction E. Kant, *Qu'est-ce que s'orienter dans la pensée ?*, Paris, Vrin,
1979, p. 22), est traduit, non seulement par L. Guillermit, *op. cit.*, mais
aussi, avec un excellent commentaire, par S. Stephens dans les *Cahiers
philosophiques*, n° 3, avril 1980.

contraint de faire appel, de manière inconséquente, à la notion d'un « extérieur » à la représentation : dans la mesure où Kant, explique Jacobi, définit la sensibilité comme passivité ou réceptivité, il lui faut bien poser une chose en soi pour expliquer le choc de la sensation en termes d'« impression » ou d'« affection » ; dès lors, forcé d'être inconséquent, l'idéalisme qu'aurait dû être le kantisme est devenu un réalisme, ce pourquoi, sauf à assumer son inconséquence, il lui faudrait en réalité ne rigoureusement rien dire de cette mystérieuse chose en soi, reconnaissant par là même la nécessité de dépasser la raison vers une ouverture extatique à l'être. De là cette condamnation célèbre et sans appel de Jacobi :

« Je dois avouer que cette difficulté m'a plus qu'embarrassé dans l'étude de la philosophie kantienne, de telle sorte que plusieurs années de suite j'ai dû recommencer la *Critique de la raison pure* depuis le début, parce que j'étais continuellement dérouté par le fait que, sans cette présupposition, je ne pouvais entrer dans le système [*id est* comprendre la sensibilité en tant que réceptivité] et, avec cette présupposition, je ne pouvais y rester [*id est* maintenir la thèse selon laquelle on ne peut sortir de la représentation et appliquer les catégories à l'en-soi]. »

Massive, l'objection soulevait à l'évidence ce qui allait constituer (à égalité avec le problème de la finitude pratique) l'une des questions centrales de l'interprétation du kantisme. En tout état de cause, comme le souligna avec pertinence Cassirer, il n'était plus possible de se dérober devant la manière dont la notion de chose en soi, « comme tout autre concept », requiert « une légitimation et une déduction critique » [1]. En ce sens, Cassirer avait parfaitement raison de suggérer aussi que le principal mérite, historiquement, de Jacobi consista moins dans la production de sa propre philosophie que dans le fait d'avoir attiré l'attention sur le concept peut-être le plus problématique du kantisme, en ouvrant ainsi la voie aux multiples ten-

1. E. Cassirer, *Das Erkenntnisproblem in der Philosophie und Wissenschaft der neueren Zeit*, II, 1920, repr. Georg Olms Verlag, Hildesheim/New York, 1971.

tatives d'où est né l'idéalisme allemand pour résoudre ou
évacuer ce problème [1].

De fait, la critique de Jacobi annonçait « prophétique-
ment [2] » ce qu'allait être le développement de la philosophie postkantienne : en liant la nécessité de poser la
chose en soi (avec l'aporie qu'une telle position entraîne)
à la question de la réceptivité ou de la passivité de la
sensibilité, il préparait les tentatives que l'on a déjà évoquées pour supprimer la scission du concept et de l'intuition, de l'activité et de la passivité, et pour faire de cette
dernière, en tout cas chez Maimon, un cas limite de l'activité. À l'horizon de telles tentatives, qui allaient assurément faire l'économie de la chose en soi, se profilerait
alors l'absolutisation de cette solution idéaliste du problème de la représentation dont Kant avait pourtant
montré, dès la lettre de février 1772 à Marcus Herz,
quelles difficultés elle véhiculait avec elle. Tant et si bien
que la mise en évidence par Jacobi de l'aporie de la chose
en soi risque de nous apparaître, rétrospectivement,
comme ayant ouvert une crise extrêmement profonde et
durable dans la réflexion moderne sur la question de l'objectivité : si la difficulté relevée par l'Appendice au *David
Hume* est insurmontable dans le contexte du criticisme et
si sa résolution suppose une suppression de la chose en
soi qui conduit à l'idéalisme spéculatif et à ses propres
difficultés internes, comment ne pas être tenté de considérer que c'est au fond le cadre même dans lequel le problème s'est trouvé posé, à savoir celui d'une philosophie
(ou d'une métaphysique) du sujet (fini, chez Kant, ou
absolu, chez Hegel), qui se doit incriminer ? En ce sens,
non seulement les objections de Jacobi, en désignant un
éventuel talon d'Achille du criticisme, jouèrent un rôle

1. E. Cassirer, *op. cit.*, t. III, p. 33, trad. par A. Renaut, in
E. Cassirer, *Les Systèmes postkantiens*, trad. à l'initiative du collège
de Philosophie, Presses universitaires de Lille, 1983, p. 36. Jacobi
ajoute : « Quiconque entreprenait de continuer la doctrine kantienne
devait désormais partir de là. » Tout le chapitre I (p. 25-104) de ce
volume est consacré à « L'objet de l'expérience et la chose en soi ».
2. Le mot est de X. Léon, *Fichte et son temps*, I, Paris, A. Colin,
1914, p. 219.

décisif dans la façon dont la dynamique de l'idéalisme, interrompue par Kant, a repris de son vivant même, immédiatement après la parution de la deuxième édition de la *Critique*, pour s'accomplir dans le système hégélien ; mais en laissant penser qu'il n'y avait, dans le camp des défenseurs des Lumières, pas d'autre voie pour échapper à l'aporie que d'assumer le parcours conduisant jusqu'à Hegel, ces objections ont aussi contribué à fragiliser la cause même de la raison et à engendrer les destructions de la rationalité dont s'efforcera de s'acquitter la philosophie posthégélienne – et ce jusqu'à l'époque contemporaine. Aussi le débat sur la chose en soi engage-t-il bien davantage qu'un point d'exégèse du kantisme, ce pourquoi il convient de fixer le plus nettement possible les options en présence.

### Un autre criticisme ?

Toute la difficulté, dans la référence de Kant à la chose en soi, découle de la certitude que, contrairement à ce que laisse penser la lecture la plus fréquente, cette référence ne peut être entendue au sens du réalisme. Lecture fréquente [1], mais lecture qui a aussi, philosophiquement, ses lettres de noblesse, puisqu'elle fut, comme l'on sait, celle de Hegel : dès sa première page, l'Introduction à la *Phénoménologie de l'esprit* vise en effet de façon transparente le criticisme en évoquant les apories où s'enfermerait une philosophie faisant de la connaissance un « instrument » pour atteindre « ce qui est en soi », mais incapable de jamais s'en emparer sans lui faire subir « une transformation » et une « altération » ; le criticisme, excluant

---

1. Par exemple, F. Alquié, *La Critique kantienne de la métaphysique*, Paris, PUF, 1968, p. 25. Esthétique et Analytique prouvent « que la chose en soi ne peut être atteinte, et demeure par nous inconnaissable », parce que « tout contact avec l'Être passe par la sensibilité, est soumis à ses formes et à ses conditions ». Ou encore, Introduction à la trad. de la *Critique de la raison pure*, in *Œuvres philosophiques de Kant*, I, *op. cit.*, Bibliothèque de la Pléiade, p. 711 : « Par la distinction des phénomènes et des choses en soi, Kant sépare ce que, d'abord, il avait cru pouvoir unir, lorsqu'il considérait comme possible, au niveau de l'usage réel, la connaissance des choses mêmes. »

qu'une connaissance puisse rejoindre l'être, se dissoudrait
en un pur scepticisme, précisément parce que la chose en
soi aurait été posée par Kant comme la vraie réalité, extérieure à la représentation, par rapport à quoi les phénomènes se réduiraient à des apparences déformées. Contre
quoi Hegel fait alors valoir son propre point de vue, celui
d'un idéalisme spéculatif pour lequel il n'y a pas de séparation radicale entre la connaissance (finie) des phénomènes et l'absolu (= il n'y a pas de « chose en soi » dont
nous recevrions la vérité à travers le « milieu » déformant
de nos facultés de connaître), mais le savoir phénoménal
n'est qu'un moment de l'automanifestation de l'absolu.

Assurément tentante, cette interprétation de la thématique kantienne de l'en-soi, qui attribue au criticisme une
conception de la finitude comme manque ou comme déficit par rapport à une saisie de l'absolu que la raison viserait en vain, n'est pas tenable. À preuve, avant tout, le fait
que c'est précisément cette conception de l'en-soi qui
caractérisait la *Dissertation de 1770*, où l'espace et le
temps n'étaient que des structures du sujet psychologique,
avec pour conséquence que Kant opposait alors le travail
de l'entendement sur les intuitions sensibles (l'« usage
logique »), comme travail sur la seule apparence des
choses, à un « usage réel » conçu comme s'appliquant par
simples concepts à l'être en soi (noumène) caché derrière
les phénomènes [1] : or, malgré l'immense autorité de
Hegel, il est impossible de lire sérieusement, sur ce point,
la *Critique de la raison pure* à partir de la *Dissertation*,
puisque, de 1770 à 1781, l'émergence de la problématique
transcendantale s'est accomplie à travers l'exclusion de
tout usage réel des concepts et à la faveur de la révision
qu'a connue la conception d'un usage logique ne se réduisant justement plus à un travail sur l'apparence, mais s'ac-
quittant (en tant que seul usage légitime) de la construction de l'objectivité. Si l'on accorde donc que la notion
réaliste de la chose en soi est celle qui induit la conception
du phénomène comme apparence, la transformation qu'a

---

1. Je me borne sur ce point à renvoyer aux analyses précises
d'A. Philonenko, *L'Œuvre de Kant*, I, *op. cit.*, p. 90 sq.

subie dans la *Critique* le statut du phénomène (devenu le matériau même de la vérité) impose l'abandon de toute théorie de la chose en soi comme réalité sous-jacente au phénomène et affectant causalement l'esprit humain [1].

Dans ces conditions, pourquoi Kant a-t-il recouru à cette notion que le refus de toute solution de type réaliste apportée au problème de la représentation semble devoir exclure ? Et surtout : un autre criticisme, ou du moins une autre version de la solution critique du problème de la représentation, eût-il pu se dispenser d'un tel recours ? À vrai dire, les termes du problème, tels que les a déterminés la lettre de 1772 à Herz, permettent, sans pour autant légitimer l'utilisation kantienne de la notion de chose en soi, du moins d'en comprendre la logique : certes le refus du réalisme implique le renoncement à une théorie causaliste de l'affection, mais ce renoncement ne doit pas, nous avons vu pourquoi, faire basculer dans l'idéalisme – et le maintien de la chose en soi pourrait trouver sa nécessité dans les contraintes de ce double rejet. Au demeurant l'aperçoit-on parfaitement à travers l'histoire du postkantisme : les successeurs de Kant, intégrant les objections de Jacobi, supprimeront en effet ce que Fichte appelait « la triste chose en soi [2] » et s'efforceront de penser la récep-

---

1. Cela justifie-t-il l'hypothèse, qu'évoque A. Philonenko, selon laquelle les passages apparemment « réalistes » de 1781 constituent des survivances des thèses de 1770, explicables par le fait que Kant, de fait, a réutilisé dans l'écriture de la *Critique*, des matériaux anciens, remontant parfois jusqu'à l'époque de la *Dissertation* ? Ingénieuse, l'hypothèse paraît douteuse si l'on tient compte de cet autre fait que Kant, dans la deuxième édition, a procédé à de nombreuses corrections, mais n'a modifié aucune de ces formulations que l'on suppose périmées.

2. J.G. Fichte, *Deuxième Introduction à la doctrine de la science* (1797), in *Œuvres choisies de philosophie première, op. cit.*, p. 290 sq. Fichte accuse les kantiens orthodoxes (Reinhold et surtout Beck) d'avoir donné du criticisme une version dogmatique déduisant de la théorie kantienne de la représentation la position d'un être dont la causalité nous affecte : manière à peine voilée de suggérer la présence chez Kant lui-même, à travers la thématique de la « triste chose en soi », d'une maladresse conduisant la philosophie critique, ainsi infléchie dans le sens du réalisme, à tomber sous le coup de la critique de Jacobi, dont l'Appendice du *David Hume* est alors mentionné (p. 285)

tivité (donc la finitude) sans lui donner pour corrélat la chose en soi – toute la question étant cependant de savoir comment et à quel prix.

Dans sa discussion de Kant sur ce point, Fichte laisse entendre que l'économie de la chose en soi est concevable pour une théorie de l'affection, à condition de récuser que cette affection « soit par un objet ». Solution partiellement empruntée à Maimon et qui consiste à estimer que c'est le Moi qui se pose lui-même comme limité. Brièvement explicité : pour que l'autoposition du Moi soit possible (= pour que la conscience de soi soit possible, puisque le fait d'être conscient de soi équivaut à se poser comme tel ou tel), il faut poser une limitation ou une détermination du Moi, donc un Non-Moi par opposition auquel le Moi puisse se définir. Ou encore : la conscience de soi suppose la réflexion, c'est-à-dire la distinction entre un Moi-sujet et un Moi-objet ; or, la structure même de la réflexion exige que, hors du Moi-sujet, je pose de l'étant au sein duquel je vais distinguer le Non-Moi et le Moi-objet – et je ne puis donc être conscient de moi que me posant par opposition à un Non-Moi. Donc, peut écrire Fichte, « s'il est vrai que je me pose [= que je suis conscient de moi-même], je me pose comme un étant limité », et la position de moi-même (la conscience de soi), c'est-à-dire aussi bien la possibilité (et la pensabilité) du Moi, est en ce sens une limitation originaire. Mais cette limitation, croit pouvoir en conclure Fichte, n'a donc nullement besoin d'être davantage déduite (par exemple, de l'affection par une chose en soi), puisqu'elle est ce qui conditionne toute égoïté et qu'en ce sens toute activité du Moi (par exemple la déduction) suppose déjà une telle limitation : « C'est donc ici que toute déduction trouve son terme. » Autrement dit : cette limitation apparaît comme « l'absolument contingent », comme le *fait* qui, parmi tous les êtres raisonnables, spécifie l'homme comme être raisonnable fini. En conséquence, il serait aux yeux de Fichte, non seulement inutile, mais proprement aberrant de vouloir fonder

---

comme « l'une des meilleures lectures que l'on puisse faire à notre époque ».

la limitation (la finitude) sur la causalité d'un en-soi, puisqu'une telle fondation reviendrait à vouloir déduire l'indéductible.

Je n'évoquerai pas davantage cet évitement fichtéen de la chose en soi : il soulève à l'évidence au moins autant d'interrogations que l'usage kantien de la notion. Car faire de la limitation (et de la réceptivité) un réquisit de l'autoposition du Moi permet bien de penser l'affection sans référence à un objet qui affecte, mais le risque est alors très grand d'enclencher un processus qui conduit directement vers l'idéalisme absolu : en déduisant le rapport à l'objet (au Non-Moi) de la relation du Moi à lui-même (= en déduisant la conscience d'objet de la conscience de soi), on se trouve de fait bien près de déduire l'objet à partir du sujet, selon un dispositif qui n'aurait alors plus rien de commun ni avec la lettre ni avec l'esprit du criticisme, mais basculerait décisivement dans l'idéalisme comme idéalisme absolu. Je ne prétends assurément pas que Fichte ait accompli ce mouvement : il m'est même arrivé de plaider expressément en sens contraire, et je ne renie aucun des arguments utilisés à cette fin [1]. Il faut, en revanche, convenir que la version fichtéenne du criticisme, en faisant ainsi l'économie de la « triste chose en soi », se situait, si je puis dire, sur le fil du rasoir, et que le trajet ultérieur de l'idéalisme allemand, en même temps peut-être que celui de Fichte lui-même au-delà des années 1794-1798, illustre assez quelles virtualités complexes pouvait contenir cette reformulation de la solution critique du problème de la représentation.

---

1. Voir mon *Système du droit, op. cit.*, p. 162 sq., notamment la note de la p. 177 (qui explicite la notion, très féconde, d'« idéalisme sémantique » évoquée p. 171 et qu'avait proposée Philonenko pour distinguer l'idéalisme fichtéen de l'idéalisme absolu). Le lecteur peut aussi se reporter à ma communication (« Fichte aujourd'hui ») parue dans les Actes du colloque de Poitiers (octobre 1994, organisé par J.-L. Vieillard-Baron) à l'occasion du bicentenaire de la *Doctrine de la Science, Cahiers de Philosophie*, Lille, printemps 1995.

*Kant ou Fichte ?*

Ainsi ne m'apparaîtrait-il pas abusif de considérer que, selon ses deux versions (kantienne, fichtéenne), la solution criticiste (ni idéaliste ni réaliste) du problème de la représentation est intrinsèquement vouée à affronter deux difficultés symétriques :

1. Comment, contre l'idéalisme (réduisant l'être à l'être perçu et, à terme, le réel au rationnel), maintenir la chose en soi (dont il n'est guère difficile de voir qu'elle constitue un cran d'arrêt à la dynamique idéaliste) sans tomber dans le réalisme dogmatique ? Cette difficulté est celle-là même de Kant [1].

2. Comment, face à cette première difficulté (pointée par Jacobi et intégrée par tout le postkantisme), supprimer la chose en soi sans tomber dans l'idéalisme dogmatique et sans conduire vers la philosophie spéculative de l'identité (entre le Moi et la réalité, entre le sujet et l'objet, entre le réel et le rationnel) ? Difficulté qui, cette fois, sera proprement celle de Fichte.

Aussi n'est-il nullement étonnant, si l'on mesure bien ces deux difficultés, que les deux versions de la philosophie transcendantale aient suscité des lectures déformantes et critiques : Kant fut lu souvent comme professant un réalisme caché et inconséquent, et Fichte comme n'ayant accompli qu'une première étape, encore inaboutie, vers l'idéalisme absolu. La constitution du criticisme comme un modèle cohérent et stable (ne basculant pas dans d'autres positions que la sienne propre) ne serait, en ce sens, concevable qu'au prix d'une réponse aux questions soulevées par au moins l'une de ces deux difficultés.

---

1. Elle est si massivement visible qu'il ne peut se l'être opposée à lui-même. En ce sens, J.-L. Marion me pardonnera de ne pas être convaincu par l'hypothèse qu'il suggère dans ses très belles *Questions cartésiennes*, II, Paris, PUF, 1996, p. 296-297 – savoir que ce serait en « un sens cartésien » que Kant penserait parfois, « contre sa propre doctrine, la chose en soi comme *Grund* ou même *Ursache* du phénomène » : pour des raisons que j'ai rappelées et qu'exprime son refus de toute solution réaliste du problème de la représentation, Kant ne doit pas, donc ne peut pas, « retrouver ici la démarche de Descartes ».

L'œuvre de Kant contient-elle en elle-même de quoi surmonter la première [1] ou est-ce plutôt du côté de la tentative menée par le Fichte des années 1794-1798 qu'il serait possible, en trouvant de quoi surmonter la seconde, de concevoir un criticisme à cet égard moins fragile ? Je n'entreprendrai pas de répondre directement, dans ce chapitre, à cette double question : si l'on admet que les deux versions du criticisme, distinguées par l'acceptation ou par le refus de la notion de chose en soi, se payent l'une et l'autre par des difficultés inverses et devraient pour ainsi dire se corriger l'une par l'autre, peut-être conviendrait-il surtout de se demander laquelle des deux stratégies (davantage anti-idéaliste chez Kant, davantage antiréaliste chez Fichte) s'accorde le mieux avec la vérité la plus profonde du criticisme – laquelle reste, à ce stade du parcours ici entrepris, largement à déterminer. Pour ne pas donner toutefois à mon lecteur l'impression de me dérober, je suggérerai néanmoins que Fichte n'avait sans doute pas tort quand, selon une lettre célèbre d'avril 1795, il estimait entrer dans la logique de son système, défini par sa fidélité à l'esprit du kantisme (penser l'objectivité à partir de la subjectivité) et à celui de la Révolution française, d'être « le premier système de la liberté » et donc de délivrer l'humanité « du joug de la chose en soi » – en achevant ainsi la révolution copernicienne. On me pardonnera de ne pas développer davantage ce qui n'est ainsi indiqué qu'en pointillé et qui, pour être davantage étayé, impo-

---

1. Les tentatives les plus intéressantes pour produire la cohérence du dispositif mis en place par Kant autour de la notion de chose en soi me semblent demeurer largement problématiques, aussi bien chez les néokantiens (E. Cassirer, *Das Erkenntnisproblem*, II, *op. cit.*, p. 743 sq., A. Philonenko, *L'Œuvre de Kant*, I, *op. cit.*, p. 90 sq., 125 sq.) que chez Heidegger (*Kant et le problème de la métaphysique*, trad. citée, p. 93 sq.) : voir sur ce point la discussion qu'en propose L. Ferry, *Le Moment kantien*, Grasset, à paraître. Cet ouvrage, à partir d'un approfondissement de la notion de point de vue que Cassirer et Heidegger exploitaient déjà face à ce problème, dégage le principe d'une reconstruction particulièrement ingénieuse du discours sur la chose en soi, sans prétendre toutefois évacuer toutes les difficultés suscitées par les textes « réalistes » (ou « cyniques ») de Kant.

serait de reprendre toute l'interprétation de la première *Doctrine de la science* [1].

Du moins me semble-t-il d'ores et déjà avoir suffisamment laissé entrevoir à quel point la référence à Kant, si elle peut nourrir aujourd'hui notre réflexion, ne saurait, contrairement à ce que l'on impute parfois à ceux qui la pratiquent, prendre la forme d'une répétition soucieuse d'orthodoxie : le kantisme contemporain, qui n'a pas grand-chose à voir avec les diverses moutures du néokantisme (dans les versions de l'école de Marbourg ou de celle de Heidelberg), est un kantisme problématisé, intimement travaillé par les plus profondes des objections qu'a pu soulever le kantisme de Kant. Peut-être en convaincrai-je encore davantage si j'ajoute que ce kantisme problématisé, voire problématique, l'est au reste aussi bien du côté de sa philosophie de l'objet, depuis l'assaut lancé par Jacobi, que, depuis Heidegger au moins, du côté de sa philosophie du sujet.

## II
### Métaphysique et philosophie du sujet

L'interprétation heideggerienne de la *Critique de la raison pure*, telle qu'elle est développée en 1929 dans *Kant et le problème de la métaphysique*, consiste, j'y ai déjà fait allusion dans mon avant-propos, à identifier l'ouvrage à l'ontologie fondamentale, c'est-à-dire, en vertu des thèses qui venaient d'être formulées dans *Être et Temps*, à l'« analytique du *Dasein* ». On sait, en effet, qu'en 1927, si la réouverture de la question de l'Être passait par une telle « analytique », c'était dans l'exacte mesure où l'existant humain comme être-là constituait le seul étant pour lequel, dans son être, il y allait d'une compréhension de l'Être, que Heidegger appelait « précompréhension ontologique » : parce que le *Dasein* possède « toujours-déjà » (*je schon*) une certaine compréhension de son être, donc

1. Au-delà de mon propre *Système du droit, op. cit.,* c'est ici à A. Philonenko et à *La Liberté humaine dans la philosophie de Fichte, op. cit.,* que je renvoie.

aussi une précompréhension du sens de l'Être, partir de
cette précompréhension, l'analyser et analyser ainsi le
mode d'être de cet étant pour qui il y a une entente de
l'Être, s'imposait comme la démarche même d'une pensée
soucieuse de s'orienter vers une ontologie fondamentale.
Or, en 1929, Heidegger interprète la révolution copernicienne de Kant (soit, nous l'avons vu : l'appel à partir de
la subjectivité ou, si l'on préfère, la décision de faire de
la question : « Qu'est-ce que l'homme ? » le *terminus a
quo* de la démarche philosophique) comme s'inscrivant
dans la perspective d'une telle interrogation sur le lieu
pour lequel il y a de l'Être (*Dasein*). Ce pourquoi, à
l'époque, la manière dont la philosophie transcendantale
part du sujet, loin d'inscrire la *Critique* dans l'orbite de
la métaphysique comme oubli de l'Être, peut donc être
présentée, selon le lexique qui est alors celui de Heidegger, comme la marque d'une tentative de « fondation de
la *metaphysica generalis* (ontologie) [1] », entendre : d'une
ouverture de l'ontologie à l'ontologie fondamentale, donc
d'un dépassement de la « question directrice » de la métaphysique générale (question de l'être de l'étant) vers la
« question fondamentale » (question de l'Être lui-même).
Appréhension dont il importe ici de cerner brièvement ce
qui la rendait possible, avant de dégager les raisons pour
lesquelles Heidegger l'a lui-même nuancée, puis abandonnée, en invitant à problématiser d'une tout autre manière,
autour de la question du sujet, les relations du criticisme
à la métaphysique.

## Criticisme et finitude radicale

C'est au fond à travers la thématique de la finitude radicale que Kant se trouve interprété par le premier Heidegger comme ayant ébranlé le concept traditionnel de la
métaphysique. En quelques mots et pour simplement identifier le principe de cette interprétation, qui a profondément renouvelé l'appréhension du criticisme, on pourrait
dire qu'au lieu de répondre à la question : pourquoi y a-

1. *Débat sur le kantisme, op. cit.*, p. 22.

t-il de l'être plutôt que rien ?, par une démarche ontothéologique consistant à remonter jusqu'à un étant premier
posé comme le fondement de tous les autres, Kant a développé une interrogation sur ce par quoi l'« homme » est
ouverture à l'Être. Dans cette optique, la *Critique* constitue une analytique des structures de la finitude, mettant
en évidence que, s'il y a manifestation ou dévoilement du
sens de l'Être (précompréhension ontologique) pour le
*Dasein*, c'est fondamentalement parce qu'il est ouverture
à l'Être, c'est-à-dire finitude : ainsi l'Esthétique transcendantale, à travers la théorie de l'intuition pure, va-t-elle
être identifiée comme l'étape décisive de cette analytique
de la finitude, en tant que l'intuition pure y apparaît
comme ce moment de passivité, donc d'ouverture à l'apparition de l'objet, sans quoi il ne saurait y avoir pour le
sujet quelque chose plutôt que rien. De là procède aussi
la façon dont Heidegger réinterprète la notion d'*a priori* :
que nous sachions *a priori* qu'un objet, quel qu'il soit, est
structuré de manière spatio-temporelle et qu'il possède
une série de déterminations relevant des catégories de
quantité, de qualité et de relation [1], c'est justement le signe
qu'une précompréhension du sens de l'être nous est « toujours-déjà » donnée – l'apriorité de cette donation correspondant précisément au « toujours-déjà » de la précompréhension ; et que le sens de l'être ainsi précompris soit
reçu par le sujet (comme l'implique justement son apriorité), et non pas constitué par lui, renvoie là encore à la
finitude et confirme que la subjectivité finie a pour structure cette ouverture qu'explicite l'Esthétique transcendantale.

Dans la logique de cette interprétation, Heidegger s'emploie donc avant tout, en 1929, à faire ressortir à quel point
la finitude du sujet, chez Kant, est radicale et intrinsèque :
comprendre qu'elle est une question de structure et non de
degré (comme dans les théories classiques de la finitude,

---

1. Je ne mentionne pas la modalité, parce que les catégories de ce
titre ne contribuent pas à déterminer l'être de tel ou tel objet, mais
simplement, une fois cette détermination opérée par les autres catégories, à définir le rapport de l'objet ainsi construit à l'expérience :
est-il possible, réel ou nécessaire ?

qui consistaient à limiter quantitativement la capacité humaine de connaître et n'interdisaient donc pas d'imaginer la même connaissance marquée d'un degré moindre de limitation). Cette finitude structurale, telle qu'on ne peut absolument pas concevoir l'activité de connaissance abstraction faite de la limitation qui lui est inhérente, réside en fait en ce que, contrairement à ce que serait un entendement infini (divin), la connaissance humaine est un *intuitus derivativus* et non un *intuitus originarius* :

1. Pour une connaissance infinie, rien ne se présenterait proprement comme un « ob-jet », comme quelque chose qui soit situé « devant elle » et « hors d'elle », puisque cette extériorité d'un Non-Moi constituerait une limitation : la connaissance infinie doit donc être pensée comme source de l'être, comme ce qui fait être l'être, comme ce qui le fait naître par le simple fait de le concevoir (*intuitus originarius*).

2. En revanche, l'entendement humain n'engendre ni ne suscite l'être : il porte ses regards sur un être qui est déjà présent, qui lui est donc « donné », et c'est sur la base de cette donation, donc de façon dérivée (*intuitus derivativus*), qu'il peut y avoir pour lui connaissance – l'instrument minimal de cette donation étant constitué par l'intuition pure. Autrement dit : quand bien même je peux faire abstraction du donné particulier de l'intuition empirique, je ne puis pour autant « détacher l'esprit des sens » et produire mes représentations de mon propre fonds, telle une monade dépourvue de fenêtres, car, sans cette dimension de réceptivité *a priori* qui correspond à l'intuition pure, les concepts restent vides. La finitude structurale de l'esprit humain tient à cette dépendance essentielle de son activité cognitive à l'égard d'une donation, réelle ou tout au moins possible.

Sur la base de cette distinction établie par Kant, tout l'effort de Heidegger, dans *Kant et le problème de la métaphysique* (comme d'ailleurs lors du débat de Davos), a été pour montrer qu'à aucun des niveaux de la théorie de la connaissance développée par la *Critique de la raison pure* cette dépendance (= ce caractère dérivé de la connaissance) ne s'annule. Évidente au niveau de l'intui-

tion, la dépendance peut en effet aussi, à ses yeux, être
manifestée aux niveaux de l'entendement et de la raison.

À propos de l'entendement, la démonstration de Heidegger engage sa célèbre interprétation de la théorie du
schématisme : si les concepts, pour être appliqués au
donné, doivent être schématisés par l'imagination transcendantale, c'est que, même dans sa dimension de spontanéité, l'esprit humain, loin de créer les objets, se borne,
pour les accueillir, à esquisser une image de l'objectivité
et à la poser devant soi par anticipation, dans l'attente de
la perception. En cette esquisse de l'objectivité, l'entendement dépend donc du travail d'une autre faculté, l'imagination, qui, en procurant aux concepts de l'entendement
des images sensibles, introduit une dimension de réceptí-
vité, là même où l'esprit, comme entendement (comme
activité de synthèse) est actif : dans l'activité de l'entendement, il y a ainsi une dimension intrinsèque de réceptivité, donc de dépendance [1]. De là l'étonnante expression
de « réceptivité originaire » que Heidegger forge pour désigner cette dimension de schématisation inhérente à l'activité de l'entendement : « réceptivité originaire », et non
*intuitus originarius* – telle est ici la marque de la finitude.
De là aussi la manière dont Heidegger va faire de la doctrine de l'imagination transcendantale, lieu de cette
« réceptivité originaire », le centre de la *Critique de la
raison pure*, en même temps que son moment le plus
audacieux : installant le travail de l'imagination, comme
« réceptivité originaire », au cœur même de l'esprit, Kant
ferait donc vaciller le privilège ancestral de la raison, et
cela en bouleversant l'image de la subjectivité. Loin
d'être, en effet, le fondement absolu de l'objectivité, loin
même de produire la totalité de ses représentations, la subjectivité [2], en tant que la réceptivité s'y inscrit au cœur de
la spontanéité, est pour ainsi dire chez Kant spontanéité

---

1. *Kant et le problème de la métaphysique*, trad. par A. de
Waelhens et W. Biemel, Paris, Gallimard, 1953, p. 214 : « La raison
finie est réceptive en sa spontanéité même. »
2. En tout cas celle du sujet cognitif : je laisse de côté pour l'instant
le sujet pratique et l'appréhension qu'en propose Heidegger. Voir sur
ce point, ci-dessous, le chapitre IV.

réceptive, selon une formule qui est celle-là même de
l'imagination en tant que productrice (spontanéité)
d'images sensibles (réceptivité).

De même au niveau de la raison, estime Heidegger, y
a-t-il dépendance par rapport à l'intuition, mais de manière
seulement médiate : de fait, l'activité de la raison cherche
simplement à conférer unité et systématicité aux connaissances de l'entendement, lesquelles sont, on a vu à quel
point, ordonnées à l'intuition. La raison théorique elle-
même ne saurait donc briser la chaîne de la finitude.

Cette interprétation du criticisme à partir de la radicalisation opérée par lui dans l'appréhension de notre finitude bouleversait à l'évidence bien des schémas établis.
Elle installe en tout cas, résolument, Kant comme notre
contemporain. Après Heidegger, Foucault devait le souligner avec beaucoup de talent : contre l'ambition attribuée à Descartes de rendre le sujet humain « comme
maître et possesseur de la nature », et, à l'avance, contre
la prétention démesurée de la raison hégélienne à accéder
au Savoir absolu, la pensée contemporaine s'originerait
dans le geste « kantien » d'une reconnaissance intrinsèquement antimétaphysique de la finitude radicale de notre
savoir et de notre pouvoir à l'égard du réel [1]. Non sans
paradoxe, la « révolution copernicienne » du criticisme, en
invitant le philosophe à prendre la subjectivité comme terminus a quo de sa réflexion, aurait donc constitué, avant
la version heideggerienne de la phénoménologie, l'ébranlement le plus profond imposé à la représentation moderne
de l'homme comme sujet [2].

Du moins faut-il préciser, tout lecteur de Heidegger le
sait, qu'il ne se serait agi là en fin de compte, proprement,
que d'un ébranlement, faisant vaciller sur ses bases le trône
du sujet, mais sans finalement parvenir à le renverser :
accentuant certaines virtualités de son ouvrage de 1929, un

1. Voir sur ce point M. Foucault, *Les Mots et les Choses*, Paris,
Gallimard, 1966, p. 325 : l'« analytique de la finitude » comme « fin
de la métaphysique ».
2. Les développements de J.-F. Lyotard et de ses élèves sur le
« postmodernisme » et sur l'« antihumanisme » de Kant n'ont évidemment pas d'autre origine ni d'autre signification.

Heidegger plus tardif n'a eu de cesse en effet de problématiser la portée véritable des déplacements imposés par
Kant à la métaphysique de la subjectivité – au point qu'une
référence à Kant, aujourd'hui, ne peut pas non plus, si elle
entend réintégrer l'option criticiste dans le débat philosophique contemporain, ne pas tenir compte de ces avertis-
sements réitérés sur ce que pourrait avoir eu en définitive
d'équivoque la conception kantienne du sujet.

## Le sujet kantien comme sujet métaphysique ?

Je ne reviendrai pas sur le diagnostic de 1929, selon
lequel Kant, après avoir mis en question la domination de
la raison, l'aurait finalement, dans la deuxième édition de
la *Critique*, solidement réinstallée sur ses anciennes positions. Il me semble en effet plus important de constater
qu'au-delà même de *Kant et le problème de la métaphysique* et de ses conjectures hasardeuses sur un éventuel
recul de la deuxième édition de la *Critique* [1], Heidegger a
dégagé un certain nombre de points nodaux autour desquels la situation de Kant par rapport à la « métaphysique
de la subjectivité » peut apparaître se complexifier – en
sorte que nous pourrions voir là se dessiner, d'une tout
autre manière que chez Jacobi, un nouvel axe possible de
problématisation du kantisme.

Même s'il continue de pointer ce que l'interrogation de
Kant « a de plus propre et de plus nouveau », un cours
prononcé lors du semestre d'hiver 1935-1936 et devenu
ultérieurement *Qu'est-ce qu'une chose ?* réinstalle d'ores
et déjà, de manière catégorique, le criticisme dans la pure
et simple continuité de la philosophie moderne :

« Le cours de la pensée métaphysique se meut dans
l'enceinte diversement délimitée de la subjectivité. C'est
pourquoi Kant dira plus tard [= après la *Critique*] : toutes
les questions de la métaphysique [...] se laissent ramener
à la question : qu'est-ce que l'homme ? Dans la préséance

---

1. Voir sur ce point les réserves que j'ai cru devoir formuler dans
la présentation de ma traduction de la *Critique de la raison pure*,
*op. cit.*

de cette question se cache la préséance de la méthode, qui reçut son empreinte des *Regulae* de Descartes [1]. »

Kant héritier de Descartes privilégierait ainsi la question de l'homme [2] (plutôt que celle de l'Être) dans la mesure où, pour une philosophie devenue anthropologie, la problématique centrale serait celle des moyens (= de la méthode) permettant au sujet d'affirmer sa maîtrise et sa possession de la nature [3] : bien loin d'être sur la voie d'une ontologie fondamentale faisant d'une « analytique de l'être-là » son *terminus a quo*, la « révolution copernicienne » du criticisme ne représenterait donc qu'un moment dans le processus par lequel, de Descartes à Nietzsche, la souveraineté du sujet et donc, dans le vocabulaire de Heidegger, le règne du nihilisme se sont installés et radicalisés. Mieux ou plutôt, du point de vue de Heidegger, pire : ce moment de la modernité qui s'exprime chez Kant aurait même été un moment décisif en vue de son accomplissement, en ce sens que « la philosophie de Kant amène pour la première fois dans la clarté et la transparence d'une fondation la pensée et le *Dasein* modernes dans leur ensemble [4] ». Comment comprendre ce nouvel éclairage jeté sur une pensée pourtant présentée surtout, jusqu'alors, comme une alternative à la métaphysique ?

On me pardonnera de pas multiplier ici, inutilement, les citations : Heidegger a insisté à de multiples reprises sur la manière dont la *Critique de la raison pure*, lors même qu'elle faisait certes s'effondrer dans sa lettre le projet de

1. M. Heidegger, *Qu'est-ce qu'une chose ?*, trad. par J. Reboul et J. Taminiaux, Paris, Gallimard, 1971, p. 120.
2. L'allusion est évidemment aux deux textes où Kant rassemble toutes les questions de la philosophie (« Que puis-je savoir ? », « Que dois-je faire ? », « Que m'est-il permis d'espérer ? ») dans la question de l'anthropologie : « Qu'est-ce que l'homme ? » Rappelons que ces deux passages célèbres datent du milieu des années quatre-vingt-dix (*Cours de Logique*, in *Œuvres*, éd. Cassirer, VIII, p. 343-344) et du 4 mai 1793 (lettre à Stäudlin). Dans la *Critique* (A 804/B 832), les trois questions ne sont pas référées à la quatrième.
3. Sur cette thématique de la « méthode », voir par exemple *Nietzsche*, I, trad. par P. Klossowski, Paris, Gallimard, 1971, p. 108 sq.
4. *Qu'est-ce qu'une chose ?*, trad. citée, p. 67.

la métaphysique rationnelle (connaître intégralement le réel par concepts), en accomplissait l'esprit à travers la mise en évidence qu'il n'est de présence que grâce au rassemblement des représentations par l'entendement pur dans l'unité du « *Je* pense » [1]. Bref, ce serait tout particulièrement l'Analytique, à travers la Déduction transcendantale et l'explicitation de sa portée par le système des « principes de l'entendement pur », qui montrerait qu'en fait, dans le procès de connaissance, l'accent est finalement placé par Kant bien davantage du côté de la dimension active, voire « activiste », de la subjectivité que du côté de son « ouverture » au surgissement du phénomène :

« Si nous autres hommes sommes simplement ouverts à l'afflux de tout ce parmi quoi nous sommes suspendus, alors nous ne maîtrisons pas cet afflux. Nous n'en devenons maîtres qu'en le servant à partir d'une supériorité, c'est-à-dire en laissant l'afflux s'opposer à nous, en l'amenant à la stase, et en formant et préservant ainsi un domaine de stabilité possible [2]. »

Ainsi la constitution l'emporterait-elle sur la donation, en faisant surgir le *Je pense*, conformément à l'essence même de la modernité, comme un « fondement ». C'est dans la même optique que Heidegger interprétera en 1962 la « thèse de Kant sur l'Être », telle qu'elle s'exprimerait au mieux dans la critique de l'argument ontologique et dans l'appendice sur l'« amphibologie des concepts de la réflexion » : dans la manière dont Kant, pour couper court aux raisonnements des théologiens, fait de l'Être, non un prédicat de la chose (un « prédicat réel »), mais la « position de la chose » avec tous ses prédicats, il faudrait voir le signe le plus clair que l'Être est ici pensé à partir d'une activité fondatrice du sujet humain, donc dans l'orbite de la métaphysique de la subjectivité, puisque c'est à partir de la distinction entre deux actes du Moi (l'attribution et la

1. Par exemple, *Qu'est-ce qu'une chose ?*, p. 197 (c'est Heidegger qui souligne le *Je* dans le « Je pense » kantien).
2. *Ibid.* Tout le développement insiste sur le fait que, pour que nous ayons des objets, il faut que le divers des représentations soit ramené, par les règles de l'entendement pur « dont il est lui-même la source et l'origine », à l'identité du *Je pense*.

position) que la spécificité de l'existence se trouve cernée. Là encore, la rupture avec la métaphysique spéciale dissimulerait donc une soumission beaucoup plus profonde à une autre métaphysique – celle par laquelle, chez les Modernes, c'est l'*ego cogito* qui est devenu le nouveau « seigneur de l'étant » : la critique de la théologie rationnelle permettrait ainsi d'autant plus aisément à la métaphysique de s'accomplir comme ce qu'elle est devenue depuis Descartes, à savoir une anthropologie [1]. En résumé, la déconstruction kantienne de la métaphysique n'aurait somme toute à nous apparaître, rétrospectivement, que comme une ruse de la nouvelle « ontothéologie » qu'a instaurée la métaphysique de la subjectivité en proclamant la mort de Dieu et en lui donnant l'homme comme successeur [2].

Que penser de cet étonnant renversement de perspective à la faveur duquel la pensée qui s'était trouvée, chez les Modernes, la plus proche de déployer dans toute son ampleur « la question de la possibilité de l'ontologie » est devenue l'un des moments décisifs du plus extrême « oubli de l'Être » ? Même s'il n'est pas certain, on s'en apercevra dans les prochains chapitres, que tel ou tel des arguments mobilisés par Heidegger pour réinscrire le criticisme dans l'enceinte de la métaphysique du sujet résiste véritablement à l'analyse, les objections soulevées me semblent, là encore, suffisamment troublantes pour arracher au dogmatisme toute référence contemporaine à Kant.

La plupart des réserves formulées par Heidegger se concentrent, on l'a compris, autour de la thématique du

---

1. Voir *La Thèse de Kant sur l'Être*, trad. par M. Haar et L. Braun, in *Questions II*, Paris, Gallimard, 1968, p. 105 : « Pour autant qu'il [= Kant] le définit comme *seulement la position (Setzung)*, il comprend l'Être à partir de la position comme acte de la subjectivité humaine [...]. »

2. Se reporter notamment sur ce thème à *Nietzsche*, II, trad. citée, p. 378-379 : « Réalité et volonté (le concept de l'Être chez Kant) », où Heidegger désigne lapidairement la « thèse de Kant sur l'Être » comme une « thèse ontothéologique », à la faveur de laquelle « il apparaît le plus nettement » que désormais « l'Être est dépourvu de problématique ».

sujet transcendantal : la fondation ultime du processus de
connaissance dans l'unité originairement synthétique de
l'aperception ne fait-elle pas resurgir, dans l'identité à soi
du *Je pense*, le sujet métaphysique déconstruit par la critique des paralogismes de la psychologie rationnelle ? La
question semble d'autant plus légitime qu'historiquement
les premiers successeurs de Kant ont souvent cru trouver
dans l'identité du *Je pense*, et dans la manière dont la
deuxième édition de la *Critique* (§ 16-23) en partait pour
déduire l'objectivité des catégories, le principe d'une
reformulation systématique de tout le contenu de l'idéalisme transcendantal : comme si Kant avait fait d'une
connaissance que le sujet aurait de lui-même en tant que
sujet transcendantal (à travers ce que Schelling appellera
en 1794, dans son *Du Moi comme principe de la philosophie*, l'« intuition intellectuelle ») le fondement d'une
construction possible de l'objectivité des divers jugements
et usages des catégories. En d'autres termes : dans la
dynamique de l'idéalisme allemand, la théorie du sujet
transcendantal a été bien davantage, *de facto*, le support
de tentatives pour accomplir la philosophie comme système qu'elle n'a servi à contrecarrer le processus de la
métaphysique de la subjectivité dont cet achèvement du
système était solidaire ; de là à estimer que Kant lui-même
s'était représenté ainsi le sens de sa propre philosophie,
ou que du moins il était possible, dans cette direction, de
le comprendre « mieux qu'il ne s'était compris lui-
même », il n'y avait donc qu'un pas, dont Heidegger a
considéré qu'il pouvait et devait être franchi, rendant ainsi
problématique toute réinstallation d'une pensée contemporaine de la finitude radicale dans le site d'une philosophie définie par le choix de prendre pour point de départ
la subjectivité.

Il faudra, dans les chapitres suivants, tirer les enseignements de cette discussion heideggerienne de Kant : elle
nous lègue pour le moins la tâche de problématiser, non
seulement, comme ce pouvait être le cas à partir de Jacobi,
la théorie kantienne de l'objectivité, mais bien la théorie
kantienne du sujet, en nous demandant si, aujourd'hui, elle
ne reste pas, parce que inséparable des illusions avec les-

quelles les critiques contemporaines de la métaphysique ont rompu, en retrait par rapport aux exigences philosophiques de notre temps. Problématisation d'autant plus nécessaire qu'à l'entrecroisement de la théorie de l'objet et de la théorie du sujet, c'est-à-dire en ce point où la philosophie transcendantale répond à la question de l'objectivité en termes d'intersubjectivité, surgissent aussi, venues de courants philosophiques plus contemporains encore, beaucoup d'interrogations sur la fécondité susceptible d'être conservée désormais par le criticisme.

### III
### Sujet et communication

Relativement à l'essence même de la vérité, j'ai esquissé la teneur du déplacement kantien dans le chapitre précédent : la solution du problème soulevé par la lettre à Marcus Herz repose, chez Kant, sur une nouvelle façon de penser la vérité, non plus en termes de conformité (ou d'adéquation) à l'en-soi, mais en termes d'aptitude, pour un énoncé, à valoir universellement, c'est-à-dire pour la communauté des sujets, donc en termes d'intersubjectivité. Le principe d'une telle solution, il faut le préciser, ne s'applique pas seulement aux énoncés à prétention cognitive. Au-delà de la *Critique de la raison pure*, la perspective d'une constitution de l'objectivité à l'intérieur de la subjectivité sera, de fait, tout autant à l'œuvre dans l'interrogation sur l'élaboration des objets pratiques, c'est-à-dire sur le processus par lequel le sujet moral parvient à déterminer des fins bonnes qui puissent valoir absolument et soient donc objectivement (et non pas subjectivement) pratiques. Et c'est encore la même optique qui interviendra à propos de l'objectivité esthétique, puisque ce sera l'une des thèses majeures de la *Critique de la faculté de juger* que de souligner comment le jugement de goût diffère du jugement sur l'agréable justement en ceci qu'il dessine lui aussi une sphère d'objectivité prétendant à l'universalité. Bref, dans les trois registres, la problématique critique de l'objectivité se développe à travers

une réflexion sur les figures diverses de cette transcendance dans l'immanence par laquelle le sujet trouve ou
construit en lui de la vérité, des valeurs et du sens qui
dépassent son individualité [1] et ouvrent des espaces d'intersubjectivité. Ce pourquoi Alexis Philonenko avait eu
raison de souligner avec vigueur, j'y reviendrai plus longuement, l'importance prise chez Kant par la thématique
de la communication : la première *Critique* établit, expli-
quait-il, la possibilité, dans la connaissance, d'une
communication médiatisée par le concept, la seconde celle
d'une communication, médiatisée par la loi morale, de
l'homme avec l'homme comme être raisonnable, et la troisième celle d'une communication directe, immédiate, où
l'homme éprouve d'emblée, dans le sentiment esthétique,
que ce qu'il ressent dépasse son Moi et le fait rejoindre
autrui [2].

Toute la question serait cependant de savoir si cette
importance accordée à la thématique de la communication
n'est pas restée surtout virtuelle, et si la détermination
majeure qui fait du criticisme une philosophie du sujet ne
risquait pas d'affaiblir, voire de faire disparaître *de facto*,
cette ouverture de principe sur la thématique de l'intersubjectivité.

L'objection, on le sait, domine aujourd'hui l'une des
tentatives qui illustrent pourtant le plus fortement, chez
Jürgen Habermas et Karl Otto Apel, les potentialités
offertes à la philosophie contemporaine par l'héritage du
criticisme. Autour du programme d'une « éthique de la
discussion » ou d'une « pragmatique transcendantale »,
cette tentative partage en effet avec un certain nombre de
démarches nord-américaines ou françaises la conviction
que la transformation criticiste de la raison constitue un
tel moment d'irréductibilité à la tradition métaphysique
qu'il est d'emblée exclu de suivre la démarche heideggerienne dans ses thèses les plus déconstructrices. Mais,

1. Sur une telle transcendance dans l'immanence, voir A. Renaut,
*L'Ère de l'individu, op. cit.*, p. 60 : « La transcendance immanente,
problème philosophique de la postmodernité. »
2. A. Philonenko, introduction à sa traduction de Kant, *Critique de
la faculté de juger*, Paris, Vrin, 1965.

comme c'est souvent le cas aussi de la philosophie nord-américaine, ce qu'ont entrepris, chacun à sa manière [1], Habermas et Apel est en outre si profondément marqué par l'importance accordée au « tournant linguistique » de la pensée contemporaine que le projet d'une transformation postmétaphysique de la raison se redouble chez eux de celui d'une nécessaire transformation de la philosophie transcendantale elle-même, par la prise en compte des réaménagements supposés résulter d'un tel « tournant ». Ainsi Apel a-t-il consacré son principal ouvrage [2] à définir le programme de ce qu'il nomme lui-même une « transformation pragmatique de la philosophie transcendantale » – transformation à laquelle il faudrait accorder une importance décisive pour le destin contemporain de la philosophie, puisque l'intégration des acquis de la sémiotique, en quoi consiste cette transformation, n'engagerait rien de moins qu'un changement de paradigme :

« Ma thèse vise à montrer que la sémiotique transcendantale peut effectivement être comprise comme un nouveau paradigme de la *prima philosophia*, c'est-à-dire comme l'accomplissement de la philosophie analytique du langage en tant que troisième paradigme de la *prima philosophia*. Comme nouveau paradigme, la *sémiotique transcendantale* peut remplacer les deux paradigmes précédents de la *prima philosophia*, soit d'une part l'ontologie ou la métaphysique au sens aristotélicien, et d'autre

1. Je laisse ici de côté les différences d'accentuation, voire les franches divergences, qui sont progressivement apparues, dans ce cadre global, entre Apel et Habermas : voir sur ce point S. Mesure et A. Renaut, *La Guerre des dieux. Essai sur la querelle des valeurs*, Paris, Grasset, 1996.

2. K.O. Apel, *Transformation der Philosophie*, Francfort, Suhrkamp, 1973. Le tome I a pour sous-titre : « Sprachanalytik, Semiotik, Hermeneutik ». Apel y souligne à la fois les apports et les limites de la philosophie analytique du langage et de l'herméneutique, en analysant plus particulièrement les tendances que représentent Heidegger et Wittgenstein. Le tome II, « Das Apriori der Kommunikationsgemeinschaft », développe, après la critique du scientisme, de l'herméneutique et des philosophies dialectiques de Hegel et de Marx, la position spécifique d'une philosophie transcendantale transformée. Une partie de ce second volume a été traduite par R. Lellouche et I. Mittman sous le titre *L'Éthique à l'âge de la science*, Lille, PUL, 1987.

part la critique de la connaissance ou philosophie de la
conscience au sens de Kant (et aussi au sens de la philosophie moderne de Descartes à Husserl) ; elle peut les
remplacer, et en même temps elle peut les " supprimer "
et les conserver, au sens hégélien [1]. »

Ainsi faudrait-il là encore, à suivre Apel (et Habermas
partage sur ce point les mêmes convictions [2]), problématiser le kantisme en raison directe du fait que, comme
philosophie de la conscience ou du sujet, il relèverait au
fond de ce qu'en termes foucaldiens on identifierait
comme une *épistémé* aujourd'hui périmée. Dans ces
conditions, pour cerner en quoi il y aurait donc matière à
une reconstruction de la philosophie transcendantale à partir d'un autre paradigme que celui de la conscience, il
importe de situer avec précision les raisons pour lesquelles
nous ne pourrions plus reprendre aujourd'hui, telle qu'elle
nous a été léguée par Kant, la conception criticiste de la
subjectivité.

## Le « tournant linguistique »

À travers une succession de mises au point [3], Apel, tout
en formulant son programme d'une pragmatique transcendantale, n'a cessé d'exprimer sa conviction qu'il serait
possible de mettre en évidence un paralogisme (désigné
comme « paralogisme abstractif [4] ») présent notamment

---

1. Ces lignes sont extraites du résumé des cours dispensés par Apel
en mars 1977, alors qu'il était professeur invité à l'université de Yale,
publié dans la *Revue de métaphysique et de morale*, 2, 1987, p. 147-
163, sous le titre : « La sémiotique transcendantale et les paradigmes
de la *prima philosophia.* »
   2. Voir notamment *La Pensée postmétaphysique. Essais philosophiques* (1988), trad. par R. Rochlitz, Paris, A. Colin, 1993, p. 18 sq. :
« La métaphysique après Kant » ; sur « la philosophie première comme
philosophie de la conscience », voir p. 39 sq. (et p. 197 sq. sur la philosophie kantienne et fichtéenne de la conscience) et sur le « tournant
linguistique », p. 52 sq.
   3. Notamment : « Zur Idee einer transzendentalen Sprach-pragmatik » in J. Simon : *Aspekte und Probleme der Sprachphilosophie*, Fri-
bourg/Munich, 1974, p. 283-284.
   4. Par exemple *L'Éthique à l'âge de la science, op. cit.*, p. 105 :
« Cela reviendrait à un paralogisme abstractif que de vouloir concevoir

dans les fondements de la philosophie transcendantale classique : redéfinie aujourd'hui à la lumière de la sémiotique transcendantale ou de la pragmatique linguistique, l'option qui avait correspondu à la philosophie transcendantale (et que Apel identifie surtout comme consistant à mettre en évidence les *a priori* de toute pensée et de toute action) se trouverait donc profondément transformée. Diagnostic et pronostic qui méritent à l'évidence d'être explicités.

La critique du paralogisme que Apel dénonce s'enracine dans la thèse, qu'il emprunte notamment à Peirce [1], selon laquelle dès qu'il y a pensée, il y a signe, c'est-à-dire une relation triadique qu'on ne saurait légitimement simplifier en tentant d'en réduire les termes. Cette structure triadique consiste en ce qu'un signe (I) désigne toujours quelque chose (II) pour quelqu'un (III). Chacun des termes de cette relation présuppose donc les deux autres, et toute mise à l'écart de cette présupposition a pour conséquence une « *abstractive* » ou « *reductive fallacy* », un paralogisme abstractif ou réductif. En conséquence : puisque (« tournant linguistique » oblige) « la connaissance humaine est toujours prédéterminée par des signes, plus précisément par le langage », il conviendrait, au plan épistémologique, de reformuler ainsi la thèse de la sémiotique :

1. Le signe (I) ne peut être compris dans sa fonction sémiotique sans principiellement présupposer l'existence de l'interprète du signe (II) et celle du réel qui est désigné (III).

---

la vérité comme prédicat des propositions d'un système sémantique, plutôt que comme prédicat des énoncés qui sont affirmés dans les actes de langage des sujets argumentants. »
1. Il faut rappeler que Apel a édité en Allemagne l'œuvre de Peirce : l'introduction de cette édition a ensuite été éditée séparément, en 1975, sous le titre *Der Denkweg von Ch. S. Peirce*. Sur l'importance de Peirce pour la « transformation de la philosophie transcendantale », voir l'article : « De Kant à Peirce. La transformation sémiotique de la logique transcendantale », *Philosophie*, n° 48, 1996. Sur le rôle joué par cette référence à Peirce, voir de même chez J. Habermas, in *Textes et contextes* (1991), trad. par M. Hunyadi et R. Rochlitz, Paris, Cerf, 1994, l'essai intitulé « Charles S. Peirce : À propos de la communication ».

2. Le sujet connaissant qui interprète (II) ne peut être pensé qu'en présupposant des signes réels (I) qui ont un aspect matériel et la réalité qui est à désigner (III).

3. Le réel lui-même (III) ne peut pas davantage être pensé par nous sans que son caractère interprétable (II) à travers le signe et le langage (I) soit présupposé [1].

Comme l'on sait, pour Apel, c'est l'ensemble de ces trois présuppositions, celles du sujet, de l'objet, c'est-à-dire du monde, ainsi que celle du signe et de sa fonction, qui définissent l'optique propre à une « sémiotique transcendantale » : toute théorie qui négligerait de prendre en compte ces trois éléments restreindrait gravement le champ où se déploie la connaissance humaine et ferait ainsi preuve d'un redoutable réductionnisme. De cette théorie du signe, Apel déduit ainsi cette conséquence que le langage assume la fonction d'une « condition transcendantale du savoir médiatisé par les signes », celle d'un cadre *quasi* transcendantal qui préside à « l'apparition possible du monde dans la mesure où elle peut devenir l'objet d'une description intersubjectivement valide » [2]. Encore cette conception de la fonction *sémantique* du langage doit-elle être complétée par la prise en compte de sa dimension *pragmatique*, qui tient à la façon dont le sujet utilisant le langage exerce une fonction proprement « active » : avec chaque proposition ou argument que nous utilisons, nous « produisons » en effet des prétentions à la validité en les faisant « confirmer ou contester par chaque membre virtuel de la communauté argumentative illimitée [3] ». En ce sens, notre simple usage d'un langage doué de sens nous place dans des postures où nous nous dépassons en tant que sujets empiriques pour assumer des rôles universalisables, cela aussi bien dans la théorie que dans la pratique, de même que dans l'ordre esthétique. Il n'est pas jusqu'aux expressions les plus subjectives de nos sen-

1. K.O. Apel, « Zur Idee einer transzendentalen Sprach-pragmatik », in *op. cit.*, p. 286-287. Quelques éléments des développements qui suivent avaient déjà été esquissés in A. Renaut et L. Sosoé, *Philosophie du droit*, Paris, PUF, 1991, p. 425 sq.

2. K.O. Apel, *op. cit.*, p. 152.

3. *Ibid.*

timents qui, à partir du moment où elles peuvent prendre des formes propositionnelles, ne quittent ainsi la sphère rigoureusement privée de celui qui les exprime pour s'objectiver. Objectivation qui se produit alors sous la forme de la prétention à la validité que nous élevons chaque fois que nous faisons usage du langage. En résumé : loin de se mouvoir uniquement au sein de sa conscience et de se poser dans son rapport à soi, ce que la philosophie moderne avait appelé le « sujet » se déploie toujours déjà dans un monde intersubjectivement structuré que le langage préinforme et préinterprète.

Pour que l'exigence de prendre en compte une telle préinformation et préinterprétation du monde intersubjectivement constitué puisse requérir une authentique « transformation de la philosophie », il faudrait toutefois montrer encore, précisément, en quoi, de ce point de vue, la philosophie de la conscience, de Descartes à Husserl, et notamment la philosophie transcendantale accuseraient à cet égard des manques incontestables.

## Le criticisme comme philosophie de la conscience

Les reproches adressés par Apel à la philosophie de la conscience en général sont à vrai dire très prévisibles. Tenu dans ce contexte, comme au demeurant chez Heidegger [1], pour le fondateur de la philosophie du sujet [2],

---

1. Il n'est pas sans importance de rappeler que Apel fut d'abord, dans les années cinquante, très influencé par Heidegger et par l'école herméneutique de Gadamer – influence à laquelle se rattache sa thèse d'habilitation de 1963, *Die Idee der Sprache in der Tradition des Humanismus von Dante bis Vico*, Bonn, Bouvier. C'est surtout du dernier Heidegger et de sa dénonciation de la raison comme « ennemi le plus acharné de la pensée » que Apel s'est ensuite éloigné, tout en conservant dans sa propre réflexion une place non négligeable pour certains schémas heideggeriens – notamment ceux qui concernent la représentation de l'histoire de la philosophie.

2. Il arrive certes à Apel de mentionner, en amont de Descartes, le rôle joué à cet égard par saint Augustin, convaincu déjà de « pouvoir maintenir le Moi ou même la conscience pure tout en supposant une suppression du monde » ; reste que c'est par rapport à Descartes qu'en amont comme en aval de lui les tentatives de ce type prennent tout leur sens, qu'il s'agisse du « doute augustino-cartésien » ou de « celui,

Descartes aurait durablement installé la philosophie dans
l'idéalisme de la conscience. La conception cartésienne du
*cogito* serait même le prototype de la philosophie de la
conscience, comme le prouverait l'argument du rêve, où
le sujet résout d'adopter une attitude sceptique vis-à-vis
du monde extérieur : « solipsisme méthodique de la raison » en vertu duquel le sujet connaissant croit ici pouvoir
se concevoir sans admettre aucun signe, c'est-à-dire sans
nulle relation ni à quelque chose ni à quelqu'un hors de
lui [1]. Ainsi la philosophie moderne devait-elle être portée
tout particulièrement – Habermas y a insisté lui aussi avec
vigueur – à confondre les « prétentions à la validité » qui

---

néocartésien, de Husserl » (*L'Éthique à l'âge de la science, op. cit.,*
p. 86).

1. K.O. Apel, *Éthique de la discussion,* trad. par M. Hunyadi,
*op. cit.,* Paris, Cerf, 1994, p. 33. Voir la définition d'un tel solipsisme
dans *L'Éthique à l'âge de la science, op. cit.,* p. 63 : « Par *individualisme méthodique* ou *solipsisme méthodique,* j'entends cette supposition, qui à mon avis n'a jusqu'à présent guère pu être dépassée, selon
laquelle le fait que l'homme soit, considéré empiriquement, un être
social n'empêche pas que la possibilité et la validité du jugement et
de la volonté puissent principiellement être comprises *sans la présupposition logico-transcendantale d'une communauté de communication,*
donc pour ainsi dire comme l'opération constitutive de la conscience
de l'individu. » Ce solipsisme concerne aussi bien la philosophie théorique (= la réflexion sur la « formation du jugement ») que la philosophie pratique (= la réflexion sur la « formation de la volonté ») :
ainsi, dans le même passage, Apel souligne-t-il le retentissement qu'a
pu avoir une telle position sur la tradition de la philosophie juridique
et politique moderne – notamment à travers « toutes les variantes de
la théorie libérale du contrat » qui prétendent fonder la validité intersubjective des normes « sur la seule base d'une conciliation ou d'une
médiation empirique des intérêts individuels et des décisions arbi-
traires ». Cette mise en relation du contractualisme moderne avec le
solipsisme des philosophies de la conscience (dont se déduit aussi la
nécessité d'accompagner le renoncement au paradigme du sujet par
une discussion du « paradigme libéral du droit ») a été largement
complétée depuis par J. Habermas, in *Faktizität und Geltung. Beiträge
zur Diskurstheorie des Rechts und des demokratischen Rechtsstaats,*
Francfort, Suhrkamp, 1993, trad. par R. Rochlitz et C. Bouchindhomme, *Droit et démocratie. Entre faits et normes,* Paris, Gallimard,
1997, notamment p. 115 sq. (« Kant et Rousseau »). On peut
rappeler à cet égard que Peirce parlait déjà d'un « socialisme
logique », auquel Apel fait allusion dans *L'Éthique à l'âge de la
science, op. cit.,* p. 100.

accompagnent les énoncés (à travers une référence implicite au « jugement de tous les autres avec lesquels je pourrais engager une conversation » en vue de justifier argu-
mentativement mes énoncés) avec diverses « expériences
de la certitude » que le sujet pourrait effectuer dans la
solitude de son rapport à soi (certitude sensible ou non
sensible, certitude de foi, etc.) [1].

On pourrait montrer également, telle est du moins la
thèse défendue par Apel, que le « solipsisme méthodique
de style cartésien », ignorant le « jeu de langage transcendantal » présupposé dans tout discours, n'a pas été véritablement dépassé par Kant. Certes le criticisme a eu le
mérite de faire apercevoir que la recherche des présupposés ultimes (= des *a priori*) de toute pensée comme de
toute volonté constituait la version moderne de la doctrine
classique des transcendantaux : en ce sens, c'est bien chez
Kant que la philosophie a « acquis le point de vue méthodique de la réflexion transcendantale [2] », si précieux
aujourd'hui contre toutes les formes d'historicisme. Reste
que Kant lui-même n'aurait cessé d'ignorer, selon Apel et
selon Habermas, toute cette dimension de l'*a priori* qui
correspond au jeu de langage. Ce qui expliquerait pourquoi le kantisme a eu tant de peine à sortir de l'idéalisme
de la conscience et a éprouvé le besoin « d'une preuve de
l'existence de la réalité du monde extérieur [3] ». De même
comprendrait-on mieux, poursuit Apel, les difficultés qui
apparaissent dans la démarche kantienne quand on considère – nous l'avons relevé ici même dans le premier
moment de ce chapitre – le réalisme de sa théorie de
l'affection : car cette théorie admet bien, avec la notion
de « chose en soi », un référent et un sujet affecté par lui,
mais, parce qu'elle ne thématise pas la troisième instance
de la structure triadique, à savoir le signe, elle laisse
échapper la manière dont le monde se trouve préconstitué

1. J. Habermas, « Théories relatives à la vérité », in *Logique des
sciences sociales et autres essais*, trad. par R. Rochlitz, Paris, PUF,
1987, notamment p. 285 sq.
2. *L'Éthique à l'âge de la science*, *op. cit.*, p. 88.
3. K.O. Apel, « Zur Idee einer transzendentalen Sprach-pragmatik », *op. cit.*, p. 292.

à travers le langage. En conséquence, parce que Kant ne voit pas que les autres êtres humains agissant de façon autonome comme fins en soi doivent être présupposés comme des causes réelles de toute opération de la conscience, il ne lui reste, pour penser le surgissement des représentations, pas d'autre issue que d'admettre une détermination causale de nos sens par l'en-soi : la doctrine de la chose en soi serait ainsi le prix dont se paierait, chez Kant, l'enfermement de la philosophie transcendantale dans le paradigme du sujet. Prix élevé, puisque cette doctrine de l'en-soi paraît aller, comme Jacobi l'avait souligné le premier, à l'encontre des prémisses mêmes du système. Bref, à la suite de Peirce, Apel soutient que la prise en compte de la dimension de l'*a priori* du jeu de langage dans la réflexion transcendantale sur les conditions de possibilité d'une expérience objective aurait pu épargner à la philosophie critique les plus redoutables difficultés auxquelles elle s'est exposée.

Pour achever de cerner les contours de cette discussion, il faut ajouter encore que la réintégration du kantisme dans la « philosophie traditionnelle »[1] est obtenue à nouveau, comme c'était le cas déjà chez Heidegger, à partir d'une lecture critique de la doctrine du sujet transcendantal : si le criticisme est un solipsisme, la meilleure preuve en serait en effet, selon Apel, dans le fait que « le point le plus haut » atteint par la réflexion transcendantale a été situé par Kant dans l'unité originairement synthétique de l'aperception[2] ; en faisant de l'identité à soi de la conscience pure la condition ultime de nos représentations, Kant aurait en effet manqué « la dimension de l'intersubjectivité transcendantale ». Bref, il s'agirait aujourd'hui de faire un pas de plus dans le processus de transformation de la raison par lequel le criticisme avait entrepris d'échapper aux schémas de la métaphysique dogmatique, et pour ce faire rien n'importerait davantage que de transformer la doctrine du sujet transcendantal en mettant en évidence « le sujet transcendantal de la relation

1. Par exemple, K.O. Apel, *Éthique de la discussion, op. cit.,* p. 40.
2. *L'Éthique à l'âge de la science, op. cit.,* p. 108.

sémiotique [1] ». La transformation de la raison culminerait donc bien ainsi en une « transformation de la philosophie transcendantale » elle-même, laquelle aurait désormais à prendre la forme d'une « *critique transcendantale du sens* » partant du « *factum a priori* de l'argumentation [2] ».

Que la problématisation du kantisme s'accomplisse ici dans la direction de cette « philosophie transcendantale sémiotiquement transformée [3] » permet alors d'enregistrer au passage un dernier reproche adressé à Kant par les partisans de l'éthique de la discussion. Non seulement en effet, dans sa version kantienne, la philosophie transcendantale, en tant qu'elle prend pour principe la conscience et non pas l'argumentation, ne part pas, si je puis dire, du bon « fait », mais elle aboutit en outre, en cherchant les conditions de possibilité de la conscience, à ce qui n'est à son tour qu'un « fait », à savoir le « *factum* de la raison pratique ». Au terme de la transformation kantienne de la raison [4], c'est en effet le libre choix par le sujet moral de s'imposer (ou non) l'impératif catégorique qui fonde la conscience morale, laquelle devient la racine de toute conscience théorique aussi bien que pratique : en ce sens, ce serait « un *factum* sans fondation ultérieure » qui constituerait le dernier « résultat de l'autoréflexion transcendantale [5] ». Constatation que peut faire, à vrai dire, tout lecteur de Kant, mais dont Apel tire un argument supplémentaire pour étayer son projet d'accomplir un pas au-delà des trois *Critiques* : même si le fait dont il s'agit n'est pas, convient Apel, de nature empirique, il reste que, dans sa version kantienne, la démarche transcendantale, partie, comme il se doit, d'un « fait », ne retrouverait, à son terme, qu'une autre dimension de factualité – factualité pure, sans doute, mais néanmoins simple « donnée de fait ». Comment, dès lors, ne pas convenir, suggère Apel, que, de façon pour le moins maladroite, l'argument de Kant sur le *factum* de la raison et sur la manière dont ce

1. *Ibid.*, p. 104.
2. *Ibid.*, p. 109.
3. *Ibid.*, p. 108.
4. Transformation que j'analyserai dans le chapitre qui suit.
5. *L'Éthique à l'âge de la science, op. cit.*, p. 116.

*factum* constitue la réponse ultime à la « question de la *valeur morale* de l'impératif catégorique » prête le flanc à une objection de style humien, accusant la philosophie critique d'avoir commis un « paralogisme naturaliste » qui rabattrait une question de droit sur une question de fait [1] ? Raison pour laquelle Apel n'a eu de cesse, afin de remédier à ce qu'il diagnostique ainsi comme une insuffisance du kantisme, de revendiquer pour son propre compte le projet d'une « fondation ultime » de la raison (pratique), dépassant la simple référence au « fait de la raison », et montrant comment le choix de la raison se peut lui-même argumenter.

Je n'entends pas entreprendre ici, à nouveau, ni l'analyse ni la discussion de cette entreprise apelienne d'une fondation ultime de la raison [2]. Simplement voulais-je faire ressortir selon quelle logique la transformation de la philosophie transcendantale visée par Apel s'acquitte en fait aujourd'hui d'une double problématisation du kantisme, d'une part en réinterprétant le sujet transcendantal dans la direction, non plus de la conscience pure, mais de la relation sémiotique, d'autre part en réaffirmant la possibilité d'interroger transcendantalement (= sur ses conditions de possibilité et de validité) ce que Kant avait laissé à l'état de factualité – savoir le choix de la raison.

## Partir de Apel ou repartir de Kant ?

Réinterpréter sémiotiquement le sujet transcendantal, soumettre à fondation transcendantale le choix de la raison : ces deux objectifs de Apel et de l'éthique de la discussion dans sa version la plus forte soulèvent assurément bien des interrogations – et notamment sur le dépassement de la philosophie transcendantale classique que présupposerait une véritable prise en considération de la thé-

---

1. *Ibid.*, p. 115-116.
2. Pour une telle analyse critique, voir S. Mesure et A. Renaut, *La Guerre des dieux. Essai sur la querelle des valeurs, op. cit.*, deuxième partie.

matique de l'intersubjectivité [1]. Deux types d'objections, de portées fort inégales, me semblent à vrai dire envisageables.

Les objections les moins importantes, même si elles ne sont pas négligeables, relèvent de la question de fait : la philosophie transcendantale classique a-t-elle ou non « oublié » l'intersubjectivité – au même sens où Heidegger l'accusait d'avoir « oublié » l'Être ? Apel lui-même, sur ce terrain, conviendrait qu'une lecture soucieuse de probité doit être capable de nuances, puisque, après avoir invité à entreprendre une refondation de l'impératif catégorique sur les exigences de la communauté communicationnelle, il convient que « Kant l'a fait lui-même *de facto* dans l'idée de la société cosmopolitique [2] ». Concession que l'on pourrait même élargir sans peine, puisque Kant, comme chacun sait, n'a eu de cesse d'insister sur le fait que « l'homme est la seule créature qui doive être éduquée [3] » : affirmation qui serait singulière, convenonsen, dans le cadre d'une pensée solipsiste, puisque le solipsisme se définit par la conviction que la conscience humaine peut se poser et se penser elle-même comme telle à partir de son simple rapport à soi. Fichte, au demeurant, ne s'y est pas trompé qui, tout à son effort pour populariser le kantisme, en a explicité à cet égard la portée : là où Kant écrivait que « l'homme ne peut devenir homme

1. Bien des réceptions critiques pourraient ici être mentionnées qui manifestent à quel point cette prétention à un dépassement de la philosophie kantienne a donné lieu en Allemagne à diverses réactions plus ou moins sceptiques. Cf. notamment *Kommunikation und Reflexion. Zur Diskussion der Transzendentalpragmatik. Antworten auf Karl Otto Apel*, éd. par Wolfgang Kuhlmann und Dietrich Böhler, Francfort, 1982 – notamment les articles suivants : Hans Michael Baumgartner, « Geltung durch Antizipation ? Eine Kritische Anfrage zur Möglichkeit einer hermeneutisch orientierten und pragmatisch unterlegten Transformation der Kantischen Philosophie » ; Otfried Höffe, « Kantische Skepsis gegen die transzendentale Kommunikationsethik » ; Hans Ebeling, « Das Faktum der Vernunft – die Basis – Fiktionen des Handelns ».

2. *L'Éthique à l'âge de la science, op. cit.*, p. 130.

3. Kant, *Réflexions sur l'éducation*, trad. par A. Philonenko, Paris, Vrin, 1974, p. 69.

que par l'éducation [1] », il n'hésite pas pour sa part à soutenir que « l'homme ne devient homme que parmi les
hommes [2] ». Et si d'aventure l'on estimait qu'il s'agit là
de formules isolées n'engageant pas l'essence de la philosophie transcendantale classique, il suffirait, pour rectifier un tel jugement, de se remémorer la manière dont
Fichte, qui n'a pas seulement cherché à populariser le kantisme, mais a aussi tenté de le systématiser, accordait à
cet égard une fonction décisive, dans sa première philosophie, à ce qu'il nomma « déduction de l'intersubjectivité ». Il ne saurait être question ici d'en restituer la
démarche, telle qu'elle se déploie à la fois dans les *Principes* de 1794 et dans le *Fondement du droit naturel* de
1796 [3], mais simplement peut-on verser au dossier la
manière dont, de fait, cette thématique de l'intersubjectivité joue un rôle si décisif dans la réécriture fichtéenne
du kantisme et permet de résoudre le problème même de
la représentation : en une vaste explicitation de ce dont
Kant avait déjà fait le principe de sa solution, Fichte établit en effet qu'il n'y a conscience (de soi et d'objet) que
parce qu'il y a relation à d'autres consciences. Raison
pour laquelle, chez Fichte, « le concept d'individualité est
un concept réciproque [4] », ou encore : « Le concept
d'homme n'est donc pas véritablement le concept d'un
individu, car c'est là quelque chose d'impensable, mais
c'est celui d'un genre [5]. » Clairs indices que la philosophie
transcendantale classique n'a pas attendu le supposé
« tournant linguistique » de la philosophie contemporaine
pour inscrire à son programme le dépassement de tout
« solipsisme méthodique » et l'affirmation du primat de
l'interaction sur la conscience de soi. Ainsi la problématisation du criticisme par l'éthique de la discussion sou-
lève-t-elle déjà de fait, quant à l'« oubli » imputé à Kant,
un certain nombre de réserves de nature à mettre en doute
sa puissance de renouvellement.

1. *Ibid.*, p. 73.
2. J. G. Fichte, *Fondement du droit naturel*, trad. citée, p. 54.
3. Voir A. Renaut, *Le Système du droit*, *op. cit.*, p. 153-189.
4. *Fondement du droit naturel*, *op. cit.*, p. 62.
5. *Ibid.*, p. 54-55.

Ces réserves seraient toutefois d'une portée bien faibles si elles ne pouvaient être complétées par des objections de droit. Plutôt que de comptabiliser les références de Kant (ou de Fichte) à la communication et à l'intersubjectivité, il s'agit de déterminer en vérité 1. si la manière dont Kant a effectivement décidé de « partir du sujet » constitue ou non un obstacle à une pensée résolue de l'interrelation comme condition de la conscience : j'ai montré ailleurs comment, à mon sens, rien n'apparaît moins évident, pour peu que l'on veuille bien prêter attention à ce qui distingue, chez les Modernes, la subjectivité proprement dite et l'individualité empirique, et percevoir que toute la richesse et l'originalité de l'humanisme tiennent précisément à la subtilité de cette distinction [1]. Au-delà même de ce rappel à ce que signifie proprement le paradigme du sujet, il faudrait examiner enfin 2. si le choix de partir du sujet, et non pas de la communication, loin de faire obstacle à la pensée de cette dernière (puisqu'elle se trouve d'ores et déjà comprise dans la subjectivité elle-même), ne constitue pas philosophiquement un geste indispensable pour penser cette dimension de la responsabilité qui reste pour nous constitutive de la moralité. Dit autrement : si la prise en compte de l'autre représente pour moi, non pas seulement un fait (tenant à la structure même de la pensée argumentative, à celle du signe ou à n'importe quoi d'autre), mais un devoir (comme c'est le cas dans l'expérience morale la plus quotidienne), comment de cette prise en compte pourrais-je être tenu pour responsable (ainsi que l'implique la notion même du devoir) si le choix ne m'en était pas imputable ? Et comment penser l'imputation d'un choix, si ce n'est en termes d'assi-

1. La teneur et le destin de cette distinction ont été analysés in A. Renaut, *L'Ère de l'individu, op. cit.* : d'une façon générale, l'idée de sujet strictement entendue, c'est-à-dire en tant qu'elle correspond à la valeur humaniste de l'autonomie (et non à celle, individualiste, de l'indépendance), contient en elle, non seulement le rapport à soi, mais le rapport à l'autre ou, si l'on préfère, le rapport à l'humanité ; comment, chez le philosophe qui, plus que tout autre, a pensé le sujet en direction de l'idéal d'autonomie, cette compréhension « intersubjectiviste » de la subjectivité eût-elle pu être absente ? J'y reviendrai dans les prochains chapitres.

gnation à un sujet qui opère ce choix ? Bref, ce qui impose de penser l'humanité en termes de subjectivité et de partir de cette affirmation du sujet comme tel, ne serait-ce pas la logique la plus immanente à une philosophie qui, comme celle de Kant, accomplit la transformation de la raison en raison pratique, et qui pense la raison pratique en termes de responsabilité ? Que cette inscription de la raison transformée dans le cadre d'une philosophie du sujet soulève bien des interrogations, ce n'est certes pas douteux, et c'est pourquoi j'ai voulu nourrir, tout au long de ce chapitre, la perspective d'une problématisation du kantisme : savoir jusqu'à quel point cette problématisation induirait une dynamique de dépassement, et dans quel sens elle l'induirait, reste toutefois largement à débattre, notamment à partir d'une reconstruction suffisamment compréhensive de ce qui a pu faire que, chez Kant, la transformation de la raison s'est accomplie à travers le surgissement de la raison comme raison pratique.

Chapitre III

## TRANSFORMATIONS DE LA RAISON

Il y a bien des manières d'apprécier les transformations que la déconstruction kantienne de la métaphysique fait subir à la raison elle-même. L'approche la plus scolaire, même si elle est indispensable, consisterait à présenter les fondements de cette déconstruction, en dégageant les principales thèses à partir desquelles Kant met en pièces le projet métaphysique d'une totalisation systématique du divers des connaissances à partir d'un principe inconditionné. Je me bornerai à dire quelques mots de ce que devrait souligner une telle approche, qui sera ici, pour l'essentiel, présupposée.

Précisément parce qu'elle entend être le pouvoir de tels principes, sur la base desquels se pourrait construire une synthèse totale des connaissances, la raison se trouve critiquée comme constituant le siège de l'apparence transcendantale, dans la mesure où les principes qu'elle produit (qui constituent, sous la forme des trois Idées de monde, d'âme et de Dieu, les trois figures possibles de l'inconditionné) ne sauraient jamais donner lieu à une quelconque connaissance : le moment décisif, dans cette dénonciation des ambitions excessives de la raison, correspond incontestablement à l'introduction et au livre I de la Dialectique transcendantale, dans lesquels, à travers la distinction de l'usage logique et de l'usage réel de la raison, Kant procède, vis-à-vis du fonctionnement de la raison, à un partage décisif du légitime et de l'illégitime qui, à la fois, fait apparaître le ressort même de l'illusion (à savoir la réification d'exigences subjectives de la raison en trois totalités posées comme existantes) et dégage, du même coup, la possibilité de préserver la possibilité d'un usage de la raison, revu et corrigé à la baisse, après sa critique. Dans ces conditions, apprécier la manière dont la philosophie transcendantale s'acquitte de cette transformation de la raison, ce serait mettre en évidence ce qui fonde cette critique de la réification des Idées et permet ainsi de condamner catégoriquement comme abusif le processus qui conduit la métaphysique à hypostasier de pures exigences subjectives en connaissances qui prétendent à l'objectivité. De ce point de vue, c'est évidemment toute la théorie kantienne du processus cognitif qui devrait être convoquée, puisque les fondements de la Dialectique se trouvent à cet égard dans l'Esthétique et dans l'Analytique : conséquences directes de la conception de la finitude humaine comme radicale, la théorie de la sensibilité (en vertu de laquelle les concepts, sans intuitions qui leur correspondent, demeurent vides), la déduction transcendantale (qui montre que les catégories sont catégories de l'expérience et de l'expérience seule) et la doctrine du schématisme (qui établit au fond une seconde fois que, sans intuitions, les concepts sont vides, puisqu'ils demeurent vides de sens, donc inapplicables à un quelconque objet) composent ainsi les soubassements de la partie proprement critique (déconstructrice) de l'édifice kantien. La Dialectique se borne donc à appliquer aux concepts de la totalité que sont les trois Idées les acquis de la théorie de la connaissance élaborée par l'Esthétique et par l'Analytique : parce qu'il n'y a pas pour nous (du fait de la radicalité de notre finitude) d'expérience possible de la totalité de l'expérience, toute Idée d'une condition ultime inconditionnée est vouée à demeurer vide. D'une part, il ne se présente dans l'expérience jamais aucun donné intuitif à l'aide duquel elle permettrait de construire un objet. D'autre part, et plus radicalement encore, l'Idée d'une condition ultime risque même d'apparaître dépourvue de la moindre signification, puisqu'elle semble non schématisable au sens strict de l'opération de schématisation : si la schématisation d'un concept, qui le rend représentable et donc lui donne sens, consiste à lui adjoindre une dimension temporelle, comme l'établit le bref chapitre sur le schématisme, on voit mal, de prime abord, comment les conditions de la signification pourraient être remplies pour les concepts de la raison, puisque le temps est l'une des conditions formelles de l'expérience et que les concepts de la totalité, n'ouvrant sur aucune expérience possible, échappent aussi aux conditions spatio-temporelles de l'expérience.

Ainsi ne serait-il pas excessif d'estimer qu'au terme de l'Esthétique, de la déduction transcendantale et du chapitre sur le schématisme des concepts de l'entendement pur, le sort de la métaphysique est déjà joué : la Dialectique, à laquelle Kant, l'on ne s'en rend pas toujours compte, consacre la moitié de la *Critique de la raison pure*, opère en acte la mise en pièces que la première moitié fonde en droit. À partir de cette constatation, que l'approche scolaire évoquée au début de ce chapitre permettrait d'étayer plus complètement, que reste-t-il à examiner pour achever de construire dans toute sa spécificité la critique kantienne de la raison, et pour faire ressortir le surplus de fécondité qu'elle est susceptible de conserver aujourd'hui par comparaison avec d'autres assauts lancés par la philosophie contemporaine contre la métaphysique ? Deux démarches, à vrai dire, me semblent à cet égard possibles, dont je voudrais indiquer comment elles vont se croiser dans ce chapitre et dans la suite de ce livre.

# I
## De la transformation de la raison
## à la raison transformée

Une première démarche possible partirait précisément de la Dialectique, comme critique en acte, pour faire ressortir avec rigueur le statut de la raison par rapport à l'entendement. Il est en effet tout à fait frappant que les principales études consacrées à la Dialectique transcendantale concentrent leur attention sur le livre II, de loin certes le

plus imposant, consacré aux divers « raisonnements dialectiques » qui correspondent aux paralogismes, aux antinomies et aux preuves de l'existence de Dieu. Ce choix
m'apparaît regrettable s'il conduit, comme c'est souvent
le cas, à négliger l'introduction et le livre I – dont j'ai déjà
souligné ci-dessus l'importance pour toute clarification du
partage qu'opère la *Critique* entre raison métaphysique
(usage illégitime de la raison) et raison postmétaphysique
(usage légitime) : à cet égard, ce serait une démarche tout
à fait judicieuse et originale que celle qui consisterait à
relier, pour ainsi dire en sautant par-delà l'étude des raisonnements dialectiques, la mise en place de la théorie de
l'illusion (introduction, livre I) et l'Appendice à la Dialectique transcendantale – lequel établit en effet, après les
vastes développements du livre II, ce qu'il peut et doit en
être d'une raison désillusionnée ou postmétaphysique
quand les Idées, une fois déréifiées, sont rendues à leur
usage logique, que Kant explicite alors comme un usage
« régulateur ».

De cette première démarche participera essentiellement
ici la section suivante de ce chapitre. Prise dans sa globalité, l'approche évoquée m'apparaît à vrai dire de nature
à permettre une entrée passionnante dans le système critique, car en articulant une théorie de la dérive métaphysique de la raison (la genèse de la raison métaphysique)
et une théorie de la raison postmétaphysique (la refondation postmétaphysique de la raison), elle ferait ressortir
avec netteté la spécificité de la critique criticiste, telle que,
loin de conduire à la destruction ou au sacrifice de la
raison, elle lui conserve un sens positif et une fonction
indispensable après sa déconstruction. Il faut ajouter que
la démarche envisagée, au-delà de la réalisation seulement
partielle à laquelle elle donnera lieu ici, ne saurait évidemment négliger de prendre au sérieux le programme même,
tel qu'envisagé par l'Appendice, de la déconstruction critique de la raison : je veux dire par là qu'après les indications de l'Appendice à la Dialectique transcendantale
(explicitation de l'usage logique en usage régulateur), il
conviendrait d'examiner la mise en œuvre de cette raison
transformée et de se demander jusqu'à quel point elle

échappe effectivement, comme Kant lui-même a pu le croire, à la raison critiquée. À cet égard, c'est une autre nervure de l'œuvre qu'il faudrait suivre, en dégageant la façon dont s'articulent l'Appendice à la Dialectique transcendantale et la *Critique de la faculté de juger* : de fait, toute la troisième *Critique* s'inscrit dans l'espace ouvert par l'Appendice et s'efforce de mener à bien le programme d'une transformation de la raison.

Les Idées régulatrices de l'Appendice deviennent en effet ce que la Première Introduction, si importante, à la *Critique de la faculté de juger* thématise sous le nom de « principes de la réflexion » [1] et que l'ouvrage de 1790, notamment sa deuxième partie, exploite pour penser les effets de finalité qui apparaissent dans la nature : la transformation critique de la raison consiste ainsi à ouvrir la dimension de la réflexion, et c'est donc à déterminer dans quelle mesure la philosophie critique de la réflexion s'arrache véritablement à l'orbite et à l'ornière de la raison métaphysique qu'il faudrait dès lors s'employer pour en mesurer pleinement la portée [2]. Certains chapitres de ce livre, où seront examinées la philosophie critique de l'histoire (chapitre VII) et diverses dimensions de la *Critique de la faculté de juger* (chapitre VIII), prolongeront ce qui va relever ici de cette première démarche et contribueront à remplir au moins partiellement le vaste programme qui s'y rattache.

C'est en revanche à une seconde démarche, concernant la transformation criticiste de la raison, que je voudrais préalablement consacrer le présent chapitre en m'attachant moins au trajet lui-même, où s'accomplit la transformation de la raison, qu'à dégager les contours de la raison transformée. J'ai déjà suggéré, de façon elliptique, que la critique criticiste de la raison aboutissait à une transforma-

---

1. E. Kant, *Critique de la faculté de juger*, trad. par A. Renaut, Paris, Aubier, 1995, p. 101 sq.
2. Pour une telle discussion, à partir de la solution de l'antinomie de la faculté de juger téléologique et de la façon dont elle remobilise l'Idée d'un Dieu créateur intelligent (entendement archétypique), voir la belle mise au point de L. Ferry, *Philosophie politique*, II, Paris, PUF, 1984, p. 216-242.

tion de la raison en raison pratique – comme si la raison
(métaphysique) une fois critiquée et transformée par la
critique devenait raison pratique, donc comme si la raison
pratique devait fournir désormais la vérité de la raison
théorico-spéculative. Parce que l'objectif de ce livre est
moins de rendre compte de la logique interne du kantisme
que d'interroger la pertinence contemporaine du modèle
kantien, il me semble que c'est avant tout cette dimension
de la transformation criticiste de la raison qui doit ici nous
retenir, à la fois en raison de la postérité immédiate que
cet étonnant déplacement a pu avoir chez Fichte (pour
lequel c'est expressément la raison pratique qui prend le
relais de la raison théorique déconstruite) et surtout à
cause de la façon dont il engage toute une interrogation
sur les « possibles » d'une philosophie postmétaphysique.
En clair : ce que nous pourrions avoir à retenir aujourd'hui
de Kant, plus que tout autre enseignement, ce serait que
cette philosophie postmétaphysique devrait se déployer
avant tout comme une philosophie pratique, au sens où
une critique non antirationaliste de la raison ouvrirait
essentiellement sur une identification de la raison transformée à la raison pratique. Cette éventualité soulève, on
le perçoit aisément, tant de questions – et elle relie par
tant d'aspects le kantisme à la philosophie contemporaine
et à la place qu'y tient aujourd'hui une philosophie pratique recomposée – que l'on comprendra sans peine pourquoi une démarche permettant de clarifier la logique kantienne de ce recentrement de la raison sur la raison
pratique m'est apparue devoir être privilégiée.

Comment un tel déplacement de la raison théorique
(dont la problématique paraît pourtant dominante dans la
question de la représentation) vers la raison pratique se
peut-il argumenter et justifier ? En un sens, il se profile
déjà dans la théorie du schématisme : j'y reviendrai dans
le prochain chapitre, mais il est d'ores et déjà bien clair
que le concept lui-même, dans les pages sur la nécessaire
schématisation des concepts généraux, se révèle comme
devant être compris, en tant qu'il peut être appliqué (et
donc ouvrir sur une connaissance), en termes de méthode
ou comme une série d'opérations. L'insistance, qui en

résulte, sur la manière dont la subjectivité cognitive elle-même doit être pensée comme une activité n'est toutefois qu'un moment, préliminaire, de la transformation de la raison en raison pratique. En revanche, la logique du processus en même temps que sa profondeur peuvent être dégagées si l'on choisit de se placer plutôt au terme de la déconstruction des Idées métaphysiques en principes régulateurs : la question se pose en effet alors de déterminer si une telle transformation des Idées en modifie simplement le statut (par leur désubstantialisation et leur retour à l'état d'exigences subjectives) ou si elle ne modifie pas aussi leur contenu ou leur signification, et ce de telle manière que l'infléchissement vers la sphère pratique y soit perceptible. Telle est évidemment la perspective que je voudrais ici essayer de creuser à partir d'une réflexion sur le devenir de l'Idée de Dieu après sa déconstruction par la Dialectique transcendantale.

On comprendra sans difficultés pourquoi je choisis de mener cette réflexion à propos de l'Idée de Dieu. Elle vaudrait, en droit, tout autant à propos des deux autres Idées (et au demeurant consacrerai-je, en un sens, le prochain chapitre au devenir de l'Idée d'âme, puisqu'il y s'agira de la pensée kantienne du sujet), mais il peut difficilement être nié que le problème soulevé du devenir des Idées après leur critique prend tout son relief à propos de l'Idée qui constitue le pivot de l'édifice métaphysique : non seulement est-ce le cas *de fait* dans la tradition métaphysique (comme tradition ontothéologique), mais Kant nous apprend en outre que c'est également vrai *en droit*, puisque, comme on le voit à travers le livre I de la Dialectique, la troisième Idée (Dieu) est aussi synthétique des deux autres (âme, monde) que la catégorie d'action réciproque, sur la base de laquelle elle se construit, est synthétique des catégories de substance et de causalité. En ce sens, même si, dans le livre II, c'est la cosmologie qui, à travers l'étude spectaculaire des antinomies, obtient le plus vaste développement, il n'en demeure pas moins que la critique de la théologie rationnelle (y compris pour des raisons qui tiennent, on le verra ci-dessous, au rôle de l'argument ontologique dans la genèse même de l'illusion transcendantale) constitue le moment décisif de l'affrontement avec la métaphysique spéculative. Raison pour laquelle j'ai choisi de prendre comme fil conducteur d'une réflexion sur la transformation kantienne de la raison (en raison pratique) le problème du devenir de la troisième Idée, en examinant successivement la signification qu'elle acquiert à la faveur de sa construction métaphysique, puis le sens qu'elle reçoit après sa déconstruction critique en principe régulateur.

## II
## La construction de la raison métaphysique

Il est indispensable de replacer les interrogations soulevées à propos des transformations de l'Idée de Dieu dans le cadre plus vaste de la construction, puis de la déconstruction des Idées en général. On ne saurait en effet mener à bien une telle réflexion sur la transformation de la raison sans partir des pages brèves et denses qui correspondent à l'introduction et au livre I de la Dialectique transcendantale (B 349-B 396) [1]. De fait ai-je déjà regretté qu'elles aient souvent été délaissées par les commentateurs et interprètes, plus fascinés par la dénonciation, au livre II, des raisonnements viciés et fallacieux par lesquels la métaphysique dogmatique prétendait à un savoir de l'absolu. Dans sa sobriété, voire dans son aridité, l'ouverture de la Dialectique transcendantale joue pourtant un rôle capital dans l'économie générale de la *Critique de la raison pure* : Kant y énonce et y justifie la thèse principale qui sous-tend sa critique déconstructrice de la métaphysique – savoir que les illusions auxquelles la psychologie, la cosmologie et la théologie rationnelles ont donné naissance s'enracinent dans la structure même de la raison. Plus précisément : ces pages établissent comment, de la logique formelle à la métaphysique, il existe un passage

1. Je développe dans ce qui suit une analyse qui paraîtra en allemand dans un volume édité par G. Mohr et M. Willaschek, *Kooperativen Kommentar zur Kritik der reinen Vernunft*, Berlin, Akademie Verlag, 1998.

subtil où la genèse de l'illusion réside dans une certaine combinaison du raisonnement syllogistique et de l'argument ontologique.

Avant d'examiner plus en détail les ressorts et les effets de ce passage, j'en rappelle simplement le principe. Comme logique de l'apparence, la métaphysique dogmatique consiste en effet à transformer un principe purement *logique* en une affirmation portant sur l'*existence* : autant il est parfaitement légitime et fécond de poser, à titre méthodique et régulateur, que, pour la connaissance conditionnée de l'entendement, il doit être exigé toujours de trouver l'inconditionné qui en achèverait l'unité, autant la prétention est excessive qui consiste à soutenir que, si le conditionné est donné, alors l'inconditionné est donné, c'est-à-dire existe. Pour aller de la simple *Idée* d'inconditionné (dont on soulignera ci-dessous comment elle se trouve obtenue grâce au raisonnement hypothétique purement formel) à l'*existence* de l'objet de cette Idée, il faudrait en fait a. déduire analytiquement de l'Idée de conditionné celle d'inconditionné, puis b. passer synthétiquement (donc de façon illégitime pour la logique formelle) de cette Idée à l'existence effective de l'inconditionné – et c'est en ce point précis qu'intervient subrepticement, je vais revenir sur son rôle, l'argument ontologique, et ce par le biais de la notion de cause de soi : l'Idée d'un inconditionné, ou d'une condition ultime, est en effet celle d'une condition dont la définition même (en tant qu'une *condition première* équivaut à une cause qui serait *cause de soi*) peut apparaître impliquer l'existence.

Cette liaison entre la logique formelle et la métaphysique, l'introduction à la Dialectique transcendantale la met en évidence dans son mécanisme général, c'est-à-dire dans le passage abusif de l'usage *logique* à l'usage *réel* (= prétendant à une valeur objective) du raisonnement hypothétique. Le livre I la spécifie ensuite selon les trois catégories de la relation afin d'obtenir les trois Idées : l'âme, le monde et Dieu – la structure porteuse du discours métaphysique restant cependant, dans les trois cas, située dans cette même liaison.

Au premier abord, une telle construction de la méta-

physique risque d'évoquer davantage, j'en conviens, un
formalisme vide ou même la plus surannée des scolas-
tiques que les figures contemporaines de la réflexion.
Deux considérations au moins me paraissent inciter cependant à considérer plus attentivement cette généalogie kantienne de la métaphysique :

1. Kant déduit la métaphysique à partir de la structure
catégoriale, elle-même dérivée, comme l'a établi l'Analytique des concepts, de la logique formelle : il est ainsi
le premier à formuler cette thèse si profonde (que
Nietzsche et Heidegger, chacun à sa manière, reprendront)
selon laquelle la « grammaire » (logique formelle et structure catégoriale) est vouée par essence à susciter de la
métaphysique. Ainsi, par exemple, le chapitre sur les paralogismes pourra-t-il montrer, dans le prolongement de
cette généalogie de la métaphysique, que l'illusion d'un
sujet métaphysique transparent à lui-même trouve sa
racine ultime dans la simple « philologie », dont elle
n'aurait pas dû s'écarter. Plus profondément encore : si
l'on convient que la structure catégoriale elle-même est
aussi, en même temps que structure du discours, structure
ontologique (puisque les catégories cernent l'objectivité
de l'objet), c'est cette structure logico-ontologique qui, à
travers une application infiniment exigée du principe de
raison, engendre l'illusion transcendantale – en d'autres
termes : l'ontologie, ou métaphysique générale, engendre
la métaphysique spéciale, selon une généalogie dont il
importerait alors, avant de la déclarer formaliste ou surannée, de mesurer toutes les conséquences.

2. Parmi ces conséquences, il en est une qui peut d'ores
et déjà être esquissée ici et qui contribue elle aussi à renforcer l'intérêt de la déconstruction kantienne de la métaphysique : en liant ontologie (catégories de la relation),
logique formelle et métaphysique spéciale, cette généalogie de l'illusion inscrit la métaphysique à l'horizon
même de la science. La structure catégoriale, donnant le
critère de l'objectivité de tout objet, est en effet présente
au cœur de l'activité scientifique, qui par définition use
des catégories. Rien n'est en outre moins étranger à une
telle activité que l'application toujours réitérée du principe

de raison, dont on verra pourtant quel rôle il joue aussi dans l'enchaînement de syllogismes qui conduit aux trois Idées porteuses du projet métaphysique. Bref, si la structure logico-ontologique engendre l'illusion transcendantale, il faudrait apercevoir que la matrice de la métaphysique se trouve tout particulièrement à l'œuvre au cœur de l'activité scientifique. Perspective qu'il ne s'agit certes pas d'entendre comme si elle signifiait que la science fût par elle-même métaphysique, et comme si dès lors la critique de la métaphysique impliquait une critique de la science en tant que telle : plus subtilement, dans l'esprit du criticisme, la métaphysique constitue l'horizon de l'activité scientifique, une possibilité inscrite en elle, ou mieux une virtualité, dont l'analyse kantienne permet de dégager avec rigueur les modalités du passage à l'acte. La manière dont, loin d'avoir mis fin aux illusions traditionnelles de l'esprit humain, l'essor de la pensée scientifique ne cesse de les susciter et de les ressusciter sous des formes nouvelles est suffisamment paradoxale pour que l'on prête intérêt, aujourd'hui encore, à une généalogie de l'illusion qui éclaire avec une précision sans doute inégalée le devenir métaphysique de la science.

## De la raison aux raisonnements

Pour comprendre la généalogie kantienne de la métaphysique, il faut tout d'abord restituer la façon dont la structure de la raison engendre nécessairement des raisonnements (*Vernunftschlüsse*) à caractère dialectique dont font partie aussi bien les paralogismes et les antinomies que les preuves de l'existence de Dieu.

C'est la fonction des pages de la *Critique* consacrées à « la raison en général » (B 355-359) que de spécifier la raison, comme « pouvoir des principes », par rapport à l'entendement comme « pouvoir des règles ». Les règles de l'entendement régissent les associations ou les synthèses qui, à partir du donné de l'expérience au moins possible, sont productrices de l'objectivité. Les principes prétendent en revanche constituer des connaissances du particulier dans le général par concepts. Distinction qu'il n'est pas inutile d'expliciter à l'aide d'un exemple : si je considère la règle de l'entendement qui énonce que tout événement a une cause, son application au particulier (qui prend la forme du jugement selon lequel, si tout événement a une cause, puisque A est un événement, A a une cause) consiste bien, déjà, à penser le particulier (A) dans le général (puisqu'il lui est subsumé), mais non pas par concepts : les règles de l'entendement, qui par elles-mêmes sont vides, ne vont pas du général au particulier par concepts, mais par l'intermédiaire de la donation d'une intuition (en l'occurrence, celle de l'événement A considéré). La raison, au contraire, prétend déduire des conclusions (*Schlüsse*) à partir de principes purement conceptuels : en ce sens, voulant aller du général au particulier simplement par concepts, il lui est inhérent de passer, à travers ses raisonnements, de la logique à l'existence – point sur l'importance duquel je reviendrai ci-dessous.

Pour l'instant, précisons comment vont fonctionner ces raisonnements de la raison. De tels raisonnements, qui constituent autant de tentatives pour penser le particulier sous le général par concepts, ont pour condition de possibilité ce que Kant appelle des Idées. Afin de comprendre ce que sont ces Idées, il faut distinguer les étapes de tout raisonnement et identifier la faculté qui correspond à chacune d'elles (*Logique*, § 56 sq.) :

– La majeure, qui est posée par l'entendement, énonce une règle (tout événement a une cause).

– La mineure (A est un événement) fournit la condition d'application de la règle : procédant à une subsomption, elle est le produit de la faculté de juger.

– La conclusion, qui est l'œuvre propre de la raison, « affirme ou nie de la connaissance subsumée le prédicat de la règle » (*Logique*, § 58) : autrement dit, déterminant la mineure par la règle, elle ajoute (ou, dans le cas d'un jugement négatif, elle refuse) au particulier (mineure) subsumé sous la règle (majeure) le prédicat de cette dernière, soit, dans l'exemple considéré : à A, qui est un événement, se trouve ajouté le prédicat selon lequel il « a une cause ».

Or, correspondant à cette structure générale, il existe

trois types possibles de raisonnements, auxquels vont correspondre les trois Idées :

– Le raisonnement catégorique est celui dont la conclusion prend la forme : « Donc A est (ou n'est pas) B. »

– Le raisonnement hypothétique a pour conclusion un énoncé du type : « Si un terme est (ou n'est pas) posé, alors un autre terme est (ou n'est pas) posé. »

– Le raisonnement disjonctif se conclut par une disjonction (A est ou B ou C).

Rien donc de plus banal, et de plus courant, que la manière dont la raison, intervenant ainsi pour produire la conclusion de ces trois types de raisonnements syllogistiques, cherche à y subsumer le particulier qu'est la mineure sous le général qui correspond à la majeure. Ce qui va rendre cette intervention problématique réside en revanche dans la manière dont, dans ces syllogismes, la majeure va à son tour devenir l'objet d'un raisonnement comparable, mais plus élevé, dont elle sera considérée comme la conclusion – ce pourquoi il faudra à l'évidence poser (comme nouvelle majeure) une règle plus générale d'où elle puisse être déduite : en réitérant ainsi l'exigence qui est constitutive de sa nature et qui avait conduit à la conclusion du premier syllogisme, la raison va tendre à remonter sans cesse du particulier au général, jusqu'à un énoncé qui, absolument universel, apparaisse comme la majeure ultime ne pouvant plus être déduite d'aucune condition supérieure. En ce sens, la raison, qui est la faculté de produire la conclusion d'un raisonnement syllogistique, est aussi celle qui, recherchant la totalité d'une série, vise l'inconditionné, sous la forme d'une proposition absolument principielle dont tout le particulier pourrait se déduire logiquement, c'est-à-dire par concepts. Or, c'est précisément à la faveur d'une telle visée que, selon la façon dont la recherche de l'inconditionné se trouvera conçue, pourra s'engendrer l'illusion constitutive de la métaphysique.

## *De l'usage logique à l'usage réel*

Cette exigence de rechercher l'inconditionné, qui est constitutive de la raison, pourra en effet donner lieu à deux usages bien différents (B 359-366). Un premier usage, que Kant nomme « logique », est parfaitement légitime : il consiste à poser, selon un jugement purement analytique, que n'importe quelle proposition peut être considérée comme conditionnée par une proposition supérieure qui serait sa condition, et ainsi à se faire une « maxime logique », autrement dit une méthode, que de toujours chercher la condition du conditionné, en visant l'achèvement de la série des conditions, donc un terme inconditionné. Cette maxime n'exprime au fond que la loi interne du fonctionnement de la raison, sans nulle prétention quant à la structure de l'objectivité, c'est-à-dire quant à l'existence, ni *a fortiori* quant à la nature de l'inconditionné. En revanche, le passage de cette maxime purement subjective à une affirmation portant sur le réel lui-même (« si le conditionné est donné, l'inconditionné est donné », soit : il *existe* de l'inconditionné) réifie ou substantialise une simple exigence de l'esprit humain en une transition du possible à l'existence qui devrait requérir une proposition, non plus analytique, mais synthétique. Si l'on ajoute qu'il n'est ni d'expérience réelle ni d'expérience possible d'une quelconque condition ultime unifiant en une totalité la série des conditions (parce que, selon la formule du § 40 des *Prolégomènes*, « la totalité absolue de toute expérience possible n'est pas elle-même une expérience »), il apparaît que c'est la raison qui s'arroge le droit de produire à partir d'elle-même, donc par simples concepts, une affirmation sur l'existence d'un quelconque terme inconditionné. Aussi Kant pourra-t-il indiquer avec une netteté parfaite où se situe à cet égard le point de clivage entre la science et la métaphysique (B 526) :

– Du côté de la science, se trouve la proposition : « Quand le conditionné est donné, une régression dans la série de toutes les conditions de celui-ci nous est par là même *prescrite comme une tâche*. » De fait, le concept du conditionné implique déjà que le terme considéré puisse être « rapporté à une condition », celle-ci à son tour à une condition plus éloignée, et ainsi de suite pour tous les membres de la série. « Indubitablement certaine » (parce qu'elle est analytique), la proposition envisagée n'a donc « rien à redouter d'une critique transcendantale », mais elle correspond même à un « postulat logique de la raison » dont l'utilité pour la recherche scientifique est évidente : « poursuivre par l'entendement [...] cette liaison d'un concept avec ses conditions », et cela « aussi loin qu'il est possible », telle est en effet la maxime qui est sans doute le mieux à même de dynamiser sans cesse le travail de l'entendement en faisant converger toutes ses règles et toutes ses connaissances vers un point qui, pour n'être qu'un *focus imaginarius*, n'en sert pas moins à leur procurer, selon la formule de l'Appendice (B 673), « la plus grande unité avec la plus grande extension ».

– En revanche, « captieux » et « sophistique » devient l'argument dès lors qu'il prend la forme que lui donne la métaphysique dogmatique : quand le conditionné est donné, « la condition est en même temps *ipso facto* déjà *donnée* » – avec comme conséquence que, dans la mesure où le même argument pourrait valoir pour tous les termes de la série, ce serait « la série complète des conditions, donc aussi l'inconditionné » qui se trouveraient « donnés simultanément ou plutôt présupposés par le fait même que le conditionné, qui n'était possible qu'à travers cette série, est donné » (B 526).

Ainsi voit-on d'ores et déjà se profiler, dès l'introduction de la Dialectique, ce qui constituera le principal acquis de la déconstruction kantienne de la métaphysique et dont aucun équivalent ne se retrouvera, et pour cause, dans les déconstructions nietzschéo-heideggeriennes : la définition de l'exigence d'où est née la métaphysique n'est pas seulement négative – en ce sens que cette exigence et, on va le voir, les Idées qui en procèdent correspondent aussi à des « concepts nécessaires de la raison » (*Prolégomènes*, § 40), ce aux deux sens de la nécessité :

– D'une part, de telles Idées apparaissent inévitables, inscrites qu'elles sont, nous sommes sur le point de voir comment, dans la structure même de l'esprit humain comme pouvoir de connaître : la raison, en ce sens, n'est pas ici une excroissance monstrueuse de l'entendement ; pas davantage elle ne constitue, comme ce sera le cas chez Heidegger, « l'ennemi le plus acharné de la pensée », mais elle fait partie intrinsèquement de la vie même de l'esprit, comme recherche toujours plus poussée d'une unité du divers.

– D'autre part, si les Idées sont des concepts nécessaires, c'est aussi au sens où, débarrassées des illusions inhérentes à l'usage réel de la raison, elles apparaissent indispensables en tant que principes régulateurs de l'activité et du progrès de la connaissance, qui poussent l'esprit à aller toujours au-delà des savoirs atteints.

Ces perspectives, qu'explicitera la suite de la *Critique*, étant fixées, reste toutefois à comprendre, pour clarifier le passage de l'usage logique à l'usage réel de la raison (ainsi que pour pratiquer le retour, après la déconstruction, de l'usage réel à l'usage logique), comment la substantialisation de l'inconditionné a été possible. C'est là sans doute le point sur lequel, dans ces pages, Kant aura été le moins explicite, et sur lequel le commentaire doit céder la place à l'interprétation.

On ne saurait en effet résoudre ce problème sans faire ressortir à quel point l'argument ontologique manifeste déjà ici sa place décisive dans le fonctionnement du discours métaphysique. D'où peut en effet être tiré le principe : si le conditionné est donné, l'inconditionné est donné ? Nullement d'une expérience réelle, qui ne fournit jamais l'inconditionné : en ce sens, l'affirmation qu'il y a un conditionné, par laquelle la raison ne se contente plus de gérer formellement les connaissances de l'entendement, mais prétend produire elle-même une connaissance, ne saurait donc être qu'une proposition *a priori*. Mais une telle proposition *a priori* ne saurait être un jugement analytique, puisque « le conditionné se rapporte certes analytiquement à quelque condition, mais non pas à l'inconditionné » (B 364) : reste donc la possibilité qu'il s'agisse d'une proposition synthétique *a priori*. Encore faut-il ajouter tout aussitôt que l'unité de l'inconditionné dépasse même celle d'une quelconque expérience possible : il n'est donc pas d'intuition *a priori* qui fournisse la matière des propositions sur l'inconditionné et permette d'envisager ici un jugement synthétique *a priori* de statut scientifique. Il faut par conséquent que ce soit la raison elle-même qui puisse se croire en mesure de tirer ainsi du concept d'inconditionné l'existence de l'objet de ce concept : illusion qui sera à la racine de toutes les autres et suppose un recours implicite, non thématisé, à une sorte de proto-argument ontologique.

En amont de la manière dont la théologie rationnelle pourra recourir explicitement et de façon thématisée à ce type de raisonnement, c'est bien en effet déjà l'argument ontologique qui intervient subrepticement pour inciter la raison à considérer que la notion d'inconditionné, comme condition ultime contenant en elle la série de toutes les conditions, ne peut être pensée que comme une *causa sui*, donc impliquer immédiatement sa propre existence. Constatation importante, puisqu'elle autorise à considérer que la célèbre réfutation de l'argument ontologique par le chapitre consacré à la théologie rationnelle (B 620-630) possède ainsi une double portée dans l'économie générale de la *Critique* : elle met bien sûr directement en cause la preuve de l'existence de Dieu dont Kant considère qu'elle est à l'œuvre dans toutes les preuves susceptibles d'être mobilisées pour établir la réalité objective du concept d'un être absolument nécessaire ; mais la réfutation de cette preuve retentit aussi sur ce qui est le ressort ultime de l'illusion transcendantale, non point seulement selon sa figure théologique, mais tout autant à travers les registres de la cosmologie et de la psychologie rationnelles – dans l'exacte mesure où, que l'inconditionné prenne la forme de Dieu, de l'âme ou du monde, c'est toujours par un passage illégitime du concept d'une condition ultime inconditionnée à l'existence de l'objet de ce concept que s'opère, à l'égard d'une pure exigence subjective, le processus de substantialisation sans lequel la raison ne pourrait se croire capable de produire par elle-même des connaissances. Bref, si l'on accorde que c'est ainsi la mise en évidence d'un premier travail de l'argument ontologique, en amont de la théologie rationnelle, qui permet à

Kant de différencier l'usage logique et l'usage réel de la raison, ainsi que de condamner ce dernier usage comme celui d'où procède l'apparence transcendantale, il faut convenir aussi et surtout que c'est sur l'affirmation d'une irréductible « différence ontologique » entre le concept et l'existence que, par avance contre toute tentation d'une quelconque « philosophie de l'identité », Kant étaye, dès cette introduction à la Dialectique, sa déconstruction de la métaphysique : parce que l'argument ontologique est, dans le passage de l'usage logique à l'usage réel de la raison, le mécanisme qui fait naître l'illusion transcendantale en général (et non pas seulement théologique), c'est une critique généralisée de l'argument ontologique qui porte dans son intégralité la déconstruction kantienne en disjoignant ce que toute métaphysique réunit ou confond, à savoir le concept et l'être (l'existence) – ou, si l'on préfère : le rationnel et le réel.

## La déduction des trois Idées

Cette théorie générale de l'illusion, par laquelle Kant ouvre sa Dialectique, ne serait cependant pas complète si, à partir de la mise en évidence d'une telle intervention de l'argument ontologique à la racine de l'apparence transcendantale en général, la *Critique de la raison pure* ne spécifiait pas le régime de l'apparence : en clair, il lui faut montrer aussi comment la démarche hypostasiant l'inconditionné devait être conduite à lui conférer trois figures fondamentales, qui correspondent aux trois Idées transcendantales autour desquelles la métaphysique, au fil de son histoire, a distribué son discours (B 366-389). Ainsi ne sera-ce pas simplement le fait de l'illusion qui apparaîtra dans sa nécessité, mais tout aussi bien le contenu même de cette illusion.

La déduction des Idées transcendantales est précédée d'une brève section (B 368-377) sur les Idées en général qui, moins dense et plus souvent évoquée, ne retiendra pas autant notre attention. Deux points méritent cependant d'y être soulignés.

Tout d'abord, la définition des Idées. Ce qu'il appelle

proprement « Idée », Kant le suggère à partir d'une clas-
sification générale des « représentations » (B 376-377), en
faisant de l'Idée ce type de représentation qui dépasse le
plus radicalement la possibilité de l'expérience. Cette définition a en réalité pour enjeu de situer la Dialectique,
comme théorie des Idées, par rapport à l'Esthétique et à
ses principaux acquis. En vertu même de ces acquis, trois
opérations mentales doivent en effet être soigneusement
distinguées (ainsi que le préciseront les cours de
*Logique*) : l'intuition, comme « représentation singulière »
qui saisit les existences dans ce qu'elles ont de toujours
individué ; le concept, comme « représentation générale »
sous laquelle l'existence particulière donnée par l'intuition
peut être subsumée de façon à devenir ainsi, en se trouvant
proprement « pensée », un objet de connaissance ; l'Idée
enfin, qui renverrait à l'opération, en fait impossible,
consistant à connaître le particulier par simples concepts,
et non pas à l'aide d'intuitions. Autrement dit : l'Idée, si
elle était une opération par laquelle l'objet pouvait effectivement être connu, correspondrait à un concept tel que,
de sa compréhension, pourrait se déduire son extension
ou, si l'on préfère, à une détermination générale ou géné-
rique telle que, à partir de sa définition, il serait possible
directement (= par simples concepts) de saisir la diversité
des existences particulières auxquelles elle s'applique.
Parce que – on le sait depuis l'Esthétique – les concepts,
sans intuitions, sont vides et parce que – la critique de
l'argument ontologique le montrera – l'être (ou l'existence) n'est pas un « prédicat réel » (= une détermination
appartenant à la définition de la chose), l'opération de la
raison que cherche à être l'Idée, comme tentative pour
saisir l'existant particulier par la seule pensée, se trouve,
dans sa prétention à la vérité, vouée à l'échec, donc
condamnée à constituer un foyer d'illusions : en ce sens,
la définition de l'Idée comme « concept qui dépasse la
possibilité de l'expérience » exclut déjà que ce type de
représentation puisse entretenir quelque relation que ce
soit à la vérité.

Il n'en demeure pas moins – et c'est là le deuxième
point que je crois nécessaire de souligner dans la façon

dont Kant définit ici les « Idées en général » – que de telles représentations sont, comme simples représentations, parfaitement possibles. Rien n'interdit en effet au sujet fini de se représenter le point de vue qui serait le sien sur le monde s'il pouvait précisément penser le particulier par simples concepts et déduire de telle ou de telle définition les existants auxquels elle s'applique : assurément y a-t-il là un point de vue qu'en tant qu'être finis nous ne pouvons véritablement *occuper* (précisément parce que, pour nous, êtres finis, les concepts sans intuitions sont vides) et dont nous ne pouvons espérer l'obtention d'aucune vérité, mais que nous pouvons néanmoins *penser* et comme *imaginer* (ce pourquoi justement l'Idée sera dite par Kant constituer un *focus imaginarius*). Ce point de vue, qui correspond à l'Idée, est en effet celui que pourrait avoir sur le monde un être omniscient, qui serait capable, puisqu'il saurait tout et n'aurait donc nullement besoin de l'apport de l'intuition, de saisir l'existence à partir de ses simples concepts : un tel point de vue, qui serait bien évidemment celui de Dieu, mais tout autant celui d'une science achevée, c'est pour nous un devoir que de chercher à l'atteindre, même si nous savons que cette recherche se voue à être infinie, puisque la volonté de nous en rapprocher nous fait viser une absoluité qui, comme ce fut le cas de la cité juste imaginée par Platon dans sa *République*, fournit un modèle dont la perfection ne s'inscrit jamais dans l'effectivité finie, mais dont l'utopie constitue pour nos efforts et nos progrès un puissant facteur de dynamisation. Ce pourquoi Kant peut suggérer, au terme de sa mise au point sur les Idées en général, que déblayer l'illusion (de connaissance) à laquelle le point de vue de l'Idée risque sans cesse de donner lieu n'équivaut pas à ruiner « l'influence et la valeur de la raison pure », mais au contraire à les « apprécier convenablement », en faisant réapparaître la raison comme l'instance qui me fournit, non pas le couronnement de mes connaissances, mais l'indication de « ce que je dois faire » : ainsi peut-on dès maintenant entrevoir que désubstantialiser l'Idée et la rendre à son statut légitime de « modèle » ou d'idéal, ce sera moins détruire la raison que la transformer et contribuer ainsi à « aplanir et renforcer le sol destiné à accueillir le majestueux édifice de la morale » (B 376).

Une première perspective s'ouvre dès lors sur la transformation de la raison en raison pratique, renforçant les suggestions du chapitre sur le schématisme. Reste que cette perspective, la *Critique de la raison pure* n'est visiblement pas encore à même de la développer dans son intégralité. En revanche, Kant est parfaitement en mesure, à partir de ce qui vient d'être dit du statut de l'Idée, de consacrer l'essentiel du livre I de sa Dialectique à une étonnante genèse *a priori* des divisions de la métaphysique dogmatique – à savoir une genèse qui enracine ces divisions dans la structure même de la raison. Si l'on entend en effet par « Idées », et plus particulièrement par « Idées transcendantales », les représentations ultimes permettant de concevoir une totalisation pleine et entière de la série des conditions, il n'est pas difficile d'apercevoir que, selon les types de raisonnements qui, remontant de condition en condition, conduisent vers un terme premier inconditionné, ce terme lui-même (donc l'Idée de référence) prendra une signification spécifique.

J'ai rappelé plus haut que, du point de vue logique, la raison est la faculté de produire des raisonnements syllogistiques qui se différencient par la nature de la relation intervenant, dans les jugements qui les composent, entre le sujet et le prédicat. En conséquence :

– Dans un raisonnement catégorique, où la relation entre le sujet et le prédicat des jugements qui le constituent correspond à la catégorie de substance (par exemple : A est E), la raison intervient pour déduire cette proposition comme la conclusion de deux propositions antécédentes : A est D, D est E. Mais elle peut alors, selon un mouvement que Kant nomme prosyllogistique, considérer la majeure (A est D) de ce syllogisme comme la conclusion d'un syllogisme antérieur (A est C, C est D, donc A est D), puis remonter encore de syllogisme en syllogisme en direction d'un premier énoncé dont le sujet serait ainsi le substrat ou la substance de tous les prédicats possibles (A est B, B est C, donc A est C) : la condition de toutes les conditions, donc l'inconditionné ainsi visé, serait pour ainsi dire le substantiel de toutes choses, le sujet absolu englobant toutes les déterminations susceptibles d'être pensées. Pour des raisons que le chapitre sur les paralogismes explicitera, Kant identifie cette première figure de l'inconditionné au principe de la psychologie rationnelle, c'est-à-dire à l'Idée d'âme.

— Parallèlement, la remontée prosyllogistique conduit, dans le cas de raisonnements hypothétiques (correspondant à la catégorie de causalité), à un premier syllogisme dont la majeure (si A, B) serait le point de départ d'un enchaînement nécessaire de toute la série des conséquences possibles : cette supposition ultime, qui ne suppose plus rien d'autre qu'elle-même et qui contient en elle la série intégrale des relations de cause à effet, s'identifie alors à l'Idée de monde, au sens où la cosmologie rationnelle fait du monde la série totale des phénomènes dépendant les uns des autres.

— Enfin, une régression du même type, quand elle s'applique à des raisonnements disjonctifs (où les jugements correspondent à la relation d'action réciproque), conduit vers la théologie rationnelle et vers l'Idée de Dieu. Si la raison part en effet d'une conclusion du type : A est ou B ou C, le terme ultime de la remontée vers un premier syllogisme serait constitué par une majeure énonçant, à propos d'un terme, sa capacité à être tous les possibles (x est ou A, ou B, ou C, ou D, etc.). Troisième Idée d'un pur inconditionné que Kant identifie alors au Dieu de la théologie rationnelle, plus précisément : au Dieu de Leibniz comme articulation de la totalité des possibles.

Je vais revenir dans un instant sur le sens ainsi donné à l'Idée de Dieu. Il est frappant en tout cas qu'à suivre les indications de Kant, les divisions à travers lesquelles s'esquisse le contenu même de la métaphysique dogmatique se laisseraient aisément dériver, en une sorte d'histoire *a priori* de la philosophie, à partir de la façon dont les formes possibles du raisonnement de raison se distribuent selon les trois catégories de la relation. Une fois déduite du fonctionnement même de la raison et de ses raisonnements la structure globale selon laquelle s'est

organisée jusqu'ici la métaphysique (psychologie, cosmologie, théologie rationnelles), il appartiendra ensuite au
livre II de la Dialectique, pour chacune des trois Idées, de
prolonger encore la déconstruction en déduisant les divers
raisonnements auxquels chaque figure de l'inconditionné
peut donner lieu : paralogismes, antinomies, preuves de
l'existence de Dieu viendront ainsi compléter ce travail de
déduction du contenu de la métaphysique à partir de la
forme de la raison dont le livre I permet déjà de cerner la
teneur d'ensemble et de dégager la portée.

Cette portée de la généalogie kantienne de la métaphysique peut être désignée sous deux rapports : du point de
vue général, tout d'abord, d'une théorie de la construction
de la raison métaphysique ; en ce qui concerne, ensuite,
le sens accordé plus particulièrement à cette Idée de Dieu
qui va ici nous servir de fil conducteur pour cerner le
devenir de la raison après sa critique.

Au plan général, Kant situe donc, il faut le répéter et
en mesurer maintenant les conséquences éventuelles,
l'embryon de la métaphysique au cœur même de la structure catégoriale, à savoir dans les catégories de la relation.
Si l'on ajoute que, dans les trois directions ouvertes par
les catégories de la relation, la recherche d'un inconditionné est dynamisée par la simple exigence de la déduction (puisqu'il s'agit de toujours déduire la majeure d'un
syllogisme à partir d'un syllogisme qui lui serait logiquement antérieur), on comprend pourquoi il m'était apparu
possible, au point de départ de cette analyse, de suggérer
que Kant établit une continuité profonde entre science et
métaphysique. Au terme, il faut toutefois se demander si
la désignation de cette continuité ne risque pas d'être
redoutable, non pas seulement pour la raison métaphysique, mais pour la rationalité en général, et notamment
pour la raison scientifique. Après Kant, les entreprises
contemporaines de déconstruction de la rationalité nous
ont en effet souvent invités, selon des perspectives
ouvertes par Nietzsche ou par Heidegger, à tirer argument
contre la science, voire contre la rationalité elle-même,
d'une telle continuité possible entre la production scientifique de la vérité et la construction métaphysique de

l'illusion. Le geste kantien, pour sévère qu'il soit à l'endroit des égarements de la raison, est pourtant d'une tout autre teneur et ne conduit à aucun sacrifice de la rationalité en tant que telle, précisément parce que ici la mise en continuité de la science et de la métaphysique est d'une subtilité supérieure : toute science peut certes devenir métaphysique, dès lors que, cédant aux mirages de l'argument ontologique, elle confond l'usage logique d'une Idée et l'existence de l'objet de cette Idée ; mais de cette constatation Kant est à vrai dire le seul des grands critiques de la métaphysique à avoir dégagé une méthodologie permettant, sinon d'éviter toujours cette confusion, du moins de se rendre plus attentif à son resurgissement possible. Une science est en effet, on le comprend aisément à partir de ce qui précède, tout particulièrement portée à devenir métaphysique quand elle spécule sur son achèvement [1] : le point de vue de la science achevée et le point de vue de l'Idée sont, l'on a vu pourquoi, de nature à se recouvrir pleinement, et en ce sens il est, sinon inévitable, du moins probable que, lorsqu'une science, encouragée par ses succès, se place du point de vue de son achèvement, voire se croit achevée, elle recrée en elle des configurations intellectuelles proches de l'illusion métaphysique. De multiples et cruels exemples de ce devenir métaphysique de la science pourraient aisément être produits, y compris à partir de l'expérience du siècle qui s'achève, qu'il s'agisse des illusions d'une certaine science de l'économie politique croyant s'achever par la mise en évidence des lois de l'histoire, ou de certains affrontements, quasiment antinomiques, entre généticiens sur les questions de l'hérédité et du milieu. En ce sens, il n'est pas impossible ni de dire dans quelles conditions et sous quelles formes une discipline scientifique se trouve exposée par ses réussites elles-mêmes à ressusciter l'illusion d'une explication totale du réel ni de prévenir contre de telles tentations : la démarche critique, consistant à rappeler que jamais l'existence ne se déduit du concept et

---

1. Ce point a été développé plus longuement, in L. Ferry et A. Renaut, *Système et critique, op. cit.*, p. 162 sq.

que l'Idée d'inconditionné, même si elle nous est nécessaire, n'est précisément rien de plus qu'une Idée, reste sans doute à cet égard, aujourd'hui encore, la plus féconde pour éviter ces deux écueils qu'avait déjà repérés Pascal : « exclure la raison, n'admettre que la raison ».

Cela dit, concernant plus particulièrement l'Idée de Dieu, la portée des pages que Kant consacre à la construction métaphysique de la raison est tout aussi claire : le Dieu, dont la notion voit sa genèse *a priori* (= à partir de la structure de la raison) reconstituée par Kant, c'est l'être suprêmement réel qui enveloppe et articule en lui tous les possibles – donc l'« être absolument parfait » dont traite Leibniz au début de son *Discours de métaphysique* en y voyant celui qui contient en lui toutes les positions possibles et exclut toutes les négations. Contenu de l'Idée que se bornera à expliciter le chapitre sur l'idéal transcendantal en faisant de Dieu « l'image originale (*prototypon*) de toutes les choses qui ensemble, comme des copies défectueuses (*ectypa*), en tirent la matière de leur possibilité » (B 605) : en d'autres termes, penser toutes les choses possibles par référence à l'Idée de Dieu, c'est les considérer comme dérivées, par limitation, de la réalité totale qu'est Dieu, l'Idée de ce dernier contenant, en tant précisément qu'Idée de la réalité totale, la totalité des possibles. Ou encore : de même que toutes les figures ne sont possibles que comme autant de manières différentes de limiter l'espace infini, de même la diversité des choses ne serait qu'une manière diverse de limiter le concept de la réalité suprême en tant que condition de possibilité de toute détermination d'une quelconque réalité. Ainsi l'Idée théologique de totalité peut-elle soigneusement se distinguer de l'Idée cosmologique :

– L'Idée de totalité mondaine est, on l'a dit, issue du syllogisme catégorique où l'on compare pour ainsi dire la partie au tout (puisqu'on détermine un sujet par un prédicat qui l'englobe) : par là même se trouve visée une totalité qui n'est plus contenue dans un tout plus vaste et qui constitue ce que Baumgarten (*Metaphysica*, § 158) appelait un *ens completum* – où l'accent se trouve placé par conséquent sur la clôture de la totalité.

– En revanche, l'Idée de totalité divine, issue du syllogisme disjonctif, met l'accent sur l'articulation de ses
composantes, au sens où, à l'intérieur du tout divin, on
peut par délimitation (en posant que A est ou B ou C, et
B ou D ou E, etc.) ou, si l'on préfère, par exclusion réitérée de possibles opérer une détermination exhaustive :
ce qui est mis en évidence, c'est donc moins, cette fois,
la complétude que la complémentarité, au sens de l'appartenance à un tout tellement articulé que choisir un
terme revient à exclure les autres.

Je n'insiste pas davantage sur cette notion de la totalité
divine [1] : il en résulte que, désubstantialisée par la critique
de la métaphysique dogmatique, l'Idée de Dieu devient,
comme toute autre Idée, un principe régulateur ou méthodique, qui consiste à poser que c'est sur fond d'une unité
postulée du réel que s'opèrent toutes les déterminations
des réalités en leur diversité. Si nous ne postulions pas en
effet que les diverses déterminations des choses s'articulent les unes aux autres en une totalité unifiée des possibles (ou du déterminable), la perspective de parvenir à
déterminer ou à définir entièrement quoi que ce soit n'aurait de toute évidence rigoureusement aucun sens : déterminer quelque chose comme tel ou tel requiert, de fait,
que l'on puisse, à son sujet, appliquer le principe de raison
déterminante et dire, face à l'une de ses déterminations,
pourquoi elle est telle et non pas autre ; postuler que cette
opération peut être complète (comme le requiert la
recherche même d'une définition), c'est supposer qu'à
chaque détermination = x de l'objet considéré est oppo-
sable une détermination = non-x qui m'apparaisse contradictoire avec lui et donc susceptible d'être exclue de sa
définition – ce qui exige que l'on puisse opérer disjonc-
tivement dans le champ des possibles et donc que le
champ des possibles forme une totalité. Or, c'est uniquement cette perspective (celle de la « complète déterminabilité des choses ») et ce qu'elle postule que la métaphy-

1. Pour une présentation plus détaillée, voir A. Philonenko,
*L'Œuvre de Kant*, I, *op. cit.*, p. 316 sq. ; G. Lebrun, *Kant et la fin de
la métaphysique*, Paris, A. Colin, 1970, p. 182 sq.

sique hypostasie en la substantialisant sous la forme d'un entendement suprême conçu comme la totalité articulée des divers possibles. En ce sens, il est parfaitement juste de souligner que la Dialectique transcendantale, en déconstruisant l'Idée théologique, transforme Dieu en méthode [1] – savoir la méthode de postulation d'une déterminabilité intégrale du réel.

Pour autant, tout est-il joué dans le destin postmétaphysique de l'Idée de Dieu, dès lors que l'on a mis en évidence le principe d'une telle transformation ? Rien, à vrai dire, ne paraît moins évident, et ce pour une raison qui, en elle-même, est fort simple : la transformation d'une Idée en méthode (ou en principe régulateur) requiert encore, pour que cette méthode remplisse sa fonction, que le contenu en soit susceptible, non pas seulement d'être pensé, mais d'être représenté par le sujet qui résout de s'en servir comme principe régulateur. Ainsi va se poser nécessairement, après la déconstruction de la raison, un problème qui constitue, vis-à-vis des Idées désubstantialisées, l'analogue du problème que résout, vis-à-vis des concepts généraux, la théorie du schématisme : comment assurer la représentabilité de la notion dont le sujet entend faire usage par rapport à l'objet d'une quelconque expérience possible ? Problème d'une schématisation des Idées, si l'on veut, ou plutôt d'une quasi-schématisation, tant il est vrai que, *stricto sensu*, la solution schématisante, consistant à adjoindre à la notion une détermination du temps, est par définition exclue pour un concept de la totalité dont il n'est pas d'expérience possible. Or, c'est précisément en vue de résoudre un tel problème que, sur l'exemple de l'Idée de Dieu, se manifeste de façon particulièrement nette et significative la transformation de la raison, une fois les Idées déréifiées, en raison pratique.

---

1. A. Philonenko, *ibid.*

### III
## La raison postmétaphysique comme raison pratique

Le problème que l'on vient de soulever n'est pas, il faut bien le comprendre, un problème d'école, et son aridité n'exclut nullement ni que la signification en soit profonde ni que la portée en soit considérable : dans la logique, où s'est placé Kant, d'une tentative pour donner un statut positif à la raison (et à ses Idées) après la critique de la métaphysique, tout se trouve en effet suspendu à la possibilité de conférer un sens, pour le sujet fini, revenu des illusions de la spéculation, aux Idées dont il avait fait jusqu'ici les piliers d'un savoir absolu. Dit d'une autre façon : que la raison ne puisse pas *connaître* Dieu, comme la réfutation des preuves de son existence, dans la *Critique de la raison pure*, l'établit avec la vigueur que l'on sait, c'est une chose, et la constatation en est assurément fatale pour la théologie rationnelle ; mais si d'aventure l'esprit humain ne pouvait pas conférer à cette simple exigence de la raison qu'est redevenue dès lors l'Idée de Dieu une *pensabilité* ou une *représentabilité*, et cela à titre d'exigence, les conséquences en seraient infiniment plus désastreuses ; car c'est alors, non pas simplement de la théologie rationnelle, mais bien de la raison elle-même qu'il faudrait envisager la destruction – avec toutes les apories subséquentes qui en résulteraient et que je n'ai pas besoin de rappeler, tant elles nous sont rendues familières par la façon dont les destructions nietzschéo-heideggeriennes de la raison les ont illustrées. En résumé : Kant ne vaudrait pas davantage une heure de peine que n'en valent aujourd'hui Nietzsche ou Heidegger – et le criticisme, sans l'avoir véritablement voulu, serait alors la première philosophie à avoir mis fin à la raison.

Je ne le crois pas, et je voudrais prendre le temps d'en faire ici la démonstration. Dans l'opuscule de 1796 intitulé *D'un ton supérieur nouvellement pris en philosophie* [1],

---

1. Trad. par A. Renaut, in *Œuvres philosophiques de Kant*, III, sous la dir. de F. Alquié, Bibliothèque de la Pléiade, Gallimard, 1986,

une note fort consistante fournit une sorte de mise au point définitive, après la *Critique de la raison pure*, la *Critique de la faculté de juger* et même *La Religion dans les limites de la simple raison*, sur le problème du seul statut et du seul contenu légitimes du « concept de Dieu » : plutôt que de reprendre les objections qu'il avait adressées antérieurement aux preuves de l'existence de Dieu, Kant s'y attache à établir avec une grande rigueur que ce concept reste impossible à *penser* tant que l'on demeure sur le plan du savoir théorique – et donc que, vis-à-vis d'une telle Idée, une transformation de la raison se trouve requise avec une clarté toute particulière, faisant passer celle-ci résolument dans le registre pratique, pour que l'un de ses produits les plus importants et les plus indispensables puisse jouer le rôle qui lui revient dans le fonctionnement de l'esprit humain. Trois moments méritent d'être examinés avec soin dans cette étonnante argumentation : 1. Kant rappelle pourquoi le concept de Dieu « ne peut être omis en philosophie », donc en quel sens l'Idée théologique reste incontournable pour une philosophie post-métaphysique ; 2. il soutient que l'on ne peut toutefois « se représenter Dieu » selon aucune des deux voies principales qu'avait suivies jusqu'alors la doctrine de la religion ; 3. alors que l'Idée de Dieu reste donc « en dehors de la sphère de toute connaissance théorique pour nous possible », le développement se conclut en établissant que c'est uniquement la « raison pure pratique » qui, tout à la fois, nous force à repenser ce concept et, « d'un point de vue pratique », nous permet de le faire. Sans revenir sur le premier moment de cette démonstration, dont l'explicitation reconduirait vers ce qu'a d'indispensable, pour la détermination de quoi que ce soit, la supposition d'une totalité articulée des possibles, je voudrais en considérer attentivement les deux derniers moments. Une fois rappelée la nécessité de l'Idée de Dieu, inscrite dans la structure même de la raison, la question se pose en effet de

---

p. 393 sq. L'annotation de ma traduction restitue le contexte de cet opuscule. Le passage que je vais utiliser est constitué par une longue note, p. 408-410.

savoir, écrit Kant, comment je dois me la « représenter »,
et il évoque à cet égard deux possibilités qu'il va exclure
résolument : se représenter Dieu « comme *ensemble* de
toutes les réalités (*complexus, aggregatum*) ou comme
leur suprême *principe* ». Tout le problème qu'affronte ce
développement est donc bien de tenter de décrire l'analogue de ce qu'est, pour un concept de l'entendement
comme celui de causalité, un processus de schématisation
– soit ce que Kant appelle, lorsqu'il s'agit des Idées de la
raison, une symbolisation, c'est-à-dire une « présentation
indirecte » ou « selon l'analogie » [1] : pourquoi toutefois
apparaît-il si évident à Kant qu'aucune des deux symbo-
lisations susceptibles de donner un sens, à partir de la
raison théorique, à l'Idée de Dieu ne saurait réussir ? Et
même, en premier lieu, pourquoi le concept d'*ens realissimum* se dédouble-t-il (ensemble, principe) dès que l'on
pose le problème de sa représentabilité ?

## Apories de la raison théorique

Repartons, pour mieux cerner la difficulté, de l'Idée de
Dieu comme totalité articulée des possibles (donc, si l'on
veut, comme Idée de système), par opposition aux réalités
bornées qui ne sont définissables que par exclusion de
certains possibles, donc sur fond de leur totalisation. En
ce sens, comme le suggère remarquablement l'une des
*Reflexionen* (Réflexion 6290), l'Idée d'une telle totalité
des possibles « doit être donnée préalablement à toute possibilité » – entendre : antérieurement à toute pensée d'un
seul possible déterminé. De même en effet, poursuit la
même Réflexion, qu'il ne peut s'accomplir, pour la sensibilité, de détermination de grandeur que sur fond d'es-

---

1. Sur la différence, à cet égard, entre concepts d'entendement et
concepts de raison (Idées), voir le beau texte des *Progrès de la métaphysique depuis Leibniz et Wolff*, AK, XX, 279 sq., trad. par
L. Guillermit, Paris, Vrin, p. 35 sq. On reviendra sur ces différences à
propos de la Typique de la faculté de juger pratique. Le problème de
la schématisation, ou de la quasi-schématisation, des Idées est expressément posé par la première *Critique* dans l'Appendice à la Dialectique transcendantale (B 701).

pace comme grandeur infinie donnée, de même ne peut-il s'accomplir, pour l'entendement, de détermination d'un possible comme tel ou tel que sur fond de cette totalité postulée des possibles – analogie en vertu de laquelle Kant peut écrire encore :

« L'espace n'est pas donné comme un objet en soi réel, mais comme une simple forme dans laquelle uniquement les objets peuvent être intuitionnés ; de la même manière, l'*ens realissimum* n'est pas à penser comme un objet, mais comme la simple forme de la raison pour penser dans sa complète détermination la différence de tout possible, donc comme Idée. »

L'Idée comme forme de la raison est donc au concept de l'entendement ce que la forme de l'intuition est à sa matière. Analogie tout à fait intéressante, car elle conduit directement au problème de la représentation de l'Idée de Dieu : pas plus en effet qu'il n'y a *stricto sensu* d'intuition de l'espace comme tel (puisque toute intuition d'un objet présuppose déjà l'espace), il ne pourra y avoir de représentation conceptuelle directe de l'*ens realissimum* comme forme – et ce au moins pour deux raisons :

1. Toute conceptualisation de quoi que ce soit présuppose déjà cette « forme de la raison ».

2. La conceptualisation est une détermination ou une « terminaison » ; or, dans le cas de l'Idée de Dieu, envisager une telle opération serait contradictoire, puisque le conceptualiser serait le dé-terminer, donc en exclure des possibles.

En conséquence, si je prolonge l'analogie avec l'espace comme « grandeur infinie donnée » à la sensibilité, il faudrait dire, à propos de l'*ens realissimum* comme grandeur infinie donnée à la raison, que la question de sa représentabilité revient à chercher, au plan de la pensée, l'analogue de ce qu'est, pour l'espace, l'expérience du sublime mathématique au plan de la sensibilité. Comme l'on sait, dans cette expérience du sublime (*Critique de la faculté de juger*, § 26), une grandeur finie (les Pyramides, Saint-Pierre de Rome), que l'esprit ne parvient pas à appréhender en totalité, présente l'absolu de grandeur, c'est-à-dire en fournit à l'esprit comme une saisie intuitive, certes incomplète ou imparfaite, mais symbolique, et ce par référence à l'activité de l'imagination qui intervient ici comme faculté de présentation. Or, inévitablement, le même problème va se poser pour l'Idée de Dieu (l'infini comme totalité des possibles) en tant que « forme de la raison » – et là aussi tout indique qu'il va falloir chercher des figures imaginatives (des symboles) de ce qu'il s'agit de se représenter. Toute la difficulté est cependant de ne pas en accepter qui fussent contradictoires ou incompatibles avec le type de totalité qu'est l'*ens realissimum* comme totalité des possibles.

Si l'on part en effet du fait que l'Idée dont il s'agit est, nous l'avons vu ci-dessus, celle de co-intégrance ou de coappartenance des parties au tout, de sorte que, dans la totalité divine, on ne puisse choisir un terme que par exclusion des autres, le problème est de savoir comment se représenter cette complémentarité des réalités possibles par rapport au tout. Dans les Réflexions 6404-6405, Kant suggère qu'il existe trois représentations possibles d'une coappartenance des réalités [1] : 1. comme inhérence en un sujet unique dont elles seraient les modes, 2. comme dépendance vis-à-vis d'un principe unique dont elles seraient les suites ; 3. comme juxtaposition dans un composé dont elles seraient les parties. Où l'on voit aisément que Kant applique, très logiquement, à la relation de coappartenance des parties et du tout les trois catégories de la relation : la relation sujet/prédicat conduit à l'idée d'une inhérence des modes dans la substance, donc au spinozisme (modèle attributif ou linguistique) ; la relation de causalité conduit à l'idée d'une dépendance à l'égard d'une cause première (modèle physique) ; la relation d'action réciproque conduit enfin à l'idée d'une juxtaposition ou d'une composition de parties complémentaires au sein d'un tout (modèle organique ou biologique).

Inhérence, dépendance, composition constitueraient ainsi déjà, il faut bien l'apercevoir, des types de symbo-

----

1. Voir sur ce point G. Lebrun, *op. cit.*, p. 186 sq., auquel j'emprunte une partie du matériel utilisé ici. Les conclusions que j'en tire me sont en revanche propres.

lisation (présentation indirecte), puisque, si nous pouvons y recourir, nous appliquerions à la relation des parties de la réalité et de la totalité divine les catégories de la relation, qui sont des catégories de l'expérience : l'utilisation même de catégories de l'entendement pour se représenter une Idée de la raison introduirait dès ce niveau dans le processus, indirectement, une dimension sensible (une relation à l'expérience possible) qui permettrait une schématisation minimale de la pure relation logico-formelle qu'il s'agit de penser. Cela noté, par rapport à ce repérage des « solutions » disponibles, la mise au point de 1796, dans l'opuscule *Sur un ton supérieur nouvellement pris en philosophie*, présente cette particularité, qui constitue une difficulté, de n'en examiner que deux : la « première solution », écrit Kant en 1796, est celle où l'on « compose l'être suprême » avec les diverses réalités (composition) ; la « deuxième solution » envisagée est alors celle où Dieu intervient comme « principe suprême » d'où l'existence de tous les êtres du monde tire son origine (dépendance). Pourquoi ne pas envisager ici la solution par l'inhérence ou, si l'on préfère, par la modalisation ? Le texte publié en 1796 est-il moins complet, parce plus « populaire », que certaines des réflexions demeurées inédites ?

Considérons à nouveau la façon dont Kant y énonce les solutions possibles : « La question est de savoir si je dois me représenter Dieu comme *ensemble* (*complexus, aggregatum*) de toutes les réalités ou bien comme leur suprême *principe*. » Visiblement, le concept d'ensemble (Dieu comme ensemble des réalités) est ici immédiatement identifié au concept d'agrégat, c'est-à-dire à la relation de composition, telle que Kant va en effet lui consacrer toute la première étape de son analyse. Or, il est assurément peu contestable que la relation des réalités finies à la réalité suprême comprise comme ensemble pouvait être comprise autrement, ainsi qu'en témoignent, par exemple, les Réflexions 6404 et 6405 :

« Le spinozisme provient de ce que la réalité que l'on trouve partiellement dans toutes les choses est pensée ensemble en Dieu [...]. La proposition de Spinoza : ce dont l'idée n'a pas besoin de l'idée d'une autre chose est subs-

tance, se confond avec celle selon laquelle seul l'être
suprêmement réel est substance, donc est seul l'être nécessaire, car tous les autres lui sont inhérents. »

Ces lignes identifient explicitement au spinozisme la
représentation de la relation de coappartenance comme
inhérence (modalisation) et désigne la représentation ainsi
entendue de l'Idée divine en recourant au concept d'ensemble : le Dieu de Spinoza, c'est donc ici l'ensemble des
réalités, mais non pas, précise justement Kant, au sens où
une telle représentation consisterait à faire de Dieu l'ensemble « composé » (*zusammengesetzt*) de toutes les réalités – puisqu'il faut voir que le Dieu spinoziste, comme
ensemble de toutes les réalités, correspond bien plutôt aux
réalités « prises-ensemble » (*zusammengenommen*), donc
non pas à une totalité agrégative ou synthétique (pensée
par composition ou addition de ses parties), mais à une
totalité constituée par solidarité originaire entre ses parties. Bref, à suivre ces suggestions, il en irait de Dieu chez
Spinoza comme il en va de l'espace dans l'Esthétique
transcendantale : de même que les figures sont « prises-
ensemble » dans l'espace comme grandeur infinie, non
pas au sens où l'espace serait le produit de leur somma-
tion, mais en tant qu'elles s'y intègrent comme dans une
totalité où on les découpe et qu'elles modalisent, de même
l'infini divin est modalisé par les réalités finies – à cette
différence près (qui tient au fait qu'il ne s'agit là, précisément, que d'une analogie) que, bien sûr, l'infini divin
n'est pas effectivement divisible en ses « modes ».

Si l'on voulait donc, à partir de ces réflexions, recenser
les représentations de la relation de coappartenance que
Kant y considère comme possibles, il faudrait donc distinguer, certes, 1. la représentation de Dieu comme
ensemble de toutes les réalités, 2. la représentation de
Dieu comme principe (selon la catégorie de causalité),
mais préciser tout aussitôt que la première représentation
se dédouble elle-même selon que l'on considère a. selon
la catégorie d'action réciproque, l'ensemble par composition (l'agrégat et ses composants), b. selon la catégorie
de substance, l'ensemble par solidarité originaire (la substance et ses modes). Ainsi, l'opuscule de 1796, en rédui-

sant la relation parties/ensemble à la composition et à la complexité agrégative, évacue d'emblée une représentation possible de l'Idée divine – à savoir celle qui correspond au spinozisme (inhérence) et qu'au demeurant Kant, dans ses *Réflexions*, identifie expressément comme telle. On peut même ajouter, pour compliquer encore le dossier, que, dans la *Critique de la raison pure*, le début du chapitre sur l'Idéal transcendantal (B 389) mentionne expressément cette solution comme possible : évoquant l'Idée de Dieu comme « Idée de l'ensemble de toute possibilité », il suggère l'éventualité de considérer que, par rapport à « la plus haute réalité », « toute la diversité des choses ne tient précisément qu'à autant de manières de borner le concept de la réalité la plus haute, qui est leur *substratum* commun », donc leur substance ; en conséquence, les réalités dérivées sont dites constituer seulement, quand on les envisage de ce point de vue, des négations de l'*ens realissimum*, lesquelles négations, qui sont alors « les seuls prédicats distinguant de l'être suprêmement réel tout ce qui n'est pas lui », sont désignées comme de simples « limitations ». Comment comprendre, dès lors, ce choix implicite auquel Kant procède en 1796 de ne pas même examiner la représentation spinoziste comme une solution du problème – avec comme conséquence, on va le voir, que la représentation leibnizienne (selon la catégorie de causalité) sera finalement retenue comme seule représentation légitime de l'Idée de Dieu, moyennant (ce qui n'est évidemment pas rien) son déplacement vers le registre pratique ?

Assurément, entre la *Critique de la raison pure* et l'opuscule *Sur un ton supérieur nouvellement pris en philosophie*, la « querelle du panthéisme » et la réfutation explicite de Spinoza, en 1786, par *Qu'est-ce que s'orienter dans la pensée ?* sont venues rendre d'autant moins disponible la solution spinoziste. Reste que, dans la *Critique de la raison pure*, si le chapitre sur l'Idéal n'excluait pas cette solution et même en partait, il rejetait pourtant très vite la perspective en excluant la représentation des êtres finis comme limitations de la suprême réalité et soutenait d'ores et déjà que cette suprême réalité est à penser

« plutôt comme fondement que comme ensemble » – la diversité des choses reposant non pas « sur la limitation même de l'être originaire, mais sur l'intégralité de ce qui en découle [...], y compris toute réalité dans le phénomène, sans pour cela qu'elle puisse appartenir comme ingrédient à l'idée d'être suprême ». Dès la *Critique* donc, la solution consiste à faire appel à la catégorie de causalité plutôt qu'à celle d'inhérence, à Leibniz (moins l'hypostase de l'Idée) plutôt qu'à Spinoza. Mieux : on peut faire l'hypothèse (et je voudrais essayer de la justifier) que les pages qui ouvrent, en 1781, le chapitre sur l'Idéal sont la clef du fait qu'en 1796 la représentation spinoziste n'a même plus besoin d'être mentionnée comme une solution possible et que, dès lors, la notion d'ensemble peut être réduite à celle qui correspond à la relation agrégative (composition).

Immédiatement après avoir évoqué la représentation spinoziste (inhérence), le chapitre sur l'Idéal explique en effet que l'on ne peut pas, « à parler avec précision », regarder « la dérivation qui fait venir de cet être originaire toute autre possibilité », donc la déduction du fini, « comme une limitation et en quelque sorte comme une division de sa suprême réalité » – car si l'on adoptait une telle représentation, l'être originaire « ne serait plus considéré que comme un simple agrégat d'êtres dérivés », ce qui, on va voir pourquoi, est impossible. Si je le développe, le raisonnement de Kant est donc en fait le suivant :

1. L'inhérence des réalités dérivées à la réalité suprême serait une relation de limitation de la plus haute réalité, où les diverses modalités de cette limitation produiraient la diversité des réalités dérivées.

2. Mais cette limitation correspondrait à « une division de sa suprême réalité ».

3. Donc, même conçu comme substance ou *substratum*, l'être originaire ne serait qu'un ensemble par agrégation.

4. Or, il est impossible de se représenter Dieu comme un tel agrégat.

5. Donc il reste à se représenter Dieu, non comme ensemble, mais comme principe ou fondement.

Ainsi le raisonnement repose-t-il avant tout sur la

conviction que la représentation spinoziste selon l'inhérence se ramène en fait à la relation de composition. Toute la difficulté est évidemment de comprendre cette conviction de Kant, en vertu de laquelle le spinozisme technique se laisse réduire au spinozisme vulgaire ou à la version caricaturale que la tradition a si souvent donnée du spinozisme : comment Kant peut-il considérer que le spinozisme, malgré ses définitions explicites de Dieu par la relation d'inhérence, aboutit à faire de Dieu l'ensemble agrégatif des réalités, et donc se croire autorisé à ramener, en 1796, les représentations de l'Idée de Dieu à la bipartition : ensemble (= agrégat)/fondement, en estimant dès lors que cette dualité correspond à celle du spinozisme (réduit à sa vérité) et de la théorie de Leibniz ?

Apparemment offensante, cette lecture de Spinoza obéit chez Kant à une logique qu'il est possible de restituer [1] :

– D'une part, considérée selon sa *forme*, la notion spinoziste de Dieu est apparue à Kant (comme à toute une tradition qui passe par Arnauld, Wolff, etc.) impliquer une spatialisation de la réalité suprême ; si l'on fait, en effet, des êtres finis de simples limitations d'une réalité plus grande (= si la négation n'est qu'une limitation), ne faut-il pas concevoir une identité ou du moins une homogénéité de nature entre les êtres finis et l'être des êtres ? Auquel cas la relation entre Dieu et les réalités finies sera effectivement conçue comme du même type que celle qui intervient entre l'espace et ses figures, et Dieu apparaîtra comme un tout à diviser, si bien que sa totalité deviendra celle d'un agrégat de parties – ce pourquoi Kant croit pouvoir suggérer que la limitation envisagée correspond dès lors à une division.

– Mais d'autre part la forme, comme toujours, implique un fond, autrement dit un contenu : si l'on prête en effet attention à ce qu'entraîne, quant au *contenu* même de l'Idée, cette conception de la dérivation des modes finis comme une limitation prenant la *forme* d'une division, il

1. Sur ce thème, on peut consulter A. Philonenko, introduction à sa trad. de E. Kant, *Qu'est-ce que s'orienter dans la pensée ?*, Vrin, p. 34 sq. ; G. Lebrun, *op. cit.*, p. 187 sq.

n'est guère contestable que toutes les réalités finies en
ressortent comme étant de même nature que l'Absolu
(puisqu'elles n'en constituent que des limitations). Or –
selon une objection qui remonte, chez Kant, à l'opuscule
de 1763 sur l'*Unique fondement possible d'une démonstration de l'existence de Dieu* – il est impossible de concevoir tous les aspects du monde comme de simples modes
ainsi entendus, dans la mesure où certaines limitations ne
correspondent pas seulement à des manques ou à des déficiences, mais font surgir des êtres dont la nature est
« incompatible avec les déterminations du divin » : bref,
il existe des privations qui ne peuvent être considérées
uniquement comme un affaiblissement d'être, mais qui
sont constitutives proprement d'un non-être, c'est-à-dire
d'une nature radicalement autre que la nature divine.
Objection qu'il faudrait bien sûr mettre en rapport avec la
découverte par Kant de la notion de « grandeur négative »
et dont les conséquences retentissent jusque dans l'essai
sur le mal radical qui, en 1793, ouvre *La Religion dans
les limites de la simple raison*, en faisant du mal, non un
certain degré d'exténuation quantitative de la perfection
divine (un « négatif de grandeur » ), mais « quelque chose
de vraiment positif en soi-même, qui est simplement
opposé » au Bien comme non-A l'est à A. Thème profond,
bien connu, sur lequel je n'insiste pas, mais dont il faut
en revanche mesurer les conséquences pour cette discussion kantienne du spinozisme.

En quelques mots : si, dans le fini, il se trouve des gran-
deurs négatives, donc des négations qui sont, non de
simples défauts d'infini, mais des privations effectives,
Dieu ne peut englober dans son essence ce qui, selon la
formule de 1763, « contredit à sa plus haute réalité » : il
apparaît inévitable dès lors de considérer, comme le souligne fort justement Gérard Lebrun dans son étude sur
*Kant et la fin de la métaphysique*, qu'il y a comme une
cassure entre le fini et l'infini. En ce sens, l'enjeu de cette
critique de Spinoza est tout différent, malgré quelques
analogies, de celui que pourra avoir la critique hégélienne : dans les deux cas, certes, la difficulté mise en
évidence tourne autour de la déduction du fini à partir de

l'infini ; mais, là où Hegel reprochera à Spinoza les lacunes de sa dérivation et appellera à une déduction plus satisfaisante (dialectique), l'objection kantienne, précisément parce qu'elle mobilise la notion de grandeur négative, entend au contraire briser toute possibilité de dériver le fini à partir de l'infini – pour ainsi dire, en termes sartriens : le néant à partir de l'être. Il faut donc en conclure que, si le fini ne peut être inscrit dans l'infini, toutes les réalités ne peuvent être pensées comme se trouvant en Dieu ni sur le mode de l'inhérence ni sur le mode de la composition – les deux modalités revenant d'ailleurs finalement au même, du point de vue kantien, puisque la théorie de la limitation implique par elle-même la divisibilité, donc la nature agrégative du tout. Du même coup, on comprend pourquoi Kant a pu estimer que « le spinozisme est le véritable point d'aboutissement de la métaphysique dogmatisante » (Réflexion 6050) : si, en effet, le dogmatisme de la métaphysique consiste à prendre position sur l'en-soi et ainsi à supprimer toute coupure entre l'en-soi et la réalité finie telle qu'elle nous apparaît, le spinozisme correspond bien au comble de cette réduction des existences singulières à la totalité qu'est supposée être la réalité considérée en elle-même, puisque le divers fini s'y trouve réduit à une modalisation de ce qui, en soi, est une unique substance. Raison pour laquelle, avant comme après la « querelle du panthéisme », Spinoza constitua toujours, au-delà des polémiques conjoncturelles, un adversaire privilégié du criticisme – et ce aussi bien chez Fichte que chez Kant.

Parmi les trois représentations possibles de l'*ens realissimum* (en termes d'inhérence des modes à la substance, de fondation du divers à partir d'un principe premier ou de composition des parties au sein d'un tout), nous avions donc compris, dans un premier temps, pourquoi la relation d'inhérence, en droit possible, se laissait réduire en fait à la relation de composition agrégative : nous voyons maintenant que la solution qui s'effectue en termes de composition ( et que Kant identifie au spinozisme) se heurte à de sérieuses difficultés. Il est donc pleinement logique que l'opuscule de 1796 *Sur un ton supérieur nouvellement pris*

*en philosophie* reparte au fond de ces difficultés pour critiquer globalement toute représentation de Dieu comme
ensemble des réalités et pour en déduire que, si représentation possible et légitime il doit y avoir, elle se trouvera
du côté d'une représentation de Dieu comme principe ou
comme fondement – ainsi que l'avait d'ailleurs déjà établi,
dans la première *Critique,* le début du chapitre sur l'Idéal.
Néanmoins convient-il de considérer avec attention la
manière dont s'opère cette reprise de la discussion du spinozisme : nous y voyons se construire en effet, peut-être
avec une rigueur inégalée, ce problème de la « schématisation » de l'Idée de Dieu qui va conduire à la transformation de la raison en raison pratique.

## Vers un schématisme des Idées

Le point de départ de la discussion de la solution spinoziste, dans la longue note que Kant, en 1796, consacre
au destin du « concept transcendantal de Dieu », consiste
à souligner qu'en tout état de cause le concept de Dieu
comme ensemble de toutes les réalités (ce qui, nous
savons maintenant pourquoi, se doit entendre au sens d'un
agrégat) est par lui-même, en tant que concept, « vide et
sans signification » : indication lapidaire, dont on ne saurait comprendre la portée sans remonter à la théorie kantienne du concept et sans considérer attentivement ce qui
fait qu'un concept peut acquérir un sens.

Comme l'on sait, le concept n'est chez Kant qu'une
pure forme ou une pure structure, à savoir celle d'une
« représentation générale » comme « représentation de ce
qui est commun à plusieurs objets [1] ». Cette forme reste
vide tant que sa matière, c'est-à-dire l'« objet [2] », ne lui
est pas donnée par l'intuition. Mais pour que cela soit
possible, donc pour que le concept ne soit pas vide (ou
pour que sa compréhension désigne une extension), il est
requis, préalablement à toute mise en relation avec un

---

1. E. Kant, *Logique,* trad. par L. Guillermit, 2ᵉ éd. revue, Paris,
Vrin, 1970, p. 99.
2. *Ibid.,* p. 100.

donné, que le concept possède pour le sujet qui l'utilise une signification, puisque si le concept n'a pas pour lui de sens (autrement dit, s'il n'est pas représentable), il n'est pas non plus applicable – et il se voue donc à demeurer vide : on reconnaît là, sommairement résumée, la problématique qui correspond, dans la première *Critique,* au chapitre sur le schématisme. Ce que Kant, par analogie, évoque ici à propos du concept transcendantal de Dieu comme « ensemble de toutes les réalités » : tant que je ne peux rien me représenter par un tel ensemble, le concept reste « tout à fait vide et sans signification » – il faut comprendre plus précisément : sans signification, donc vide. Comment envisager toutefois le processus susceptible de conférer à la notion d'ensemble de toutes les réalités une représentabilité ? Dit autrement : comment schématiser un concept qui est en fait une Idée, et à laquelle ne correspond par définition aucune expérience ni réelle ni possible ?

Toute schématisation d'un concept consiste à le temporaliser, et cette temporalisation réside elle-même dans notre capacité à le transformer en une méthode, c'est-à-dire en une série d'opérations, se succédant dans le temps, que le sujet peut pratiquer et dont, par conséquent, il peut avoir une représentation (puisque les actes du sujet tombent dans le sens interne). Si, faisant abstraction de ce qui distingue l'Idée et le concept, nous tentons d'appliquer ici le principe d'une telle schématisation, comment pouvons-nous envisager de transformer l'Idée d'ensemble de toutes les réalités en une succession d'opérations du sujet ? Apparemment, aucune difficulté insurmontable ne semble y faire obstacle : puisque (cette équivalence a été clarifiée) le concept d'ensemble est en fait celui d'un simple agrégat, je schématiserai le concept d'agrégat de toutes les réalités en me représentant une succession d'opérations attributives par lesquelles j'« attribuerai » à Dieu, écrit expressément Kant, autant de « réalités » que je puis en concevoir, et cela à l'infini. L'attribution indéfiniment réitérée de toutes les réalités susceptibles d'être pensées : tel serait donc le schème du concept d'agrégat – selon une schématisation qui ne constituerait à vrai dire qu'une quasi-schématisation ou, dans les termes de Kant, une « présentation » incomplète, puisque précisément, à la différence de ce qui intervient lorsqu'il s'agit d'un concept et non d'une Idée, je ne peux ici, s'agissant d'une attribution réitérée à l'infini, me représenter la *totalité* des opérations permettant de schématiser le concept. Du moins le principe à partir duquel le concept de Dieu trouve sens paraît-il clair et assuré.

Rien, pourtant, n'est moins évident, et Kant soulève à cet égard une difficulté dont il va estimer qu'elle signe au fond l'arrêt de mort du concept spinoziste de Dieu. Pour accomplir en effet cette quasi-schématisation, je vais produire, à l'égard de l'Idée de Dieu, une série d'attributions dont *en droit*, puisque Dieu est l'ensemble de *toutes* les réalités, rien ne peut être exclu ; mais dans ce processus d'attribution réitérée, je vais inévitablement me trouver dans la situation d'attribuer à Dieu des réalités incompatibles avec la simple forme de son concept, à savoir l'infinité ou l'illimitation – ce que Kant s'emploie à montrer sur deux exemples stratégiquement significatifs, puisqu'ils correspondent aux deux attributs les plus traditionnels de Dieu : l'entendement et la volonté.

Si, attribuant à Dieu toutes les réalités, je lui attribue en effet l'entendement, il est requis, pour que cette attribution donne au concept d'*ens realissimum* une signification, qu'elle soit compatible avec l'illimitation comme détermination purement formelle de ce concept. Or, qu'attribue-t-on en attribuant l'entendement, si ce n'est un pouvoir de représentation qui est formellement contradictoire avec le concept à schématiser ? Pour qu'une telle attribution de l'entendement donne en effet sens au concept de Dieu, il faut que je puisse conférer une signification à l'attribut lui-même. Mais le seul sens que je sois à même de conférer à l'entendement est justement d'en faire un pouvoir de représentation qui suppose en réalité une limitation : « Tout entendement que *je* connais, écrit Kant avec le plus grand souci de précision [même si c'est moi qui le souligne], est un pouvoir de penser, c'est-à-dire un pouvoir discursif de représentation » – l'émergence de la subjectivité (« tout entendement que *je* connais ») pouvant ici pleinement se comprendre, puisque ce qui est recherché est un discours, non plus conceptuel, mais schématique, dont la *conditio sine qua non* est par conséquent son appropriation possible par le sujet et la capacité pour celui-ci de penser ce qu'il dit et, dans les termes de Fichte, d'en être pour ainsi dire « convaincu ». Bref : *je* n'attribue à Dieu un entendement que si *je* lui attribue un pouvoir de représentation, puisque *je* ne me représente aucun autre entendement – comme l'établit le § 77 de la *Critique de la faculté de juger* en montrant comment la notion d'« entendement intuitif » n'est qu'une notion artificielle, donc non représentable, produite en fait par la négation de ce qu'il y a de discursif dans notre entendement. Dès lors toutefois que j'attribue à Dieu la réalité d'un pouvoir discursif de représentation, je lui attribue une détermination « qui n'est pas possible sans *limitation* », tant il est vrai que l'entendement discursif, le nôtre (le seul qui ait pour nous un sens), est constitué par le pouvoir de se représenter des caractères communs à plusieurs choses, là où l'intuition fournit une existence singulière : en ce sens, la discursivité [1] suppose l'extériorité du général et du particulier (l'abstraction), et attribuer à Dieu (donc à l'illimité) un tel pouvoir, c'est le penser par référence à une faculté qui laisse hors d'elle, comme le dit Kant, les « différences » et qui porte, dans cette limitation même, la marque de la finitude [2]. Formellement, j'attribue ainsi une limitation à l'illimité : loin de le rendre représentable, le supposé schème contredit le concept. Et si, pour échapper à cette difficulté, j'allègue alors que j'attribue à Dieu un entendement d'une autre nature, donc que Dieu n'a pas de représentations, ou si, comme Spinoza, je soutiens que Dieu possède la pensée, mais non l'intelligence, assurément ne s'agit-il plus d'une schématisation, puisque je ne peux me représenter un tel entendement et que le discours que je tiens alors demeure pour moi aussi vide de sens

---

1. Voir par exemple *Logique*, trad. citée, p. 38.
2. Voir sur ce point le § 76 de la *Critique de la faculté de juger*, qui souligne qu'un pouvoir discursif de représentation suppose la distinction du possible et du réel, ce qui est incompatible avec l'infinité.

que pouvait l'être le concept lui-même avant ma tentative pour le schématiser.

Une démarche comparable est esquissée par Kant à propos de l'attribution de la volonté, que je ne peux me représenter que comme conception d'une fin, en distinguant la conception même de cette fin et sa réalisation dans l'effectivité : de fait, une volonté que l'on concevrait sans ouvrir, entre la conception et la réalisation, l'espace d'une réussite ou d'un échec possibles du projet ne serait plus, proprement, une volonté, mais correspondrait à un lien mécanique de cause à effet. En ce sens, la représentation de la volonté contient elle aussi en elle celle de l'extériorité du réel dans lequel la fin qu'elle pose va ou non s'inscrire. Dit autrement : il n'est pas de volonté qui soit représentable sans distinction entre le sujet et l'objet, donc sans limitation du sujet. Où l'on retrouve la conclusion selon laquelle, dans l'attribution à Dieu d'une telle réalité, le schème contredirait le concept – ce qui n'est assurément pas la meilleure façon de lui donner une signification.

Bien évidemment faudrait-il ajouter à cette argumentation kantienne, pour en expliciter la portée, que Spinoza, certes, serait le dernier à nier qu'intelligence et volonté supposent la finitude – ce pourquoi précisément le Dieu spinoziste ne possède aucune de ces deux déterminations. Mais, dans ce cas, deux objections au moins se peuvent élever : 1. il est des réalités qui restent non englobées par Dieu comme ensemble, et comme la réfutation de la théorie de la modalisation a montré que la vérité du Dieu spinoziste se trouve dans la notion d'un être englobant toutes les réalités, un tel « englobant » n'est donc pas représentable sans contradiction ; 2. si, comme le fait Spinoza, l'on revient alors à la théorie des modes et conçoit l'intelligence humaine comme une simple modalisation (limitation) de la pensée divine (de l'attribut « pensée »), nulle signification supplémentaire ne se trouve par là conquise pour le concept de Dieu, puisque, de cette pensée qui n'est pas un entendement discursif, je n'ai justement pas la moindre représentation : le discours que l'on tient dès lors en parlant de la pensée de Dieu échappe donc à la sphère du représentable – ce pourquoi le spinozisme constitue bien le comble de la métaphysique dogmatisante.

La conclusion de cette réflexion sur la schématisation de l'Idée, au point où nous en sommes de l'argumentation, est donc transparente : ou bien le discours sur Dieu est anthropomorphique, ou bien il est vide. En tout état de cause, le concept, en lui-même, n'est pas encore schématisé : je ne peux pas penser (me représenter) Dieu comme ensemble de toutes les réalités. De là vient que, dans la *Critique de la raison pure*, Kant indique, à propos de la solution de la quatrième antinomie, que l'être nécessaire doit être pensé, s'il peut l'être, comme *ens extramundanum*, situé « tout à fait en dehors de la série du monde sensible » (B 589) : option qui équivaut alors clairement à faire de Dieu, non un ensemble, mais un principe. Mais si la représentation de Dieu comme ensemble agrégatif de toutes les réalités n'était donc qu'une « première et grossière esquisse » de ce qu'il s'agissait de penser sous la notion d'*ens realissimum* (B 607), la seconde solution qu'envisage ainsi Kant, et qui évoque le Dieu de Leibniz plus que celui de Spinoza, peut-elle conférer au concept davantage de signification, de manière à en rendre vraiment possible un quelconque usage régulateur par le sujet ? Tout l'effort de Kant, aussi bien dans la *Critique* que, de façon plus ramassée et plus saisissante encore, dans l'opuscule de 1796, est alors pour montrer que la réponse à cette question ne saurait être positive qu'à certaines conditions, qui engagent précisément la transformation de la raison en raison pratique.

## Le passage à la raison pratique

Le refus de la solution consistant à se représenter Dieu comme ensemble a en effet des conséquences évidentes sur la tentative de se le représenter comme principe, qui se heurte elle aussi, sous sa forme traditionnelle (raison théorique), à de sérieuses difficultés. Car, quand bien même on se représenterait Dieu comme principe, on ne pourrait pas davantage se représenter qu'il possède un entendement et une volonté, lesquelles réalités resteraient grevées de finitude. Si bien que le déplacement vers une solution leibnizienne apparaît tout autant requis par la réfutation de la solution spinoziste que rendu à son tour problématique par cette réfutation même.

Là encore, dégageons la difficulté, dont la thématisation la plus complète se trouve dans la deuxième partie de la *Critique de la faculté de juger* (§ 76-77). En tant que principe de toute réalité, Dieu doit être conçu comme une intelligence, parce qu'il y a dans le monde des relations de finalité et que l'on ne peut les penser qu'à travers la supposition d'un entendement architectonique, donc d'un Dieu intelligent. Au demeurant faut-il ajouter que la genèse même de l'Idée de Dieu, telle que nous l'avons vu s'opérer à partir du syllogisme disjonctif et aboutir à la notion d'une totalité articulée des possibles, inciterait déjà, à elle seule, à voir dans l'*ens realissimum* une intelligence concevant à la fois cette infinité des possibles et produisant à partir de cette infinité les divers types de compossibilité, c'est-à-dire les divers mondes possibles. Mais dès lors, puisque Dieu ne peut être pensé que comme une souveraine intelligence concevant immédiatement tous les mondes possibles, il s'avère aussi nécessaire, si nous voulons nous représenter la manière dont il est au principe du réel, de lui attribuer une volonté tout aussi souveraine pour choisir la meilleure des compossibilités et la rendre effective [1]. Ainsi la raison théorique (qui intervient aussi bien pour produire, dans la régression prosyllogistique, le concept d'*ens realissimum* que pour, à partir des considérations sur l'ordre du monde, essayer d'en préciser le

---

1. Dans la note de l'opuscule *Sur un ton supérieur nouvellement pris en philosophie*, Kant exclut une autre représentation, qui consisterait à penser le surgissement des existences, non en termes de volonté, mais *per emanationem*, à partir de la nature même de Dieu : allusion à une solution de type plotinien, que Kant écarte 1. parce qu'elle induirait une continuité de l'infini au fini, dont on a vu ci-dessus pourquoi elle est incompatible avec la conception de la finité comme « grandeur négative » ; 2. parce qu'elle établit, entre Dieu et le monde, une relation de nécessité quasiment mécanique, celle d'un débordement aveugle dont la notion peut malaisément s'accorder avec notre expérience de la finalité (voir notamment *Critique de la faculté de juger*, § 80).

sens) nous conduit-elle à nous représenter le principe divin
à la fois comme une intelligence qui, selon l'expression
de Leibniz, « va au vrai » en produisant les possibles et
comme une volonté qui « va au bien » en choisissant,
parmi les diverses manières de les combiner, celle qui
correspond au « meilleur des mondes ». Démarche qu'il
est donc aisé de reconstituer, voire d'approuver – à ceci
près, en quoi réside précisément l'impasse où s'enferme
la raison théorique, que l'intelligence et la volonté, nous
le savons déjà, ne sont représentables que grevées de
finitude. Bref : le Dieu de Leibniz ne peut être représenté qu'au prix d'une finitisation de l'infini, et en ce
sens l'Idée de système, dont nous avons vu en quoi elle
correspond à l'Idée de Dieu telle que le livre I de la
Dialectique transcendantale en reconstruit la genèse *a
priori*, échappe définitivement à la raison théorique –
non pas seulement parce que l'échec des preuves de
l'existence de l'Être suprême exclut que la raison théorique puisse ici ouvrir sur une connaissance, mais aussi,
et plus gravement peut-être, parce que cette figure de la
raison ne peut pas même conduire à une représentation
consistante du contenu et du sens de l'Idée. Ce pourquoi, dans l'opuscule de 1796, Kant souligne si fortement que « ce qu'est [objectivement] la *nature* de l'Être
suprême » nous est « tout à fait impossible à explorer »
par la « connaissance théorique » – tout semblant dans
ces conditions devoir nous inciter à admettre qu'un
concept philosophiquement inéludable (le concept de
Dieu, nous l'avons vu, « ne peut être omis en philosophie ») est paradoxalement voué à demeurer vide de
toute signification. Auquel cas l'on comprend mal, quant
à l'exemple particulier de l'Idée de Dieu, pourquoi précisément une philosophie postmétaphysique ne devrait
pas pouvoir décider de l'omettre ou de l'éluder, et, par
extrapolation, en quoi, pour ce qui est du destin général
de la raison après sa critique, la perspective d'un
« usage régulateur » ne correspondrait pas à une simple
clause de style. Du même coup, ce qui distingue si nettement la critique criticiste de la raison et les critiques

de type nietzschéo-heideggerien serait fortement menacé
de s'estomper.

La fin de la mise au point proposée dans la note de
l'opuscule *Sur un ton supérieur nouvellement pris en philosophie* refuse pourtant ces conclusions et propose de
résoudre ces difficultés à travers une solution qui peut être
caractérisée de deux points de vue :

1. Du point de vue du contenu ou de la signification
de l'Idée de Dieu, la solution retenue demeure « leibnizienne », en ce sens que l'Idée qui va être sauvée du vide
ou d'un anthropomorphisme inassumable restera celle de
principe ou de fondement : il s'agit bien encore, de fait,
de cette notion de l'être souverain que viennent déterminer
les concepts (dont on a perçu pourtant quel problème ils
posent) de volonté et d'intelligence.

2. En revanche, du point de vue du terrain même ou
du champ au sein duquel le concept de Dieu va pouvoir
ne pas demeurer vide, un déplacement radical s'annonce,
non seulement par rapport à Leibniz, mais par rapport à
tout usage métaphysique de l'Idée : la notion de Dieu, à
travers ces concepts d'intelligence et de volonté, n'acquiert en effet de la « réalité », suggère Kant, que « subjectivement » et « *d'un point de vue pratique* ». Perspective que l'on ne saurait évaluer avant de l'avoir
simplement comprise – ce en vue de quoi il faut essayer
de cerner ce que Kant peut entendre par la réalité subjective d'un concept.

Il s'avère sans doute ici plus opératoire de partir de la
notion de réalité objective d'un concept, qui semble moins
déconcertante. Kant entend par la réalité objective d'un
concept, ou par son « objectivité » (*Critique de la raison
pure*, B 117), ce qui fait que l'emploi de ce concept permet la « référence à un objet » (Réflexion 1482) et ne se
borne donc pas à renvoyer à l'état du sujet. Comme l'on
sait, c'est tout l'acquis de la Déduction transcendantale,
dans la première *Critique,* que d'avoir établi comment,
sans leur rapport à des intuitions empiriques, c'est-à-dire
à des « données pour l'expérience possible », les concepts
*a priori* sont dépourvus de toute « validité objective » et
se réduisent à « un simple jeu de l'imagination ou de l'en-

tendement avec leurs représentations respectives »
(B 298). Situation dont il n'est alors pas difficile d'apercevoir qu'elle est justement celle du concept transcendantal de Dieu, puisqu'il ne se peut aucunement rapporter,
par la médiation d'une quelconque relation à l'intuition
pure, au donné de l'intuition empirique : même de la
volonté et de l'intelligence divines, en tant qu'elles
devraient être infinies, je ne peux jamais citer d'exemples,
et il ne saurait donc y en avoir d'expérience possible [1] ;
en conséquence, la condition de l'usage objectif de tous
les concepts *a priori* ne se trouvant pas remplie, l'Idée de
Dieu semble vouée à faire partie de ces notions dont la
*Critique* nous explique qu'elles ne sauraient jamais avoir
« aucun rapport avec un objet quelconque » (B 342) et que
chacune d'elles se trouve donc vouée à demeurer
« complètement vide » (B 87), c'est-à-dire « dépourvue
d'objet ou de signification » [2]. Si l'on appelle alors « subjectives », au sens de la *Première Introduction à la Critique de la faculté de juger*, toutes les représentations qui
ne se rapportent pas à l'objet et restent de « simples déterminations du sujet [3] », comment ne pas estimer que la réalité du concept de Dieu, si réalité il doit y avoir, sera
seulement « subjective » ? Mais précisément, dans ces
conditions, pourquoi et en quel sens parler encore, comme
le propose l'opuscule *Sur un ton supérieur nouvellement
pris en philosophie*, de sa « réalité » ?

Bien évidemment, cette expression de « réalité subjective » des Idées ne constitue pas, dans l'œuvre de Kant,
un hapax. Un premier niveau de signification, qui n'est
pas le plus profond et que je rappelle pour mémoire, s'en
trouve par exemple dans la *Critique de la raison pure*,
lorsque Kant souligne que « la réalité transcendantale
[subjective] des concepts purs de la raison se fonde au
moins sur le fait que nous sommes conduits à de telles
Idées par un raisonnement nécessaire de la raison »
(B 397) : par opposition aux représentations de la subjec-

---

1. *Opus Postumum*, AK, XXI, 43 : « Dieu, le monde ne sont pas
des objets d'expérience possible, mais des Idées. »
2. *Prolégomènes*, trad. citée, p. 137.
3. *Critique de la faculté de juger*, trad. citée, p. 98.

tivité empirique, les Idées sont en effet des représentations nécessaires et inévitables de la subjectivité transcendantale, vers lesquelles la raison est intrinsèquement conduite – et elles sont donc, en droit, universelles [1]. En l'occurrence, relevant de la « non-objectivité [2] » parce que aucun objet de l'expérience possible ne peut leur correspondre, les Idées sont cependant « subjectives » en un sens original de la subjectivité, puisqu'elles sont nécessaires, universelles et (à la différence de la représentation imaginative d'une chimère) non contradictoires – en sorte qu'elles ont les caractéristiques *formelles* de l'objectivité scientifique, c'est-à-dire de ce qui constitue pour Kant la véritable objectivité [3]. À un premier niveau, c'est à l'évidence cette situation très particulière des Idées vis-à-vis de l'objectivité qu'exprime la notion de leur « réalité subjective ».

Pour autant, la réflexion kantienne, quand elle prend la forme qui est la sienne dans l'opuscule *Sur un ton supérieur nouvellement pris en philosophie*, va plus loin et plus profond, en soulignant que la réalité subjective de l'Idée de Dieu se laisse situer « *d'un point de vue pratique* ». En quoi nous faudrait-il donc comprendre qu'un déplacement du point de vue théorique (connaissance) au « point de vue pratique » contribue encore à un renforcement de la réalité des Idées ? Tout semble en l'occurrence se passer en fait comme si, entre la sphère théorique et la sphère pratique, deux relations réciproques devaient être conçues.

La première relation est celle qu'exprime le début de la Dialectique transcendantale (B 386) : « Peut-être ces

---

1. Dans les *Prolégomènes*, trad. citée, p. 9, Kant indique que « l'intérêt de la raison humaine universelle » s'y trouve engagé, et qu'en ce sens « la métaphysique est subjectivement réelle (et cela nécessairement) » (p. 106, note).
2. J'emprunte l'expression à B. Rousset, *La Doctrine kantienne de l'objectivité*, Paris, Vrin, 1967, p. 415.
3. Réflexion 5915 : « Ce qui est objectivement valable et ce qui est nécessairement valable se confondent. Ce que je suis obligé de dire de l'objet ne peut qu'être nécessaire. Car si c'est contingent, cela ne vaut que pour le sujet, mais non pas dans l'objet. » En vertu de quoi, le contenu d'une intuition empirique particulière, portant la marque de ma subjectivité singulière, n'est pas l'élément de réalité qui confère à une connaissance sa véritable objectivité.

Idées peuvent-elles rendre possible un passage des concepts physiques aux concepts pratiques, et fournir ainsi aux Idées morales elles-mêmes un support et un lien avec les connaissances spéculatives de la raison. » Même si Kant ne va pas au-delà de cette suggestion, l'éventualité mentionnée d'un « passage » des concepts de la raison théorique à ceux de la raison pratique est claire au moins dans son principe : le système des Idées théoriques de la raison nous prépare bien, en effet, à penser l'essentiel de la sphère pratique, puisque l'Idée psychologique nous fournit le Moi absolu persistant éternellement dans son identité à soi (donc, Fichte le comprendra mieux que personne, l'idéal de la raison pratique), l'Idée cosmologique nous donne, dans la troisième antinomie, la possibilité de la causalité par liberté, et l'Idée théologique nous procure une notion dont la *Critique de la raison pratique* soulignera la fonction qu'elle peut remplir dans l'expérience morale. Ainsi, la raison pratique reçoit donc d'ores et déjà de la raison théorique ses principaux concepts, et il y a bien à cet égard « passage » des concepts physiques aux concepts moraux – en ce sens que c'est un certain usage des concepts « physiques » de la relation qui conduit aux trois figures de l'Inconditionné, lesquelles constituent alors l'essentiel de la sphère pratique [1].

C'est une seconde et tout autre relation qui se trouve toutefois suggérée notamment par l'opuscule de 1796, et que Fichte contribuera encore à développer : l'usage pratique des Idées, seul, leur donne véritablement un sens et une réalité – tant et si bien que la relation se renverse : ce n'est plus (ou ce n'est plus simplement) que la raison théorique donne une partie, voire l'essentiel, de son contenu notionnel à la raison pratique, mais au contraire, pour s'accomplir, la raison comme telle doit se faire pratique. Le mouvement de la raison théorique nous oblige certes à penser les concepts du Moi, de la liberté et de Dieu, qui sont les concepts décisifs de la sphère pratique

1. Cette première relation entre raison théorique et raison pratique est celle à laquelle B. Rousset, *op. cit.*, p. 491 sq., consacre l'essentiel de son analyse de la question.

(*du théorique au pratique*) ; mais cette obligation n'est à son tour vraiment satisfaite que dans l'usage pratique de ces concepts – en sorte que c'est la raison pratique elle-même qui accomplit le projet de la raison théorique, à savoir penser le Moi, la liberté ou Dieu (*du pratique au théorique*). Comme si, sur ce terrain, ces concepts pouvaient acquérir un surplus de réalité, qu'ils n'avaient pas dans l'espace théorique : assurément, leur réalité demeurera subjective, en ce sens qu'on ne pourra pas davantage faire correspondre par exemple à l'Idée pratique de Dieu une quelconque expérience possible ; mais il deviendra possible de déterminer « la réalité à laquelle se rapportent les concepts pratiques *a priori* [1] » – ce qui, puisqu'il y aura relation à une réalité, permettra à Kant de parler, comme le sait tout lecteur de la deuxième *Critique*, d'une « objectivité pratique », d'une « connaissance pratique » et même d'une « réalité objective pratique » [2]. Toute la difficulté inhérente à la lecture de ces textes, par eux-mêmes bien connus, tient évidemment à la question de savoir en quoi le passage à l'usage pratique des Idées les rend en un sens plus « réelles », lors même qu'elles ont été définitivement désubstantialisées.

À cet égard et sur l'exemple de l'Idée de Dieu, l'opuscule de 1796 fournit deux indications importantes, dont la seconde est la clef de la première :

1. Considéré du point de vue pratique, le concept leibnizien de Dieu (comme principe, avec pour attributs l'entendement et la volonté libre) devient pensable par analogie avec l'homme comme sujet *pratique*, tandis qu'il n'y avait pas d'analogie susceptible d'être pensée sur le plan théorique.

2. Le concept de Dieu procède cette fois, non plus de la théorie de la nature des choses, mais de la loi morale : ce n'est plus la raison théorique qui nous « oblige » à penser ce concept, mais (et la formule utilisée est significativement parallèle à celle de la *Critique de la raison*

---

1. *Critique de la raison pratique*, trad. par L. Ferry et H. Wismann, in *Œuvres philosophiques de Kant, op. cit.*, p. 688.
2. *Critique de la raison pure*, B 836 ; voir aussi, bien sûr, la Préface de la deuxième *Critique*.

*pure*) c'est la raison pure pratique qui nous « oblige » ou nous « contraint » à nous faire un concept de Dieu.

Si, une fois ces deux indications repérées, l'on s'efforce de les articuler, on voit alors se dessiner la thèse suivante : la réflexion sur la loi morale nous oblige à penser le concept de Dieu en des termes qui appellent une analogie entre a. l'entendement divin et l'entendement pratique humain, entre b. la volonté divine et la raison pratique humaine, donc entre c. Dieu et l'homme comme sujet pratique. Se trouve donc requis le même concept, avec le même contenu, que lorsque, sur le plan théorique, la raison essayait de penser Dieu selon la représentation leibnizienne : ainsi est-on conduit aux mêmes analogies, à cette différence capitale que ces analogies, illégitimes sur le plan théorique, deviendraient telles, ici, que l'on pourrait désormais les « admettre ». Bref – et je ne dégage ainsi, bien sûr, que la structure d'une solution qu'il faut aussi comprendre – le concept de Dieu ne sera pas autre que celui de Leibniz, mais sa pensabilité par analogie ne sera plus, désormais, à récuser comme « anthropomorphique ». Cela posé, comprendre une telle solution imposerait pour le moins de répondre à trois questions : 1. Comment le concept de Dieu procède-t-il aussi de la loi morale, et non plus seulement de la raison théorique, selon la genèse évoquée au début de ce chapitre ? 2. Pourquoi s'agit-il encore du Dieu de Leibniz, comme principe souverain (et non comme ensemble), avec ses attributs de volonté et d'intelligence ? 3. Pourquoi le discours analogique (pourvu du même contenu) peut-il maintenant être assumé, donc pensé ? Je vais essayer de ne pas laisser sans réponses ces questions qui sont la clef de l'accomplissement pratique de la raison critique.

Tout d'abord, de la loi morale à Dieu. Cette première question n'est pas la plus complexe et engage seulement le rappel de la manière dont se construit, quant à son contenu, la théorie de l'objectivité pratique – si l'on veut : l'ontologie pratique de Kant. Le point de départ en est bien sûr la conscience de la loi morale, c'est-à-dire ce *factum rationis* qui correspond à la présence en nous de l'idée d'une telle loi universelle comprise comme légalité

autonome de la raison, donc comme prescrite à nous-
mêmes par notre propre raison en tant que pratique.

À partir de ce *factum rationis* (et de la conscience de
l'autonomie de la volonté qu'il exprime), l'Idée de Dieu
peut en fait surgir de deux manières, dont seule la seconde
permet la transformation de la raison que nous essayons
ici de comprendre. Il est en effet possible de faire surgir
l'Idée de Dieu à la faveur d'une simple hypostase de l'idée
de volonté souverainement autonome : mouvement possible, et même réel, puisque présent aussi bien dans la
deuxième section de la *Fondation de la métaphysique des
mœurs* que dans la *Critique de la raison pratique*, et qui
consiste à expliciter la manière dont la conscience morale
finie perçoit la loi de l'autonomie rationnelle comme une
contrainte, donc sous la forme de l'extériorité, et identifie
alors l'impératif catégorique à un « ordre divin », c'est-
à-dire à une prescription imposée par une volonté transcendante [1]. Ainsi engendrée, l'Idée pratique de Dieu a
certes une puissante valeur morale, puisqu'elle définit un
modèle pour notre volonté et donne aux impératifs une
force qui suscite respect et obéissance : reste qu'une moralité qui conçoit le devoir comme un « ordre divin » n'est
plus compatible avec le principe de l'autonomie, et n'est
donc pas vraiment morale ; en outre et surtout, si le Dieu
ainsi conçu n'est pas simplement une manière de sacra-
liser le devoir, mais est bien pensé comme une existence,
on se replace en fait sur le terrain théorique en passant à
nouveau d'une représentation (celle de la loi) à l'existence
de Dieu comme auteur de cette loi – simple variante de
l'argument ontologique qui témoigne qu'une telle représentation du Dieu moral n'est qu'apparemment un élément
de l'ontologie pratique et tombe en fait sous le coup des
mêmes critiques que les représentations issues de la raison
pure théorique [2]. Ce pourquoi, si l'Idée du Dieu moral

---

1. *Critique de la raison pratique*, trad. citée, p. 753.
2. Aussi Kant peut et doit-il rappeler, dans *La Religion dans les
limites de la simple raison,* trad. par M. Naar, Paris, Vrin, 1983,
p. 55 sq., note) que « l'Idée de Dieu n'est pas le concept d'une substance ». De même, *Opus postumum*, AK, XXI, 144 : « Dieu ne doit

peut surgir sur ce premier mode, au fond elle ne le doit
pas, mais il lui faut bien davantage procéder d'une interrogation du sujet moral sur sa capacité d'obéir à la loi.

De fait, on sait comment – parce que la loi morale,
éprouvée en nous sous la forme du devoir, nous conduit
nécessairement à l'Idée de liberté (« tu dois, donc tu
peux ») – « la réalité objective d'une volonté pure ou, ce
qui est la même chose, d'une raison pure pratique est donnée *a priori* dans la loi morale en quelque sorte par un
fait [1] » : le concept d'une causalité par liberté est compris
dans le concept de la loi morale, et *de ce fait* l'Idée de
liberté, concept vide de la raison théorique, reçoit un
contenu – puisque la notion en trouve, dans la conscience
de la loi, l'analogue d'une expérience qui la remplit et lui
donne donc une « réalité pratique indubitable ». Ce qui
permet à Kant d'aller jusqu'à écrire, à la fin de l'Examen
critique de l'Analytique de la raison pure pratique, que la
liberté n'est donc plus ici conçue de façon indéterminée
et problématique, mais qu'elle se trouve « déterminée et
connue assertoriquement ».

Je ne développe pas davantage ce thème célèbre de la
connaissance pratique de la liberté : le point important et
qu'il nous faut simplement appliquer à l'Idée de Dieu,
c'est que le *factum rationis* joue ici le rôle d'une intuition
et fait en sorte que le concept acquiert une signification –
avec pour limite, bien évidemment, que ce *factum rationis*
n'est pas véritablement une intuition, donc que la réalité
du concept ne sera pas celle d'une existence empiriquement déterminée : parce que cette réalité ne peut être
construite dans l'intuition, le concept n'a « aucune signification théorique déterminée » – mais pour autant, bien
qu'il ne possède point l'objectivité théorique (ce qui supposerait sa présentation dans l'intuition), il a néanmoins
une signification pratique, dans la mesure où il trouve
dans le devoir la matière dont il est pour ainsi dire la
forme nécessaire. Or, tout permet de concevoir le même

---

pas être représenté comme une substance extérieure à moi, mais
comme le principe moral suprême en moi. »
   1. *Critique de la raison pratique*, trad. citée, p. 674.

processus pour l'Idée de Dieu : si, en effet, je réfléchis sur la loi morale présente en moi, non seulement elle m'apparaît comme devant être possible du fait de ma liberté, mais elle doit en outre produire dans le monde ce qui s'appelle le Bien, puisque la moralité que la loi ordonne, c'est précisément de produire un tel Bien. Mais l'on sait comment la Dialectique de la raison pratique explique que cette exigence de produire le Bien, du fait de notre finitude, c'est-à-dire de notre enchaînement dans la nature et par la nature, risque fort de rester vaine – l'accomplissement du Bien n'étant alors jamais qu'une réussite rare et partielle, pour ainsi dire, là aussi, une « heureuse surprise ». S'interroger sur la réalisation de la loi (ce que le sujet moral est contraint de faire, puisque réaliser la loi est son devoir), c'est donc chercher « la possibilité du Bien dans le monde » et déterminer quelles sont les conditions nécessaires qui rendent possible ce que cette loi nous commande de prendre pour objet. Or, une telle question conduit le sujet moral à reconnaître deux conditions de possibilité de la réalisation de la loi morale :

1. D'une part, un effort perpétuel de notre action sur le monde, donc un progrès à l'infini qui réduise sans cesse la part de la nature en nous et donc les obstacles à la loi : en ce sens, la notion traditionnelle d'immortalité de l'âme n'est rien d'autre que la version hypostasiée de l'idée d'une amélioration indéfinie du réel, d'un progrès à l'infini ou d'une victoire remportée à l'infini sur la nature – c'est-à-dire, en clair, l'idée d'un progrès éternel du genre humain ou de l'immortalité de l'espèce, que l'idée d'immortalité individuelle exprime à sa manière, à condition de signifier seulement la relation de l'individu à un progrès collectif qui le dépasse, où il meurt sans mourir vraiment, puisque le progrès vers le Bien continue.

2. D'autre part, se trouvant tout aussi requise pour la possibilité du Bien, la perspective d'une nature qui, loin de s'opposer aux entreprises de la volonté bonne, lui soit favorable : il faut, en effet, que les lois physiques, tout en étant distinctes des lois morales, contribuent à l'accomplissement du Bien et aux progrès de la liberté. La loi morale, en ce sens, contient donc en elle, par la médiation

de l'obligation qu'elle nous impose de réaliser le Bien, l'Idée d'une cause de la nature qui l'organise et la dirige en fonction de cette fin – soit : une pensée de la nature qui se la représente comme si un principe premier l'ordonnait à la liberté. Où l'on voit surgir évidemment une Idée de Dieu qui, cette fois, n'est plus la réalité hypostasiée du devoir, mais seulement ce qu'il faut se représenter pour se représenter aussi la réalisation du Bien dans le monde, donc la possibilité d'un accomplissement du devoir. Ce pourquoi, dans l'opuscule de 1796, Kant peut écrire que le concept de Dieu « procède de la loi morale » et qu'ainsi entendu, c'est un concept que « la raison pure pratique nous contraint à nous faire nous-mêmes » – en tant que, sujets pratiques, nous réfléchissons sur le *factum rationis*. Par là, ce concept de Dieu acquiert certes une réalité objective, puisque c'est la loi morale, telle qu'elle se donne dans le « fait de la raison », qui joue, ici comme pour la liberté, le rôle de l'intuition et fournit comme un élément de réalité : encore faut-il toutefois préciser ce que signifie, même ainsi entendue, cette Idée pratique de Dieu.

Telle était en effet la deuxième question relevée ci-dessus : pourquoi s'agit-il encore, quant au sens, du Dieu-principe, avec ses déterminations d'intelligence et de volonté ? On le comprend en fait sans trop de peine, puisque ce Dieu qu'oblige à penser la loi morale est représenté comme ce qui permet le concours de la nature et de la liberté dans l'histoire des progrès de l'humanité – donc, comme un principe qui organise la nature en vue d'une fin : en ce sens, comment ne pas se représenter un tel Dieu comme une causalité intentionnelle, c'est-à-dire à la fois comme un entendement et comme une volonté, bref, comme une raison pratique ? Le Dieu pratique a donc pour contenu l'Idée de liberté ou de causalité intentionnelle, autrement dit celle de raison pratique. Où l'on perçoit ce qui n'est pas, à mon avis, un mince enseignement – savoir que le passage du registre théorique au registre pratique conduit en fait, quant au contenu de l'Idée d'*ens realissimum*, de l'Idée de système à l'Idée de liberté, la seconde Idée correspondant au fond au produit de la transformation de la première à la fois par sa déconstruction (désubstantialisation) et par son déplacement sur le terrain de l'ontologie pratique. De l'Idée de liberté, celle de système avait au demeurant déjà une détermination, celle d'autosuffisance, dont la transformation en celle d'autonomie requiert toutefois l'ensemble du processus que l'on vient de tenter de reconstituer.

Resterait alors à comprendre ce qui correspondait à la troisième question relevée – à savoir : pourquoi, cette fois, le concept de Dieu ne demeure-t-il pas vide ? Question qui se ramène en fait à la suivante : pourquoi les déterminations qui vont le remplir et lui donner sens sont-elles maintenant susceptibles d'être admises, en rendant ainsi le concept représentable ou quasi schématisable, alors qu'antérieurement le même contenu était refusé comme anthropomorphique ? Deux éléments de réponse me semblent ici pouvoir être envisagés :

1. Négativement : ne pas admettre une telle Idée de Dieu rendrait la moralité impensable. Sans cette Idée et celle du progrès infini de l'humanité, donc sans l'Idée d'une histoire individuelle (éducation) et collective (politique) qui réconcilie indéfiniment la nature et la liberté, la loi morale elle-même n'aurait pas de sens, puisqu'elle nous obligerait à une réalisation du Bien dont nous ne concevrions pas même la possibilité : la moralité serait donc en contradiction avec elle-même [1], et l'on comprend dès lors pourquoi ce que la raison théorique ne parvenait pas à faire (donner une objectivité à ses Idées), la raison pratique nous y oblige ; mieux : il s'agit là, proprement, d'un devoir.

2. Positivement : ce à quoi nous oblige ainsi le devoir est tel que, dorénavant, nous pouvons l'admettre, parce que nous sommes ici entièrement dans le domaine pratique, et qu'en conséquence ce que nous postulons n'a que le devoir comme prémisse et est exclusivement d'ordre moral. Ainsi ne sortons-nous pas de la raison pratique, celle-ci ne faisant qu'expliciter (au nom du simple principe de non-contradiction) ses propres conditions de possibilité : la réflexion ne pose donc pas d'objets extérieurs

___

1. *Critique de la faculté de juger*, trad. citée, p. 471, note.

au sujet, mais le sujet pratique dégage seulement avec cohérence les conditions de l'objet qu'il doit produire (c'est-à-dire le Bien). Les Idées ont ici une réalité objective (parce que les concepts se trouvent remplis par un contenu qui se dégage de la loi morale prise comme donnée), mais cette réalité n'est que pratique – en d'autres termes : les pensées ainsi conquises ne font partie que de ce qui existe pour nous, c'est-à-dire la loi morale, elles ne sont que les éléments d'une pensée cohérente de la loi morale et expriment, non une réalité transcendante à la conscience, mais simplement un « besoin [1] » de la raison en tant que pratique. Il n'y a donc pas ici matière à vérité, mais uniquement à volonté ou à choix, au sens où l'exprime la *Critique de la raison pratique* : « Je veux qu'il y ait un Dieu, que mon existence en ce monde soit encore, en dehors de la connexion naturelle, une existence dans un monde purement intelligible, etc. [2] » Comme telle, c'est-à-dire comme expression d'une volonté ou d'un choix constitutifs du sujet moral, l'Idée de Dieu peut donc fort bien être anthropomorphique, puisque, comme c'est le cas dans tout processus de schématisation, elle ne correspond qu'à une méthode dont le sujet se sert – en l'occurrence : une méthode dont le sujet pratique se sert pour penser la réalisation du Bien. Avec une telle Idée, nous n'avons plus affaire qu'à « une supposition nécessaire par rapport au sujet [3] » – supposition du sujet pour le sujet. Rien ne s'oppose désormais, dans ces conditions, à ce qu'appel puisse être fait, sur ce terrain, à cet « anthropomorphisme plus subtil » qu'évoquait déjà la *Critique de la raison pure*, pour attribuer à la cause suprême volonté et intelligence.

*

1. *Critique de la raison pratique*, trad. citée, p. 782-783.
2. *Ibid.*, p. 783.
3. *Ibid.*, p. 619 : « Cette certitude de la possibilité postulée n'est point du tout une nécessité connue de façon théorique, ni non plus par suite de façon apodictique, c'est-à-dire une nécessité connue par rapport à l'objet, mais une supposition nécessaire par rapport au sujet, pour l'observation des lois objectives, mais pratiques de la raison, et par conséquent c'est seulement une hypothèse nécessaire. »

Il y a donc bien un quasi-schématisme des Idées de la raison, susceptible de les transformer, après la déconstruction de la métaphysique, en principes régulateurs pour la réflexion du sujet. L'Appendice à la Dialectique transcendantale avait annoncé expressément le programme d'une telle quasi-schématisation en posant que, pour conserver un sens après la fin de la rationalité spéculative, les Idées devaient obtenir, en l'absence d'un schème susceptible d'être trouvé dans l'intuition, du moins l'« analogue d'un tel schème ». Les plus judicieux des interprètes [1] ont cherché à construire ce quasi-schématisme, en déplorant souvent que Kant n'en ait pas donné d'exposé systématique. On peut se demander si la *Critique de la raison pratique* ne présente pas en réalité le document le plus proche d'un tel exposé, si tant est, comme j'ai essayé d'en argumenter la perspective tout au long de ce chapitre, que la transformation des Idées de la raison théorique en principes régulateurs s'accomplit surtout à travers la transformation de la raison elle-même en raison pratique. La Réflexion 5657 constitue sans doute, à cet égard, le résumé le plus limpide des déplacements dont on s'est efforcé de recomposer ici la logique :

« La détermination théorique d'un tel être [Dieu] se réduit à de simples mots dépourvus de signification aussi longtemps que l'on n'envisage pas ce concept comme principe de l'usage pratique, en quoi il y a un intérêt absolument nécessaire. »

Pour autant, en a-t-on fini avec la transformation criticiste de la raison dès lors qu'on a mis en avant le rôle qu'y joue la mutation de la raison en raison pratique ? Assurément pas, et ce dans la mesure où la dynamique de cette transformation, dont on vient d'apercevoir à quel point elle est solidaire de la problématique générale du schématisme, ne peut que continuer à être à l'œuvre une fois la raison transformée en raison pratique. En quelques mots, et pour amorcer le passage vers la section suivante

---

1. Le lecteur français peut, sur cette question, se reporter à l'ouvrage du P. F. Marty, *La Naissance de la métaphysique chez Kant*, Beauchesne, 1980, p. 185-198, et au livre déjà cité de G. Lebrun, p. 213 sq.

de ce livre, il me semble nécessaire de distinguer en fait, dans la transformation criticiste de la raison, trois moments d'une telle transformation ou trois transformations de la rationalité comme telle :

1. La première transformation est celle dont s'acquitte la Dialectique transcendantale de la première *Critique*, sous la forme de la transformation de la raison en instance régulatrice : elle coïncide avec le processus par lequel les Idées théoriques sont désubstantialisées ou désontologisées – par exemple avec la transformation de l'Idée théologique en Idée de système comme principe régulateur de la connaissance humaine.

2. Une deuxième transformation s'accomplit, nous venons d'en mesurer la radicalité, à travers la tranformation de la raison théorique désubstantialisée en raison pratique : parce que le devenir-régulateur des Idées après leur désontologisation pose le problème de leur quasi-schématisation, seule la mutation des Idées théoriques en Idées pratiques répond à la question de leur représentabilité ou de leur signification postmétaphysique.

3. Après cette transformation de la raison désontologisée en raison pratique, nous ne pouvons toutefois que d'ores et déjà voir se profiler la nécessité d'une troisième transformation : comment, en effet, les interrogations soulevées autour de la représentabilité des Idées théoriques ne se répéteraient-elles pas, et peut-être, on le verra, avec une acuité toute particulière, à l'égard de la mise en œuvre possible des principes pratiques ? Une fois la raison transformée en raison pratique, encore faudra-t-il que s'ouvre la question de l'application de la raison pratique elle-même, c'est-à-dire notamment la question de la schématisation des concepts de la liberté : la problématique de la Typique, dans la deuxième *Critique*, enclenche sans l'accomplir à elle seule, on le verra, cette ultime transformation de la raison, qui s'accomplit sous la forme d'une transformation de la raison pratique en faculté de juger réfléchissante ou en réflexion. En ce sens, c'est dans le cadre de la *Critique de la faculté de juger* que le trajet postmétaphysique de la raison trouve chez Kant son point d'aboutissement.

À peine indiquée ici, la perspective de cet ultime moment devra bien évidemment être tracée avec une tout autre netteté. Du moins le repérage de ces trois transformations criticistes de la raison permet-il déjà d'évaluer ce qu'il peut y avoir de réducteur dans les approches du kantisme qui, laissant échapper l'ampleur du processus criticiste de transformation de la raison, ont parfois voulu trop vite compléter ou radicaliser un geste qu'elles avaient elles-mêmes d'abord excessivement simplifié, voire mutilé. Il n'en demeure pas moins qu'il est aussi permis de s'interroger sur la portée véritable de ces transformations kantiennes. Rendu à sa complexité, que nous sommes encore loin d'avoir épuisée, le travail de Kant sur la métaphysique, déplaçant vers la sphère pratique l'axe du discours philosophique, anticipe certes de manière frappante sur les diverses recompositions de la raison pratique auxquelles se consacre aujourd'hui une bonne partie de la philosophie contemporaine – au point qu'il serait tentant de comprendre par là cette singulière actualité du kantisme que j'évoquais dans mon avant-propos. Reste qu'on peut toujours se demander si le virage pratique de la rationalité, chez Kant, n'a pas vu sa portée entravée par l'inscription de toute la démarche dans le cadre d'une philosophie de la subjectivité dont les options constitutives sont assurément à l'œuvre tout au long des étapes jusqu'ici parcourues – aussi bien dans la transformation des vérités spéculatives en activités ou en opérations du sujet que dans la réduction des Idées métaphysiques à des suppositions subjectivement nécessaires. Autrement dit, impressionnante par sa forme, la transformation kantienne de la raison pourrait être plus limitée dans son contenu ou, si l'on préfère, dans ses valeurs de référence. À moins que – et c'est cette hypothèse que va s'employer à tester la section suivante – la référence au sujet elle-même ne soit portée chez Kant par le dessein totalement assumé et maîtrisé de conserver un sens à l'idée de subjectivité après sa critique, donc par le projet de construire une pensée postmétaphysique de cette subjectivité.

# DEUXIÈME SECTION

# SUJET ET RAISON PRATIQUE

## Chapitre IV

## UN SUJET POSTMÉTAPHYSIQUE ?

Exposant le programme d'une « transformation sémiotique de la logique transcendantale [1] », Karl Otto Apel souligne les distances que la logique de la science, aujourd'hui, a entendu prendre vis-à-vis de la *Critique de la raison pure* : chez Kant, il s'agissait de « rendre compréhensible la *valeur objective* de la science pour toute conscience en général », en désignant « l'unité de la conscience », telle qu'elle réside dans la « synthèse transcendantale de l'aperception », comme la « condition ultime de possibilité et de validité d'énoncés scientifiques » ; en revanche, pour une logique de la science « moderne », depuis Wittgenstein ou Peirce, « le problème de la conscience en tant que sujet (par opposition aux objets) de la connaissance est quasiment éliminé », en ce sens que « la fonction transcendantale *sujet* » a été « remplacée » tantôt par celle de la logique du langage scientifique, tantôt (et ce second type de « modernisation » rencontre bien sûr davantage les sympathies de Apel) par celle d'une « logique sémiotique ». En vertu de quoi une logique transcendantale rénovée devrait aujourd'hui, certes, partir d'« un point de vue quasi kantien », parce que sa problématique directrice doit rester celle des conditions de possibilité et de validité de la connaissance scientifique, de même que doit être conservé « le postulat quasi

1. K.O. Apel, « De Kant à Peirce : la transformation sémiotique de la logique transcendantale », *Philosophie*, n° 48, 1995, p. 49-70.

kantien de l'interprétation unitaire du monde comme principe régulateur de la recherche » ; pour autant, un tel renvoi à la philosophie transcendantale ne saurait aucunement
reconduire « au Kant historique, ni même à un kantisme
dans le style du XIXᵉ siècle, mais bien plutôt à une transformation analytico-linguistique ou sémiotique de la philosophie transcendantale » consistant à substituer la
« question de la possibilité d'une entente intersubjective
concernant le sens et la vérité » des énoncés à celle de
« l'unité des représentations dans une conscience en général », bref à celle du sujet de la science.

Dont acte. Il n'entre pas dans mes intentions, ni ici ni
ailleurs, de défendre la perspective d'un retour au « Kant
historique » ou à celui des « néokantiens ». La tentative
que je viens d'évoquer, et que je tiens pour l'une des plus
importantes et des plus estimables de notre époque, ne
fait-elle pas toutefois trop bon marché de cette « fonction
transcendantale *sujet* » dont il serait possible aujourd'hui
de se dispenser pour répondre à la question kantienne, ou
« quasi kantienne », des conditions de possibilité et de
validité d'une objectivité, non seulement scientifique ou
théorique, mais (j'élargis ici la perspective prise par Apel
dans son article) pratique ? Autrement dit : en transformant la critique kantienne en tant qu'« analyse de la conscience » (ou du sujet) en une « critique du sens comme
analyse du signe », n'évacue-t-on pas trop rapidement la
double éventualité symétrique selon laquelle 1. une critique du sens ne saurait s'acquitter de la fonction qui lui
est ainsi attribuée que si elle est adossée à une « analyse
de la conscience », et 2. une philosophie du sujet bien
comprise (postmétaphysiquement comprise) pourrait bien
remplir par elle-même la fonction d'une critique du sens ?
Tels me semblent les deux préalables à examiner pour
déterminer si, comme le soutient Apel, le problème (kantien) de la « conscience en tant que sujet » est aujourd'hui
« éliminé » – ce que, bien évidemment, je ne crois pas.
Raison pour laquelle il m'apparaît indispensable, afin de
clarifier les termes mêmes de cette discussion, de reconstruire la logique interne et la teneur propre de la « fonction
*sujet* » telle que Kant l'avait, non point seulement reçue

en héritage de la tradition des métaphysiques de la conscience, mais à mon sens, d'ores et déjà, radicalement transformée.

# I
## Structure de la théorie kantienne du sujet

Si l'on voulait reconstruire et exposer systématiquement la théorie kantienne du sujet, il faudrait avant tout s'employer à articuler cinq moments principaux dont je me bornerai à indiquer succinctement la teneur, pour faire ressortir bien plutôt comment ils s'agencent systématiquement les uns par rapport aux autres.

### Radicaliser la finitude

Le premier moment – moment fondateur, véritable socle de la théorie kantienne du sujet – correspond à la théorie de la finitude radicale comme structure de la subjectivité : c'est le moment qui, pour l'essentiel, s'identifie, dans la *Critique de la raison pure*, à l'Esthétique transcendantale et se prolonge dans le chapitre sur le schématisme.

En définissant la sensibilité comme réceptivité, comme capacité d'être affecté, par opposition à la spontanéité de l'entendement, l'Esthétique inscrit en effet dans la subjectivité ce que l'on peut appeler une dimension d'ouverture, au sens où Emmanuel Lévinas verra dans l'ouverture le signe même de la subjectivité comme « incapacité de s'enfermer du dedans ». Il n'est pas nécessaire d'expliquer longuement en quoi cette rupture de la clôture sur soi correspond, chez Kant, à une irruption de la finitude dans le sujet, puisque l'être-affecté suppose une extériorité, un « dehors » ou un « autre », donc une limitation par rapport à cette altérité. Encore faut-il toutefois souligner l'originalité de cette approche kantienne de la finitude en rappelant (je vais en avoir besoin dans la suite de mon propos) comment la finitude humaine par là affirmée n'implique, contrairement au concept classique de l'être

fini et contrairement à la représentation scolaire du kantisme, aucun relativisme.

Pour le dire très vite : dans les doctrines traditionnelles
de la finitude, par exemple chez Descartes ou chez Leibniz, la démarche du philosophe consistait à poser l'Absolu
(l'identité entre être et pensée, la coïncidence du réel et
du rationnel, c'est-à-dire une pensée pour qui cette coïncidence existe, *id est* Dieu), puis à enregistrer comment,
par rapport à cet Absolu, l'homme se trouve, de fait,
limité, donc relativisé. En ce sens, conçue sur fond d'un
infini posé comme réel, la finitude était inévitablement
perçue comme un manque, comme un mal, voire comme
une chute – et la sensibilité, marque de cette limitation au
fond contingente (puisqu'en soi l'infini peut exister), ne
pouvait qu'être désignée comme une souillure et dépréciée
comme un obstacle condamnant la connaissance humaine
à déchoir de l'Absolu dans le relatif.

Selon un renversement bien connu dans son principe,
mais trop rarement intégré dans sa portée la plus profonde,
le trajet kantien pose d'abord la finitude, comme structure
intrinsèque de la connaissance (le concept, sans l'intuition,
est vide), donc comme condition de possibilité même de
la représentation. Posée en quelque sorte *a priori*, par
simple réflexion sur la nature du concept (qui ne produit
pas de lui-même son contenu), la finitude, comme passivité *a priori* de la sensibilité, devient ici, pour la première
fois dans toute l'histoire de la philosophie, ce par rapport
à quoi l'Absolu est relativisé : il n'est plus de fait, en
raison même de la structure finie de la connaissance
humaine, qu'une Idée et non une réalité en soi – et tout
le travail de Kant sur la désubstantialisation de l'Idée de
Dieu, que nous avons suivi dans le chapitre précédent,
porte à cet égard, très visiblement, la marque de ce changement de statut. En conséquence, il faut dire et redire
que ce que les utilisateurs scolaires de la *Critique de la
raison pure* ont si souvent désigné en termes de « relativisme » est une pure légende, consistant à effacer tout le
trajet accompli de 1770 à 1781 : bien loin en effet que la
sensibilité soit relativisée par rapport à l'Absolu, comme
une déplorable marque de finitude (ce qui était effecti-

vement le cas dans la *Dissertation de 1770*), la passivité
de la sensibilité, à travers la théorie de l'intuition pure,
apparaît en 1781 comme une condition nécessaire de la
connaissance (et non comme une dimension inessentielle
ou accidentelle, par rapport à ce que serait en soi l'esprit
s'il n'avait « chuté » dans un corps). Corrélativement,
l'Absolu n'est, relativement à notre connaissance, qu'une
exigence pensable à partir de cette finitude comme son
horizon par définition inaccessible. Dans une telle perspective, où la finitude n'est plus relative à un Absolu posé
comme l'en-soi par rapport auquel on la mesurerait, c'est
en fait la finitude qui, pour ainsi dire, devient l'Absolu :
bref, la finitude devient finitude radicale.

C'est évidemment ce premier moment de la théorie kantienne du sujet, correspondant à une sorte de brisure dans
l'image classique d'une subjectivité définie en termes de
clôture, qui a motivé tout particulièrement, je ne fais que
le rappeler au passage, l'intérêt du premier Heidegger
pour Kant. On sait en effet comment, en 1929, il souligne
que la radicalité de la finitude se décide au niveau même
de la notion d'intuition pure, où « pure » (*a priori*) signifie
précisément que la passivité (la capacité d'être affecté,
l'« ouverture »), n'est pas constatée empiriquement
(comme une déchéance), mais que cette passivité est élevée au rang d'un *a priori*. C'est aussi en ce sens que l'on
a pu parfois, en insistant sur la manière dont cette radicalisation de la finitude conduit à débouter l'Absolu de
tout statut ontologique, situer dans la *Critique de la raison
pure* un premier retrait du divin, voire une première « mort
de Dieu », en un geste que les philosophies contemporaines ne feront plus, pour la plupart, que répéter [1]. Même
si de telles lectures ont assurément à prendre en compte
la question, dont nous avons vu à quel point elle est redoutable, de savoir ce que devient, au-delà de la première
*Critique,* l'Absolu divin, reste que la relativisation
humaine de l'Absolu qu'implique déjà, par elle-même,

1. Voir sur ce thème la présentation de L. Ferry à la trad. par
J. Barni de la *Critique de la raison pure*, GF-Flammarion, 1987 ; de
même, L. Ferry, *Homo Aestheticus*, Paris, Grasset, 1990, p. 108 sq. :
« L'idéalité du divin et l'avènement de l'homme ».

l'Esthétique transcendantale n'est en rien douteuse. Elle n'engage d'ailleurs pas le seul Absolu divin, mais aussi bien, puisque les trois Idées sont autant de figures de l'Absolu ou de l'Inconditionné, l'Absolu psychique – l'Idée d'âme ou, si l'on veut, de sujet se trouvant elle aussi relativisée et désontologisée par la mise en lumière de la finitude radicale.

## Déconstruire l'illusion de la subjectivité

Le deuxième moment de la théorie kantienne du sujet, à savoir la critique de la psychologie rationnelle, correspond très précisément, dans le chapitre de la Dialectique transcendantale consacré aux « paralogismes », à cette désubstantialisation de la subjectivité. En examinant à quelles illusions, chez Descartes, chez Leibniz ou chez Berkeley, l'idée de sujet a pu donner lieu, il s'agit en effet pour Kant de montrer comment les figures métaphysiques de la subjectivité résultent directement de l'oubli de la finitude radicale – au sens quasiment heideggerien où un tel « oubli » obéit à une nécessité et se trouve inscrit dans la structure même de la raison.

Je n'ai pas à examiner en détail, ici, comment la réfutation des quatre paralogismes permet de dégager, pour ainsi dire en creux, ce sujet métaphysique vis-à-vis duquel il semble raisonnable de considérer que la philosophie critique, justement pour l'avoir aussi soigneusement déconstruit, a entendu prendre ses distances à travers sa propre conception de la subjectivité. On relèvera simplement qu'au moins certains des traits attribués parfois à cette dernière par les interprètes (par exemple, quand on lui reproche un solipsisme devenu incompatible avec les acquis du « tournant linguistique ») apparaissent paradoxaux, tant Kant s'est précisément employé, dans ce chapitre de la *Critique*, à décrire de tels traits comme constitutifs de l'illusion transcendantale : de fait, comment mettre davantage en évidence que sous la forme de la « réfutation de l'idéalisme » qu'accomplit la critique du quatrième paralogisme ce qu'a d'illusoire l'Idée d'un sujet entièrement clos sur lui-même, donc la position même du solipsisme ? Contre toute séparation du Moi et du monde, contre toute séparation de la conscience de soi et de la conscience d'objet, Kant annonce ainsi ce que Fichte explicitera et systématisera en 1794 dans la partie théorique de ses *Principes de la doctrine de la science* – savoir que l'être fini ne peut se poser lui-même (conscience de soi) sans poser hors de lui un monde qui limite son activité (conscience d'objet) : bref, si Kant inscrit certes sa réflexion dans le cadre du paradigme de la conscience, ce paradigme, chez lui, recouvre bien moins la perspective d'un sujet se posant lui-même à partir de soi que celle d'une subjectivité entendue comme être-au-monde – au demeurant en pleine cohérence avec la reconnaissance de cette dimension d'ouverture mise en évidence par l'Esthétique transcendantale comme constitutive de la subjectivité finie.

Le chapitre sur les paralogismes, au-delà de sa portée déconstructrice, qui en fait déjà, par elle-même, le lieu d'une rupture capitale dans l'histoire de la subjectivité, présente en outre l'intérêt, parallèle à celui que nous avions constaté à propos de l'Idée théologique, de ne pas conduire à un abandon pur et simple de l'Idée de sujet : si le propre de la critique criticiste de la métaphysique est en effet de ménager une place à un possible destin des Idées après leur critique, le travail que Kant accomplit sur l'Idée de Dieu (comme Idée de système) doit posséder, au moins en droit, un équivalent concernant l'Idée de sujet. Moins spectaculaire en apparence que ce n'est le cas à propos de l'Idée théologique, où la désubstantialisation de l'Idée met en cause des configurations intellectuelles et culturelles débordant de loin l'espace philosophique, le travail sur l'Idée de sujet ne peut cependant qu'engager la réflexion dans une direction comparable : montrer comment et en quel sens, une fois désontologisée, la référence à la subjectivité conserve un usage régulateur pour la connaissance, aussi bien théorique que pratique. En résumé, ce qui vaut pour l'Idée de Dieu ne peut que valoir – et sur ce point, Heidegger prêta trop peu attention à l'enseignement de Kant – pour l'Idée d'âme, créant ainsi pour la théorie kantienne du sujet la possibilité d'articuler à sa dimension déconstructrice un troisième moment, de portée cette fois franchement positive.

## Faire de la subjectivité une exigence

La désontologisation criticiste du sujet de la psychologie rationnelle ouvre sur sa transformation en *focus imaginarius*. Au moins en droit, doit-on toutefois préciser, dans la mesure où, s'il est si difficile d'appréhender la portée positive de l'opération, c'est en partie parce que ici Kant n'a pas lui-même produit d'exposé complet et synthétique : de fait ne disposons-nous d'aucun développement susceptible de remplir une fonction analogue à celle qui se trouve assumée, vis-à-vis de l'Idée de Dieu, par l'Appendice à la Dialectique transcendantale. Du moins le lecteur des *Critiques* se trouve-t-il implicitement invité à appliquer à l'Idée de subjectivité les principes d'une transformation dont nous avons parcouru les principales étapes à propos de l'Idée de Dieu. Parce que les interprètes ont trop rarement répondu à cette invitation, les mutations introduites par le criticisme dans le dispositif moderne de la subjectivité n'ont, en général, pas été perçues dans toute leur ampleur – facilitant ainsi le diagnostic rituel selon lequel, si Kant continuait de se référer à la notion de sujet et en faisait même, à la faveur de la « révolution copernicienne », l'emblème de toute sa philosophie, c'est qu'il était resté prisonnier de la métaphysique de la subjectivité et de ses paradigmes.

Pour lutter contre cette légende, il faut se demander ce qu'il a pu en être, chez Kant, du résultat de la déréification de l'Idée psychologique. Des éléments de réponse sont certes fournis à propos des quatre paralogismes, Kant indiquant à chaque fois ce que devient la notion de sujet après sa critique et quel peut en être le destin. Ainsi, par exemple, l'examen du premier paralogisme montre-t-il, contre Descartes, qu'on ne peut déduire le « je suis » à partir du « je pense », lequel reste donc une pure structure formelle à laquelle ne saurait jamais correspondre aucun savoir (intuitif ou déductif) d'une existence. Ce disant, je laisse certes de côté un certain nombre de passages délicats de la deuxième édition de la *Critique de la raison pure*, sur lesquels je reviendrai ci-dessous, et qui peuvent apparaître, tant qu'on ne les affronte pas directement, de nature à atténuer la netteté de cette rupture avec la métaphysique du sujet. Pour autant, supposons que le sens global de la démarche kantienne réside bien dans un travail de désubstantialisation : du fait que le sujet, notamment à la fin des deux premiers paralogismes, se trouve entièrement désubstantialisé, l'impression peut alors se forger que le produit de la déconstruction des illusions métaphysiques relatives au sujet se réduit à la seule notion du sujet transcendantal, comme pure structure formelle de la subjectivité en général (soit : la structure catégoriale et, version déréifiée du paralogisme de la simplicité, l'identité du « je pense » comme accompagnant la diversité des représentations).

Impression qui, sans doute, n'est pas fausse, mais qui n'est toutefois, même si elle reste au centre de bien des interprétations, que partiellement juste. Si la désontologisation du sujet se réduisait à l'émergence du sujet transcendantal, la théorie kantienne de la subjectivité serait, convenons-en, singulièrement pauvre dans sa dimension positive, tant il est vrai que – contrairement à ce qu'ont cru parfois les premiers postkantiens – le sujet transcendantal ne constitue ni l'objet d'une connaissance ni le fondement réel du divers des représentations, mais seulement une structure formelle, vide, extraite réflexivement au terme d'une analyse régressive et par abstraction du divers des représentations. En un sens, ce statut du sujet transcendantal peut certes rassurer quant à la détermination postmétaphysique de la théorie criticiste du sujet : assurément, rien, dans la notion ou dans la fonction du sujet transcendantal, n'autorise à y voir la persistance de la vieille notion métaphysique du sujet conçu comme fondement, possible objet d'une intuition intellectuelle (le *cogito me cogitare* de Descartes). Mais, d'autre part, ce sujet en mérite-t-il encore vraiment le nom, alors que les deux caractéristiques majeures de la subjectivité (la conscience de soi et la fondation de l'objectivité) lui sont retirées ? Au point que, plutôt que d'un « sujet », l'aboutissement de la démarche déconstructrice semblerait ici conduire fort près de la simple notion heideggerienne de « précompréhension ontologique », telle que, dans *Kant et le problème de la métaphysique* comme dans *Être et Temps*, elle caractérise l'instance du *Dasein*, qui précisément n'est plus un sujet. Si la critique de la psychologie rationnelle, sur son versant positif, se réduisait donc à la mise en place du sujet transcendantal, la déconstruction de l'Idée de sujet se serait alors soldée, en réalité, par sa destruction pure et simple – auquel cas rien, chez Kant, ne nous conduirait, pour repenser la subjectivité après sa critique, plus loin que n'a su le faire ensuite la tentative de Heidegger. Ainsi, la mise en question de la métaphysique engendrerait, vis-à-vis de l'Idée de sujet, un singulier déficit : situation que je crois insurmontable par définition chez Heidegger, mais non point toutefois chez Kant, précisément parce que sa théorie du sujet ne se clôt pas sur ce troisième moment.

## *Penser le sujet du schématisme*

Pour échapper à cette impression de déficit, il faut en fait souligner le rôle capital que joue la transformation de la subjectivité en activité : j'entends par là la substitution, préfigurant la *Tathandlung* fichtéenne, du sujet-acte au sujet-substance. Elle intervient au fond, dès la *Critique de la raison pure*, au niveau de la théorie du schématisme – point que Heidegger, malgré son intérêt pour ce chapitre, n'a absolument pas perçu.

C'est pourtant une tout autre notion du sujet que celle du sujet transcendantal qui se trouve à l'œuvre dans la résolution du problème, classique depuis Berkeley, de la représentabilité des concepts généraux. Je n'ai pas à exposer pour elle-même, dans ce cadre, la teneur de la solution kantienne [1], dont on sait comment, transformant les concepts en méthodes, elle implique une liaison intrin-

---

1. Au demeurant en évoquerai-je les lignes de force à propos de la Typique de la faculté de juger pratique et pour cerner ce qui distingue le « schématisme » pratique du schématisme théorique : voir ici même le chapitre VI.

sèque, par l'intermédiaire de la théorie de l'imagination transcendantale, de la raison théorique à l'intuition – confirmant à nouveau, après l'Esthétique et après la Déduction transcendantale, la finitude radicale de cette même raison. Simplement me paraît-il important, pour la présente argumentation, de faire ressortir en quoi cette doctrine du schématisme constitue aussi un moment de la théorie kantienne du sujet.

Le sujet qui intervient dans l'opération de schématisation, pour « présenter » (*darstellen*) les concepts généraux, apparaît en fait comme une pure activité de temporalisation qui transforme les catégories en méthodes. En ce sens, l'étude du schématisme des concepts de l'entendement pur dessine à l'évidence une dimension de la subjectivité qui excède le sujet transcendantal, puisque le sujet schématisant, en tant qu'ouverture au temps, ne se réduit plus à la structure catégoriale, dont au contraire il accomplit la mise en œuvre comme méthode. Une telle mise en œuvre requiert cependant bel et bien un *sujet* de cette méthode ou l'idée de cette méthode comme sujet, dans la mesure même où il s'agit d'une activité et parce que cette activité a donc un auteur. Ainsi me paraît-il possible, dans l'économie générale du criticisme, de considérer que c'est à la faveur de la théorie du schématisme que Kant fournit une première réponse véritablement consistante à la question : « Qu'est-ce que l'homme ? » – savoir que l'homme est le sujet du schématisme : réponse qui met certes la réflexion du philosophe en présence d'un sujet (comme auteur d'une activité), mais d'un sujet non clos sur lui-même (puisqu'il est ouverture à la temporalité) et donc radicalement fini, en même temps que, plus généralement, non métaphysique (puisqu'il reçoit la structure catégoriale, mais ne la fonde pas). C'est alors cette pensée du sujet comme activité (ni substance, comme le sujet métaphysique, ni structure formelle, comme le sujet transcendantal) qui s'explicite dans un ultime moment de la théorie de la subjectivité, atteint avec la conception du sujet comme sujet pratique.

*Viser le sujet pratique*

Dans la deuxième *Critique* en effet, la pensée kantienne du sujet s'accomplit sous la forme d'une réflexion sur ce sujet pratique dont la visée constitue, à travers l'exigence d'autonomie, le devoir de l'être moral. Quel que soit le statut d'un tel sujet pratique – question redoutable qu'affrontera le prochain chapitre –, il reste que c'est dans les termes d'une activité d'autofondation, se donnant à elle-même la loi de ses actions, que s'accomplit, sur le terrain d'une métaphysique des mœurs, l'approfondissement à la faveur duquel la notion de sujet connaît son ultime transformation. En ce sens, au-delà du schématisme, l'horizon de la désubstantialisation de la subjectivité et de sa transformation en activité pure serait à situer dans un sujet pratique qui formerait la vérité postmétaphysique du sujet théorique – tout comme, d'une manière plus générale, la philosophie pratique, nous l'avons vu, constitue dans l'espace du criticisme la vérité de la philosophie théorique.

Plus précisément, ce serait donc dans l'exigence constitutive de la moralité que le sujet trouverait son statut post-métaphysique : ménagée dès l'« ouverture » aux impressions que l'Esthétique transcendantale fait surgir au cœur du sujet théorique, le désemboîtement ou le désenclavement du sujet s'accomplirait pleinement dans l'ouverture à l'humanité que présuppose le sujet pratique. En ce sens, dans le cadre même du paradigme du sujet, le criticisme aurait ouvert une voie susceptible de renouveler profondément la teneur et la tonalité de l'humanisme, en donnant la formule d'un humanisme non métaphysique ou post-métaphysique.

La perspective ainsi tracée, qui fournirait sa cohérence à l'ensemble des moments de la théorie kantienne du sujet, correspond pour l'heure, j'en conviens, à une simple hypothèse que je voudrais tenter d'étayer dans le prochain chapitre, en approfondissant la teneur et le statut de la subjectivité pratique comme terme ultime de la transformation du sujet. Reste qu'au préalable, encore faut-il, pour que cette transformation ne soit pas soupçonnable d'avoir vu sa portée réduite dès son point de départ, vérifier, vis-à-vis d'un certain nombre de difficultés et d'objections apparentes, la légitimité de la prétention affichée par la critique de la psychologie rationnelle, dans sa volonté de constituer le lieu d'une rupture définitive avec les philosophèmes les plus traditionnels de la métaphysique de la subjectivité.

## II
### Après la psychologie rationnelle

Le discours sur l'homme, envisagé comme *sujet*, avait pris classiquement, dans l'histoire de la métaphysique, la forme de cette *psychologie rationnelle* dont on sait comment la *Critique de la raison pure*, dans le chapitre de la Dialectique transcendantale consacré aux paralogismes, avait condamné le projet. Ainsi le lecteur de la première *Critique* pouvait-il avoir le sentiment qu'au terme de l'ouvrage la place occupée autrefois par la psychologie rationnelle, en matière d'interrogation sur le sujet humain, demeurait vide et, en ce sens, restait, si l'on ose dire, « à prendre », sans que l'on pût voir aisément quel type de discours se trouvait dès lors habilité à revendiquer cette place. Si la critique du sujet métaphysique, dans le chapitre sur les paralogismes de la psychologie rationnelle, laissait bien subsister, après la déconstruction des illusions relatives à l'Idée d'âme, « la proposition : *je pense* (prise en un sens problématique) », telle qu'elle « contient la forme de tout jugement de l'entendement en général et qu'elle accompagne toutes les catégories en constituant comme leur véhicule [1] », rien n'indiquait toutefois de prime abord que, sur une telle identité du *je pense* (où l'on reconnaît bien sûr le *sujet transcendantal*), il y eût véritablement matière à un discours possible – en tout cas : à un discours capable de prendre en charge ce dont l'interrogation : « Qu'est-ce que l'homme ? » se trouvait investie.

Car, pour qui remonte de la Dialectique transcendantale

1. A 348 ; trad. citée, Aubier, 1997, p. 364.

à l'Analytique des concepts et, plus précisément, à la
Déduction transcendantale, où s'opère la mise en place du
« sujet transcendantal », il va de soi que ce dernier constitue, j'y ai déjà insisté, une pure structure formelle (correspondant à l'unité de la structure catégorielle), atteinte
par une analyse régressive recherchant les conditions de
possibilité de l'expérience (entendre : de l'expérience
scientifique) : en aucun cas, une telle identité du *je pense*
ne saurait en elle-même devenir l'objet d'une quelconque
conscience de soi dont un discours pourrait se donner pour
projet, sous le nom de « psychologie », d'expliciter le
contenu. Bref, en ne laissant guère subsister, après la critique du sujet métaphysique, qu'un sujet transcendantal
qui n'avait rien de commun avec le terme possible d'une
intuition intellectuelle (avec un *cogito* de type cartésien),
la *Critique* pouvait apparaître comme ayant fait perdre à
l'interrogation sur l'homme toute réelle consistance de
nature à nourrir un véritable discours – ce qu'au demeurant un certain nombre de ses premiers lecteurs ne man-
quèrent pas, on va le voir, de lui reprocher.

*Limites de la désubstantialisation ?*

Dans cette logique, quelques passages de la *Critique de
la raison pure* ne pouvaient cependant qu'attirer l'attention, ne serait-ce que par les difficultés de lecture qu'ils
suscitaient. Ainsi lit-on au § 17 de la seconde édition que
l'unité du sujet transcendantal (= l'identité du *je pense*,
c'est-à-dire : l'attribuabilité de toutes mes représentations
à un Moi identique) n'est « premier principe » de la
connaissance (= condition de possibilité ultime de son
fonctionnement) que pour un entendement humain, c'est-
à-dire « pour celui dont l'aperception pure, dans la représentation *je suis*, ne fournit encore aucun divers [1] ». En
ces lignes, la difficulté n'est pas, à vrai dire, que l'identité
du *je pense* n'apparaisse « premier principe » que pour
la connaissance humaine : il est clair en effet, comme l'explique Kant, que, pour un entendement infini, le problème

1. B 138 ; trad. citée, p. 202.

de la constitution de l'objet (qui requiert, comme condition de possibilité ultime, l'identité du *je pense*) ne se poserait nullement, tant il va de soi que les représentations d'un tel entendement (qui serait capable d'intuition intellectuelle) conféreraient par elles-mêmes à leurs objets l'existence. La difficulté, ici, ne réside pas non plus dans la manière dont il est dit que l'entendement fini est celui « dont l'aperception pure [...] ne fournit encore aucun divers » : comment n'en serait-il pas ainsi dès lors que le sujet transcendantal n'est pas le *fondement* du divers des représentations, mais simplement, comme Kant vient de l'établir, leur condition *formelle* de possibilité ? Où la difficulté, en revanche, est sérieuse dans cette étonnante phrase du § 17, c'est dans la façon dont l'aperception pure y apparaît comme équivalente à la représentation : *je suis*. Car, de la reconnaissance de l'identité du *je pense* comme condition de possibilité ultime de l'expérience à une telle représentation : *je suis*, le changement de plan semble flagrant : comment une *pure structure* comme le sujet transcendantal peut-il donner matière à la représentation de ce qu'il faudrait dès lors, semble-t-il, appeler un « être » ? D'une analyse transcendantale des conditions de possibilité de la représentation, ne retombe-t-on pas ainsi au niveau d'une affirmation ontologique, classiquement métaphysique, de l'*existence* du *cogito*, ressuscitant par là le passage, clairement identifié et dénoncé comme « dialectique » dans la critique du premier paralogisme, du *je pense* au *je suis* [1] ? Bref, dès lors que s'énonce à nouveau, sur le sujet (transcendantal, et non plus métaphysique), sinon déjà un discours, du moins une « proposition » (*je suis*), cette première ébauche d'un propos postmétaphysique sur le sujet suscite déjà, au sein de la *Critique*, tellement de problèmes de cohérence interne que l'on souhaiterait presque voir Kant y renoncer tout aussitôt.

Souhait qui, pourtant, ne saurait être que vain, puisque ce qu'esquissent ces lignes du § 17 n'est pas sans écho dans d'autres passages de la *Critique* :

1. Qui plus est, on voit mal comment attribuer la catégorie de réalité à ce qui, en tant que condition de possibilité de l'expérience, précède toute expérience.

1. D'une part, au § 25 de la deuxième édition, Kant indique que, dans l'unité synthétique originaire de l'aperception, j'ai conscience *que* je suis, non pas que je suis tel ou tel, mais bel et bien que j'existe – et l'on peut alors lire en note : « Le *je pense* exprime l'acte consistant à déterminer mon existence. L'existence est donc par là déjà donnée [1]. »

2. D'autre part et surtout, dans la seconde version du chapitre sur les paralogismes, une note extrêmement complexe soutient que « le *je pense* est une proposition empirique et contient en elle-même la proposition *j'existe* », pour préciser ensuite qu'une telle existence est, non pas déduite du *je pense*, mais lui est *identique*, à la faveur de ce que Kant nomme énigmatiquement une « intuition empirique indéterminée » [2].

On s'en doute : l'exégèse a souvent tenté d'affronter les difficultés soulevées par cette série de textes [3]. L'enjeu est en effet d'une extrême importance et il tient tout entier – au-delà des questions de cohérence interne de l'ouvrage de Kant, au-delà même des pures questions d'histoire de la philosophie – à la détermination de cette pensée critique (postmétaphysique) du sujet dont nous tentons précisément de mesurer dans ce chapitre l'aptitude à fonder un humanisme non métaphysique [4].

---

1. B 157 ; trad. citée, p. 213.
2. B 422 ; trad. citée, p. 411. La fin de cette note singulière confirme au demeurant qu'il s'agit bien ici du *je pense* du § 16, c'est-à-dire du sujet transcendantal : « Sans quelque représentation empirique qui fournit à la pensée une matière, l'acte *je pense*, en tout état de cause, n'aurait pas lieu, l'élément empirique n'étant ainsi que la condition de l'application ou de l'usage du pouvoir intellectuel pur. »
3. Voir notamment P. Lachièze-Rey, *L'Idéalisme kantien*, Alcan, 1931, repr. Vrin, 1950, p. 114 sq., 205 sq. ; J. Nabert, « L'expérience interne chez Kant », *Revue de métaphysique et de morale*, 1924 ; A. Philonenko, *L'Œuvre de Kant*, I, *op. cit.*, p. 247 sq.
4. En bref : s'il est fait place, dans la *Critique de la raison pure*, à une nouvelle forme d'autofondation de l'existence du sujet sur la conscience de son identité comme sujet pensant, comment ne pas considérer que, décidément, il s'agit désormais, de penser, selon le mot d'ordre de Heidegger, « contre la subjectivité », donc « contre l'humanisme » ?

*Un sujet déréalisé*

Repartons, pour nous orienter avec rigueur dans ce groupe de textes, de la critique du paralogisme de la substantialité, où précisément le passage, désigné comme « cartésien », du *je pense* au *je suis* se trouvait condamné. Resserrant, dans la seconde édition, sa critique du paralogisme, Kant insistait essentiellement sur deux considérations :

1. Le raisonnement « cartésien » est tautologique, car le *cogito* exprime déjà la réalité (*cogito = sum cogitans*) : il s'agit donc d'un jugement purement analytique, qui n'ajoute rien à la proposition *je pense*.

2. Tautologique, le raisonnement est cependant légitime, à la seule condition d'admettre qu'il s'agit là d'une vérité simplement *logique*, et non pas *ontologique* : la proposition *je pense* contient bien la proposition *je suis*, mais dégager celle-ci de celle-là revient uniquement à expliciter le *je pense*, c'est-à-dire la conscience de l'unité ou de l'identité du sujet qui est la condition formelle de la représentation. Ce que disait déjà, clairement, la déduction transcendantale de la première édition : la représentation a pour condition la conscience de la réalité identique du *je pense*, mais la conscience d'une réalité n'équivaut pas à la réalité de cette conscience – soit : « N'importe pas la réalité effective de ce *Je* ; en revanche, la possibilité de la forme logique de toute connaissance repose nécessairement sur le rapport à cette aperception constituant un pouvoir [1]. »

Comment situer par rapport à ces acquis de la critique de la psychologie rationnelle les textes qui viennent d'être signalés ? Notons d'abord qu'ils appartiennent tous à la seconde édition. Or, il faut savoir que, dans cette seconde édition, Kant a voulu réagir, sur ce point, à certaines objections reprochant à l'assaut lancé contre la psychologie rationnelle d'aboutir à nier la réalité du Moi [2]. À

---

1. A 117, note ; trad. citée, p. 189.
2. Ces critiques sont celles de Garve et de Feder dans le compte rendu qu'ils donnèrent en 1782 de la *Critique de la raison pure* ; il

preuve la façon dont il s'en fait lui-même l'écho dans la version de 1787 :

« Tout semble donc se passer comme si, d'après notre théorie, l'âme tout entière, même dans la pensée, était transformée en phénomène, et que, de cette façon, notre conscience elle-même, comme simple apparence, devait en fait être réduite à néant [1]. »

Texte, là encore, étrange, où Kant semble se placer du point de vue de ses adversaires : d'une part, il se fait le reproche de déréaliser le Moi ; d'autre part, il s'appuie à cette fin sur une singulière réduction du Moi à un phénomène compris au sens (qui n'est justement pas kantien) d'une pure *apparence* ! L'argumentation mérite en fait d'être examinée très attentivement sur deux points :

1. Il faut préciser en quel sens Kant fait ici du *je pense* une « proposition empirique [2] ». Affirmation étonnante, puisque au § 16, le *je pense*, comme ce à quoi toute représentation doit être rapportée, est présenté comme une « aperception originaire » par opposition à une « aperception empirique » – signe que la représentation *je pense* désigne au fond, par opposition à la conscience empirique de soi, une conscience de soi pure, correspondant à cette conscience de soi *a priori* qui, en produisant la représentation *je pense*, doit pouvoir accompagner toutes les autres

---

faut y joindre la recension des *Prolégomènes* (1783) publiée par Pistorius en 1784. Cette dernière recension visait le § 46 des *Prolégomènes*, où Kant, comme dans la *Critique*, récusait toute application de la catégorie de réalité au sujet transcendantal (au *je pense* comme vérité du sujet absolu de la métaphysique et produit de la déconstruction de celui-ci), non sans conclure par une note aussi étrange que peuvent l'être les textes signalés dans la deuxième édition de la *Critique* : « Ce [= la représentation de l'aperception, le moi] n'est rien de plus que le sentiment d'une existence sans le moindre concept, une représentation seulement de ce à quoi se rapporte toute pensée. » *Sentiment d'une existence* : l'expression, qui annonce les formules de seconde édition de la *Critique*, semble constituer un hapax dans les écrits de Kant.

1. B 428 ; trad. citée, p. 414.
2. *Ibid.* : « La proposition *je pense*, ou : *j'existe pensant*, est une proposition empirique. » À quoi correspond la première phrase de la fameuse note déjà mentionnée (B 422) : « Le *je pense* est une proposition empirique et contient en elle-même la proposition *j'existe*. »

représentations (lesquelles ne sont donc pas possibles sans elle) : en ce sens, on voit mal comment cette « aperception originaire » peut être désignée par un *je pense* qui serait une « proposition empirique ». La difficulté est cependant levée par Kant lui-même dans les dernières lignes de la note si ardue que nous avons déjà rencontrée (B 422) :

« Il faut remarquer que, quand j'ai appelé la proposition *je pense* une proposition empirique, je n'ai pas voulu dire par là que le moi, dans cette proposition, soit une représentation empirique, mais qu'elle est bien plutôt une représentation purement intellectuelle, puisqu'elle appartient à la pensée en général. Simplement sans quelque représentation empirique qui fournit à la pensée une matière, l'acte *je pense* n'aurait cependant pas lieu – l'élément empirique n'étant ainsi que la condition de l'application ou de l'usage du pouvoir intellectuel pur. »

Pour le dire autrement : le *je pense*, comme pure identité de la conscience (unicité du sujet transcendantal), ne contient évidemment (en tant que condition de possibilité ultime de l'expérience) rien d'empirique (puisque c'est une pure structure, un pur transcendantal atteint par analyse de la représentation). En ce sens, le *je pense* est un strict objet philosophique, le produit d'une abstraction, et n'a rien à voir avec une proposition empirique : c'est, écrit significativement Kant, une « représentation purement intellectuelle », appartenant uniquement à la pensée (à la réflexion du philosophe) – soit : ce que Fichte, en 1797, dans les *Introductions à la doctrine de la science*, appellera, en un sens évidemment non kantien, une « intuition intellectuelle » [1]. Ainsi Kant peut-il ajouter que le *je pense*

---

1. Voir J.G. Fichte, *Œuvres choisies de philosophie première*, trad. citée, p. 279 sq., où la référence est explicite au § 16 de la *Critique de la raison pure* et où la conscience du *je pense* est dite « intuition intellectuelle », non au sens où Kant entendait une telle intuition selon lui inaccessible au sujet fini (= intuition productrice de ses objets), mais au sens de la conscience de l'identité du moi à travers la diversité de ses actes et de ses représentations. Intuition intellectuelle : l'expression, précise même Fichte (p. 279), est strictement analogue à celle de Kant quand il parle d'aperception pure, car si, pour le philosophe, l'identité du *je pense* est le terme d'un raisonnement procédant par abstraction, la conscience de l'identité du moi doit, pour le sujet repré-

ne contient certes en lui-même rien d'empirique, mais que, pour que je sois conscient du *je pense* (de l'identité du moi), il faut précisément que je pense, que l'activité synthétisante du Moi se mette en œuvre, donc qu'elle s'applique à une matière à synthétiser fournie par une intuition empirique, à l'occasion de laquelle la conscience de l'identité du Moi est possible : le *je pense* est dès lors lié par définition à un donné, à une « représentation empirique » quelconque, en l'absence de laquelle le *je pense* n'aurait pas lieu.

2. Ce premier point éclairci, reste à comprendre pourquoi Kant feint de concéder que, si le *je pense* est une proposition empirique (en un sens qui vient d'être cerné), on peut croire qu'il n'est qu'un phénomène, donc une apparence sans réalité. Ce faisant, il se place à l'évidence, on l'a déjà suggéré, dans la perspective (qui était la sienne dans la *Dissertation de 1770*, mais qu'il a abandonnée lors de la genèse de la position proprement critique) d'une compréhension du phénomène comme *apparence* – perspective très étrangère à la *Critique*, mais imputée à l'ouvrage de 1781 par de nombreux lecteurs [1]. Il va en réalité épouser cette perspective qu'on continue de lui attribuer (et ne pas rectifier l'erreur impliquée par cette attribution) pour montrer que, *même si l'on comprenait ainsi le phénomène*, la *Critique* ne ruinerait pas la réalité du moi, dans la mesure où, de toute façon, le *je pense* n'est pas un phénomène, donc (*a fortiori*) pas une apparence. Subtil, le raisonnement kantien est par conséquent le suivant :

– Le *je pense* est une proposition empirique.

---

sentatif, être immédiate, donnée, et non pas construite (puisque, dans le cas contraire, la moindre représentation serait impossible) ; il s'agit donc d'une aperception immédiate, et par conséquent d'une *intuition*, mais il faut ajouter que cette conscience immédiate n'est pas sensible (étant donné, précise Fichte, que l'intuition sensible n'est possible que parce qu'elle est pensée, et qu'il n'est pas de pensée possible en l'absence d'une conscience de l'identité du *je pense*) : aussi reste-t-il à dire que cette aperception est pure (Kant) ou que cette intuition est intellectuelle (Fichte), expression fichtéenne dont Kant est d'ailleurs très proche quand il mentionne ici une « représentation purement intellectuelle ».

1. Voir sur ce point l'Appendice des *Prolégomènes*.

– Comme l'intuition empirique a pour objet le phénomène et non la chose en soi, on peut être porté à en déduire que la conscience n'a de réalité que phénoménale.

– Les objections élevées par Kant contre une telle déduction se trouvent alors regroupées dans la note du chapitre sur les paralogismes (B 422) : bien que le *je pense* soit une « proposition empirique » (ce qui devrait lui conférer le statut de phénomène), le Moi, souligne le texte, n'est pour autant ni phénomène ni noumène. Rien d'étonnant à ce qu'il ne soit pas noumène, puisque le *je pense* suppose, pour apparaître comme tel, une intuition empirique ; mais pourquoi n'est-il pas non plus phénomène ? Kant l'explique en précisant que faire du *je pense* une proposition empirique ne signifie pas qu'il soit l'*objet* spécifique, déterminé, d'une certaine intuition empirique (auquel cas, assurément, il serait phénomène) : simplement faut-il, comme on l'a vu, qu'une représentation empirique ait lieu pour que s'accomplisse l'acte de pensée qu'exprime le *je pense*, même si, par rapport à l'intuition empirique, ce *je pense* est le produit d'une abstraction (laquelle dégage, en toute intuition empirique, l'identité des règles de synthèse, donc l'identité du *je pense* comme sa condition de possibilité ultime).

– En ce sens, le *je pense* n'est, par conséquent, nullement un phénomène : bien que n'étant pas noumène, il est – et la formule, dans sa précision, est importante – « donné pour la pensée (*zum Denken*) en général », entendre qu'il est *donné* en tant qu'il n'émerge qu'à partir d'une intuition empirique, mais qu'il est donné *pour la pensée* en tant que cette identité du *je pense* n'est atteinte que par le travail d'abstraction auquel se livre la pensée.

Ce statut du *je pense* une fois cerné (« quelque chose de donné pour la pensée [1] »), reste à comprendre toutefois quel rapport ce *je pense* entretient avec l'*existence*, au point qu'il soit possible à Kant – alors que tout s'oppose à l'attribution de l'existence au sujet transcendantal –

1. Comment ne pas concevoir que Fichte a en tête cette expression : « quelque chose de donné pour la pensée », quand il fait du *je pense* le terme d'une intuition (donné) intellectuelle (pour la pensée) ?

d'écrire que le *je pense* contient le *je suis, j'existe* : plus clairement, de quelle existence peut-il ici s'agir, et que peut-il en être, dans le cadre du criticisme, d'une thématisation philosophique de cette existence ? Deux interprétations me semblent ici défendables, dont la seconde, pour des raisons que je vais indiquer, m'apparaît la plus pertinente.

## Vers une philosophie de l'existence ?

Esquissant une lecture de la note sur le *je pense* comme contenant la proposition *j'existe* (B 422), Alexis Philonenko s'efforce de montrer qu'on n'y rencontre nulle trace d'un quelconque argument ontologique accomplissant le passage abusif de la pensée à l'existence [1]. D'une part, dire que le *je pense* renferme le *j'existe*, c'est simplement souligner que la conscience du *je pense* équivaut analytiquement à la conscience d'une réalité pensante, sans que cela implique aucunement la réalité de cette conscience pensante. D'autre part, dire que, dans le *je suis*, « quelque chose de réel est donné », cela n'implique pas non plus que l'on sorte de la conscience pour poser effectivement une réalité de cette conscience, puisque Kant précise que ce qui ainsi est donné ne l'est que « pour la pensée » (*zum Denken*) : le *je pense* n'est donc qu'un existant pour la pensée, un être de pensée, et non pas hors de la pensée, ce qui supposerait l'application de la catégorie d'existence et exigerait une intuition – éventualité exclue, puisque le *je pense* n'est pas un phénomène, n'est pas donné *dans* une intuition empirique, mais seulement *à l'occasion* d'une telle intuition. Bref, contrairement à ce qu'avait soutenu Nabert, jamais Kant ne dirait que le *je pense* implique l'existence d'un être pensant : il se bornerait à mettre en évidence que le *cogito signifie* (pour la conscience qui énonce cette proposition) : *j'existe*, mais pour autant le fossé resterait non comblé entre la pensée d'une existence (penser le sujet, c'est penser une existence) et l'existence de l'être pensant. À preuve le fait que, si la conscience

1. *L'Œuvre de Kant*, I, *op. cit.*, p. 248.

pure de soi contient certes l'existence *pensée* du moi, la fondation véritable de l'existence du sujet ne s'accomplit que sur le plan de la conscience empirique de soi :

« La proposition *je pense*, en tant qu'elle équivaut à *j'existe pensant*, n'est pas une simple fonction logique, mais elle détermine le sujet (lequel est dès lors, en même temps, objet) relativement à l'existence, et elle ne peut intervenir sans le sens interne dont l'intuition ne fournit jamais l'objet comme chose en soi, mais seulement comme phénomène. Dans cette proposition, ce n'est donc plus simplement la spontanéité de la pensée, mais aussi la réceptivité de l'intuition, c'est-à-dire la pensée de moi-même, qui se trouve appliquée à l'intuition empirique du même sujet [1]. »

Soit : pour passer de la conscience de soi comme existence pensante à cette existence même, il faut l'apport du sens interne, donc l'intuition empirique de soi ; mais, dans ce cas, l'existence du moi dont il s'agit est celle du moi comme phénomène, du moi empirique. Dit encore d'une autre manière : on ne peut déduire l'existence à partir de la seule spontanéité de la pensée, mais il y faut l'intuition empirique du sujet par lui-même – ou encore : mon existence est un vécu empirique, ce qu'exprime de manière presque explicite la formule déjà citée des *Prolégomènes* qui fait du *je suis* le « sentiment d'une existence sans le moindre concept ». Qu'à l'horizon d'une telle saisie de l'existence comme vécu empirique Alexis Philonenko puisse voir se profiler le sentiment de l'existence au sens de l'existentialisme n'a alors, dans la logique d'une telle lecture, rien de déconcertant. Ce qui me semble, en revanche, rendre cette belle interprétation incomplètement satisfaisante tient au fait que, dans ces conditions, on ne voit plus pourquoi le Kant de la seconde édition de la *Critique* aurait voulu, comme il le dit lui-même, répondre à l'aide de ces textes sur le *je suis* aux objections l'accusant d'avoir réduit à rien l'être de la conscience : car de fait, dans une telle lecture, la réalité de la conscience demeure,

1. B 429-430 ; trad. citée, p. 415.

Alexis Philonenko en convient, un « problème », dont la
solution n'est renvoyée qu'au vécu empirique – ce qui
ne modifie nullement la perspective déjà atteinte dans la
première édition, où la critique du premier paralogisme
s'achevait par l'indication que, si l'on veut à tout prix
désigner le Moi comme une substance, il faut préciser
qu'il s'agit « d'une substance seulement *en idée*, mais
non *dans la réalité* ». Outre qu'on n'aperçoit pas en
quoi Kant aurait donc apporté ainsi une réponse aux
accusations d'avoir, dans sa première édition, « déréalisé » le Moi, il n'est pas certain que la lecture ébauchée
par Philonenko rende vraiment compte du détail des
mises au point sur le *je suis* : par exemple, si, du *je
pense* au *je suis*, il n'y a qu'une explicitation, donc un
jugement analytique (*je pense* = *je suis pensant*), pourquoi Kant éprouve-t-il le besoin, dans la note qu'on a
commentée (B 422), de forger pour le *je suis* un statut
si étrange – au point d'écrire que l'existence comprise
dans le *je suis* « exprime une intuition empirique indéterminée, c'est-à-dire une perception », mais aussi que
« l'existence, ici, n'est pas encore une catégorie, puisque
la catégorie se rapporte non pas à un objet donné d'une
manière indéterminée, mais à un objet dont on a un
concept et dont on veut savoir s'il est aussi posé en
dehors de ce concept ou non » ? Comme si l'existence
en jeu ici (et dont Kant nous dit qu'elle n'est point une
catégorie, bien qu'intervienne une dimension perceptive
susceptible de faire songer à une prédication catégoriale)
était pour ainsi dire intermédiaire entre la pure *existence
pensée*, analytiquement extraite du *je pense*, et l'existence comme *catégorie* appliquée à une donnée intuitive.
L'interprétation évoquée – ce n'est pas lui faire injure
de le constater – ne rend pas compte de cet effort de
Kant pour cerner tout ce qu'il peut y avoir d'énigmatique dans le rapport du *je pense* à son existence.

*Vers la psychologie empirique ?*

Ainsi qu'il était arrivé à Jacques Rivelaygue d'en esquisser le principe dans son enseignement [1], une autre approche interprétative me semble donc requise, repartant de cette évidence que le sujet transcendantal, structure qu'il faut *supposer*, n'est jamais perçu comme tel : cette activité de synthèse qu'il faut supposer toujours identique à soi n'existe pas *d'elle-même* comme événement psychologique, mais n'est qu'une abstraction qui ne s'actualise qu'à l'occasion de l'expérience, à travers les synthèses effectives. Or, malgré cette évidence, la note dont la lecture est au centre de ce débat (B 422) évoque la façon dont, *en un sens*, le sujet transcendantal peut devenir *indirectement* un événement psychologique, puisque, du *je pense*, il est dit ici qu'il contient une existence exprimant une « intuition *empirique* indéterminée » : l'on doit donc admettre que, du *je pense*, nous saisissons malgré tout quelque chose, nous avons une sorte de « perception », ainsi que l'écrit Kant, et que ce que nous en saisissons, c'est une existence. Une certaine « existence » serait donc la *forme* sous laquelle ce qui en lui-même, comme pure identité du *je pense*, reste hors de tout vécu devient un événement psychologique.

Cela admis, si nous saisissons le *je pense* comme une existence, de quelle existence s'agit-il et comment en concevoir la saisie ? De cette existence, Kant nous indique, répétons-le, qu'elle ne correspond pas à la catégorie d'existence : « L'existence, ici, n'est *pas encore* une catégorie [...]. » *Pas encore*, car nous nous situons en fait à un niveau intermédiaire entre la réalité pensée, où il n'y a nulle dimension intuitive (donc nulle applicabilité de la catégorie), et l'intuition empirique d'un objet auquel on applique la catégorie d'existence. Et c'est pour situer ce qu'il en est d'un tel niveau intermédiaire que Kant propose l'expression : *intuition empirique indéterminée.* Pour

---

1. Voir J. Rivelaygue, *Leçons de métaphysique allemande*, II, *op. cit.,* notamment p. 194 sq. Le développement que je donne ici à ces suggestions n'engage bien sûr que moi.

entrevoir ce dont il peut s'agir, il faut se rappeler les conditions de l'application usuelle de la catégorie d'existence : le sujet pose quelque chose comme existant quand 1. il y a intuition d'un « quelque chose », et 2. ce « quelque chose » se laisse déterminer par les catégories de la quantité, de la qualité et de la relation (dont l'application constitue le « quelque chose » en un « objet »). Dit autrement : ce qui se laisse seulement déterminer par les autres catégories est *possible*, mais n'est reconnu comme *existant* que ce qui correspond à ces catégories et est en même temps l'objet d'une perception. Cela remis en mémoire, considérons le cas dont il s'agit dans l'attribution de l'existence au *je pense* : manifestement, l'existence ici mobilisée n'est pas celle qu'exprime la catégorie d'existence, puisque le *je pense* ne donne lieu qu'à une « intuition empirique indéterminée » – il faut comprendre (en laissant de côté, provisoirement, la question de savoir en quoi il peut y avoir « intuition ») qu'« elle précède l'expérience qui doit *déterminer* l'objet de la perception par la catégorie relativement au temps ». Techniquement dit, il s'agit d'une *perception (Wahrnehmung)*, et non d'une *expérience (Erfahrung)* – au sens où une perception devient expérience quand il y a une diversité et que cette diversité se laisse synthétiser, c'est-à-dire quand son contenu se laisse déterminer comme tel ou tel par les catégories de la qualité, de la quantité et de la relation (auquel cas surgit alors un objet à quoi, puisqu'il y a perception, on peut appliquer la catégorie d'existence). L'application de la catégorie d'existence suppose donc non seulement l'intuition de quelque chose, mais l'intuition *déterminée* de quelque chose (*déterminée* par l'application des autres catégories). Or, l'événement psychologique qui rend possible une certaine saisie du *je pense*, c'est, nous dit Kant, une existence qui exprime seulement une « intuition empirique *indéterminée* », et cela pour deux raisons :

1. Il s'agit de la perception d'une identité, et il n'y a donc là nul divers à synthétiser.

2. La perception ici en jeu saisit une activité de synthèse qui est la condition de possibilité de la détermination catégoriale et de l'expérience, donc qui précède elle-même

toute détermination et toute expérience – ce pourquoi, si intuition empirique il doit ici se trouver, ce ne peut être qu'une intuition empirique indéterminée. En ce sens, l'existence à laquelle référence est faite ne pourra pas être encore une catégorie, puisque l'intuition empirique qui la fournit n'est pas encore déterminée, et que les catégories de la modalité ne s'appliquent qu'une fois que le divers est déjà déterminé par les autres catégories.

Resterait alors à comprendre en quoi il y a cependant ici intuition empirique, même si elle n'est qu'indéterminée (en tant que perception du *je pense* comme une *existence précatégoriale* dont la notion évoque ainsi, c'est indubitable, l'idée d'un sentiment de l'existence). Pour qu'il y ait perception, il faut qu'intervienne la sensibilité, en l'occurrence le temps comme sens interne. La question est donc en fait de savoir comment le sujet transcendantal, l'identité purement structurelle de l'activité de synthèse, tombe pour ainsi dire dans le temps, en devenant ainsi la matière d'une intuition empirique indéterminée. Comme l'indique Kant lui-même (B 422), il faut pour cela que se produise une *sensation* : « La sensation, qui appartient donc à la sensibilité, est au fondement (*zum Grunde liegt*) de cette proposition existentielle », c'est-à-dire de la perception du *je pense* comme *je suis*. Nabert, dans son article sur le sens interne, identifie cette sensation à l'intuition empirique indéterminée, ce qui me paraît erroné : Kant distingue en effet avec soin, en ces lignes, la *perception* (*Wahrnehmung*) du *je pense* comme *je suis* et la *sensation* (*Empfindung*) qui en est à la base. En réalité, la genèse de la perception de mon existence comme *je pense* apparaît pouvoir être comprise de la manière suivante :

– Il faut pour cela qu'intervienne en premier lieu le choc d'une *sensation* d'un donné sensible quelconque : telle est la *base* requise.

– Cette sensation, qui me livre du divers, met en mouvement l'activité de synthèse ; elle mobilise le sujet transcendantal comme cette activité qui s'exerce sur les sensations à synthétiser.

– Mais cette activité de synthèse, qui va, en synthétisant le divers de la sensation, produire l'expérience phénoménale d'un objet, laisse en quelque sorte une trace d'elle-même dans le sens interne. La synthèse, comme le montre la théorie du schématisme, s'effectuant à travers le temps, il est inévitable que l'*acte* du sujet transcendantal (qui, comme structure, est hors du temps) passe par le temps – et, en ce sens, cet acte de synthèse produit, en même temps qu'un objet, un reflet de lui-même dans le temps, donc une sorte de second phénomène, inséparable du premier (l'objet). Cette trace de l'activité de synthèse dans le sens interne produit immédiatement la conscience de cette activité, et c'est une telle trace ou un tel reflet que Kant désigne comme une intuition empirique indéterminée – à savoir la conscience de l'activité de synthèse se reflétant dans le temps. Il faut donc être ici fort précis : le sujet transcendantal ne devient pas conscient directement de lui-même, mais du reflet de son activité dans le temps, sous une forme qui est *comme une existence* (un *je suis*), puisqu'il y a bien intégration de la structure catégorielle (comme activité de synthèse selon les catégories) dans une intuition (le sens interne), et cela à l'occasion d'une sensation. Par là se constitue la perception d'un *je suis* qui se signale comme un autre phénomène, pour ainsi dire un *phénomène-sujet*, distinct du *phénomène-objet* à la faveur de la constitution duquel ce second phénomène se construit.

L'importance d'une saisie correcte de cette thématique dépasse de loin l'élucidation de quelques-uns des passages les plus difficiles de la *Critique de la raison pure*. Nous trouvons en effet ici le principe d'un relais de la psychologie rationnelle, rendue caduque au fil de la déconstruction kantienne de la métaphysique par une autre psychologie – autrement dit : le principe d'un relais du discours métaphysique sur l'homme par un discours à vocation scientifique. À la faveur de la temporalisation du sujet transcendantal, c'est en effet un *phénomène* qui se constitue, dont on pourra bien concevoir le projet de le traiter comme l'objet d'une psychologie scientifique en essayant de le déterminer selon les catégories. La possibilité de substituer l'objet psychologique à l'Idée psychologique (= de substituer une psychologie empirique à la psychologie rationnelle) se fonde ainsi en fait, transcendantalement, dans la distinction de ces trois niveaux : 1. le sujet transcendantal, pure structure qui n'est ni phénomène ni noumène ; 2. l'intuition empirique indéterminée qui, par l'intermédiaire de la temporalisation du *je pense*, fournit, à travers l'apparition du *je pense* comme une existence (*je suis*), un quasi-phénomène, à savoir ce donné pour une pensée qui ne le détermine pas encore comme tel ou tel ; 3. ce même *je suis* constitué en objet par la psychologie empirique qui essaye de le penser selon les catégories. Ainsi semble-t-il possible, dès la *Critique de la raison pure*, que l'espace du discours sur l'homme, d'où la psychologie rationnelle est expulsée par la Dialectique transcendantale, ne reste point inoccupé, si toutefois la psychologie empirique est capable d'être à la hauteur de la tâche qui se trouve dessinée.

Quoi qu'il en soit à cet égard de la psychologie empirique, un rapide bilan peut en tout cas être dégagé de ce travail, il est vrai simplement esquissé par la *Critique de la raison pure*, en ce qui concerne le destin postmétaphysique du sujet. Si l'on rassemble, en effet, ce que ces esquisses suggèrent, il apparaît que c'est selon trois axes principaux que s'amorce ainsi une profonde réélaboration de la notion de subjectivité :

1. La subjectivité est *activité* (elle est une fonction de synthèse), et non plus, comme dans la psychologie rationnelle, *substance* ou *substrat* (*res cogitans*) : ainsi la réinterprétation du sujet-substance en termes de subjectivité-activité, qui culminera, par la médiation de la théorie du schématisme, dans la pensée du sujet pratique, trouve-t-elle à s'enraciner dès la réélaboration du *je pense* qui accompagne la discussion de la psychologie rationnelle.

2. Cette activité en quoi consiste la subjectivité n'est l'objet d'aucune connaissance susceptible de coïncider pleinement avec elle et de la porter à la pleine transparence [1], et ce pour deux raisons :

– Sans une sensation empirique, qui donne un objet à

1. Il n'y a pas d'intuition intellectuelle au sens schellingien du terme.

constituer (par synthèse du divers sensible), il n'existe
nulle possibilité de percevoir l'activité synthétisante, c'est-
à-dire la subjectivité elle-même (la sensation, nous l'avons
vu, est le fondement de la perception de l'existence) : en
clair, *il n'y a pas de conscience de soi sans conscience
d'objet* ; ou encore, la subjectivité est *intentionnalité.*

– Même cette perception du *je suis* à la base de laquelle
se trouve une sensation ne rejoint pas vraiment l'activité
synthétisante, c'est-à-dire le sujet transcendantal comme
tel, puisqu'elle n'est pas une conscience de celui-ci, mais
seulement une appréhension de son reflet dans le temps :
la subjectivité pure comme acte de synthèse reste inaccessible à la conscience – ou, si l'on préfère : la pensée
n'est pas un fait d'expérience [1]. La perception du *je suis*
n'est pas conscience du *je pense* comme tel, mais de sa
temporalisation ; le temps est ce qui me sépare toujours
de moi-même (en séparant conscience et sujet transcendantal), et donc, en ce sens aussi, il est la marque de ma
finitude.

3. En conséquence, il n'est de conscience de soi, de
connaissance du sujet par le sujet qu'inachevée (le sujet
est *toujours brisé*, sans coïncidence possible avec lui-
même) : le sujet transcendantal n'est susceptible de devenir un événement psychologique que temporalisé (alors
qu'il est atemporel), et, *qui plus est*, nous allons le voir,
la psychologie empirique, à laquelle cette temporalisation
du sujet transcendantal fournit un objet phénoménal susceptible d'être étudié, ne saurait prétendre légitimement
me donner une connaissance ferme et assurée de moi-
même : pour des raisons qu'il va nous falloir comprendre,
la psychologie empirique est en effet apparue à Kant
comme incapable de se constituer véritablement en
science.

Ainsi la critique de la psychologie rationnelle, en même
temps qu'elle convoquait, *du moins en principe*, la psychologie empirique à assumer la charge du discours sur
l'homme, esquissait-elle les linéaments d'une conception

1. Tel est le thème de la *Réponse à Kiesewetter* : « Est-ce un fait
d'expérience que de penser ? »

du sujet sans *transparence à soi* ni *substantialisation*, où se laisse percevoir, pour une philosophie décidant cependant de partir du sujet, la possibilité d'échapper aux illusions de ce qu'il est convenu aujourd'hui de dénoncer, depuis Heidegger, sous le nom de « métaphysique de la subjectivité ». Perspective importante, chacun en conviendra, pour notre débat philosophique contemporain, et que le prochain chapitre précisera : pour l'heure, faudrait-il encore apercevoir pour quelles raisons la psychologie empirique, toute désignée en apparence pour relayer la psychologie rationnelle, a été en définitive exclue par Kant d'une telle fonction – et ce au bénéfice d'un autre discours sur la subjectivité, particulièrement difficile à situer par rapport à la structure globale de la théorie du sujet, à savoir l'« anthropologie ».

## III
## De la psychologie empirique à l'anthropologie

Au terme de la *Critique de la raison pure*, la possibilité de la psychologie empirique paraît fondée : l'expérience interne, dont on a vu sous quelle forme elle livre un accès à l'identité du Moi, ayant les mêmes structures que celle du sens externe (synthèse d'un divers sensible sous des catégories), elle constitue son objet comme un objet de la nature. Dans ces conditions, rien n'interdit alors de penser que, si le moi est (en ce sens) un objet de la nature, la nature empirique de l'homme peut être étudiée au même titre que l'est le reste de la nature : ce pourquoi la réflexion sur la subjectivité n'aurait plus alors qu'à prendre définitivement congé de la psychologie rationnelle et de ses interrogations.

### Oublier la psychologie rationnelle

De fait, toutes les difficultés rencontrées par la psychologie rationnelle pour concevoir la relation entre les substances pensantes et les substances étendues sont évacuées, puisqu'il s'agit maintenant, pour le discours chargé d'as-

surer le relais, d'étudier un rapport entre de simples phénomènes (internes et externes) qui ne se distinguent que
dans la mesure où ils sont appréhendés par des sens différents. Au demeurant Kant souligne-t-il lui-même cet
extraordinaire aplanissement de difficultés aussi vieilles
que la philosophie elle-même (ce pourquoi il était si
important de comprendre en quel sens le sujet peut se
constituer pour lui-même comme un phénomène) :

« La question ne porte donc plus sur l'union de l'âme
avec d'autres substances connues et étrangères existant
hors de nous, mais sur la manière dont les représentations
du sens interne entretiennent un lien avec les modifications de notre sensibilité extérieure [1]. »

Quelques pages auparavant, Kant a même soutenu sans
nulle hésitation que désormais « toute la psychologie
rationnelle s'effondre comme une science dépassant toutes
les forces de la raison humaine » : dans ces conditions,
« il ne nous reste donc plus qu'à étudier notre âme à partir
du fil conducteur de l'expérience, et à nous maintenir dans
les limites des questions qui ne vont pas au-delà du
domaine où l'expérience intérieure possible est à même
de leur conférer un contenu » [2]. Au reste, pour enfoncer
le clou qui fixe le destin de la psychologie rationnelle, la
*Critique* insiste sur les raisons de son échec :

« Toutes les difficultés qui concernent l'union de la
nature pensante avec la matière proviennent sans exception, purement et simplement, de la manière dont vient ici
s'insinuer subrepticement cette représentation dualiste que
la matière, comme telle, n'est pas un phénomène, c'est-
à-dire une simple représentation de l'esprit à laquelle correspond un objet inconnu, mais qu'elle est l'objet en soi
tel qu'il existe hors de nous et indépendamment de toute
sensibilité [3]. »

Ainsi perçoit-on en quel sens la déconstruction criticiste
de la métaphysique du sujet rend doublement possible, en
principe, la psychologie : en montrant 1. que l'« esprit »

1. A 386 ; trad. citée, p. 386.
2. A 382, *ibid.,* p. 384.
3. A 391, *ibid.,* p. 389-90.

(au sens de la psychologie rationnelle) est, non une substance, mais un phénomène (ce que j'ai explicité dans les pages précédentes), et 2. que la « matière » (toujours au sens du dualisme métaphysique) n'est elle-même qu'un phénomène. Ces deux dimensions du réel ayant le même statut, rien ne semble plus s'opposer à ce que l'on puisse étudier leurs relations.

Or, comme le lecteur de Kant ne peut l'ignorer, ce relais de la psychologie rationnelle par une psychologie empirique de statut scientifique, possible en droit au terme de la *Critique*, s'est trouvé en fait exclu dans la suite de l'œuvre. Le texte décisif est à cet égard, dès 1786, la Préface des *Premiers Principes métaphysiques de la science de la nature.*

*Récuser la psychologie empirique*

Le développement consacré en 1786 à la psychologie a été si souvent analysé que je me bornerai ici à en rappeler l'argument [1] : Kant refuse à la psychologie l'accès au rang de science, dans la mesure où elle ne peut mathématiser son objet. Autrement dit : il ne suffisait pas, pour lui permettre de relayer la défunte psychologie rationnelle, de fonder transcendantalement, pour elle, la possibilité d'avoir un objet (phénoménal), ce dont s'acquitte effectivement, nous avons vu avec quelle subtilité, la *Critique* ; encore fallait-il, pour que cette discipline nouvelle pût prétendre, mieux que la psychologie rationnelle, à la vérité, qu'elle fût capable sur cet objet d'atteindre à une réelle objectivité.

Or, « les mathématiques ne peuvent s'appliquer aux phénomènes du sens interne ». Il est clair, en effet, que ces phénomènes sont donnés dans le temps : c'est incontestable d'un point de vue transcendantal, puisque, la *Critique* l'a montré, la phénoménalisation du Moi suppose la temporalisation ; cela l'est aussi d'un point de vue moins

1. E. Kant, *Premiers Principes métaphysiques de la science de la nature*, trad. par J. Gibelin, Vrin, 1952, p. 12 (*Œuvres philosophiques de Kant*, II, *op. cit.*, Bibliothèque de la Pléiade, p. 368).

radical, celui d'où se place la Préface des *Premiers Principes* en soulignant simplement que, de fait, les phénomènes du sens interne ne nous sont accessibles que « dans l'écoulement de ses modifications », c'est-à-dire selon une succession continue. Comment, dans ces conditions, leur saisie objective (dont le modèle est, pour Kant, celui de la connaissance mathématique) serait-elle possible, puisque l'accès à l'objectivité suppose, en vertu de la déduction subjective des catégories (*Critique de la raison pure*, 2e édition, § 24-25), trois synthèses (appréhension, reproduction dans l'imagination, recognition dans le concept) dont la première, déjà, ne peut s'appliquer aux phénomènes du sens interne sans les déformer gravement ? On sait en effet que la synthèse de l'appréhension, premier stade de la constitution de l'objectivité, consiste, à partir de la diversité des représentations sensibles, à représenter cette diversité comme une succession dans le temps et à synthétiser ce divers *successif* en l'unité d'un *moment*, d'un *présent* qui le rassemble – donc en effaçant la dimension de succession ou d'écoulement temporel. En l'occurrence, la synthèse de l'appréhension substitue la simultanéité spatiale à la continuité temporelle.

Ainsi l'on comprend que Kant ait cru devoir exclure que les phénomènes du sens interne puissent donner lieu à une synthèse objectivante, sans perdre immédiatement ce qu'ils ont de spécifique et que la psychologie empirique devrait précisément cerner : la dimension de l'écoulement ou du flux selon lesquels ils nous sont donnés ainsi que, dans cet écoulement, la dimension de la diversité et de l'unicité leur sont en effet essentielles, au point que l'on ne saurait ici appréhender, à partir de leurs apparitions successives, une identité qui n'en mutile pas le contenu. En ce sens, il faudrait renoncer à l'espoir de pouvoir jamais leur appliquer les catégories – ce pourquoi, si la psychologie empirique peut bien exister (puisqu'elle dispose d'un champ phénoménal spécifique), elle « ne pourra donc jamais être autre chose qu'une théorie naturelle historique du sens interne et comme telle aussi systématique que possible, c'est-à-dire une description naturelle de

l'âme, mais non une science de l'âme, pas même une théorie psychologique expérimentale ».

Ce serait un tout autre travail que d'exposer par quelles
argumentations il appartiendra à des psychologues néokantiens (Herbart, Wundt) des dernières décennies du
XIXᵉ siècle de faire appel de ce jugement porté par Kant
contre la psychologie. Il m'intéresse davantage ici, dans
le cadre d'une interrogation sur les transformations opé-
rées par le criticisme dans le discours sur le sujet, d'indiquer quelles conséquences Kant crut devoir tirer de sa
condamnation de la psychologie.

## Ouvrir la voie à une anthropologie pragmatique

Parce qu'ils ne peuvent véritablement être constitués
comme une nature, les phénomènes du sens interne, s'ils
peuvent demeurer l'objet d'une psychologie descriptive,
ne sauraient en tout cas définir une objectivité scientifique.
Si, décidément, le discours sur l'homme ne doit pas
demeurer chômé (ce qui, pour des raisons claires, n'est
pas concevable dans le cadre d'une philosophie affirmant
« partir de la subjectivité ») ni se trouver restreint à la
philosophie morale (qui n'en prend en charge que certains
aspects, plus nouménaux, à vrai dire, que phénoménaux),
reste donc à en redéfinir l'objet : tout le pari de Kant aura
été à cet égard de tenter de réorienter ce discours, non
plus vers le contenu du sens interne, mais vers cette
dimension pour ainsi dire extérieure du psychisme (donc
relevant du sens externe) que nous fournissent les
« conduites signifiantes »[1]. C'est à la faveur d'un tel
déplacement que s'est opérée progressivement la définition d'un projet nouveau, celui d'une « anthropologie »
qui, sous certaines conditions, prendrait le relais de la psychologie empirique impossible (du moins comme science)
en même temps que de la psychologie rationnelle défunte.

Comme l'on sait, Kant a désigné une telle anthropologie comme devant être développée « d'un point de vue

1. Voir sur ce point J. Rivelaygue, *Leçons de métaphysique allemande*, II, *op. cit.*, p. 315.

pragmatique », c'est-à-dire d'un point de vue où il s'agirait de saisir la nature empirique de l'homme, non pas à
travers ce qu'il éprouve de lui-même (sens interne), mais
à partir de ce qu'il *fait* sous le regard d'autrui (sens
externe). D'une certaine façon, c'est en dégageant la
teneur précise d'une telle anthropologie que l'on peut le
plus nettement – je voudrais justifier cette suggestion –
faire surgir, sinon le point d'aboutissement, du moins le
point de fuite de la théorie kantienne du sujet.

L'objet que Kant donne à l'anthropologie pragmatique,
lorsqu'en 1798 il synthétise sur la matière de longues
années d'enseignement [1], est rigoureusement déterminé :
il s'identifie aux comportements de l'homme dans la
société et dans l'histoire, à ses conduites ou à ses actes,
en tant que ceux-ci sont animés par sa vocation à la
liberté. À condition de se donner un tel objet, une anthropologie pourra prétendre, légitimement cette fois, au rang
de science de l'homme, puisqu'elle aura pour objet des
phénomènes qui, relevant du sens externe, seront susceptibles d'être appréhendés objectivement, comme tout ce
qui relève de la nature.

La logique de ce déplacement (de la psychologie empirique à l'anthropologie pragmatique) éclaire en grande
partie l'allure des développements, axés plutôt sur les
comportements (individuels ou collectifs) que sur les
contenus psychiques, que Kant estimera nécessaires à son
ouvrage de 1798. Elle permet de comprendre en outre ce
qu'a pu être, historiquement ou chronologiquement, la
genèse du projet anthropologique dans la pensée de Kant.
Les commentateurs l'ont souvent noté [2] : c'est dans la Préface de la *Fondation*, en 1785 (donc, bien après la *Critique de la raison pure* et seulement un an avant la publi-

1. Durant toute son activité académique, Kant assura 268 cycles de
cours, et l'anthropologie, qu'il enseigna 28 fois, occupe dans cet enseignement la quatrième position, après la logique et la métaphysique
(54 cycles), la géographie (49) et l'éthique (46), mais avant les mathématiques (20), le droit (16) ou encore la théologie (1).
2. Par exemple V. Delbos, dans l'annotation de sa traduction des
*Fondements de la métaphysique des mœurs*, Paris, Delagrave, 1977
(rééd.), p. 75.

cation des *Premiers Principes métaphysiques de la science de la nature*), que Kant mentionne la possibilité de donner une « partie empirique » à l'Éthique (à côté de la « Morale », sa « partie rationnelle »), qui « pourrait recevoir le nom d'*Anthropologie pratique* ». « Science de la nature humaine, telle qu'elle est donnée dans l'expérience et telle aussi qu'elle apparaît dans l'histoire » (Delbos), l'anthropologie, qui en toute rigueur ne pouvait être dite « pratique », dans toute son extension, qu'en un sens large du terme (au sens où « pratique » désignerait tout ce qui concerne les objets de l'action humaine), recevra finalement l'épithète plus précise de « pragmatique », dans la mesure où le terme désigne tout le domaine où il s'agit d'user d'un moyen en vue d'une fin, donc le champ global des conduites, des actions ou des comportements humains, qu'ils soient ou non ordonnés au bien moral.

Comment situer alors le projet ainsi apparu par rapport à la théorie du sujet dont j'ai rappelé la structure au début de ce chapitre ? Dans l'articulation des cinq moments de cette théorie, quelle place assigner à une *Anthropologie du point de vue pragmatique* ? Question délicate, à laquelle je répondrais volontiers que, dans cette théorie du sujet, l'*Anthropologie* se trouve à la fois partout et nulle part – donc, proprement, qu'elle y est insituable, et ce pour des raisons que je crois assez profondes.

Si l'*Anthropologie* ne se laisse pas aisément situer dans ce dispositif, c'est tout d'abord parce qu'en un sens elle s'y trouve partout. Manière de répondre qui n'est pas, à mon avis, la plus radicale, mais qui a néanmoins sa part de vérité si l'on tient compte du fait que bien des développements de l'ouvrage publié par Kant en 1798 relèvent plus ou moins directement de tel ou tel des cinq moments considérés. À preuve, et pour me borner à un repérage non exhaustif :

1. Du premier moment de la théorie du sujet participent notamment, dans l'*Anthropologie*, les paragraphes de la Didactique sur la sensibilité, à commencer par la brillante « Apologie de la sensibilité » des § 8-11 du livre I, qui n'ont en effet de sens qu'à partir de la théorie de la finitude radicale, telle qu'elle implique une revalorisation de

la sensibilité et de la réceptivité comme structure constitutive de la subjectivité finie.

2. À beaucoup d'égards, les vastes développements sur
l'imagination, à partir du § 28, en particulier sur l'imagination productrice, reprennent et complètent le principe
même qui est au centre du quatrième moment de la théorie
du sujet, à savoir le moment du schématisme, puisque
Kant, ainsi d'ailleurs que le signale Heidegger dans son
*Kantbuch* (§ 26), met à nouveau en évidence la fonction
de l'imagination comme médiation entre la sensibilité et
l'entendement.

3. De même n'aurait-on aucune peine à réintégrer l'essentiel du livre III, consacré à la faculté de désirer, dans
le cinquième moment, c'est-à-dire dans l'élaboration de la
dimension du sujet pratique, puisque la transformation
d'un affect en passion, qu'étudie ici Kant, marque très
précisément le point limite au-delà duquel la dynamique
du désir exclut la possibilité même de la liberté – comme
le soulignent expressément les fameuses et belles formules
des § 80-81 : « Si l'affect est une ivresse, la passion est
une maladie », plus précisément même une gangrène, au
sens où « les passions sont des gangrènes pour la raison
pure pratique ».

Je borne là cet exercice : on pourrait ainsi distribuer
sans peine toute une série de développements de l'*Anthropologie* dans les divers moments de la théorie du sujet,
tant et si bien qu'à la question de savoir où situer, dans
cette théorie, l'*Anthropologie*, la tentation serait grande,
je le répète, de répondre : partout, donc nulle part en particulier. Reste que, si cette réponse n'est sans doute pas
fausse, elle manque assurément de radicalité philosophique, dans la mesure où, si Kant a consacré à l'anthropologie un ouvrage spécifique, c'est bien qu'il considérait
avoir encore à s'acquitter sous ce nom d'une entreprise
particulière, remplissant une fonction propre dans l'économie du système critique et notamment dans l'économie
de la théorie critique du sujet – et donc qu'il n'entendait
pas simplement rassembler des éléments déjà présents ailleurs, de manière éparse, dans son œuvre ; il indique au
reste lui-même, à propos des rapports entre sensibilité et

entendement tels qu'il les reformule, dans la Remarque du § 7 [1], que ce qu'il vient de redire à cet égard, et qui reprend les acquis de la première *Critique,* « n'est pas véritablement du ressort de l'anthropologie » – suggérant par là qu'il existe en revanche des questions qui sont spécifiquement de son ressort et ne donneraient pas lieu à de simples rassemblements de matériaux dispersés en d'autres ouvrages. Il faut donc ne pas se contenter de cette première réponse et reposer la question de la place de l'*Anthropologie*, en tenant compte des indications que Kant lui-même nous donne sur le projet anthropologique.

Prendre en compte les indications de Kant, c'est intégrer certes celles de la Préface, selon laquelle une anthropologie pragmatique étudie ce que l'homme, comme être libre, fait de la nature présente en lui, mais aussi, plus généralement, celles des années quatre-vingt-dix sur la fonction systématisante de l'anthropologie. On a déjà croisé ici, en effet, les deux textes célèbres, de mai 1793 (lettre à Stäudlin) et du milieu des années quatre-vingt-dix (*Cours de logique*), où Kant évoque l'anthropologie comme tentative pour répondre à la question : « Qu'est-ce que l'homme ? », en indiquant, dans le *Cours de logique*, que c'est là la question qui rassemble en elle tout le champ de la philosophie ; à cette question se laisseraient donc rapporter les trois questions fameuses : « Que puis-je savoir ? », « Que dois-je faire ? », « Que m'est-il permis d'espérer ? », que la *Critique de la raison pure* avait bien déjà mentionnées expressément au début du Canon de la raison pure (A 805/B 833), mais sans évoquer alors leur possible rassemblement ni dans la question de l'homme ni dans l'anthropologie comme prise en charge de cette question de l'homme. De la *Critique de la raison pure* aux années quatre-vingt-dix, il y a donc eu, incontestablement, promotion systématique (ou systémique) de l'anthropologie au sein du système critique de la philosophie. À dégager la perspective ouverte par ces indications de Kant, c'est par conséquent une tout autre réponse qui

1. E. Kant, *Anthropologie du point de vue pragmatique,* trad. par A. Renaut, GF-Flammarion, 1993, p. 72.

s'impose à propos de la place de l'anthropologie dans la théorie du sujet – en ce sens que l'anthropologie, qui s'y trouve partout, pourrait bien aussi, mais plus profondément, n'y être nulle part. Il faudrait dès lors comprendre qu'elle serait pour ainsi dire ailleurs, parce qu'extérieure à une théorie dont elle permettrait de penser ou d'exiger l'unité. Pour expliciter l'hypothèse : l'*Anthropologie*, comme la troisième *Critique* (et ce n'est pas un hasard si sa véritable promotion philosophique a succédé chez Kant, dans les années quatre-vingt-dix, à la *Critique de la faculté de juger*) participerait avant tout d'une interrogation sur ce qui peut permettre de conférer, pour ainsi dire après coup, une cohérence systématique à la théorie du sujet. Participant d'une telle interrogation sur l'unité de la théorie, l'*Anthropologie*, en raison même de ce qu'est en général le statut kantien de l'unité de la philosophie, n'en serait alors pas l'un des moments, mais correspondrait bien plutôt à la nécessité de penser de l'extérieur, c'est-à-dire réflexivement, l'unité de ce qui s'est distribué dans la succession des moments.

Pourquoi ce besoin d'unifier, comme après coup, la théorie du sujet ? Pour me borner ici à esquisser ce qui sera développé ensuite, je soulignerai simplement qu'à considérer le premier et le cinquième des moments distingués dans la théorie du sujet, le problème de l'unité surgit à l'évidence : tout le problème, au demeurant classique dans l'exégèse kantienne, est en effet de déterminer si, en allant au-delà du sujet du schématisme, la théorie kantienne n'a pas aussi régressé en deçà des acquis, issus de la *Critique de la raison pure*, qui donnaient toute sa densité à son premier moment. Dit autrement : faire de l'autonomie l'horizon du sujet (comme sujet pratique), n'était-ce pas mettre en péril l'idée même de finitude radicale ? Problème dont on verra comment il avait été débattu notamment par Heidegger et par Cassirer, mais qui reste à la fois redoutable et fascinant – ce pourquoi il me faudra, dans le prochain chapitre, le reprendre en détail : on peut en effet se demander ce que devient la théorie de la finitude radicale quand on passe de la première à la deuxième *Critique,* donc du sujet théorique au sujet pratique. Dans la *Critique de la raison pure*, la Dialectique transcendantale, en mettant en évidence la stérilité de la connaissance par simples concepts, vérifiait négativement l'Esthétique : à utiliser les concepts sans ouverture à l'intuition, la pensée s'égare dans le champ de l'illusion. Pour le sujet théorique, il n'est donc pas d'activité qui soit légitime sans une dimension intrinsèque de réceptivité. En revanche, la subjectivité pratique semble pensée comme une pure spontanéité ; dans la mesure où le sujet moral se structure autour de l'Idée de liberté pensée en termes d'autonomie, on voit mal en effet, de prime abord, comment la subjectivité pratique, si l'autonomie se doit concevoir comme une spontanéité sans réceptivité, n'évoquerait pas davantage un sujet absolu (autoposition) qu'un sujet radicalement fini : qu'est-ce en effet qu'agir moralement, dans la perspective définie par la *Critique de la raison pratique,* si ce n'est poser dans l'être un acte dont la maxime soit conforme à la loi de la raison en tant que pratique ?

Sans déployer encore, ici, ce problème dans toute son ampleur, je me bornerai à rappeler que, d'une façon générale, la question de la cohérence entre philosophie théorique et philosophie pratique est celle qui a donné naissance, après les deux premières *Critiques*, à une *Critique de la faculté de juger* chargée de penser un passage entre nature et liberté, donc entre philosophie théorique et philosophie pratique. Or, bien compris, le projet de l'*Anthropologie du point de vue pragmatique* me semble correspondre au fond à une simple particularisation de cette problématique générale du passage – réduite à ce qui, en elle, concerne plus particulièrement l'unité de la théorie du sujet et peut permettre de penser un *Übergang* entre le sujet théorique (pensé en termes d'ouverture) et le sujet pratique (pensé en termes de spontanéité). Pour justifier cette interprétation, et pour faire paraître comment le projet d'une anthropologie pragmatique vient s'inscrire dans cette problématique du passage, je crois nécessaire de souligner trois équivalences qui président à la façon dont Kant s'est représenté ce projet et l'a au moins partiellement, sous une forme « populaire », mis en œuvre : 1. l'équivalence (qui fonde l'importance même du

moment anthropologique dans le système critique) entre
le problème de l'unité de la philosophie et la question de
l'homme (l'humanisme) ; 2. celle qui intervient entre la
fondation de l'humanisme et la réflexion sur l'histoire
comme *progrès* (expliquant ainsi la place prise par cette
thématique tout au long de l'*Anthropologie*) ; et enfin
3. celle qui s'établit entre cette question du progrès et
celle de l'avènement historique du *droit* (par où s'éclaire
la description finale du « caractère de l'espèce humaine »
par référence à sa capacité de s'approcher sans cesse
davantage de l'idéal d'une société civile administrant le
droit de façon universelle [1]).

1. La question « Qu'est-ce que l'homme ? » est apparue à Kant comme celle autour de laquelle « se laisse rassembler tout le champ de la philosophie ». Discerner le
principe de ce « rassemblement » suppose que l'on prenne
en compte la façon très particulière dont se pose à Kant
ce problème de l'unité de la philosophie ou du « passage »
entre la philosophie théorique et la philosophie pratique,
entre la philosophie de la nature et la philosophie de la
liberté : la première (*Critique de la raison pure*) pense les
objets de la nature, en tant que simples phénomènes,
comme soumis à la loi du déterminisme ; la seconde (*Critique de la raison pratique*) met au fondement de l'objectivité l'Idée de liberté, que l'on ne peut se représenter dans
l'intuition, autrement dit une « chose en soi ». En conséquence d'une telle division de la philosophie, il paraît
impossible de concevoir le moindre effet de la liberté
(chose en soi) dans la nature (phénomènes) – auquel cas,
la liberté n'ayant aucune influence dans la nature, on ne
voit pas quel sens pourrait avoir l'impératif moral d'agir
par liberté (= par devoir) : corrélativement, comment
pourrions-nous, dans ces conditions, juger un homme pour
ses actes, l'en tenir responsable, dès lors que de tels actes,
puisque s'inscrivant dans l'univers phénoménal, seraient
à penser comme pris dans le déterminisme naturel (et non
comme produits par la liberté) ? Bref, aussi bien pour

1. Voir les dernières pages de l'*Anthropologie*, IIe partie : « Traits
fondamentaux du caractère de l'espèce humaine ».

assurer l'unité de la philosophie (pour trouver une cohérence entre philosophie théorique et philosophie pratique) que pour sauver la philosophie pratique elle-même, il fallait pouvoir penser une synthèse de la nature et de la liberté. On comprend par là même pour quelles raisons expliciter le principe d'une telle synthèse, ce sera développer un discours sur l'homme : ne serait-ce en effet que dans la perspective esquissée par la solution de la troisième antinomie, l'homme est l'être qui se pense à la fois dans le registre de la nature et dans celui de la liberté, et si d'aventure cette dualité du sujet humain (nature/liberté) se pouvait approfondir en une articulation, la réponse à la question « Qu'est-ce que l'homme ? » (si l'on veut, l'humanisme) fournirait bien, *ipso facto*, le principe de l'unité de la philosophie. Par là s'expliquent non seulement l'importance prise par cette question de l'homme mais aussi, et plus précisément, la façon dont cette question sera développée dans l'*Anthropologie*, puisque, je vais y revenir encore, l'« anthropologie *pragmatique* » visée par Kant entend explorer ce que l'homme, comme *liberté*, fait de la *nature* présente en lui, donc analyser comment s'accomplit en lui l'appropriation de la nature par la liberté [1].

2. Si c'est ainsi sur le mode d'une « connaissance pragmatique de l'homme » (= d'une connaissance de l'homme comme passage de la nature à la liberté) que la philosophie critique recherche la médiation d'où elle peut recevoir sa cohérence, on aperçoit aussitôt ce qui, suscitant une seconde équivalence, fait de la philosophie de l'histoire, conçue comme progrès de l'espèce humaine (= comme culture), le terrain concret sur lequel une telle approche « pragmatique » de l'homme prend tout son sens. Car l'histoire, aussi bien dans l'*Idée d'une histoire universelle d'un point de vue cosmopolitique* (1784) que dans les § 83-84 de la *Critique de la faculté de juger* (1790), est décrite par Kant comme ce « progrès de la

---

1. Ce pourquoi précisément, par opposition à une anthropologie simplement *physiologique* (qui étudie ce que la nature a fait de l'homme), la Préface donne pour objet à l'anthropologie menée « d'un point de vue pragmatique » de scruter ce que l'homme, *en tant qu'être libre*, peut et doit faire de lui-même.

culture » qui développe en l'homme l'aptitude à dépasser la simple séduction des penchants et à se proposer de libres fins, donc à s'élever de la nature à la liberté, selon un processus infini qui fait de l'homme comme sujet de l'histoire (*individuelle* et *collective*), ou (ce qui revient au même) comme *être de progrès*, la médiation recherchée. De là vient que l'*Anthropologie* attache tant d'importance, en sa première partie, à tout ce qui – troubles mentaux, déficiences de l'esprit, maladies de l'âme (§ 45 sq.), affects (§ 74 sq.) et passions (§ 80 sq.) – peut priver l'homme de cette capacité d'arrachement à la nature en quoi consiste la liberté ; de là procède aussi la façon dont, en sa seconde partie, elle privilégie à ce point, dans ses développements sur le « caractère de l'espèce », la capacité de l'humanité « à se cultiver, à se civiliser et à se moraliser », selon le thème d'une « éducation collective du genre humain ».

3. Il reste alors, selon une dernière équivalence, à replacer dans ce processus de culture le progrès du droit : selon une argumentation développée plus largement dans les écrits juridico-politiques (des opuscules sur l'histoire à la *Doctrine du droit*), la condition sous laquelle se réalise, asymptotiquement, ce but final de la Providence qu'est l'élévation, en l'homme, de la nature à la liberté réside dans la construction politique d'un espace juridique. Car en résolvant, par le simple jeu de l'intérêt bien compris, le problème de savoir comment discipliner son égoïsme et le soumettre à la loi, l'homme (en l'occurrence : la nature en l'homme, puisque le seul ressort du progrès est l'égoïsme, s'apercevant qu'à se déployer sans frein et à faire de la société un champ de conflits incessants, il perd plus que ce qu'il gagne) devient capable de résister aux inclinations sensibles et donc de se proposer des « fins libres ». En ce sens, c'est en devenant sujet de droit, dans l'espace politique de la cité visant la réalisation de l'Idée républicaine, que l'homme comme sujet de l'histoire articule en lui la nature à la liberté. Plus précisément, le moment juridique, où la soumission à la loi est seulement extérieure, ne correspond pas encore à l'irruption véritable de la liberté : du moins la prépare-t-il, en pré-

parant la moralité, et c'est en tant que préparation à la liberté que le droit est médiation. Ainsi se révèle-t-il en tout cas qu'à travers l'explicitation du progrès de la culture en progrès du droit (ce dont s'acquittent les dernières pages de l'*Anthropologie*), se conquiert, à la question : « Qu'est-ce que l'homme ? », une réponse que Fichte venait de fournir lui aussi en 1796-1797, dans le *Fondement du droit naturel*, en définissant le propre de l'homme (= ce que l'humanisme valorise) en termes avant tout juridiques, à savoir par la « possibilité d'acquérir des droits [1] ». Ce par quoi l'humanisme criticiste s'affirme, chez Kant aussi bien que chez Fichte, comme un humanisme juridique.

À travers cette triple équivalence, où le problème de l'unité de la philosophie communique avec la question de l'homme, et celle-ci, successivement, avec celles de l'histoire comme progrès, puis du progrès comme réalisation politique du droit, on aperçoit donc en quel sens l'interrogation anthropologique pouvait apparaître à Kant comme le lieu où venaient se rassembler les questions décisives de la philosophie – en quel sens aussi c'est autour du projet anthropologique que les divers moments constitutifs de la théorie kantienne du sujet trouvaient le principe de leur articulation. Ce que manifesterait tout autant la façon dont s'organise, dans la texture même de l'œuvre, cette interrogation anthropologique, où l'on pourrait aisément repérer la trace de cette fonction synthétique reconnue par Kant au discours philosophique sur l'homme : si l'interrogation sur l'homme rassemble en effet les trois questions : « Que puis-je connaître ? », « Que dois-je faire ? », et « Que m'est-il permis d'espérer ? », ces trois questions correspondent respectivement aux trois facultés de l'esprit que distingue Kant, à savoir la faculté de connaître, le sentiment de plaisir (ou de peine) et la faculté de désirer ; or, le lecteur de l'*Anthropologie* ne peut manquer de constater que la première, et

---

1. J.G. Fichte, *Fondement du droit naturel*, trad. par A. Renaut, PUF, 1984, p. 394 : « Cela seul constitue le véritable droit de l'homme, qui revient à l'homme en tant qu'homme : la possibilité d'acquérir des droits. »

de loin la plus ample, des deux parties de l'ouvrage (Didactique anthropologique) se distribue selon trois livres correspondant explicitement à ces trois facultés dont avaient traité successivement les trois *Critiques*. Comme si les trois *Critiques* trouvaient ici, dans ces trois livres, des compléments à la faveur desquels il leur devenait possible de manifester pour ainsi dire visiblement l'unité interne qui leur est conférée, à partir de la troisième et de ses prolongements, par la problématique du passage entre nature et liberté. Unité dont il faut souligner d'ores et déjà, bien sûr, qu'elle n'est qu'une unité visée par la réflexion du philosophe, puisque la constitution républicaine n'est qu'une exigence (elle correspond à la « chose en soi elle-même », selon la formule de la *Doctrine du droit* [1]) : en ce sens, la théorie kantienne du sujet ne trouve son unité pour ainsi dire que dans un point de fuite, à quoi correspond l'*Anthropologie du point de vue pragmatique*.

Vis-à-vis de ce point d'aboutissement de la théorie kantienne du sujet, il faut convenir qu'assurément les successeurs de Kant pourront rêver pendant une trentaine d'années d'une unité plus assurée, ou qu'ils croiront plus assurée, et pour la mise en œuvre de laquelle ils feront prendre à la philosophie le virage de la spéculation : le sujet pratique, comme le sujet théorique, deviendront ainsi de simples moments dans l'autodéploiement unitaire d'un sujet absolu dont la thématisation philosophique n'aura plus rien de commun avec les exigences d'une philosophie critique de la subjectivité. Si Kant, toutefois, reste aujourd'hui plus près de nous que Hegel, il n'est pas interdit de penser que c'est sans doute, en très grande partie et pour des raisons qu'il va falloir creuser, parce qu'il a su ne jamais partager ce rêve ou cette illusion.

1. *Doctrine du droit*, Appendice, trad. par A. Renaut, in E. Kant, *Métaphysique des mœurs*, II, GF-Flammarion, 1994, p. 205.

## Chapitre V

## LE SUJET PRATIQUE

La transformation kantienne de la subjectivité fait surgir le sujet comme sujet pratique. À ce point du parcours, la détermination d'une telle conception de la subjectivité comme « postmétaphysique » reste toutefois suspendue à beaucoup de conditions. Je voudrais consacrer ce chapitre à tester la capacité ou l'incapacité du criticisme à remplir la première, et peut-être la plus délicate, de ces conditions sans lesquelles la fidélité de la tentative au paradigme du sujet en ruinerait définitivement la puissance de renouvellement : l'un des problèmes suscités par ce déplacement vers la philosophie pratique est en effet apparu être de déterminer si, en allant au-delà du sujet du schématisme, la théorie kantienne n'a pas aussi régressé en deçà des acquis, issus de la *Critique de la raison pure*, qui lui donnaient toute sa densité – à savoir la reconnaissance, si fortement accomplie dans le registre cognitif, de la radicalité de notre finitude. Kant pense la subjectivité en termes pratiques, mais cette subjectivité pratique, il la pense à son tour en termes d'autonomie de la volonté : toute la difficulté est alors de déterminer si faire ainsi de l'autonomie l'horizon de la pensée du sujet, ce n'est pas mettre en péril l'idée même de finitude radicale, et réassumer *ipso facto* les formes les plus éculées du paradigme subjectiviste.

*Le problème du sujet pratique*

De fait peut-on et doit-on se demander ce que devient la théorie de la finitude radicale après la *Critique de la raison pure*. Je l'ai rappelé : cette preuve négative de la théorie de la finitude que constituait la Dialectique transcendantale avait pris notamment la forme d'une critique de l'argument ontologique. Prétendant déduire l'existence de Dieu à partir de son concept, la théologie rationnelle en faisait une détermination comme les autres, un élément du concept, sans voir que l'existence est, non « un prédicat réel » (un élément de la définition de la chose), mais « la position de la chose avec tous ses prédicats » ; en conséquence, dans la logique de l'argument ontologique, se trouvait proprement oublié (au sens fort d'un tel oubli) que l'existence correspond à une dimension extra-conceptuelle du réel et, comme telle, requiert une ouverture (celle de l'intuition) à l'apparition phénoménale de la chose. Ce lien entre la réfutation de l'argument ontologique et la théorie de la finitude radicale est toutefois si essentiel à la compréhension de la critique kantienne de la métaphysique qu'il mérite encore d'être approfondi : la difficulté qui se rattache au destin de la finitude dans la sphère pratique n'en ressortira ensuite que plus nettement.

Parce que le concept est une « représentation générale », il ne nous fournit jamais que la propriété commune aux objets d'une même classe, mais ne nous permet en aucun cas d'appréhender l'existence, toujours particulière, des objets de cette classe – ce pourquoi la saisie du particulier dans son existence exige une autre source de connaissance, qui est l'intuition :

« Toutes les connaissances, c'est-à-dire toutes les représentations rapportées consciemment à un objet sont ou bien des intuitions ou bien des concepts – l'intuition est une représentation singulière, le concept est une représentation générale [1]. »

Vouloir déduire l'existence à partir du concept consiste donc à méconnaître cette distinction. D'une telle mécon-

---

1. *Logique*, trad. citée, p. 99.

naissance, l'argument ontologique de la théologie rationnelle est l'exemple prototypique. Mais, plus généralement,
c'est toute la métaphysique, en tant qu'elle « s'élève entièrement au-dessus de l'enseignement de l'expérience, et
cela par de simples concepts », qui, visant à connaître
l'existence particulière par concepts, possède la structure
de l'argument ontologique : à travers ce passage du
concept au réel, toute métaphysique est au fond idéaliste,
au sens où elle présuppose une ontologie de l'identité
entre le concept et la chose, entre le réel, y compris l'existence, et le rationnel. Face à cet argument ontologique
généralisé que constitue, comme l'a souligné le dernier
Schelling, la philosophie spéculative, la démarche kantienne situe la finitude radicale de la connaissance
humaine dans l'indéductibilité de la matière du concept
(= l'existence de l'objet) à partir de sa forme (= la propriété universelle qu'il énonce) : cette philosophie de la
finitude s'apparente donc bien, au plan théorique, à une
critique généralisée de l'argument ontologique, faisant
resurgir entre le réel et le rationnel un moment de différence, si l'on veut une différence ontologique, et condamnant toute tentation du sujet de poser l'existence à partir
de sa propre pensée.

Or, c'est précisément vis-à-vis de cette orientation
essentielle de sa philosophie théorique que le criticisme
se pose à lui-même un redoutable problème de cohérence
lorsqu'il aborde le champ de la philosophie pratique. Dans
le domaine pratique, le sujet semble en effet ne plus être
ouverture, réceptivité, mais bel et bien autoposition : car
qu'est-ce qu'agir moralement, dans la perspective définie
par la *Critique de la raison pratique*, si ce n'est poser
dans l'être un acte dont la maxime soit conforme à la loi
de la raison en tant que pratique ? En ce sens, n'assiste-
t-on pas ainsi à une sorte d'argument ontologique pratique, où le sujet autonome, du fait qu'il conçoit une fin
comme bonne, l'inscrit dans le réel par son action ? À
travers ce passage de la pensée à l'existence, la philosophie pratique risque d'apparaître paradoxalement centrée
sur la structure même (celle de l'argument ontologique)
dont la philosophie théorique faisait l'emblème de la

métaphysique : dans ces conditions, que peut devenir la théorie de la finitude radicale qu'avait fondée la *Critique de la raison pure* ? Du sujet théorique au sujet pratique, du sujet ouvert de l'Esthétique transcendantale au sujet autonome, n'y a-t-il pas dépassement de la finitude ou, pour reprendre une expression de Cassirer, « percée » vers l'infini ?

Si tel devait être le cas, toute une série de conséquences s'ensuivrait : non seulement il serait envisageable, de ce fait, de désigner dans la philosophie pratique une rechute du criticisme vers la « métaphysique de la subjectivité », non seulement la finitude, radicale dans la première *Critique*, serait à nouveau relativisée (par rapport à l'absoluité du sujet pratique), mais aussi l'idée d'autonomie, pivot de toute la philosophie pratique kantienne, se révélerait précisément comme cela même qui contraindrait une théorie du sujet à s'évader hors de cette thématique de la finitude dont une pensée revenue des illusions de la métaphysique semblait pourtant devoir faire son horizon indépassable. En l'occurrence, alors que la philosophie théorique de Kant paraissait en avoir sapé les assises, l'« humanisme classique » se réinstallerait en force dans sa philosophie pratique. On comprend dès lors sans peine pourquoi l'important débat qui, sur les problèmes de l'interprétation du kantisme, opposa Cassirer et Heidegger à Davos, en 1929, ne pouvait qu'accorder une place toute particulière à la question du sujet pratique [1] : là se joue en effet, en même temps que la cohérence du criticisme, la possibilité de réemprunter aujourd'hui, sans pour autant « revenir à Kant », certaines des pistes sur lesquelles, suivi par Fichte, il s'était résolument engagé.

## L'interprétation heideggerienne de la finitude pratique

Le § 30 de *Kant et le problème de la métaphysique* s'attache à fournir une interprétation de la *Critique de la raison pratique* qui serait compatible avec le projet que

---

1. E. Cassirer, M. Heidegger, *Débat sur le kantisme et la philosophie (Davos, mars 1929), et autres textes de 1929-1931*, op. cit., 1973.

Heidegger décèle par ailleurs dans la *Critique de la raison pure* : celui d'une pensée de la finitude radicale faisant vaciller sur ses bases, du moins dans la première édition de l'ouvrage, la métaphysique de la subjectivité. Pour comprendre ce qu'une telle interprétation imposait à Heidegger concernant la partie pratique de la philosophie kantienne, il faut avoir à l'esprit ce qui fait, du point de vue de la théorie de la finitude, l'essentiel de cette lecture de la première *Critique* – savoir que la finitude du sujet théorique serait, chez Kant, intrinsèque.

La finitude de la connaissance lui est apparue de fait, j'ai rappelé pourquoi, comme une question de structure, non de degré. Constat qui rognait les ailes, certes, à bien des ambitions et coupait court à la fascination du rationalisme pour le savoir absolu, mais qui, aujourd'hui, fait surgir en même temps, vis-à-vis du criticisme, une interrogation difficile à contourner : que peut-il en être de la raison *pratique* dans ce dispositif de l'esprit fini, et que devient, dans ce registre, cette « réceptivité originaire » qui fait la radicalité de la finitude théorique ?

Fidèle à la logique de son interprétation, Heidegger s'est essayé à retrouver au plan de la moralité elle-même la structure de cette réceptivité *a priori* qui correspond à l'intuition pure. Dans cette optique, le très important et profond § 30 de *Kant et le problème de la métaphysique* s'attache à ce qui en apparaît à Heidegger comme l'équivalent pratique, à savoir le sentiment pur du respect : de même que le concept est lié intrinsèquement à l'intuition et possède dans le schème la structure d'une réceptivité *a priori*, de même la loi morale (qui renvoie, comme le concept, à une dimension de spontanéité de l'esprit, en l'occurrence à la spontanéité de la liberté comme volonté autonome) serait indissolublement liée au sentiment pur qu'est le respect, avec sa dimension de réceptivité. Bref : la loi morale serait au respect ce que le concept est à l'intuition, et, dans un cas comme dans l'autre, la mise en relation des deux termes engagerait directement l'imagination transcendantale – entendue comme cette structure selon laquelle la réceptivité s'inscrit au cœur de la spontanéité [1]. Hypothèse passionnante, on en conviendra volontiers, mais dont l'intelligibilité suppose néanmoins que l'on aperçoive avec clarté pourquoi c'est justement le respect qui pourrait être investi d'une telle fonction.

L'explication est en réalité assez simple. Le sujet en tant que tel se caractérise par la conscience de soi, comme aperception pure, comme conscience de l'identité du « je pense » qui accompagne toutes les représentations. Se demander ce qu'il peut en être du sujet pratique, c'est donc considérer cette « conscience de soi pratique » qui, ici aussi, doit accompagner toute activité du Moi. Or, le Moi pratique, qui constitue « l'essence propre de l'homme », Kant le nomme aussi, rappelle Heidegger, la « personne ». Tenter de cerner la subjectivité du sujet pratique équivaut par conséquent à chercher « en quoi consiste l'essence de la personnalité de la personne ». La réponse est alors empruntée à *La Religion dans les limites de la simple raison* : « La personnalité est [...] l'idée de la loi morale avec le respect qui en est inséparable. » L'essence du sujet pratique serait donc située dans la conscience de la loi morale, laquelle loi, comme nos concepts théoriques, renvoie bien en effet à une dimension de spontanéité (puisqu'elle est autoposée), mais sur un mode tel que nous ne pouvons avoir conscience de cette loi comme loi morale que si nous la recevons à travers le respect en tant que sentiment pur. Où l'on voit aisément que la détermination du respect, dans cette lecture, s'établit à l'évidence par analogie avec celle de l'intuition pure : de fait s'agit-il, là aussi, d'une dimension minimale de sensibilité, et qui plus est d'une sensibilité *a priori*, puisque le respect, à la différence des sentiments empiriques, est un sentiment présent nécessairement en tout homme, donc non soumis aux aléas du caractère empirique. Le respect apparaît ainsi à Heidegger comme ce moment de réceptivité à l'égard de la loi morale qui

1. M. Heidegger, *Kant et le problème de la métaphysique*, trad. citée, p. 213 : « Si la raison finie est réceptive en sa spontanéité même et, pour cela, dérive de l'imagination transcendantale, la raison pratique se fonde nécessairement sur cette dernière » – cela à travers le sentiment du respect.

constitue le sujet pratique en lui conférant, à lui aussi, une dimension d'ouverture, donc de transcendance : « le respect est ce qui nous ouvre à la loi », et, ce faisant, le « respect pour la loi, c'est-à-dire cette manière spécifique de dévoiler la loi comme fondement de la détermination de l'agir, est en soi un dévoilement de moi-même comme soi agissant ». La conscience, procurée par le respect, de la loi comme loi morale me donne aussi conscience de moi-même comme le sujet de cette loi, comme celui dont cette loi est la loi :

« Ce que respecte le respect, c'est-à-dire la loi morale, la raison se le donne à elle-même en tant qu'elle est libre. Le respect à l'égard de la loi est respect à l'égard de soi-même en tant que ce Soi refuse de se laisser déterminer par la présomption et l'amour-propre [1]. »

Si bien que le respect, ainsi compris, est avant tout respect de la personne, au sens où l'indique Kant lui-même : « Le respect est toujours relatif aux personnes, jamais aux choses [2]. » En montrant que l'essence de la subjectivité pratique réside dans ce sentiment où l'on a conscience de la loi morale et de soi-même comme personne (sujet moral), Heidegger retrouverait donc comme constitutive de la subjectivité pratique une dimension de réceptivité : une réceptivité inscrite cette fois au cœur de la spontanéité pratique (autonomie), laquelle apparaît ainsi à son tour comme spontanéité réceptive, c'est-à-dire comme imagination transcendantale, et, de ce fait, comme finitude radicale. En situant l'essence du sujet pratique dans la personne (conscience de la loi morale), et non dans le caractère intelligible intemporel (noumène), Heidegger peut alors conclure que la théorie kantienne du sujet est homogène et cohérente, qu'elle est de part en part une théorie du sujet comme radicalement fini : en ce sens, malgré la prétendue rechute de Kant dans la métaphysique, cette théorie fournirait à vrai dire la plus belle préfiguration de ce que Heidegger lui-même devait entre-

1. *Ibid.*, p. 215.
2. *Critique de la raison pratique*, première partie, livre I, chapitre III.

prendre pour sa part dans *Être et Temps* sous le nom d'« analytique du *Dasein* ».

Comme on sait, Heidegger estime toutefois qu'un an avant la publication de la *Critique de la raison pratique*, dans la deuxième édition de la *Critique de la raison pure*, Kant avait eu la « faiblesse » de rétablir à certains égards la primauté de l'entendement sur l'imagination : déplacement qui bien évidemment, selon Heidegger, aurait eu, comme on le verra plus loin, certains retentissements regrettables sur la *Critique de la raison pratique* elle-même. Reste que, globalement, pour ce qui, en elle, demeurerait fidèle à l'esprit de l'édition originale de la première *Critique*, la réflexion sur le Moi pratique n'annulerait pas ce par quoi la théorie kantienne du sujet avait ouvert une brèche, hélas vite colmatée par Kant lui-même, dans l'histoire de la subjectivité.

Cette lecture, incontestablement brillante, est-elle pour autant tenable ? Plus précisément : la thématique du respect constitue-t-elle réellement un analogue pratique de la notion d'intuition pure, et est-ce bien à ce niveau, si finitude pratique il y a, qu'il convient de l'enraciner ? Ou encore : le contenu de la théorie du sujet, dans la philosophie pratique, est-il vraiment homogène avec le contenu de la théorie du sujet développée dans la *Critique de la raison pure* ? C'est en ce point décisif que la discussion de la lecture heideggerienne par Cassirer m'est apparue depuis longtemps comme étant d'une importance toute particulière et dépassant de loin le cadre de ce célèbre débat.

### *Cassirer critique de Heidegger : le statut du sujet pratique*

On ne saurait apprécier comme elles le méritent les objections de Cassirer [1] sans observer tout d'abord que, dans l'ensemble, celui-ci a fort bien saisi – ce qui, après tout, n'était pas évident sans disposer du recul dont nous-

---

1. Le document essentiel est le compte rendu du *Kantbuch* paru en 1931 dans les « Kantstudien » : *Remarques sur l'interprétation de Kant proposée par M. Heidegger dans* Kant et le problème de la métaphysique, trad. in *Débat sur le kantisme, op. cit.*, p. 53 sq.

mêmes bénéficions aujourd'hui – le projet heideggerien de prendre pour point de départ et guide de toute l'interprétation de Kant la notion de finitude radicale [1]. De même a-t-il parfaitement compris en quel sens Heidegger conçoit la finitude kantienne, comme « dépendance originaire et essentielle de toute connaissance dérivée » à l'égard d'une « donation », et comment la théorie de l'imagination transcendantale a pour fonction de montrer que l'entendement et même la raison sont liés intrinsèquement à l'intuition, donc à la finitude. Il admet même, à juste titre et contre tant de lectures scolaires de Kant, que la finitude théorique, ainsi conçue, n'implique nul relativisme : le concept d'entendement intuitif, qui limite la connaissance humaine, ne renvoie pas en effet, souligne-t-il, à un absolu réel par rapport auquel la connaissance finie ne serait qu'un moindre-être, mais désigne seulement un « problème » (*Aufgabe*), si l'on veut : une Idée ; ne définissant nulle « limite réelle à laquelle se heurterait notre connaissance », l'entendement intuitif est donc seulement « un concept-limite qu'elle se pose d'elle-même, qu'elle s'impose à elle-même pour limiter les prétentions de la sensibilité » (= pour limiter la tendance naïvement réaliste de la sensibilité à croire que les choses existent toutes faites hors de la conscience et que je ne fais que les recevoir telles qu'elles sont). La discussion de l'interprétation heideggerienne que Cassirer entreprend repose donc sur une lecture suffisamment compréhensive et fidèle pour que les objections soient significatives et méritent un examen attentif.

Parmi ces objections, je mentionne uniquement pour mémoire celle qui concerne la finitude de l'entendement : tout en admettant la dépendance générale de l'entende-

---

1. À preuve sa présentation du principe qui anime la lecture de Heidegger : « Cette ascension de la connaissance qui semble s'accomplir lorsqu'on s'élève de la sensibilité à l'entendement et de l'entendement à la raison ne peut en aucun cas signifier que nous échappions aucunement à la finitude ni que nous puissions jamais en avoir définitivement terminé avec elle. Le lien originaire avec l'intuition ne peut jamais être rompu, la dépendance qu'il entraîne ne peut jamais être brisée » (*op. cit.*, p. 61).

ment à l'égard de l'intuition, Cassirer essaye d'atténuer
cette dépendance en soulignant que c'est l'entendement
qui constitue l'intuition [1]. Argument qui peut certes déconcerter dans sa forme, mais qui vise en fait de façon aisément compréhensible ce que Kant appelle l'« intuition formelle », à savoir l'espace construit des mathématiques,
dont la *Critique* montre qu'il est effectivement façonné
par une synthèse de l'entendement [2]. Il n'y avait là cependant rien qui pût véritablement ébranler la lecture de Heidegger, lequel avait en effet déjà répondu, comme par
avance, dans le § 28 de son *Kantbuch* : lorsque Kant
évoque l'espace des mathématiques, il mentionne en effet
le « concept d'espace » et le distingue avec soin de l'intuition de l'espace. De fait, le concept mathématique d'espace est bien une abstraction scientifique produite à partir
des intuitions empiriques d'objets du sens externe, lesquelles supposent toutefois déjà la forme de l'espace, qui
n'a plus rien à voir, elle, avec un concept. Au demeurant,
la preuve qu'il ne faut pas confondre les deux espaces
réside à l'évidence en ceci que l'espace comme intuition
est une « grandeur infinie donnée », alors que l'espace
mathématique est toujours limité et n'est pensé comme
infini que par abstraction des limites. Que le concept
mathématique d'espace soit donc constitué par l'entendement, ce n'est nullement douteux, mais cette constitution de l'espace mathématique n'annule en rien le fait que,
même à travers cette activité, l'entendement se trouve sous
la dépendance de l'intuition.

La discussion de la thèse heideggerienne ne prend en
réalité sa véritable ampleur que lorsque Cassirer aborde la
raison pratique et conteste doublement qu'ici aussi une
réceptivité originaire définisse la structure de la subjectivité. L'interlocuteur de Heidegger lui objecte tout d'abord
que, si l'entendement et la raison théorique restent en un
sens liés à la sensibilité, ce n'est pas le cas de la raison
pratique : « Cette situation se modifie selon Kant dès que

---

1. *Ibid.*, p. 65.
2. *Critique de la raison pure*, B 161. Voir aussi *Réponse à Eber-
hard*, trad. R. Kempf, Vrin, p. 63.

nous considérons la raison non plus simplement d'un point de vue théorique mais " d'un point de vue pratique ". » Car avec l'« absolu » qui correspond à l'Idée de liberté, elle ose finalement franchir le pas décisif vers le pur « intelligible », à la fois suprasensible et supratemporel. Ce que Cassirer appuie d'un passage de la *Critique de la raison pure* :

« Supposons toutefois qu'il se trouve par suite, non pas dans l'expérience, mais dans certaines lois de l'usage pur de la raison qui ne sont pas de simples règles logiques, mais bien des lois établies *a priori* et concernant notre existence, une occasion de nous supposer entièrement *a priori* législateurs à l'égard de notre propre existence et même comme autodéterminant cette existence : se découvrirait ainsi une spontanéité par laquelle notre réalité effective serait déterminable, sans qu'il fût besoin en outre des conditions de l'intuition empirique ; et nous nous apercevrions alors que, dans la conscience de notre existence, se trouve contenu *a priori* quelque chose qui peut servir à déterminer cette existence, qui n'est déterminable complètement que de façon sensible, mais pourrait cependant ainsi être déterminé, quant à un certain pouvoir interne, relativement à un monde intelligible (constituant certes un simple objet de pensée) [1]. »

L'objection est difficile à apprécier, dans la mesure où le raisonnement doit d'abord être reconstitué. Cassirer accorde en fait à Heidegger que la raison théorique ne sort pas de la chaîne de la finitude et reste toujours, en dernière instance, liée au temps. À preuve le fait que, lorsque la raison croit dépasser l'expérience (en transformant les Idées en prétendus objets de connaissance), non seulement elle tombe dans des sophismes et ce qu'elle pense n'a pas de vérité (puisque son objet n'existe pas), mais plus encore ce qu'elle pense n'a pas même de signification : une Idée, pas plus qu'aucun autre concept général, ne saurait en effet avoir de signification qu'en se rapportant au sensible ; or, ce rapport au sensible, qui, pour les concepts de l'entendement, est procuré par le schème, ne saurait

---

1. *Critique de la raison pure*, B 430-431, trad. citée, p. 415-416.

l'être, pour les Idées, que médiatement, en tant qu'elles se font principes régulateurs pour l'usage de l'entendement, qui, lui, se rapporte à l'intuition, donc au temps. En résumé, les Idées de la raison n'ont ni vérité ni sens si on ne les ramène pas d'une certaine façon à l'intuition, ce qui s'accomplit à travers leur utilisation purement régulatrice à l'égard du travail de l'entendement [1]. Finitude de la raison théorique, donc, mais dont il serait difficile, estime Cassirer, d'imaginer un analogue pour la raison pratique.

Les concepts pratiques, étant des catégories de la liberté, ne peuvent en effet (à cause du dualisme des phénomènes et des noumènes) entretenir quelque rapport que ce soit, même médiat, avec le contenu d'une intuition. Comment ne pas envisager dès lors – et c'est là, en tout cas, ce que fait Cassirer – que la raison pratique puisse échapper à ce qu'implique la théorie de la signification des concepts généraux, à savoir que rien ne puisse être pensé, comme doté d'un quelconque sens, à quoi ne corresponde une présentation empirique [2] ? Mais, dans cette hypothèse, comment les concepts pratiques – ce que Kant nomme les « catégories de la liberté » – peuvent-ils être applicables, donc représentables, s'ils n'entretiennent nulle relation avec l'intuition ? La question, on le perçoit aisément, revient à se demander comment la raison pratique est capable, selon l'expression de Cassirer, de « franchir le pas décisif vers le pur intelligible ». Problème que la deuxième *Critique* résout à travers cet analogue du schématisme que constitue la « Typique de la faculté de juger pure pratique » : nous rencontrerons d'un tout autre point de vue ces pages difficiles dans le prochain chapitre, mais, si nous en tenons compte par anticipation, il convient en tout cas, sur le point qui nous préoccupe ici, de donner raison à Cassirer, puisque, dans la Typique, la présentation des concepts pratiques s'opère sans relation intrinsèque à l'intuition et sans temporalisation : c'est par

1. Il faut ici se reporter à la théorie du *focus imaginarius* (B 672).
2. Sur ces conditions de la signification des concepts, cf. *Qu'est-ce que s'orienter dans la pensée?,* trad. par A. Philonenko, Paris, Vrin, 1978, p. 75.

référence à un élément purement conceptuel (la forme de la légalité dans la nature) que les concepts moraux (les diverses déterminations conceptuelles possibles de la soumission à la loi) acquièrent une représentabilité. Nulle ouverture à la temporalité n'interviendra donc à ce niveau : si finitude pratique il y a, ce ne saurait dès lors être à travers la présence, au cœur de la raison pratique, de la structure de l'imagination transcendantale.

Ce premier point, certes important, une fois marqué, Cassirer renforce son argumentation en contestant le rôle accordé par Heidegger au sentiment du respect, conçu comme cette dimension de spontanéité réceptive qui permettrait de retrouver malgré tout dans la raison pratique une finitude analogue à celle de la raison théorique. Là encore à juste titre, Cassirer souligne avec facilité que Kant distingue rigoureusement la loi morale et le sentiment de la loi. Objection dont la portée n'est en fait perceptible que par rapport à la stratégie de Heidegger : celui-ci n'a isolé dans la raison pratique une dimension de réceptivité qu'en ramenant la loi au respect, donc en identifiant la production de la loi à la conscience de la loi, comme si le contenu même de la loi morale n'était donc pas séparable du respect. Réponse lapidaire, mais incontestable de Cassirer : « Le contenu de la loi morale ne se fonde nullement selon Kant sur le sentiment du respect ; celui-ci n'en constitue pas le sens. Ce sentiment indique purement et simplement la manière dont la loi, absolue en soi, est représentée dans la conscience empirique finie ; il n'appartient pas à la fondation de l'éthique kantienne, mais à son application [1]. » Là encore, il ne faut pas hésiter, si l'on veut en faire ressortir le sens, à expliciter les termes du débat :

– Soucieux de repérer dans la raison pratique cette réceptivité *a priori* où il voit le signe d'une authentique finitude, Heidegger rabat la production de la loi (la raison pratique elle-même) sur la conscience de la loi (le respect) : de même que la raison théorique ne produit rien si elle n'entretient un rapport direct ou indirect à l'expé-

---

1. *Débat sur le kantisme, op. cit.,* p. 70 sq.

rience possible, donc à une dimension de donation spatiale, de même l'activité de la raison pratique (production
de la loi) ne serait pas concevable sans la réceptivité du
respect.

   – La réplique de Cassirer consiste ici à rétablir une évidence : la fondation de la loi (l'activité de la raison pratique) n'est nullement engagée par la conscience de la loi.
En clair : la raison pratique n'a en rien besoin de la réceptivité du respect pour fonctionner, mais elle est pure spontanéité, ce pourquoi, précisément au niveau de la raison
pratique, se mettrait en place une figure de la subjectivité
où s'accomplirait une sorte de « percée vers l'infini » – si
du moins la seule finitude concevable était-elle celle qui
a la structure d'une réceptivité originaire.

   L'enjeu de cette discussion apparemment technique
est si central, pour une tentative désireuse de situer le
criticisme par rapport aux divers dispositifs de la métaphysique de la subjectivité, que l'on ne saurait faire
l'économie d'un examen attentif des arguments mobilisés par Cassirer en vue de disjoindre respect et raison
pratique. La principale preuve de la réalité d'une telle
disjonction réside à ses yeux dans la distinction, souvent
mal comprise par les interprètes, que Kant opère entre
l'homme et l'être raisonnable fini : en vertu de cette
distinction, l'homme n'apparaît que comme une figure
particulière de l'être raisonnable fini, et la finitude de
ce dernier s'entend au sens d'une finitude purement
rationnelle, non sensible, qui s'exprime seulement dans
la différence entre être et devoir-être. En explicitant l'argument : pour un être infini, la loi morale est un être ;
pour un être fini, elle est un devoir-être, sans qu'il soit
indispensable que ce devoir-être prenne la forme qu'il
adopte pour ce type particulier d'être fini qu'est
l'homme, à savoir la forme d'un devoir reçu par la sensibilité à travers le sentiment pur du respect.

   La distinction entre l'homme et l'être raisonnable fini,
absente dans la première édition de la *Critique de la raison pure*, intervient implicitement, dans la seconde, dès le
§ 1 de l'Esthétique transcendantale, où Kant ajoute une
précision significative à la phrase : « Cette dernière

[= l'intuition] n'intervient que dans la mesure où l'objet nous est donné ; mais cela n'est à son tour, *du moins pour nous hommes,* possible que parce que l'objet affecte l'esprit sur un certain mode », c'est-à-dire selon les formes spatio-temporelles de la sensibilité (B 33). L'ajout précise ainsi que la finitude spatio-temporelle (sensible) n'est que la forme humaine de la finitude, mais qu'il peut y avoir d'autres êtres raisonnables finis dont la finitude ne prendrait pas la forme de la réceptivité sensible. Forgée entre les deux éditions de la *Critique de la raison pure,* la distinction passe ensuite logiquement dans la *Critique de la raison pratique,* d'autant plus aisément d'ailleurs qu'elle avait été déjà utilisée dans le registre pratique par la *Fondation de la métaphysique des mœurs* de 1785, où elle était sans doute apparue pour la première fois : « On ne peut disconvenir que la loi qui s'y [= au concept de moralité] rattache soit d'une signification si étendue qu'elle devrait valoir, non seulement pour des hommes, mais *pour tous les êtres raisonnables en général*[1]. » Ainsi la loi morale, dont la suite réaffirme qu'elle est « une prescription universelle pour tout être raisonnable » et non pas une norme ne valant « que sous les conditions contingentes de l'humanité », a-t-elle, comme production de la raison pratique, une signification et une validité, donc une consistance, indépendamment de sa réception par la sensibilité sous la forme du respect. On comprend dès lors l'exploitation que Cassirer va pouvoir faire de ces précisions : « C'est là que réside au fond l'objection véritable et essentielle que j'ai à élever contre l'interprétation de Kant par Heidegger : en cherchant à rapporter, voire à réduire tout pouvoir de connaître à l'imagination transcendantale, Heidegger aboutit à ce qu'il ne lui reste plus qu'un seul plan de référence, celui de l'existence temporelle. La distinction entre phénomène et noumène s'efface et se nivelle : tout être appartient désormais à la dimension du temps et par là même à la finitude. Ainsi se trouve écarté le pilier

---

1. *Fondation de la métaphysique des mœurs,* IIe section, trad. par A. Renaut, in E. Kant, *Métaphysique des mœurs,* I, GF-Flammarion, 1994, p. 80.

central sur lequel repose l'ensemble de l'édifice de la pensée kantienne et sans lequel il ne peut que s'écrouler. Kant ne soutient jamais un tel monisme de l'imagination : il s'attache à un dualisme décidé et radical, au dualisme du monde sensible et du monde intelligible. Car sa question n'est pas celle de l'être et du temps, mais celle de l'être et du devoir-être [...] [1]. »

En d'autres termes : la finitude de la raison pratique, s'il en est une, serait celle de tout être raisonnable fini qui, en tant que tel, distingue être et devoir-être. Cette finitude est en fait impliquée analytiquement par l'idée même de moralité ou de raison pratique : un être infini n'a en effet pas à choisir entre des fins, il n'a pas même de fins à se proposer, comme l'a bien vu Spinoza en critiquant la notion d'un libre arbitre divin. Mais si l'idée même de raison pratique inclut en elle celle d'un manque d'être, donc suppose une dimension de finitude, la finitude pratique n'a pour autant plus rien de commun avec la structure de l'imagination, avec la réceptivité originaire de la raison théorique : si donc, comme Heidegger, on définit la finitude radicale par la réceptivité sensible originaire, il faut alors convenir que, de la raison théorique à la raison pratique, il s'opère bien plutôt une percée hors de la finitude (ainsi entendue) qu'une confirmation de la structure imaginative de la rationalité et de la subjectivité. La subjectivité pratique, pour finie qu'elle soit (le sujet pratique, parce qu'il se représente un devoir-être, est par définition un être raisonnable fini), est conçue entièrement en termes de spontanéité, de productivité de la loi et d'autoposition : où l'on retrouve donc cette structure du sujet autonome qui, en agissant selon la loi, pose dans l'être ce qu'il a conçu comme devant être et évoque singulièrement l'Absolu comme autoposition. Rien ici, en tout cas, qui semble reprendre quelque chose de cette dimension d'ouverture dont la mise en évidence par la *Critique de la raison pure* faisait de la philosophie critique le lieu où risquait de s'élaborer une conception postmétaphysique du sujet : auquel cas, si, à travers la lecture de Cassirer, est atteint

1. *Débat sur le kantisme, op. cit.*, p. 72.

le dernier mot de la conception kantienne de la subjectivité pratique, c'est le projet même de séparer le paradigme du sujet et sa version métaphysique qui semble infirmé par le trajet de Kant.

### L'humanisme critique

De ce débat sur la raison pratique l'issue réside à l'évidence dans l'interprétation que l'on donne de l'apparition de la distinction entre homme et être raisonnable fini. Pourquoi Kant, après la première édition de la *Critique de la raison pure*, a-t-il ainsi réduit la finitude humaine à une simple spécification de la rationalité finie ? Selon la réponse qui est fournie à une telle question, le sens même de la distinction sera tout différent – ce qui ne saurait manquer de retentir sur le problème général du statut du sujet pratique.

Une première interprétation de la distinction entre l'homme et l'être raisonnable fini avait été produite par Schopenhauer et l'on sait qu'elle ne manquait pas d'imagination, puisqu'elle consistait à rapporter la distinction à la soudaine prise en compte par Kant des « chers petits anges », qui certes sont des êtres finis, mais dont la finitude ne se manifeste pas spécialement à travers les structures de leur sensibilité. Plus sérieuse en apparence est une explication devenue courante chez certains héritiers de Heidegger. Dans un article polémique, Jean-François Lyotard entreprend de discuter ce qu'il désigne comme l'« interprétation de Kant » que Luc Ferry et moi aurions ébauchée dans *La Pensée 68* :

« Quand Ferry et Renaut se réclament de "l'humanisme kantien" pour condamner ceux qui "veulent rendre la philosophie inhumaine", ils ne comprennent rien à Kant – car la pensée de Kant n'est pas un humanisme [1]. »

1. J.-F. Lyotard, « La police de la pensée », *L'Autre Journal*, décembre 1985, p. 27-35.

Si, ici du moins, je comprends bien : Kant aurait beau avoir fait de la question « Qu'est-ce que l'homme ? », comme on l'a rappelé à la fin du précédent chapitre, celle qui rassemble toutes les interrogations constitutives de la philosophie, il n'en demeurerait pas moins que la lecture « humaniste » de son œuvre serait une grave méprise. La justification de ce jugement pour le moins péremptoire tient en peu de mots :

« Kant y revient sans cesse, " l'Homme " n'est pas le destinataire de l'impératif catégorique : ce dernier s'adresse à tous les " êtres raisonnables finis ". Comme principe pur de la raison pratique, la Loi morale est, au sens strict, inhumaine. »

Ainsi, conclut Lyotard, ce que « l'humanisme Ferry-Renaut » ne comprend pas, c'est que le moment essentiel de la philosophie pratique, « dans la perspective de Kant », consistait à « dégager l'instance in-humaine de la Loi », à « faire son droit à l'inhumain ». Emportés par ce qui était alors notre objectif, à savoir une mise en cause de l'antihumanisme contemporain, Ferry et moi n'aurions donc pas vu que Kant lui-même, malgré quelques apparences, avait développé une philosophie pratique située au-delà des normes de l'humain : nous n'aurions pas assez prêté attention, notamment, à cette distinction entre homme et être raisonnable fini, que Kant aurait introduite justement pour montrer que la loi morale ne s'adresse pas à l'homme, que la raison pratique n'est pas l'expression de l'« humanité » – en résumé, pour définir une éthique dont l'homme ne serait pas le centre, une éthique enfin décentrée par rapport à l'homme, échappant à ce recentrement ou à cette concentration de toute réflexion autour de l'humain qui définissent, depuis l'avènement des Temps modernes, l'humanisme et la métaphysique de la subjectivité. Morale, si j'ose dire, de l'affaire : à travers cette distinction sans apparence, se manifesterait que, comme l'avait perçu Heidegger contre Cassirer et le néo-kantisme, le criticisme n'était pas seulement une étape dans l'accomplissement de la modernité humaniste, mais constituait aussi le lieu où l'installation de l'humain comme norme de tout agir et de tout jugement se trouve mise en question et ébranlée jusque dans ses plus ultimes racines. De cet ébranlement, Heidegger avait eu l'immense mérite d'entrevoir à sa manière l'ampleur : les trop raisonnables « néokantiens » (réels ou supposés), au contraire, n'auraient eu de cesse, avant comme après lui, de colmater la brèche en reconstruisant un Kant plus « présentable » au regard de notre tradition culturelle – alors même que, ni humaniste ni antihumaniste, la pensée de Kant se situerait au-delà de cette opposition de l'humain et de l'inhumain qui reste prisonnière des valeurs de la modernité, et pour tout dire de la métaphysique.

Cette appréhension du kantisme, et notamment l'usage ainsi fait de la distinction entre homme et être raisonnable fini, continue de m'apparaître comme d'une insondable sottise [1]. Par pure charité, on s'empressera tout d'abord de rectifier une bévue qui n'engage pas l'ensemble de l'interprétation, mais l'affaiblit : il est en toute rigueur interdit d'écrire sérieusement que, selon Kant, « " l'Homme " n'est pas le destinataire de l'impératif catégorique » (à preuve au demeurant, si besoin était, l'apparition explicitée, dans la dernière formule de l'impératif, de la notion d'homme). Ce qu'en réalité Lyotard voulait indiquer, comme il l'écrit d'ailleurs ensuite, c'est que l'homme n'est pas le destinataire de la loi morale : en revanche, le destinataire de l'impératif catégorique est bien sûr l'homme (et non l'être raisonnable fini), puisque l'impératif est précisément la loi morale telle qu'elle se présente à notre sensibilité. Cette erreur rectifiée, j'en viens à l'idée majeure, selon laquelle, si a été introduite la distinction entre homme et être raisonnable fini, c'est parce que l'éthique kantienne chercherait à « dégager l'instance inhumaine de la Loi ». Une telle explication, dont on voit sans peine ce qui l'anime (savoir le projet de soustraire Kant à l'humanisme de supposés « néokantiens » contemporains et de le rendre à l'antihumanisme postheideggerien), me semble franchement paradoxale. Contrairement

---

1. Je reprends ici des arguments déjà développés dans *L'Ère de l'individu*, *op. cit.*, p. 280 sq. Nulle objection, jusqu'ici, ne m'a incité à en modifier la teneur.

à ce que croient beaucoup d'héritiers français de Heidegger, il suffit d'avoir lu les actes du débat de Davos pour comprendre que, s'il est une interprétation dans laquelle la distinction entre homme et être raisonnable fini joue un rôle important, c'est en réalité celle de Cassirer, et nullement celle de Heidegger. Pour sa part, mettant en lumière ce par quoi la théorie kantienne de la finitude radicale ébranle l'installation de la raison humaine comme fondement, Heidegger n'accorde en effet aucune attention particulière à la distinction, dont on rappellera au contraire ci-dessous qu'il y a vu le signe, comme dans tout ce qui émerge seulement après la première édition de la *Critique de la raison pure*, d'un recul de Kant devant l'audace de ce qu'il est supposé avoir initialement et fugitivement entrevu, à savoir la fragilité des valeurs de la rationalité humaniste. Directement à rebours de ce que tente Lyotard en croyant défendre le Kant de Heidegger contre celui des supposés « néokantiens », le § 30 de *Kant et le problème de la métaphysique* s'essaye même à mettre cette distinction entre parenthèses et à esquisser une lecture de la *Critique de la raison pratique* se situant dans la perspective de la première édition de la *Critique de la raison pure*. Je me crois donc autorisé à estimer plus que scabreuse toute tentative, se situant dans la postérité de Heidegger, pour appuyer une lecture « inhumaniste » de Kant sur une distinction dont le *Kantbuch* estimait plutôt devoir faire abstraction pour dégager la portée contemporaine du kantisme.

Plus précisément identifiera-t-on dans cette tentative un glissement dont le mécanisme est parfaitement explicable, mais dont il faut résolument condamner le principe. On peut certes soutenir qu'en distinguant homme et être raisonnable fini, Kant a voulu soustraire l'éthique à la théorie de l'homme (au sens de la psychologie) ou à l'anthropologie empirique :

« Comme principe pur de la raison pratique, la Loi morale est, au sens strict, inhumaine, car ce que nous prescrit l'impératif, c'est de transcender notre " humanité " empirique et ce que Kant nomme une " volonté pathologiquement affectée " ; de nous émanciper des

limites de notre situation historique, de nos penchants psychologiques, de nos valeurs humaines, trop humaines, afin
de pouvoir accueillir sans réserve l'appel de la Loi. »

À l'extrême limite et à quelques mots prêts, je serais
tout disposé à signer un tel texte : de fait n'y a-t-il rien
d'absurde à attribuer à la distinction une portée antian-
thropologique ou antipsychologique, et telle était d'ailleurs l'explication proposée (le paradoxe continue) par le
néokantisme de Cassirer. Mais comment ne pas voir en
revanche que cette éventuelle portée de la distinction n'a
rigoureusement aucun rapport avec le fait de savoir si
Kant est humaniste ou non ? Soustraire les principes
éthiques aux conditions psychologiques (anthropologiques
au sens empirique du terme) de l'existence humaine, à
notre « humanité empirique », n'équivaut aucunement à
fonder une éthique « in-humaine », échappant à la valorisation de l'humain comme tel. À moins bien sûr d'attribuer à Kant l'identification de l'humanité comme telle et
de l'humanité empirique – ce qui serait osé – ou d'accomplir soi-même cette identification grossière. Kant, pour sa
part, distingue en tout cas clairement l'homme comme
*causa phaenomenon* et l'homme comme *causa noumenon* : en tant qu'il est un des phénomènes du monde sensible, l'homme est soumis à des lois empiriques, mais il
est aussi, relativement à certaines facultés, un « objet simplement intelligible » dont l'« action ne peut pas du tout
être attribuée à la réceptivité de la sensibilité » (B 573-
574). Et l'on sait que, de cette solution de la troisième
antinomie, Kant a considéré que c'est précisément à la
philosophie pratique qu'il revenait d'expliciter la portée –
au sens où, par exemple, « dans la relation juridique que
j'entretiens avec n'importe quelle autre personne, je ne
l'envisage uniquement que selon son humanité, par conséquent comme *homo noumenon* », et non comme *homo
phaenomenon* [1].

On ne saurait donc contester, si l'on accepte de tenir
compte de la force implacable des textes, que, si Kant
distingue l'objectivité pratique de l'« humain », c'est

---

1. *Doctrine du droit*, § 35, trad. citée, p. 102.

seulement au sens de l'« humain trop humain » – ce
« trop humain » ne correspondant qu'à l'*homo phaenomenon* et laissant hors de prise « l'humain vraiment
humain », c'est-à-dire l'*homo noumenon*. Soustraire la
loi morale à l'homme empirique, ce n'est en rien inhu-
maniser la loi, sauf à ce que l'on soutienne, ce qui
m'étonnerait, que l'humain en l'homme se réduit à l'empiricité des penchants. Kant n'a évidemment pas cru
devoir s'engager sur la voie de ce qui lui serait apparu
comme une déshumanisation (animalisation) de
l'homme : loin donc que la séparation de la sphère pratique et de la psychologie ait pour enjeu la soustraction
de l'éthique à l'humanisme, l'installation de l'être raisonnable fini, après 1781, comme sujet de la raison pratique vise tout au contraire à renforcer l'humanisme du
dispositif critique.

Dès lors que l'on a écarté une lecture par trop désin-
formée ou plutôt désinformatrice, la véritable portée de la
distinction entre l'homme et l'être raisonnable fini n'est
pas saisie pour autant. Le § 31 de *Kant et le problème de
la métaphysique* suggère que ce clivage, apparu après la
première édition de la *Critique de la raison pure*, témoignerait de ce qui fait l'esprit de l'édition de 1787 – savoir
l'effort malheureux pour relativiser le rôle de l'imagination et pour réaffirmer le primat des facultés intellectuelles
(actives) sur ce moment d'extra-rationalité et de réceptivité originaire qui, en 1781, correspondait à l'intervention
de l'imagination. Aussi Heidegger est-il, lui, cohérent
avec ses principes de lecture quand il déplore l'émergence
d'une distinction qui, à ses yeux, conduisit Kant à séparer
à nouveau la finitude et la réceptivité sensible, donc à
secondariser l'imagination et à ne plus faire de la réceptivité sensible qu'un cas particulier (celui de l'homme)
d'une finitude qu'on pouvait désormais concevoir de
façon purement intellectuelle, à partir de la différence
entre être et devoir-être. En affirmant malencontreusement
que la loi morale vaut, non seulement pour l'homme, mais
aussi pour l'être raisonnable fini, Kant rendait la loi et la
raison pratique indépendantes du respect et, par suite, de
la structure de l'imagination : « le problème de la distinc-

tion entre un être raisonnable fini en général et l'homme comme réalisation particulière d'un tel être passe au premier plan de la seconde édition de la Déduction transcendantale », où elle aurait pour fonction, comme dans le registre éthique, de montrer que la dépendance de l'entendement à l'égard de l'intuition et de l'imagination vaut seulement pour nous hommes ; ainsi se trouverait rétablie, du moins pour l'être raisonnable fini en général, l'indépendance des facultés intellectuelles (entendement et raison) par rapport à la sensibilité. Où l'on voit clairement que l'élargissement par la deuxième édition du concept d'être raisonnable fini ne signifie nullement pour Heidegger une amélioration de la *Critique*, mais témoigne bien plutôt d'une rechute dans l'esprit de la métaphysique – au sens où, dans sa deuxième version, la *Critique de la raison pure* s'orienterait « exclusivement en fonction de la raison pure prise comme telle » et redonnerait leur prééminence aux valeurs de la rationalité.

Cette explication heideggerienne de la distinction entre homme et être raisonnable fini se heurte, parce qu'elle est solidaire d'une thèse contestable sur la différence entre les deux éditions de la *Critique de la raison pure* [1], à une série d'objections. L'interprétation, tout d'abord, peut apparaître comme étonnamment psychologisante : consistant à expliquer un texte par l'incapacité de son auteur à faire face à l'angoisse devant la différence ontologique, elle a le défaut de toutes les démarches réductrices. On répondra certes que l'effroi de Kant engage plus que sa personne et correspond à une *Stimmung* de portée « métaphysique » et non pas uniquement « psychologique » : qui pourra cependant se satisfaire d'un tel expédient ? D'autant que, d'une manière plus générale, comme l'a souligné Alexis Philonenko [2], il est difficile d'admettre que, de 1781 à 1787, Kant ait reculé devant l'audace de sa théorie du schématisme, si du moins l'on observe que, de la première à la seconde des deux éditions de la *Critique*, le

1. Je renvoie sur ce point à la présentation de ma traduction de la *Critique de la raison pure*, *op. cit.*
2. A. Philonenko, *L'Œuvre de Kant*, I, *op. cit.*, p. 176, et *Études kantiennes*, Paris, Vrin, 1982, p. 12 sq.

chapitre sur le schématisme est un des rares qui soient
demeurés rigoureusement identiques : à supposer que la
finalité de la deuxième édition ait été de rétablir les pri-
vilèges de la raison, il faut concevoir, puisque les pages
sur le schématisme n'ont subi nul remaniement, que tel
n'était sans doute pas, aux yeux de Kant, le moment de
son ouvrage qui faisait peser les plus graves dangers sur
la rationalité et qu'il ne s'est agi, en 1787, de nul effroi
devant la portée de la théorie de l'imagination transcendantale [1]. J'ajouterai encore pour ma part que Kant s'est
tellement peu « effrayé » de la finitude radicale à laquelle
il avait voué la connaissance que c'est bien plutôt cette
radicalité de la finitude théorique qui, dans l'économie
générale de sa pensée, lui permettait d'affirmer l'absolu
éthique, en tant qu'« absolu d'idée » ou « absolu d'exigence » [2] : si, en effet, la raison théorique n'était pas radicalement finie, si elle parvenait à une connaissance de
l'inconditionné, l'homme pourrait se placer, à l'égard du
réel, d'un point de vue équivalent à celui de Dieu – et en
ce sens, de même que pour Dieu il ne saurait y avoir de
choix entre des possibles, et donc de moralité, il n'y aurait
alors pour la raison humaine, détentrice d'un savoir
absolu, de place pour l'absoluité du devoir. Pour penser
l'expérience morale, Kant avait par conséquent besoin
d'une théorie de la connaissance enregistrant la finitude
radicale de la connaissance rationnelle, ce que vérifie *a
contrario* et *a posteriori* la manière dont se combineront,
chez Hegel, la thématique du savoir absolu et la critique
(qui vise d'ailleurs Kant et les philosophies de la
réflexion) de la « vision morale du monde ». Cet aspect
de l'interprétation heideggerienne de Kant restera donc
comme l'un de ceux qui étaient le moins susceptibles de

1. Bien au contraire la théorie du schématisme, en répondant aux
objections de Berkeley à l'égard de la représentabilité des concepts
généraux, sauve-t-elle, en même temps que cette représentabilité, leur
applicabilité : en ce sens, le schématisme garantit le fonctionnement
de la raison théorique. Il n'y avait donc pas à remanier ce chapitre
pour mieux sauver la raison de ce qui pouvait éventuellement la mettre
en péril.
2. J'emprunte ces formules à E. Cassirer, *Débat sur le kantisme,
op. cit.*, p. 80.

convaincre durablement. En conséquence, l'explication proposée par le *Kantbuch* de l'apparition de la distinction entre homme et être raisonnable fini ne saurait guère convaincre davantage : cette distinction n'intervient pas pour mieux faire échapper la raison de l'être raisonnable à l'emprise de la sensibilité et de l'imagination, puisque la théorie du schématisme, qui sans doute affirme le plus profondément cette emprise, n'a pas été jugée digne de remaniement par Kant.

Infiniment plus probable me semble être l'interprétation suggérée par Cassirer, même si elle est moins spectaculaire. D'une manière globale, on sait que la deuxième édition de la *Critique* prend en compte, non l'effroi de Kant devant sa propre audace, mais plus prosaïquement certaines objections adressées à la première : geste courant quand on publie un livre, et auquel Kant a lui-même sacrifié face aux réserves, qui le touchaient particulièrement, de Garve et de Feder l'accusant de psychologisme. Écoutons Cassirer :

« Ce qui le poussait au remaniement de la première édition de la *Critique*, c'était l'expérience de la recension Garve-Feder ; c'était l'effort d'opérer une séparation nette et expresse entre son idéalisme " transcendantal " et l'idéalisme " psychologique ". Ce souci le contraignit à déplacer le centre de gravité de l'analyse transcendantale, plus encore que précédemment, du côté de la déduction subjective vers celui de la " déduction objective " ; le contraignit à montrer que la question principale de la *Critique* de la raison était de savoir comment et sous quelles conditions l'objet de l'expérience était possible, et non comment la " faculté de penser " elle-même est possible. Mais n'était-ce pas justement la thèse que Kant soutenait déjà avec une si pressante insistance dans la Préface de la première édition de la *Critique* [1] ? »

De fait, Kant, de 1781 à 1787, a inversé l'ordre des deux moments qui forment la Déduction transcendantale : la déduction objective, qui vise à démontrer *a priori* la valeur objective des catégories (la légitimité de leur application à

1. *Ibid.*, p. 78 sq.

l'expérience), n'intervenait en 1781 qu'après la déduction subjective, qui, portant sur le fonctionnement interne de l'esprit, se charge d'établir comment les catégories s'appliquent au donné et qui pourtant, dès la Préface de cette première édition, était présentée comme d'une importance moins « capitale » que la déduction objective (A XVI-XVII). La seconde édition, en revanche, commence par cette dernière. Ce renversement prend précisément acte du reproche adressé par Garve et Feder : dénonçant dans la démarche adoptée ce qu'on appellera ultérieurement « psychologisme », ils avaient estimé que Kant expliquait comment s'opèrent dans l'esprit les opérations génératrices des représentations (déduction subjective) pour en tirer la valeur objective des produits de cet esprit (déduction objective) ; de ce fait, la démarche adoptée confondait selon eux la question psychologique de la genèse et la question transcendantale de l'objectivité, menaçant ainsi, tout autant qu'avait pu le faire Hume, l'idée de vérité d'une pure et simple dissolution. On comprend sans peine que Kant, face à une telle lecture, ait jugé bon de faire mieux apparaître la primauté de la déduction objective, vainement signalée dans la Préface, et surtout son indépendance vis-à-vis de la déduction subjective.

À partir de cette observation et de ce qu'elle nous apprend sur le sens des corrections apportées par Kant à la *Critique*, Cassirer peut alors appliquer à l'apparition de la distinction entre homme et être raisonnable fini ce qui devient un principe général d'interprétation des différences entre les deux éditions : parce que Kant « a pris soigneusement garde à ce que le sens de sa problématique " transcendantale " ne glisse pas dans le psychologique, et à ce que ses considérations ne soient pas refoulées dans le simple anthropologique », « il affirme fortement que toute analyse partant purement et simplement de la " nature de l'homme " manquera radicalement l'idée de liberté et par conséquent la fondation de l'éthique [1] ». Et c'est « dans ce souci », estime Cassirer, qu'est énoncée la thèse selon laquelle « on ne saurait parvenir à une conception pure de

---

1. *Ibid.*, p. 72.

la loi morale sans prendre garde qu'elle doit valoir, non seulement pour des hommes, mais " pour tout être raisonnable " en général ». Avec une telle distinction, Kant n'a donc ni songé aux « chers petits anges » de Schopenhauer ni cherché à colmater les brèches ouvertes par la théorie de la finitude dans la valorisation de la rationalité : de façon moins pathétique, il a voulu distinguer nettement les tâches de l'éthique et celles d'une connaissance psychologique de l'homme et de sa nature empirique. Bref, la distinction ne bouleverse pas fondamentalement l'optique kantienne : bien plutôt renforce-t-elle la portée du projet kantien en matière de philosophie pratique. Visant à faire échapper la sphère de la moralité au psychologisme, elle n'annule aucunement la vocation humaniste d'une philosophie installant l'homme, comme *homo noumenon*, en position de fondement de la loi.

Sur ce point précis et névralgique du débat concernant le statut de la raison pratique, Cassirer me paraît donc avoir incontestablement raison contre Heidegger – de même qu'il a, par avance, raison contre les tentatives paradoxales qui croient pouvoir fonder sur la désignation de l'être raisonnable fini (et non de l'homme) comme destinataire de la loi morale une lecture « inhumaniste » de l'éthique kantienne. De même, encore, a-t-il raison sur la question du respect : à suivre la lettre des textes, la théorie du respect, en ne concernant que la conscience de la loi (et non sa production), n'introduit pas une dimension de réceptivité qui serait intrinsèque à la raison pratique. Ces constatations impliquent-elles toutefois, si l'on considère maintenant, non plus l'exactitude littérale des interprétations, mais leur horizon, que Cassirer ait aussi vu juste en soutenant, à partir de ses objections judicieuses à la lecture heideggerienne, que la subjectivité pratique, pensée comme autonomie de la volonté, serait chez Kant le lieu d'une irruption hors de la finitude ?

Mesurons, avant de tenter de répondre, l'enjeu du débat. Entre autres conséquences, si l'on devait penser qu'une telle irruption pratique hors de la finitude avait été assumée par Kant, le paradigme du sujet auquel se réfère le criticisme, et qui s'explicite précisément, j'ai essayé de dire pourquoi et comment, dans la pensée du sujet pratique, en ressortirait assurément comme gravement affaibli, voire comme périmé, incompatible qu'il deviendrait à l'évidence avec cette radicalité de la finitude qui définit la condition de l'homme contemporain : la tentation d'abandonner, avec et contre Kant, un paradigme pour un autre, par exemple celui de la communication, se ferait alors singulièrement forte.

*Le sujet pratique comme exigence*

La tentative heideggerienne, même erronée dans sa lettre, mérite en revanche d'être reprise pour l'esprit qui animait sa lecture de la philosophie pratique. Esprit qui tenait au fond tout entier, vis-à-vis de l'œuvre de Kant, à un postulat de cohérence : si la conception kantienne de la finitude est, comme tout l'indique dans la *Critique de la raison pure*, celle d'une finitude radicale, il est difficile d'imaginer que la philosophie pratique ait donné lieu, dans la doctrine de l'autonomie de la volonté, à l'esquisse d'une subjectivité restituée dans son infinité ou son absoluité – ne serait-ce que, je l'ai déjà souligné, dans la mesure où, par rapport à cette subjectivité infinie, la finitude du sujet théorique serait de nouveau relativisée. Il s'avère nécessaire donc, me semble-t-il, d'admettre le bien-fondé de l'option prise sur ce point par Heidegger : non seulement pousser jusqu'au bout l'analyse de la finitude (comme réceptivité) dans le domaine de la philosophie théorique (ce avec quoi Cassirer est finalement d'accord), mais aussi inclure la marque de la finitude dans la philosophie pratique elle-même. C'est à ce niveau que le projet de Heidegger – celui de découvrir chez Kant les principes d'une éthique de la finitude – me paraît mériter d'être repris et c'est aussi en ce sens que je ne saurais, pour ma part, inscrire ma propre appréhension du criticisme dans le registre du néokantisme. On peut en effet déplorer que Heidegger, en ce qui le concerne, ait ensuite abandonné ce projet : se convainquant que « toute valorisation est une subjectivation », il s'est en effet voué à considérer l'éthique elle-même – difficilement isolable, on en conviendra, de la question des valeurs –

comme partie intégrante du projet de la métaphysique moderne en tant que métaphysique de la subjectivité. À preuve la manière dont, à l'interrogation de Jean Beaufret sur « le rapport d'une ontologie avec une éthique possible », la *Lettre sur l'humanisme* répondra que la pensée de l'Être est pensée de l'Être « et rien d'autre », qu'« elle ne produit aucun effet » et ne saurait donc avoir nul « prolongement » éthique [1]. Entre le *Kantbuch* (1929) et la *Lettre sur l'humanisme* (1946), la radicalisation qui s'est accomplie chez Heidegger quant à la mise en question de l'idée de sujet, condamnée de plus en plus en tant que telle et réduite à ses versions métaphysiques, a vidé de son sens la perspective d'une quelconque éthique non métaphysique.

Cette condamnation de toute référence à la subjectivité, beaucoup des disciples, orthodoxes ou dissidents, l'ont longtemps saluée comme témoignant de la vraie grandeur de Heidegger et y ont aperçu le geste qui permit à sa pensée d'échapper aux errances où elle avait pu se fourvoyer [2]. Nous commençons peut-être enfin à apercevoir désormais que les dites errances n'ont pour le moins été possibles que dans la mesure où, face au nazisme, Heidegger ne disposait d'aucun point de vue éthique assez consistant pour lui en dicter l'immédiate et évidente condamnation : la mise entre parenthèses de la question du sujet, parce qu'elle a dicté l'abandon du projet d'articuler pensée de la finitude et interrogation éthique, manifestait ainsi ses plus pernicieuses conséquences. Au demeurant n'est-il pas exclu que cet exemple nous fasse toucher indirectement aux raisons pour lesquelles tout renoncement au paradigme du sujet, avec quelque statut que ce soit, risque d'être infiniment plus coûteux, notamment du point de vue éthique, qu'intellectuellement fécond. J'y reviendrai dans la conclusion de ce chapitre.

Reprendre le projet formulé dans le § 30 de *Kant et le*

---

1. Je ne peux, sur ce point, que renvoyer à mon *Sartre, le dernier philosophe*, *op. cit.*, p. 39 sq.
2. Sur cette interprétation du fourvoiement nazi de Heidegger, voir L. Ferry et A. Renaut, *Heidegger et les Modernes*, Paris, Grasset, 1988.

*problème de la métaphysique*, donc, et à cette fin chercher
dans la philosophie pratique de Kant, parce que le criticisme est une pensée de la finitude radicale, les principes
possibles d'une éthique du sujet fini, sans commettre toutefois l'erreur repérée par Cassirer, à savoir la confusion
entre le respect de la loi morale et sa production : tel pourrait être le sens, aujourd'hui, d'une réappropriation
constructrice de ce que la philosophie critique avait su
entrevoir. Pourquoi opter en faveur d'une telle réappropriation constructrice plutôt qu'en faveur de cette « transformation » de la philosophie transcendantale à laquelle
nous convie désormais Karl Otto Apel ? Différant encore
ma réponse, je conviendrai toutefois qu'en ce point de
l'analyse, la tentation d'en appeler à une « transformation », de fait, peut être forte : non seulement, depuis deux
siècles, certaines conditions de l'activité philosophique ont
été modifiées, comme le soutient Apel lui-même en allé-
guant l'importance du « tournant linguistique » de la pensée comtemporaine ; mais surtout – on commence à le voir
à mesure que se développe ce chapitre – la lettre de la philosophie pratique de Kant ne laisse pas aisément apparaître
– il faut en convenir – cette dimension de finitude que Heidegger avait cru pouvoir y repérer en retrouvant ici une
« réceptivité originaire ». La mise au point de Cassirer
paraît même conduire directement à admettre que le
contenu de la deuxième *Critique*, ne laissant pas apercevoir
dans la subjectivité pratique la dimension du temps, auto-
nomise la conscience pratique par rapport à la conscience
théorique et à la finitude radicale qui s'y exprime. Reste
que, si l'on acceptait cette éventualité, si la vérité du sujet
avait été pour Kant sa percée pratique vers l'infini, il aurait
été à la charge de sa philosophie d'expliquer pourquoi, sur
le plan de la connaissance, ce sujet virtuellement infini
ferait si cruellement l'épreuve de sa finitude. Problématique à vrai dire classique dans toutes les théories du sujet
comme sujet absolu (capable de se poser lui-même et de
poser l'objectivité) : pourquoi et comment un sujet infini se
finitise-t-il au point de s'apparaître à lui-mêmc, dans le processus de connaissance, comme recevant l'objet sous la
forme de l'extériorité ? Bref, pourquoi et comment la sub-

jectivité comme activité s'apparaît-elle à elle-même, dans la connaissance, comme passivité ?

De telles questions, en droit, ne sont pas insolubles, et l'on sait qu'elles furent prises en charge par l'idéalisme allemand, chez Maimon et ensuite (avec un statut, il est vrai, complexe) chez Fichte. Déjà entrevue au début de ce livre à propos de la manière dont Berkeley avait affaire à une préfiguration de ce problème, la solution, chez Maimon comme chez Fichte (en tout cas, pour ce qu'il y a de commun à ces deux pensées et que seul l'époque retiendra), consistera à faire de la passivité un moment de l'activité : ainsi, pour Maimon, la passivité de la représentation sera-t-elle une différentielle de l'activité, une quantité évanouissante de l'activité – par application de la théorie leibnizienne des « petites perceptions » ; et Fichte fera de la conscience théorique (la connaissance comme réceptivité d'un objet en tant qu'extérieur) un moment de la raison pratique comme liberté : le sujet ne s'apparaît à lui-même comme liberté qu'en s'op-posant un objet (un Non-Moi) comme limite (sujet théorique, réceptivité) et en le supprimant à l'infini, la conscience de la liberté (sujet pratique) équivalant à la conscience de la suppression de la limite. Je n'entrerai pas ici dans l'examen de ce par quoi cette solution fichtéenne se distingue de celle de Maimon [1] : formellement, structurellement, elles sont identiques. Et cette structure, pour Kant, a un nom : elle coïncide avec ce que, depuis la lettre à Marcus Herz de 1772, il appelle l'idéalisme, soit la position pour laquelle – je l'ai rappelé – l'objet est produit par le sujet, sous la forme d'une relation entre sujet et objet où le sujet serait pure activité (causalité) et l'objet pure passivité (effet), par opposition au réalisme où la relation est inverse (l'objet agit sur le sujet dont la représentation est l'effet de son affection par le Non-Moi). Or, nous avons vu Kant refuser dès 1772 cet idéalisme métaphysique, et tout lecteur de la *Critique de la raison pure*

---

1. Voir *Fondement du droit naturel*, première partie, section I. Sur ce qui, quant à son sens, différencie l'apparition fichtéenne de cette structure et la fonction qu'elle possède dans les philosophies spéculatives comme celle de Maimon, cf. mon *Système du droit, op. cit.*, p. 177, note 36.

sait avec quel soin il en distingue son « idéalisme transcendantal » : ainsi, pour cette raison notamment, condam-
nera-t-il vertement, non sans méprise, la tentative de Fichte
comme ouvrant la voie à un tel idéalisme dogmatique. Sans
doute s'agissait-il là d'une grave erreur sur Fichte (explicable, il est vrai, par la présence, dans les écrits de celui-
ci, d'une structure formellement idéaliste), mais du moins
cette condamnation de Fichte est-elle significative : si Kant
faisait du sujet pratique le lieu d'une percée vers l'infini, il
lui faudrait effectivement expliquer la finitude théorique à
partir du sujet pratique – ce qui, ou bien supposerait une
solution qu'il refuse sous le nom d'idéalisme, ou bien exigerait une autre solution que, sous bénéfice d'inventaire, on
ne trouve nulle part dans sa philosophie pratique. Au reste,
Cassirer, il faut le noter, ne l'y recherche même pas, sans
doute parce qu'il n'a aucune chance de l'y trouver.

Dans ces conditions, l'hypothèse suivante me semble
s'imposer : si, face au problème de savoir comment expliquer la subjectivité théorique (finitude) à partir de la subjectivité pratique (autonomie), nulle autre solution (que
celle, par avance refusée, qui anticipe sur l'idéalisme
absolu) ne se laisse repérer dans le contenu de la philosophie pratique kantienne, c'est qu'elle n'avait nul besoin
de s'y trouver. Dit autrement : comment concevoir, si
Kant avait fait de la sphère pratique le lieu d'une percée
vers l'infini, qu'il ne se fût point affronté à la recherche
d'une telle solution ? Dès lors, si, de fait, aucune
recherche de ce genre n'a par lui été entreprise, comment
ne pas se convaincre que c'est dans l'exacte mesure où
l'éthique, loin d'être, pour lui, le lieu d'une irruption hors
des limites du sujet fini, restait bel et bien une éthique de
la finitude ? Si donc, dans la lettre, Cassirer a raison contre
Heidegger, assurément dans l'esprit, je le répète, la lecture
heideggerienne touchait-elle à une vérité de l'éthique kantienne – vérité plus profonde, de même que sans doute
plus féconde aujourd'hui, dans les conditions contemporaines de la réflexion.

La construction de l'hypothèse laisse toutefois intacte
la difficulté elle-même : en quoi la philosophie pratique
de Kant constitue-t-elle une éthique de la finitude, bien

que, contrairement à ce qu'a cru Heidegger, rien, dans le contenu de la *Critique de la raison pratique*, ne permette d'inscrire dans la spontanéité même d'une raison autonome une dimension de réceptivité ? Il est à vrai dire une voie sur laquelle, au-delà même de l'enjeu rigoureusement interne à la lecture de Kant, l'on pourrait entrevoir la possibilité de concevoir une « éthique de la finitude » moins hasardeuse que celle esquissée par Heidegger dans son *Kantbuch* : il s'agirait de concevoir les principes suprêmes de la raison pratique comme constituant des « principes de la réflexion ». Plus clairement : peut-être eût-il été plus fécond de chercher la finitude pratique, non pas, comme l'a tenté Heidegger, dans le contenu de l'éthique kantienne, dans ses fondements (où elle ne se trouve manifestement pas, puisque le respect ne fait pas partie de la fondation de la loi morale), mais dans la modalité des jugements moraux, dans la façon dont l'éthique est posée pour et par un sujet fini qui ne peut, quelque contenu de pensée qu'il envisage, faire entièrement abstraction de sa finitude. Ce serait ainsi dans l'écriture même de l'éthique, dans le discours éthique ou dans son mode d'expression, et non dans son contenu, que pourrait être décelé le signe qu'il est le discours d'un sujet fini, autrement dit la marque même que, comme la *Critique de la raison pure*, la *Critique de la raison pratique* est écrite par le sujet de la réflexion, donc par le sujet fini [1].

Plus précisément, et pour mieux cerner la perspective ainsi suggérée : le discours sur la liberté morale (autonomie), tel qu'il est administré dans la philosophie pratique de Kant, présente les mêmes particularités que le discours tenu, dans la *Critique de la faculté de juger*, sur l'entendement intuitif, c'est-à-dire sur Dieu comme être infini. Les § 76 et 77 de la troisième *Critique* s'inscrivent dans le processus au fil duquel Kant transforme l'Idée de Dieu en principe de la réflexion : nous en avons parcouru quelques moments dans le troisième chapitre de ce livre,

1. Sur la manière dont la *Critique de la raison pure* est écrite par le sujet de la réflexion, on se reportera aux indications fournies dans la présentation de ma traduction de la *Critique de la raison pure*, *op. cit.*

et nous avions alors perçu comment l'horizon du travail ainsi accompli sur l'Idée de Dieu consistait à la faire resurgir, une fois déconstruite et « schématisée », sous la forme de l'Idée de liberté. En un développement fort complexe, qu'il faut situer au cœur de ce trajet, Kant suggère, dans la seconde partie de la *Critique de la faculté de juger*, que lorsque, pour penser les êtres organisés, nous faisons référence à l'Idée d'un principe infini (entendement archétypique) qui en serait le principe organisateur, nous nous représentons l'entendement archétypique sur un mode tel que le discours ainsi tenu ou la représentation ainsi forgée constituent inévitablement une finitisation de l'infini. En effet, nous attribuons alors à l'infini (même à titre d'Idée) comme une capacité de poser des fins, comme des intentions, qu'il réaliserait en créant des êtres organisés : or, seul un être fini peut avoir des intentions, peut distinguer en lui moyens et fins, possible et réel. Ainsi – tel est ce qu'entendent souligner, trop succinctement peut-être, ces § 76-77 de la troisième *Critique* – la représentation de l'entendement archétypique se révèle-t-elle singulièrement hybride : dans ce discours sur l'infini, la notion de création exprime certes l'infini (comme puissance d'agir), mais si Dieu était vraiment Dieu, si l'infini était vraiment l'infini, il ne créerait point par finalité, comme le soulignait déjà Spinoza en mettant en évidence tout ce que l'idée même de finalité implique de finitude. Si toutefois, enregistrant ce que l'idée de causalité intentionnelle a d'inadéquat à l'infini, nous tentions de corriger cet effet de finitisation, que nous resterait-il à dire alors de l'Absolu ? Songeons par exemple, pour nous convaincre de ce que serait notre quasi-silence, à toutes les difficultés rencontrées par Plotin pour exprimer la relation ineffable entre l'Un et les hypostases. En fait, le discours sur la relation entre l'entendement archétypique et les êtres organisés a inévitablement et indépassablement le statut, très étrange et déconcertant, d'un *point de vue de point de vue* : il exprime en effet, très exactement, le point de vue du sujet fini sur ce que serait le point dc vuc du créateur à l'égard du monde – et comme tel ce point de vue correspond nécessairement à une finitisation de l'infini. Au niveau de la *Critique de la faculté de juger* et du discours qu'elle tient et déconstruit à la fois sur l'entendement intuitif, nous percevons ainsi parfaitement la marque de la finitude, et ce à travers la *modalité* du discours tenu (point de vue de point de vue, finitisant l'infini), quand bien même, par son *contenu*, il continue d'être question d'un discours sur l'infini.

De ces rappels à l'indication d'une piste pour résoudre le problème auquel nous nous trouvons confrontés par la théorie kantienne du sujet pratique, il n'y a alors qu'un pas dont je vois mal ce qui pourrait sérieusement nous retenir de l'accomplir – si ce n'est la nécessité, certes pénible, de réviser notre lecture courante et scolaire de la deuxième *Critique* : ne pourrait-on lire en effet la *Critique de la raison pratique* sur le mode de ce que suggèrent les § 76-77 de la *Critique de la faculté de juger* à propos de l'Absolu théologique ? En clair : ne pourrait-on attribuer au discours éthique sur l'Absolu pratique (liberté) le même statut – hybride et incompréhensible sauf à être déconstruit (= rapporté à son mode de production comme finitisation de l'infini) – qu'au discours de la troisième *Critique* sur l'absoluité de l'entendement archétypique [1] ?

À suivre cette piste, que je crois féconde, il se révèle qu'accorder la *Critique de la raison pratique* avec la théorie, fondée dans la *Critique de la raison pure*, de la finitude radicale, c'est avant tout souligner dans le discours sur la raison pratique la trace de la finitude du sujet qui tient ce discours (j'entends : la finitude du sujet transcendantal pratique, et non pas bien sûr celle du sujet empirique = Kant). Pour apercevoir ces marques de la finitude dans le discours sur l'autonomie, il faut être attentif au fait qu'elles sont symétriques et inverses de celles que la finitude imprime, dans la *Critique de la faculté de juger*, sur l'Absoluité divine :

– Dans la troisième *Critique*, l'entendement intuitif (l'Absolu divin) pourrait en droit être pensé comme créa-

---

1. Je dois à la vérité, et à une amitié maintenant ancienne, d'indiquer qu'il revient à L. Ferry d'avoir formulé à plusieurs reprises cette hypothèse, dans les séminaires du Collège de Philosophie que nous avons animés ensemble sur ces questions pendant quinze ans.

teur, mais non pas comme finalité, la marque de la finitude tenant précisément à cette irruption incompréhensible de la finalité dans l'Idée de création.

– Dans la deuxième *Critique*, la raison pratique (l'Absolu éthique) de l'homme moral pourrait en droit être pensée comme agissant en vue de fins, comme le lieu d'une finalité (puisque l'homme est fini) ; reste qu'alors ce que l'on ne parvient ni à comprendre ni à dire, c'est comment l'homme moral, bien que fini, peut créer ; en l'occurrence, comment il peut autoproduire les principes de son action et l'y conformer, donc produire ou créer la réalité pratique. Une telle absoluité de la raison pratique reste donc littéralement irreprésentable pour un être fini – ce que Kant, peut-être, a voulu signifier en soulignant que le monde intelligible est « simplement pensé » : en tant que tel, en tant que « simplement pensé », l'Absolu n'est déjà plus l'Absolu, puisque la formule est indicatrice d'une restriction ou d'une limitation.

Avec la subjectivité pratique, on quitte donc, dans ce que l'on *énonce,* la temporalité (la finitude), selon cette percée vers l'infini dont parle Cassirer ; en ce qui concerne le *contenu*, c'est bien un Absolu que l'on affirme : pour autant, on ne dépasse pas la finitude dans la *forme* de l'affirmation – laquelle reflète, subtilement et tragiquement à la fois, la structure de la réflexion comme finitisation de l'infini. Ainsi l'accord entre la *Critique de la raison pratique* et la *Critique de la raison pure*, plus généralement entre la finitude radicale et la subjectivité comme subjectivité pratique (autonomie), intervient-il moins dans la production d'un quelconque contenu synthétique = x, qu'à travers la modalité assignable en droit comme en fait au discours éthique (point de vue de point de vue).

Kant a-t-il véritablement jamais maîtrisé une telle solution dans son principe ? L'hypothèse ici formulée procède-t-elle d'une « réappropriation » ou d'une « transformation » de la philosophie transcendantale ? De nature à se conjuguer, les exigences du narcissisme et les impératifs de la séduction m'auraient ici suggéré, si je les avais jamais pris au sérieux, de jouer la carte d'une transformation renouvelant profondément le criticisme à partir de lui-même. La probité impose de convenir plutôt qu'il est en fait difficile de trancher. D'une part il existe des signes, comme celui que je viens d'indiquer (le monde intelligible « simplement pensé »), qui témoignent que Kant a été attentif au statut de son discours sur l'Absolu éthique. D'autre part, on sait par l'étude de la genèse de la *Critique de la faculté de juger* (sur laquelle je reviendrai dans la suite de ce livre) que c'est seulement en 1789 (donc après la *Critique de la raison pratique*) que Kant eut l'idée d'intégrer dans sa dernière *Critique* (dont le projet était originellement limité à l'esthétique) une téléologie : c'était là intégrer dans une critique de la réflexion une déconstruction du discours sur les fins, dont, en un sens, relève bien, par définition, le discours éthique. De ce fait, il est parfaitement possible (j'aurais même tendance à dire : probable) qu'en 1788, lorsque paraît la deuxième *Critique*, Kant ait pratiqué en quelque sorte « spontanément » l'articulation entre sujet théorique et sujet pratique, à travers la modalité selon laquelle s'inscrivait sous sa plume le discours éthique, et qu'il n'ait songé qu'ensuite à poser la question de droit à cette articulation de fait. Au reste, un tel problème n'est certes pas négligeable pour l'interprète de Kant, mais il relève au fond strictement de l'histoire de la philosophie : sa solution engage assurément la nature de la relation susceptible d'être entretenue aujourd'hui avec le *corpus* kantien, mais non point avec ce qui m'intéresse bien davantage et correspond plus directement au projet de ce livre – évaluer la fécondité du *modèle* criticiste dans le débat philosophique contemporain. Je laisserai donc au lecteur le soin d'apprécier, s'il le souhaite, dans quelle mesure ce qui vient d'être proposé relève de l'appropriation ou plutôt de la transformation d'une philosophie : bien volontiers lui suggérerai-je même, puisqu'il vaut sans doute mieux cultiver ici un flou supposé artistique, la formule, utilisée plus haut, d'une appropriation constructrice. En tout état de cause, là ne réside pas à mes yeux, on l'aura compris, l'essentiel : davantage m'importe-t-il de convaincre que ce qui a été proposé, en articulant l'affirmation pratique de la subjectivité à la prise en compte d'une finitude thématisée dans toute sa radicalité, ne témoigne foncièrement d'aucune incompatibilité avec les conditions contemporaines de la réflexion. En ce sens, une telle lecture de la philosophie critique me paraît être un préalable à ne pas négliger pour déterminer s'il convient ou non à la philosophie, aujourd'hui, de procéder à une révision de ce qui avait représenté, depuis l'irruption de la modernité, son plus puissant paradigme.

### Réaffirmer le paradigme du sujet

Que résulte-t-il en effet de cet effort pour articuler subjectivité pratique et finitude ? Tout d'abord – mais je n'insisterai pas davantage sur ce qui ne relève que d'une exégèse interne du criticisme – un principe de lecture de la philosophie critique, consistant à relire la deuxième *Critique* (théorie du sujet pratique), intrinsèquement difficile à accorder avec la première (théorie de la finitude du sujet de la connaissance), à partir de la théorie de la réflexion forgée par la troisième *Critique* : celle-ci, en tant que « critique de la faculté de juger réfléchissante », ne pouvait qu'être centrée sur la relation entre fini et infini – puisque la réflexion est ce discours par lequel le sujet fini tente de subsumer un objet sous les deux Idées de l'Absolu que sont l'Idée de système (Absolu théorique) et l'Idée de liberté (Absolu pratique). Rien d'étonnant, dans ces conditions, si c'est, sans doute, la dernière des *Critiques* kantiennes qui peut nous apporter le plus, là où il s'agit de penser l'articulation de la finitude à cette exigence d'absoluité qu'exprime à sa manière l'affirmation de la subjectivité pratique. Rien d'étonnant non plus, dès lors, si c'est vers une réappropriation de la *Critique de la faculté de juger* que nous conduit, ici même, la dynamique du parcours entrepris : on le comprendra mieux encore dans la troisième section de ce livre.

Pour l'heure, il me semble néanmoins nécessaire d'ajouter que la mise en évidence de ce qui donne sa cohésion à la théorie kantienne du sujet engage évidemment tout autre chose que la lecture de Kant. L'opération fait en réalité apparaître à quelles conditions seulement l'affirmation de la subjectivité comme subjectivité pratique (autonomie) peut parfaitement s'intégrer à une pensée de la finitude radicale – savoir que, pour une éthique de la réflexion, l'autonomie (le sujet pratique) doit recevoir le statut d'une Idée ou d'un horizon de sens. Si tel n'était pas le cas, si le sujet pratique n'était pas une Idée, il faudrait concevoir la subjectivité comme pure activité (pure autoposition), comme spontanéité pure, dépourvue de toute dimension de passivité ou de réceptivité. Est-il besoin de rappeler que ce n'est pas seulement la mise en évidence de la finitude du sujet théorique (dont l'activité n'a de sens que sur fond de donation intuitive) qui impose de rejeter cette illusion, mais aussi bien les diverses versions de la découverte contemporaine de l'inconscient ? Le sujet, pensé comme sujet pratique, n'est donc que cet horizon de sens par référence auquel l'individu doit penser son agir : hors de cette référence, l'humain se poserait lui-même comme une machine ou comme une chose, ce qui à la fois serait absurde (ni la chose ni la machine ne se posent comme telles ou telles) et entraînerait la négation de tout espace éthico-juridique (qu'en est-il d'une éthique et d'un droit sans responsabilité, donc dépourvu de cet horizon d'autonomie sans lequel l'idée de responsabilité perd toute représentabilité ?).

Précisons encore. Soutenir que celui qui agit et réfléchit son action ne peut se penser comme tel sans faire référence à l'idée de sujet autonome, ce n'est nullement prétendre qu'il est autonome : nous nous savons déterminés dans les trois quarts de nos actions, mais cependant nous ne pouvons ni ne devons nous penser comme des personnes sans inclure dans notre représentation de nous-mêmes cet horizon d'autonomie. Face à cette constatation, si l'on renonce enfin à y voir une survivance de la métaphysique de la subjectivité, donc une formation résiduelle à traquer, comme telle, indéfiniment, il faut donc accorder que l'idée de sujet (ou d'autonomie) peut conserver une signification qui n'est invalidée en rien par l'effondrement des illusions métaphysiques relatives au Moi.

À cette réaffirmation critique du principe de subjecti-

vité, on objectera certes que, de l'autonomie comme affirmation dogmatique à l'autonomie comme horizon de sens
ou comme principe de la réflexion éthique, le déplacement
est trop mince pour ne pas dissimuler une inquiétante
régression intellectuelle. Jugement hâtif, me semble-t-il,
parce qu'il ne prend pas en compte la profondeur des
transformations que ce simple déplacement – produit de
la déconstruction criticiste – fait subir à l'idée de sujet
pratique [1] :

1. Dans une éthique de la réflexion, intégrant finitude
et autonomie, les principes suprêmes de la raison pratique
n'énoncent nullement, de façon constitutive, les détermi-
nités de la réalité pratique : ils formulent seulement les
conditions de possibilité d'une donation de sens ; ils expli-
citent, en cernant ce qui fait qu'une action a pour nous
une signification éthique, les conditions *a priori* d'une
expérience morale possible. À ce qu'engage la transformation de la raison en réflexion, nous sommes certes plus
accoutumés dans le domaine de la connaissance, où nous
avons appris à considérer que les principes de la raison
théorique (par exemple, le principe de causalité) ne sont
pas les structures de l'objet réel (au sens où nous saurions,
à partir de l'expérience elle-même, que son contenu est
soumis au principe de causalité), mais seulement les
conditions *a priori* de l'expérience possible – comme tels,
des principes seulement régulateurs par rapport à l'expérience réelle ; ainsi savons-nous d'avance que, si nous
avons une connaissance des objets, ce sera en tant qu'ils
se laisseront subsumer pour nous sous de tels principes,
qui définissent donc une précompréhension ontologique
de l'objet (une précompréhension de son objectivité),
c'est-à-dire l'horizon de connaissance à l'intérieur duquel
seulement il peut y avoir pour nous de l'intelligibilité
théorique. Une réappropriation constructrice des transformations kantiennes de la raison nous apprend qu'il en va
de même dans l'ordre pratique, où la précompréhension

1. Je reprends ici, en l'explicitant, la conclusion de l'article écrit en
collaboration avec L. Ferry, « La dimension éthique chez Heidegger »,
in *Nachdenken über Heidegger*, recueil dirigé par U. Guzzoni, Gers-
tenberg Verlag, 1980.

éthique dessine l'horizon de sens du sujet en tant que pratique, c'est-à-dire l'horizon de sens pour la pensée de fins, et non plus l'horizon de sens pour la connaissance d'objets. Cette précompréhension éthique définit en fait un point de vue nécessaire sur le sujet (pratique), par exemple si nous voulons apprécier ou juger des actions, de même que les notions de quantité, de qualité ou de relation, et des principes comme celui de causalité, nous sont indispensables pour connaître l'objet théorique.

2. Reconnaître le fonctionnement, dans la conscience morale, d'une telle précompréhension éthique ne réintroduit nullement une pensée métaphysique du sujet, sous la forme de l'illusion d'un sujet absolument libre et dégagé des structures de la finitude (temporalité) : la précompréhension éthique n'est en effet pas plus fondée par la subjectivité que ne l'est la structure catégoriale qui définit l'objectivité théorique et que le sujet cognitif n'a ni fondée ni choisie. Dans les deux cas, la précompréhension est donnée – et cette donation est la marque même de la finitude, théorique aussi bien que pratique. La *Critique de la raison pure* avait fortement souligné cette dimension de donation :

« De la propriété que possède notre entendement de n'établir *a priori* l'unité de l'aperception qu'au moyen des catégories, et cela uniquement par des catégories qui soient, précisément, de cette espèce et de ce nombre, une raison se laisse tout aussi peu fournir qu'on en peut donner du fait que nous ayons précisément ces fonctions du jugement et non pas d'autres, ou de ce qui fait que l'espace et le temps sont les seules formes de notre intuition sensible [1]. »

Kant s'opposait ainsi par avance à ce qui caractérisera tout l'idéalisme allemand, à savoir la démarche constructiviste qui consistera à tenter de déduire l'objectivité à partir de la subjectivité : contre ce geste, emblématique de la prétendue « métaphysique de la subjectivité », le criticisme soutient que l'objectivité théorique est trouvée ou donnée, sous la forme d'une précompréhension. Même si

---

1. B 145-146 ; trad. citée, p. 206.

Kant ne le souligne pas expressément, rien n'exclut, bien
au contraire, de penser qu'il en aille de même de la précompréhension éthique, c'est-à-dire notamment de la
structure catégoriale pratique (catégories de la liberté) et
des formules de l'impératif catégorique qui s'y rattachent :
de même qu'il se trouve que nous ne pouvons connaître
un objet qu'à travers ces déterminations, de même il se
trouve que c'est seulement à l'intérieur d'un horizon de
sens défini par l'idée d'autonomie que nous pouvons réfléchir sur des fins. À l'égard de l'éthique, la conséquence
qui se déduit de la reconnaissance d'une telle donation est
décisive, et sa prise en compte définit l'espace d'une
éthique proprement contemporaine : la fondation absolue
du jugement de valeur s'effondre, puisque rien n'interdit
plus de penser que nous aurions pu envisager les fins à
travers d'autres catégories pratiques [1]. Pour autant, la
dimension éthique, contrairement à ce qu'a cru Heidegger,
ne disparaît nullement : bien qu'elle ne puisse jamais se
transformer en jugement de valeur dogmatique, elle
demeure un point de vue nécessaire, c'est-à-dire un horizon de sens.

3. Parce que la précompréhension éthique est simplement donnée, mais ne saurait jamais être fondée sur une
subjectivité absolue, il en résulte que la vision morale du
monde ne peut plus elle-même se penser comme absolue :
elle doit, si l'on veut, inclure en elle l'errance. Ce pourquoi la tentative, développée par Karl Otto Apel, d'une
fondation ultime de la raison (pratique) me paraît à vrai
dire extrêmement régressive par rapport à ce qu'impli-
quent les transformations criticistes de la subjectivité pratique, et risque, pour le coup, de remettre en scène, non
sans paradoxe, le paradigme le plus traditionnel de la subjectivité fondatrice. Que l'on pense atteindre la fondation
ultime à la faveur d'un supposé changement de para-

---

1. En ce sens, la thématique wébérienne de la « guerre des dieux »,
telle qu'elle consiste à reconnaître un polythéisme insurmontable des
idéaux ultimes selon lesquels les êtres humains peuvent structurer le
monde pratique, est constitutive de la problématique contemporaine
des valeurs : sur ce thème, voir S. Mesure et A. Renaut, *La Guerre
des dieux. Essai sur la querelle des valeurs, op. cit.*

digme, censé déplacer l'instance fondatrice d'un sujet conçu de façon solipsiste vers une communauté intersubjective d'argumentation, n'estompe en rien les limites inhérentes à une tentative qui revendique elle-même une fondation absolue de ce qui est désigné ici comme précompréhension éthique et qui correspond, dans le langage apélien, aux présupposés *a priori* ou transcendantaux de la communication : c'est le geste même de la fondation ultime qui est régressif par rapport aux données contemporaines de la problématique morale [1], et non pas la référence à une subjectivité qui, irréductible à l'individualité, contenait au demeurant chez Kant, je l'ai déjà rappelé, en elle-même la dimension de l'intersubjectivité. Pour le dire en termes kantiens, ce que Apel ne semble pas avoir perçu, c'est que, dans la perspective ouverte par les transformations kantiennes de la raison, le jugement moral, de dogmatique qu'il était ou pouvait être, devient nécessairement régulateur. Plus explicitement : si la précompréhension éthique est un principe de la réflexion, le rapport entre la structure de précompréhension et l'existence (de tel ou tel acte, susceptible d'y correspondre et de se laisser subsumer sous elle) n'est pas réglé d'avance, et leur accord, si accord il y a, ne peut relever que d'une supposition ou d'un choix, jamais d'une déduction ou d'une assertion dogmatique, ni même d'une fondation transcendantale ultime.

L'ampleur de ces déplacements produits dans le régime de la subjectivité pratique par l'intégration de la finitude au principe d'autonomie manifeste assez, par elle-même, qu'une pensée du sujet peut se concevoir et se déployer qui ne reconduise pas la réflexion, bien au contraire, sur des chemins qui seraient devenus aujourd'hui impraticables. En ce sens, de tels déplacements témoignent que la fin de la métaphysique peut ouvrir sur une réappropriation de la subjectivité et des valeurs humanistes dont elle

---

1. Y compris si l'on convient que la fondation apélienne, réflexive ou transcendantale, ne tombe pas sous le coup des critiques susceptibles d'être adressées (par exemple, chez H. Albert, au nom du « trilemme de Münchhausen ») à une fondation spéculative ou déductive : voir sur ce point, *ibid.,* p. 226 sq.

est inséparable ; au-delà de l'alternative entre métaphysique de la subjectivité et analytique du *Dasein*, la voie du sujet reste largement ouverte.

Dois-je encore, pour conduire encore plus loin la discussion, montrer que cette voie, non seulement reste ouverte, mais mérite en outre d'être empruntée, de préférence à d'autres voies correspondant à d'autres paradigmes que celui du sujet ? J'ai si souvent insisté sur les apories inhérentes à l'adoption du paradigme heideggerien (paradigme du *Dasein*) que je ne me sens plus l'obligation de reprendre dans cette direction la démonstration [1]. Concernant la substitution éventuelle, défendue aujourd'hui par Karl Otto Apel et Jürgen Habermas, d'un paradigme de la communication au paradigme du sujet, j'ai suggéré ci-dessus pourquoi il ne me paraissait pas évident que, quand elle s'accompagne, chez Apel, du projet d'une fondation ultime de la raison, elle ne donne pas lieu à une démarche plus régressive, philosophiquement, que ne l'est la référence bien comprise à un criticisme revisité. D'un point de vue plus général, qui s'appliquerait tout autant à Habermas, on peut se demander si une reconstruction de la philosophie pratique mettant entre parenthèses le paradigme du sujet ne risque pas d'équivaloir à une nouvelle destruction de la dimension éthique : est-il véritablement possible, en effet, de faire l'économie, pour penser la responsabilité, d'une référence à un horizon d'autonomie, donc de subjectivité ? Ou encore : le projet éthique, en tant qu'il passe par l'irruption de la responsabilité, ne s'enracine-t-il pas dans une expérience, celle précisément de la responsabilité, à travers laquelle *je*, et personne d'autre à ma place, m'éprouve et me pense comme en charge d'autrui ? Et comment penser cette expérience, et la dimension d'insubstituabilité qu'elle contient, sans faire référence à une forme d'identité qui n'est certes pas celle de la conscience narcissique (individualité), mais justement celle de la subjectivité, cette forme supérieure

---

1. Je me borne ici à renvoyer notamment à L. Ferry et A. Renaut, *La Pensée 68. Essai sur l'antihumanisme contemporain, op. cit.* ; *Système et critique. Essai sur la critique de la raison dans la philosophie contemporaine*, Bruxelles, Ousia, 1984, 2ᵉ éd. augmentée, 1992.

SUJET ET RAISON PRATIQUE                                    277

d'identité où le Même ne se pose, comme sujet éthique, qu'en s'ouvrant à l'Autre ? Pour qu'il y ait expérience éthique, ne faut-il pas que l'ouverture à l'altérité d'autrui, ou, si l'on préfère, la communication, s'inscrive dans l'identité à soi constitutive d'un sujet qui puisse se penser et être pensé comme le lieu insubstituable d'une imputation ? Cette inscription a pour nom : l'autonomie, en tant que le sujet autonome, comme exigence constitutive de l'être-homme (et non point comme « condition humaine »), serait celui dont la subjectivité qui s'y trouve visée, source d'elle-même, n'est plus celle d'aucun sujet particulier, mais s'identifie à la communauté d'une humanité s'entendant sur la loi.

Pour toutes ces raisons, je ne crois pas que l'exigence qui s'adresse à l'être humain de se penser comme sujet pratique et l'idée (ou la valeur) de l'autonomie qui donne son sens à cette exigence aient été ébranlées par la logique de l'achèvement de la métaphysique ou par les logiques du dépassement de ce qui s'est ainsi clos. En ce sens, la théorie kantienne du sujet, telle qu'elle culmine dans la conception du sujet comme sujet pratique, me paraît demeurer à cet égard, philosophiquement et intellectuellement, notre présent. Encore faut-il, pour que ce présent ne soit pas lui-même aporétique, confronter cette théorie à un autre registre de difficultés que celles qui viennent d'être examinées, engageant, cette fois, moins la fondation de l'éthique que son application.

## Chapitre VI

## L'APPLICATION ET LES LIMITES
## DE LA PHILOSOPHIE PRATIQUE

On a souvent reproché à la philosophie pratique de Kant
son formalisme, pour lui opposer, parfois avec talent, le
projet d'une « éthique concrète »[1]. Après Nietzsche,
Scheler[2], Hartmann[3], d'autres encore, ont, chacun à leur
manière, creusé l'objection : la philosophie pratique kantienne repose sur un dualisme rigoureux qui, isolant le
monde moral du monde empirique, ne saurait permettre
d'appréhender l'unité de l'action.

Ces objections, qui vaudraient si la contribution de Kant
en la matière se bornait à son moment *critique* (*Fondation
de la métaphysique des mœurs*, *Critique de la raison pratique*), perdent pour une large part tout leur sens dès lors
que l'on considère dans toute son ampleur l'architectonique pratique, et notamment la manière dont la *Fonda-*

1. Je pense évidemment à G. Gurvitch et à son *Fichtes System der
konkreten Ethik*, Tübingen, 1924, où l'auteur trouve chez le dernier
Fichte et chez Hegel le modèle d'une rationalité pratique échappant à
l'« intellectualisme » kantien et s'affirmant sans écarter toutes les prétentions de la sensibilité et des penchants.

2. M. Scheler, *Le Formalisme en éthique et l'éthique matérielle des
valeurs*, trad. par M. de Gandillac, Paris, Gallimard, 1955. Voir notamment, p. 31-33, l'« Observation préliminaire », expressément et directement dirigée contre Kant. Dans sa Préface à l'édition de 1926 (trad.
citée, p. 22-26), Scheler analyse les critiques parallèles adressées par
Hartmann au « formalisme » kantien.

3. N. Hartmann, *Ethik*, Berlin, De Gruyter, 1926. Sur ces diverses
critiques, voir les observations de O. Höffe, *Introduction à la philosophie pratique de Kant*, trad. par F. Rüegg et S. Gillioz, Fribourg
(Suisse), Castella, 1985, p. 51 sq.

*tion* de 1795 ouvre sur la *Doctrine du droit* et la *Doctrine de la vertu* de 1797-1798. Car si, pour l'essentiel, le moment critique est constitué par une théorie de l'objectivité pratique en général, consistant à indiquer à quelles conditions une quelconque fin peut être dite objective (donc, valide au regard de la raison pratique) [1], cette définition formelle de l'objectivité pratique, qui correspond en fait au concept de la moralité pure (comme la table des catégories, dans la première *Critique*, correspond à la nature au sens formel, c'est-à-dire aux déterminations les plus générales d'un objet de la raison théorique), n'est que l'étape préliminaire ou propédeutique de la philosophie pratique : au-delà, il appartient précisément à la *Métaphysique des mœurs* au sens strict (*Doctrine du droit, Doctrine de la vertu*) d'*appliquer* les critères de la moralité pure, en insérant la considération des exigences de l'objectivité pratique aussi bien dans les institutions (droit, État) que dans le sujet agissant (vertu).

Ce pourquoi, à la faveur d'un effort de traduction, il m'était apparu si important, en rapprochant éditorialement la *Fondation de la métaphysique des mœurs* et la *Métaphysique des mœurs* elle-même [2] que seule la temporalité de l'œuvre avait écartées l'une de l'autre, de faire paraître

---

1. À cette question de l'ontologie pratique, dont on voit mal comment, en tant que telle (= comme ontologie, comme définition générale de l'objectivité pratique), elle pourrait ne pas être formelle, répondent, dans la *Fondation de la métaphysique des mœurs*, l'analyse de l'impératif catégorique et de ses maximes, dans la *Critique de la raison pratique*, le chapitre II de l'Analytique de la raison pure pratique (« Du concept d'un objet de la raison pratique ») – tel qu'il se clôt par la construction d'une table des « catégories de la liberté » qui, analogue à celle des catégories de l'entendement dans la *Critique de la raison pure*, énonce les déterminations purement formelles d'un objet pratique en général (c'est-à-dire d'une fin qui puisse être poursuivie par la liberté) (AK, V, 58-71, trad. par L. Ferry et H. Wismann, *Œuvres philosophiques de Kant*, II, *op. cit.*, Bibliothèque de la Pléiade, Gallimard, 1984, p. 677-695).

2. De ce point de vue, je sais gré aux éditions Flammarion, et tout particulièrement à Monique Labrune, d'avoir permis la réalisation d'un projet (Kant, *Métaphysique des mœurs*, I et II, 1994) qui me tenait à cœur depuis longtemps et qui avait dans mon esprit une signification philosophique précise.

combien est en réalité inhérent à la démarche même de
Kant en matière de philosophie pratique le souci de
concrétiser les maximes dégagées, à un extrême niveau de
généralité, par le moment critique. En ce sens, il me
semble possible de faire justice de la manière dont il est
devenu usuel d'opposer à la raison pratique kantienne,
rigoureuse, mais vide, la « prudence » aristotélicienne,
ouverte à la particularité du *kairos* ou de la situation en
sa contingence. Le lecteur qui fera aujourd'hui l'effort de
suivre Kant sur le trajet conduisant de la formulation de
l'impératif catégorique jusqu'à l'examen des « questions
casuistiques » qui, au fil de la *Doctrine de la vertu*,
accompagnent l'établissement des devoirs moraux se
demandera ainsi de quelle singulière illusion d'optique a
procédé la légende, si pieusement entretenue, du rigorisme
et du formalisme kantiens. Mieux : ce lecteur, confronté
à cet immense effort d'application qu'est la *Métaphysique
des mœurs*, appelé par le texte même à discuter tel ou tel
point de cette application (nombreuses sont en effet les
« questions casuistiques » qui restent, significativement et
délibérément, non tranchées par Kant), en viendra à songer qu'il ne serait pas absurde ni excessif de considérer
que les *Doctrines* ouvrent sur cette dimension de
l'« éthique appliquée » dont, par importation des
recherches anglo-américaines en la matière, nous
commençons désormais à apercevoir combien elle est sans
doute inscrite dans la vocation même de la raison pratique.

Pour avoir mesuré sous ce rapport (de la fondation
ultime de l'éthique à l'éthique appliquée) la fécondité de
la philosophie pratique kantienne et son aptitude à
répondre, aujourd'hui, à ce que sont à cet égard nos
demandes, il conviendrait toutefois d'apercevoir comment
s'opère l'application elle-même. Il est bien évident, en
effet, que l'on ne saurait apprécier avec rigueur la portée
des *Doctrines* sans prendre en considération la conception
que Kant s'était forgée d'une telle application, en
l'occurrence de sa problématique même, puis de son procédé et de ses limites. De ce point de vue, le caractère
tardif des *Doctrines*, postérieures d'une douzaine d'années
au moment de la fondation, risque de retentir comme un

avertissement : en retardant lui-même le moment de l'application pratique, Kant n'a-t-il pas laissé apparaître qu'il y avait, dans ce travail de l'application, une limite de sa philosophie pratique, comme le suggèrent tant d'interprètes, voire une limite de la philosophie en tant que telle ?

## De la fondation à l'application

Pour espérer comprendre cette étrange périodisation de l'œuvre, il faut évoquer, même rapidement, les raisons qui ont pu conduire Kant, entre la *Fondation* et la *Métaphysique*, à écrire successivement une *Critique de la raison pratique* (1788) et une *Critique de la faculté de juger* (1790) – bref : à compléter la dimension « critique » ou « propédeutique » de sa philosophie avant de développer, du moins dans le domaine pratique [1], sa dimension « métaphysique » [2].

1. Dans le domaine théorique, l'analogue de la *Métaphysique des mœurs* a été développé sans attendre – puisque les *Premiers Principes métaphysiques des sciences de la nature* (*Metaphysische Anfangsgründe der Naturwissenschaften*, AK, IV, trad. par F. De Gandt, *Œuvres philosophiques de Kant*, II, *op. cit.*) parurent en 1786. Chronologiquement proches de la *Fondation de la métaphysique des mœurs*, ils sont pourtant, systématiquement, à rapprocher des *Premiers Principes métaphysiques de la doctrine du droit* et des *Premiers Principes métaphysiques de la doctrine de la vertu*. Ce décalage dans le temps entre les deux « métaphysiques », même si celle de la nature, considérablement moins développée, requérait certes, intrinsèquement, un effort moindre, renforce l'hypothèse selon laquelle, dans le domaine pratique, le délai qui est intervenu entre la *Fondation* et les deux *Doctrines* a quelque chose à voir avec l'écriture de la deuxième, puis, requise (on va le voir) par celle-ci, de la troisième des *Critiques*.
2. Sur cette distinction, voir l'« Architectonique de la raison pure », A 841/B869, trad. citée, p. 679 : « La philosophie de la raison pure, ou bien est une *propédeutique* (un exercice préliminaire) qui examine le pouvoir de la raison relativement à toute connaissance pure *a priori*, et elle s'appelle *critique* ; ou bien, en second lieu, elle est le système de la raison pure (la science), toute la connaissance philosophique (aussi bien vraie qu'apparente) provenant de la raison pure, selon un agencement systématique de l'ensemble, et elle s'appelle *métaphysique*. » On expliquera ci-dessous pourquoi la dimension systématique, qui va donner lieu à ce que Kant nomme aussi « doctrine » (*Lehre*), peut ainsi se désigner comme « métaphysique » (de la nature, des mœurs). À noter

La question engage tout d'abord la relation, complexe, entre *Fondation de la métaphysique des mœurs* et *Critique de la raison pratique* [1]. Pourquoi, après la *Fondation*, la *Critique*, qui, à certains égards, remplit une fonction parallèle ? De la lettre à Schutz annonçant en 1785, donc à un moment où la *Fondation* est écrite, le passage, « sans davantage de délai », à « l'achèvement complet de la métaphysique des mœurs », certains commentateurs ont conclu que Kant ne songeait nullement, dans un premier temps, à rédiger, après l'opuscule fondateur, une *Critique de la raison pratique* [2]. Ce que Victor Delbos, pour sa part, contestait, sans apporter à cette fin, il est vrai, beaucoup d'arguments [3]. Difficile à trancher décisivement, le débat ne saurait en tout cas faire l'économie de sa pièce essentielle, telle qu'elle est fournie par la Préface même de la *Fondation* :

« Me proposant de publier un jour une Métaphysique des mœurs, je la fais précéder par ce qui en constitue ici la fondation. Assurément n'y a-t-il proprement pas d'autre fondement à apporter à une telle métaphysique que la Critique d'une *raison pure pratique*, tout comme, pour la Métaphysique, la Critique de la raison pure spéculative

_____

que la suite de ce passage indique que, nonobstant cette distinction rigoureuse, dans la philosophie de la raison pure, entre critique et métaphysique, « ce nom peut aussi être donné à la philosophie pure tout entière, en y incluant la critique, pour réunir aussi bien la recherche de tout ce qui peut jamais être connu *a priori* que la présentation de ce qui constitue un système de connaissances philosophiques pures de ce genre, mais se distingue de tout usage empirique de la raison, en même temps que de son usage mathématique » : indication (à mettre en relation avec la célèbre désignation de la « critique » comme « métaphysique de la métaphysique », dans la lettre à Marcus Herz du 11 mai 1781) par laquelle se trouve justifiée une seconde fois notre présentation de l'ensemble constitué par la *Fondation* (dont on va voir en quoi elle participe du moment critique ou propédeutique) et les deux *Doctrines*, sous le titre de *Métaphysique des mœurs* entendu, à l'invitation même de Kant, *lato sensu*.

1. Je reprends sur ce point, dans la première partie de ce chapitre, les indications fournies par la présentation de ma traduction de la *Métaphysique des mœurs*, Paris, GF-Flammarion, 1994.

2. Telle est la thèse défendue par E. Adickes, *Kants Systematik*, p. 138.

3. V. Delbos, *La Philosophie pratique de Kant*, 3ᵉ éd., 1969, p. 336.

que j'ai déjà publiée sert de fondement. Simplement, d'une part, cette Critique de la raison pure pratique n'est pas d'une aussi extrême nécessité que la Critique de la raison pure spéculative, parce que la raison humaine, dans le registre moral, peut être facilement conduite, même chez l'intelligence la plus commune, à une grande exactitude et précision, alors qu'en revanche, dans son usage théorique, mais pur, elle est entièrement et véritablement dialectique ; d'autre part, pour la Critique d'une raison pure pratique, je tiens pour acquis qu'il est indispensable, si elle doit être complète, de pouvoir montrer en même temps son unité avec la raison spéculative dans un principe commun, étant entendu qu'en définitive il ne saurait en tout cas y avoir qu'une seule et même raison qui ne doit se différencier que dans son application. Or, il se trouve qu'à un tel degré de complétude je ne pourrais atteindre encore ici sans introduire des considérations d'une tout autre espèce et sans embrouiller le lecteur. Ce pourquoi je me suis servi, au lieu de l'intitulé de *Critique de la raison pure pratique,* de celui d'une *Fondation de la métaphysique des mœurs* [1]. »

On ne saurait dire plus clairement que l'écrit ainsi présenté devrait correspondre à cela seul qui, d'une critique complète de la raison pratique, serait indispensable pour fonder la métaphysique des mœurs, savoir l'effort pour (précisent les lignes suivantes) établir « le principe ultime de la moralité » : en ce sens, rien n'exclut que Kant ait pu avoir l'intention, en écrivant la *Fondation*, de compléter un jour l'entreprise critique, dans le registre pratique, par un ouvrage spécifique, dont le projet était en germe, nous l'avons vu au début de ce livre, dès la lettre de février 1772 à Marcus Herz (même s'il n'était pas alors envisagé qu'il dût être scindé, il est vrai, de la *Critique de la raison pure*) ; mais il n'en demeure pas moins que la *Fondation* a été écrite dans l'espoir qu'elle pût suffire, en matière de critique de la raison pratique, pour rendre possible le passage à la Métaphysique des mœurs et que,

---

1. AK, IV, 391-392 ; trad. citée, p. 57.

*de ce point de vue*, Kant n'envisageait pas alors qu'une critique plus complète de la raison pratique fût nécessaire.

La question dès lors se précise : pourquoi, après la *Fondation*, Kant a-t-il éprouvé le besoin de compléter la critique de la raison pratique avant de se consacrer aux *Doctrines* (droit, vertu) ? Tout indique que la réponse doit être cherchée dans ce qui différencie *du point de vue méthodique* les deux contributions successives de Kant à la critique dans le domaine pratique : ainsi qu'on l'a souvent noté [1], la démarche de la *Fondation* est analytique, comme celle que, dans le domaine théorique, venaient d'adopter les *Prolégomènes à toute métaphysique future* (1783), tandis que celle de la *Critique de la raison pratique* sera synthétique, à l'imitation, sur ce point, de la *Critique de la raison pure*. Encore faudrait-il cependant cerner à la fois la signification précise et surtout la logique de ce déplacement. Dans son principe, cette distinction des deux démarches, thématisée par le § 5 des *Prolégomènes*, est bien connue :

— Suivre un ordre analytique d'exposition, c'est aller du conditionné aux conditions : ainsi les *Prolégomènes* partent-ils des sciences de la nature telles qu'elles sont données pour remonter aux facultés humaines, dont il faut supposer, si l'on veut expliquer le fait scientifique, qu'elles ont telle ou telle propriété et qu'elles se combinent de telle ou telle manière ; de même la *Fondation de la métaphysique des mœurs*, du moins dans ses deux premières sections, part de l'expérience morale telle qu'elle est vécue par la conscience commune pour remonter jusqu'à ce qui, permettant d'en rendre compte, apparaît comme le « principe ultime de la moralité », à savoir l'autonomie de la volonté.

— Inversement, la *Critique de la raison pure* adopte une démarche synthétique en ceci qu'elle part d'une théorie des facultés (sensibilité, entendement, raison) pour montrer comment, à travers le jeu de ces facultés humaines, l'expérience est possible : en ce sens, elle va des conditions au conditionné ; ce qui va être aussi le cas de la

---

1. Par exemple V. Delbos, *op. cit.*, p. 255 sq.

*Critique de la raison pratique*, en son effort pour déduire
de la raison pratique elle-même (c'est-à-dire de la capacité
de la raison pure à poser des fins) la possibilité de l'expérience du devoir, ainsi que celle des maximes (de l'impératif catégorique) qui expriment le sens de cette expérience.

On objectera que la troisième section de la *Fondation*
anticipe sur la démarche synthétique de la *Critique de la
raison pratique* : de fait, Kant y part du résultat de l'analyse de l'impératif catégorique et de ses diverses formules,
à savoir la notion d'autonomie de la volonté, telle qu'elle
contient en elle l'Idée de liberté, et s'efforce de montrer
comment, à partir de cette Idée de liberté, l'impératif catégorique est possible. Je n'examinerai pas ici le détail de
cette démonstration célèbre ni les éventuelles limites à
l'intérieur desquelles Kant, de ce point de vue, se serait
tenu – au point que certains commentaires n'ont pas hésité
à évoquer, sous ce rapport, un « échec » de l'ouvrage [1].
Reste que Kant lui-même a esquissé, dans la *Fondation*,
le principe de ce renversement de l'ordre analytique en
ordre synthétique qu'allait reprendre et compléter la *Critique de la raison pratique*, et qu'il est fort tentant de
considérer que ce sont les insuffisances de la démarche
analytique, voire de son complément synthétique tel qu'il
est ébauché dans la troisième section, et cela du point de
vue même d'une fondation de la Métaphysique des
mœurs, qui ont imposé une reprise de l'entreprise fondatrice, sous la forme de l'écriture d'une deuxième *Critique*,
avant le passage à la rédaction des *Doctrines*.

À cet égard, la réception de la *Fondation de la métaphysique des mœurs* par les contemporains de Kant n'a pu
que jouer un rôle non négligeable. Alexis Philonenko, suivant les indications fournies par Vleeschauwer [2], l'a souligné à diverses reprises [3] : dès 1785, nombre de lecteurs
furent heurtés qu'on les invitât à faire reposer la moralité

1. Voir sur ce point le cours de F. Alquié, *La Morale de Kant*,
CDU, Paris, 1974, sixième leçon.
2. *L'Évolution de la pensée kantienne*, Paris, 1939, p. 128 sq.
3. Voir notamment son Introduction à la reprise de la trad. de
V. Delbos, Vrin, p. 22.

sur un principe (la volonté bonne, c'est-à-dire la liberté) dont la réalité ne se trouvait pas véritablement démontrée au terme de l'ouvrage [1], et ont estimé qu'il ne s'agissait là, selon le mot de Hamann, que d'une « chimère [2] ». Bref, ainsi que l'écrivait à Kant l'un de ses correspondants dès juillet 1786, « le malentendu sur la Métaphysique des mœurs [semblait] plus grand encore que sur la Critique [3] ». Que, devant cette réception sévère, Kant eût estimé devoir aller plus loin en matière de fondation et se fût résolu à tenter de fonder la liberté comme réelle [4], cela se pouvait dès lors concevoir, même s'il n'est pas certain qu'il n'allait pas s'exposer ainsi à des difficultés plus redoutables encore que celles devant lesquelles il avait laissé les lecteurs de son ouvrage de 1785.

## Raison théorique et raison pratique : l'espace de la troisième Critique

Je me bornerai pour l'instant à la teneur, déjà entrevue dans le chapitre précédent, de telles difficultés : c'est évidemment à la troisième section de ce livre, centrée sur la *Critique de la faculté de juger*, qu'il appartiendra de les examiner dans toute leur ampleur et dans toute leur portée.

En quelques mots cependant, je présenterai mon hypothèse de la façon suivante : l'écriture de la *Critique de la raison pratique* devait d'autant plus retarder l'achèvement

1. Le développement passionnant qui clôt la troisième section (AK, IV, 454 sq.) insiste sur le fait que « la liberté est seulement une *Idée* de la raison pratique », et que « le concept d'un monde intelligible (dont l'homme, comme volonté autonome, serait membre) n'est qu'un *point de vue* » d'où nous sommes obligés de nous placer si nous voulons nous penser comme une volonté morale ; mais rien n'est acquis par là quant à la question de savoir « *comment la liberté est possible* » (AK, IV, 459).
2. Lettre à Herder du 14 avril 1785.
3. Lettre de L.H. Jakob à Kant du 17 juillet 1786, citée par A. Philonenko, *op. cit.*
4. La Préface de la *Critique de la raison pratique* montre qu'il se soucie de répondre aux objections qui avaient pu être faites à la *Fondation* : voir AK, V, 8-9, trad. par L. Ferry et H. Wismann, *Œuvres philosophiques de Kant*, II, *op. cit.*, Bibliothèque de la Pléiade, p. 613-614 (voir les notes des trad., p. 1487-1488).

de la *Métaphysique des mœurs* qu'elle allait requérir la construction d'une troisième *Critique*, plus délicate encore à mener à bien. Car la confrontation des deux premières *Critiques* ne pouvait que placer le philosophe devant un grave problème, celui de la coexistence de deux conceptions de l'objectivité (= de la réalité du réel) ou, si l'on préfère, de deux ontologies :

1. La *Critique de la raison pure* avait établi que, dans la nature, tout est conditionné et que, dans le temps, « tous les changements se produisent suivant la loi de la liaison de la cause et de l'effet » (deuxième analogie de l'expérience). Apparemment, la révolution copernicienne laissait donc intacte la thèse leibnizienne selon laquelle le principe de raison s'applique à la totalité du réel – selon une conception « déterministe » de l'objectivité théorique qui valut d'ailleurs à Kant de se voir impliquer dans la « querelle du panthéisme » (ou du « spinozisme »), au point de devoir défendre les Lumières, en 1786, contre l'argumentation antirationaliste de Jacobi [1].

2. En revanche, la *Critique de la raison pratique* fournissait une tout autre définition de l'objectivité (une tout autre ontologie), puisque ce qui est objectivement pratique (à savoir une fin morale) y apparaissait comme produit par la liberté. Fichte, découvrant la deuxième *Critique*

---

[1]. On y reviendra à propos de la troisième *Critique*. Il faut néanmoins avoir d'ores et déjà en tête l'argument de Jacobi : tout rationalisme est déterministe, donc spinoziste, et, comme tel, rend inconcevable la moralité, laquelle suppose en effet la possibilité de la liberté et du choix. Ouverte en octobre 1785 par Jacobi dans ses *Lettres à Mendelssohn sur la doctrine de Spinoza*, puis en avril 1786 par sa *Réponse aux accusations de Mendelssohn*, la querelle voit Kant entrer en scène en octobre 1786 à travers la publication de *Qu'est-ce que s'orienter dans la pensée ?*. En même temps qu'elle contribuait elle aussi à détourner Kant, dans les mois qui suivirent la publication de la *Fondation*, du projet de rédiger d'emblée la *Métaphysique des mœurs*, la « querelle du panthéisme » ne fut sans doute pas pour rien dans l'effort entrepris, à travers la *Critique de la raison pratique*, pour fonder davantage la « réalité » de la liberté que ne l'avait fait la dernière section de la *Grundlegung*. Pour les divers documents de cette querelle, je renvoie à nouveau au livre de P.-H. Tavoillot, *Le Crépuscule des Lumières, op. cit.*

dans l'été 1790, deux ans après sa parution, ne s'y est pas trompé, qui écrivit à Weisshuhn :

« Je vis dans un nouveau monde depuis que j'ai lu la *Critique de la raison pratique* : elle ruine des propositions que je croyais irréfutables, prouve des choses que je croyais indémontrables, comme le concept de la liberté absolue, de devoir, etc., et de tout cela je me sens plus heureux. Avant la *Critique*, il n'y avait pas d'autre système pour moi que celui de la nécessité. Maintenant, on peut de nouveau écrire le mot de *morale*, qu'auparavant il fallait rayer de tous les dictionnaires [1]. »

Un « autre monde », de fait – puisque, si la *Critique de la raison pure* donnait à penser l'univers (phénoménal) comme intégralement conditionné, la *Critique de la raison pratique* développe le thème selon lequel « toute action faite avec intention a pour fondement une causalité libre », donc l'inconditionné d'une spontanéité absolue. Que, pour autant, tout fût dès lors résolu et que Kant pût passer, dès 1788, de la Critique à la Métaphysique, c'était néanmoins loin d'être évident : car l'ontologie théorique et l'ontologie pratique ne pouvaient être simplement juxtaposées, comme si elles cernaient deux sphères de l'objectivité parfaitement extérieures l'une à l'autre. Cette distribution, qui correspond au fond à la solution de la troisième antinomie, délicate dans la *Critique de la raison pure* [2], ne saurait subsister simplement comme telle après la *Critique de la raison pratique* : distinguer le déterminisme des phénomènes (nature) et l'existence nouménale d'une liberté, c'est en effet laisser de côté la question décisive de savoir comment la liberté peut inscrire ses effets dans une nature qui lui est hétérogène, comment la spontanéité de l'action libre peut imprimer une trace dans le déterminisme de la nature.

Cette inscription de la liberté dans la nature définit, on le perçoit sans peine, le domaine de l'histoire : car, certes,

1. *Fichte's Leben und Briefe*, p. 110.
2. Voir J. Rivelaygue, « De quelques difficultés concernant la troisième antinomie », in *La Passion de la raison, Hommage à F. Alquié*, Paris, PUF, 1983.

l'événement historique intervient dans le champ des phénomènes, soumis qu'il se trouve aux conditions de l'espace et du temps (comme tel, il relève de la *nature*), et cependant, en tant qu'il s'agit d'un acte qu'on peut juger moralement, ce phénomène renvoie aussi à l'Idée de *liberté*. Ainsi existe-t-il, par définition, un domaine où les deux sphères de l'objectivité, au moins partiellement, se chevauchent, et ce domaine a pour nom : l'histoire. Et l'histoire – entendre ici : l'inscription de la liberté dans la nature – est requise au nom même de la *Critique de la raison pratique*, puisque, si la liberté n'avait pas d'effets dans le monde sensible, la morale serait une absurdité : l'impératif catégorique ne pourrait jamais se réaliser, et la soumission à la loi morale, bien qu'impérative, ne serait qu'un mot. Ce pourquoi la question de l'histoire est, on le verra dans la troisième partie de ce livre, si importante pour la philosophie critique. Ce pourquoi aussi, après la *Critique de la raison pratique*, le problème de l'accord entre nature et liberté ne pouvait que devenir central dans la réflexion kantienne, condamnée dès lors à affronter la problématique du système : accorder nature et liberté (*Critique de la raison pure* et *Critique de la raison pratique*), c'était en effet trouver une unité entre philosophie théorique et philosophie pratique – et l'on sait comment c'est précisément à mettre en place une telle problématique (celle du « passage » entre liberté et nature) que seront consacrés, en 1790, les trois premiers paragraphes de l'Introduction à la *Critique de la faculté de juger*.

Il n'entre pas dans mon propos pour l'instant d'examiner quel développement et quel type de solution la troisième *Critique* a apportés à cette problématique du système. L'essentiel était ici d'apercevoir que c'est la logique même, extrêmement contraignante, des exigences auxquelles s'est affronté Kant en cherchant à fonder, dans son écrit populaire de 1785, la Métaphysique des mœurs qui lui est apparue rendre nécessaires successivement la *Critique de la raison pratique*, puis la *Critique de la faculté de juger*, et qui ne pouvait qu'éloigner à ce point, selon la chronologie, une *Fondation de la métaphysique des*

*mœurs* et les deux parties de cette *Métaphysique* même,
pourtant si indissociables selon la systématicité (ou, si l'on
préfère : selon l'architectonique de la raison pratique) [1].
Que ce qu'il faut donc bien considérer comme un gigan-

1. De 1790 à 1797, le délai peut apparaître encore long – d'autant
que Kant ne paraît guère avoir tardé, après la parution de la *Critique
de la faculté de juger*, à se mettre au travail (dès 1792, la correspondance annonce la *Doctrine de la vertu*). Mais, d'une part, il faut tenir
compte des difficultés intrinsèques de l'entreprise, notamment de la
*Doctrine du droit* (voir sur ce point les remarques judicieuses
d'A. Philonenko dans la présentation de sa traduction de la *Doctrine
de la vertu*, p. 7-8) ; d'autre part, les circonstances politiques ne
doivent pas être négligées. Et ce à un double égard :
– Après la mort de Frédéric II (1788), la politique de censure développée par le ministre Wöllner (dont les édits répressifs, pris dès l'avènement de Frédéric-Guillaume II, ne devaient vraiment porter leurs
conséquences qu'à partir de l'institution, en 1791, de la commission
d'examen immédiat) exposa Kant, lors de la parution de *La Religion
dans les limites de la simple raison* (1793), à des démêlés tels qu'il
devenait douteux de pouvoir publier librement des ouvrages traitant
de morale et de politique (voir V. Delbos, *La Philosophie pratique de
Kant, op. cit.,* p. 540 sq.). La situation devait heureusement changer
avec l'avènement de Frédéric-Guillaume III, en novembre 1797 : les
deux parties de la *Métaphysique des mœurs*, qui étaient alors parues
depuis quelques mois, ne rencontrèrent nulle difficulté, pas plus qu'en
1798 *Le Conflit des facultés.*
– Les circonstances politiques, à partir de 1790, furent aussi mar-
quées par la naissance, en Allemagne, du débat sur la Révolution française, ouvert par la publication de l'article critique de Justus Möser
« Sur le droit de l'humanité comme fondement de la Révolution française », *Berlinische Monatsschrift*, juin 1790, puis par les diverses traductions allemandes des *Réflexions sur la Révolution française* de
Burke (en 1791, à Vienne, puis, en 1793, à la fois à Vienne et à Berlin,
cette dernière traduction étant l'œuvre de Fr. Gentz, assez proche de
Kant pour que celui-ci lui eût confié, en 1790, la correction des
épreuves de la *Critique de la faculté de juger*), enfin par les
*Recherches sur la Révolution française* de Rehberg (1793) (voir
A. Renaut, « Rationalisme et historicisme juridiques : la première
réception de la Déclaration de 1789 en Allemagne », *Droits*, n° 8,
1988, p. 143-149) : on sait que Kant, d'abord discret sur les événements de France, devait intervenir dans le débat dès lors que, l'*intel-
ligentsia* allemande basculant progressivement du côté « burkien »
(comme en témoigne l'évolution de von Gentz), le rationalisme juridique et les acquis des Lumières lui apparurent menacés : chacun à sa
manière, l'opuscule dit *Théorie et Pratique* (1793) et le *Projet de paix
perpétuelle* (1796) constituèrent ainsi des défenses, au moins partielles,
de la Révolution française. Ces interventions directement liées aux

tesque et majestueux détour – auquel nous devons deux
des plus grandes œuvres de toute l'histoire de la philosophie – ait modifié sur certains points, entre 1785 et
1797, les perspectives qui définissaient initialement l'entreprise, sans doute n'est-ce pas douteux [1] : pour autant,
avertis que nous sommes de ce qui a motivé ce détour et
de ce qui s'y est joué, rien ne nous interdit désormais de
reconsidérer plus systématiquement l'édifice global –
d'autant qu'à l'envisager ainsi, il n'est pas interdit d'espérer faire mieux apparaître l'étonnante actualité de son
projet pour la philosophie pratique contemporaine.

### La Métaphysique des mœurs : *entre fondation et application*

On a souvent, pour des raisons diverses, minimisé l'importance des différentes pièces de la *Métaphysique des
mœurs* : celle de la *Fondation*, à la fois parce que, vis-à-
vis de la *Critique de la raison pratique*, il s'agirait, selon
l'aveu même de Kant, d'un exposé seulement « populaire [2] », et parce que cet exposé, nous l'avons vu, aboutirait, du point de vue même de l'entreprise fondatrice, à
un « échec » (surmonté seulement par la deuxième *Critique*) ; celle des *Doctrines*, parce que l'effet de l'âge, plus
manifeste encore dans les ouvrages de 1798 (*Conflit des
facultés, Anthropologie*), commencerait à s'y faire sentir
(Kant a soixante-treize ans en 1797) et que, vis-à-vis du

circonstances ne purent qu'interférer avec les tâches plus spéculatives
de la rédaction des *Doctrines*.
    1. Ainsi A. Philonenko observe-t-il avec raison que, si, dès 1785,
il est question de fonder la métaphysique des mœurs *en ses deux parties*, le texte même de la *Fondation* conduit bien davantage à la *Doctrine de la vertu* qu'à la *Doctrine du droit* : même si l'on ne peut en
conclure que la structure de la métaphysique des mœurs (allant du
droit à la vertu) n'était pas encore perçue, du moins restait-elle à justifier – ce pourquoi Kant, en 1797, éprouvera le besoin de faire précéder sa *Doctrine du droit* d'une *Introduction à la métaphysique des
mœurs* qui complète à cet égard la *Fondation*.
    2. Sur la dimension « populaire » de la *Fondation*, souvent souli-
gnée par les commentateurs, on observera combien Kant, à la fin de
sa Préface (AK, IV, 391-392, trad. citée, p. 57), fait preuve de prudence.

droit notamment, le souci d'une précision désignée par l'auteur lui-même comme « scolastique » y aurait pris le pas sur la richesse des contenus [1]. Tant et si bien que, partagée entre les facilités du « populaire » et l'aridité du « scolastique », la *Métaphysique des mœurs* risquerait fort d'avoir manqué les exigences d'une authentique philosophie pratique.

Je crois à vrai dire ces reproches fort injustes et que, restitué dans sa systématicité, l'édifice global possède l'immense mérite, indépendamment des qualités de son contenu, d'organiser la philosophie pratique selon deux problématiques qui en constituent aujourd'hui encore – ainsi que les tentatives contemporaines de recomposition de la rationalité pratique en témoignent – les principaux axes : celle de la fondation de l'éthique d'une part, sur laquelle je ne procéderai ici qu'à quelques réflexions, celle de l'éthique appliquée d'autre part, qui me paraît mériter un examen beaucoup plus attentif.

## La problématique de la fondation

Kant, je l'ai déjà souligné, recherche en sa *Grundlegung* de 1785 le « principe ultime » de toute la sphère pratique. Recherche devenue si peu caduque qu'à travers le thème de la « fondation ultime » (*letzte Begründung*), elle semble animer aujourd'hui encore la recherche d'un Karl Otto Apel. Même si le chapitre précédent nous a permis de suggérer que la relation entre fondation kantienne et « fondation ultime » apélienne est plus complexe, ce serait par soi-même tout un travail que de montrer quelles options

---

1. La Préface de la *Doctrine du droit* (AK, VI, 206, trad. par A. Renaut, *Métaphysique des mœurs*, II, *op. cit.,* p. 10) revendique pour l'ouvrage, qui est dit participer d'une « métaphysique formelle », une « ponctualité scolastique » et exclut qu'il puisse jamais devenir « populaire ». Michel Villey, dans sa Préface à la traduction d'A. Philonenko (Vrin, p. 7), souligne que, de ce fait, un aussi « lourd travail de pensée », « dépourvu de charme », ne pouvait « mordre sur la science et la vie concrète du droit ». Dans ses *Lectures on Kant's political philosophy*, H. Arendt ne fait guère preuve de plus de tendresse à l'égard de la *Doctrine du droit*, où elle voit un texte aride, formaliste et sans grande originalité.

de type « kantien » interviennent dans la définition même de ce que Apel a élaboré, partiellement en commun avec Habermas, sous le nom d'« éthique de la discussion » :

1. On sait tout d'abord que l'« éthique de la discussion » vise ouvertement, contre toutes les variantes post-nietzschéennes du « subjectivisme moral » (consistant à estimer qu'il ne saurait y avoir nulle « vérité » concevable à propos des questions d'ordre pratique), à renouer avec la tradition kantienne d'une éthique « cognitiviste » défendant l'idée d'une « objectivité pratique » [1].

2. Il est permis de considérer, ensuite, que l'éthique de la discussion accomplit pour l'essentiel une reconstruction de l'éthique kantienne soucieuse d'expliciter la signification de l'impératif catégorique à la lumière supposée du « tournant linguistique » de la pensée contemporaine. De ce point de vue, Habermas considère expressément (et Apel serait ici en parfait accord avec lui) que toutes les éthiques cognitivistes (= toutes celles qui ne nient pas d'emblée la validité possible des jugements moraux) se rattachent à ce que Kant avait exprimé à travers la notion d'impératif catégorique – savoir l'idée du caractère impersonnel ou universel des commandements moraux valides (inversement, les normes incapables de rencontrer « l'adhésion qualifiée de toutes les personnes concernées » sont considérées comme non valides [2]). En ce sens, l'éthique de la discussion gratifie Kant d'avoir fourni, avec l'impératif catégorique, une sorte d'intuition de son propre principe, savoir qu'une norme ne peut prétendre à la validité que si toutes les personnes concernées sont d'accord (ou pourraient l'être), en tant que participants à une discussion pratique, sur la validité de cette norme.

1. Sur cette première dimension « kantienne » de l'éthique de la discussion, voir notamment J. Habermas, *Morale et communication* (1983), trad. par C. Bouchindhomme, Cerf, 1986, p. 63-130 : « Notes programmatiques pour fonder en raison une éthique de la discussion ». Habermas oppose ainsi au décisionnisme nietzschéo-wébérien les tentatives qui, chez Rawls et Apel, constituent selon lui les deux plus grandes éthiques contemporaines, et qui ont en commun d'« analyser les conditions qui rendraient possible une évaluation impartiale ne s'appuyant que sur des raisons ».

2. J. Habermas, *Morale et communication, op. cit.*, p. 84.

Plus précisément : il s'agirait simplement d'apercevoir aujourd'hui, pour reformuler de façon satisfaisante l'éthique kantienne, que, s'il est vrai qu'une norme n'est valide que dans la mesure où tout ce qui résulte de son application universelle pourrait être accepté par toutes les personnes concernées ou susceptibles de l'être (principe d'universalisation = explicitation du contenu intuitif de l'impératif catégorique), alors l'éthique doit prendre pour principe que seule la discussion argumentative fonde la validité d'une quelconque norme (principe de la discussion). Je ne reviendrai pas ici sur la question de savoir si l'importance de ce déplacement ne se trouve pas aujourd'hui surévaluée par l'éthique de la discussion, à partir de la conviction selon laquelle le paradigme supposé « monologique » du sujet (fût-il sujet pratique) serait épuisé et devrait désormais céder la place, après le « *linguistic turn* », au paradigme « dialogique » de la communication : reste qu'en tout état de cause, ce déplacement, que je crois de portée mineure, n'engage pas l'essentiel, savoir la définition même du critère de l'objectivité pratique, tel qu'il avait été établi par Kant. En clair : pour constituer des normes valides, il s'agit de produire au fond, comme la *Fondation de la métaphysique des mœurs* y invitait déjà à travers la notion d'impératif catégorique, un « décentrement » du sujet, en prévenant les déformations de perspective qu'introduit la considération des intérêts personnels. Cela étant, on peut concevoir la production de ce décentrement par abstraction méthodique de ce qui nous différencie et nous individualise [1] ; on peut aussi la concevoir à partir de la discussion, par la « participation effective de chaque personne concernée à la discussion » : dans le dernier cas, c'est une « discussion réelle » qui fonde le

---

1. Habermas rapproche à cet égard de la démarche kantienne celle de J. Rawls dans sa *Théorie de la justice*, où le procédé du « voile d'ignorance » symbolise l'élévation de chacun, à partir de l'individualité différenciée, jusqu'à l'universalité du sujet pratique. Le rapprochement me semble judicieux. La critique qu'en tire Habermas de la *Théorie de la justice* en lui reprochant la même illusion monologique où s'était inscrite à ses yeux la raison pratique kantienne me semble évidemment plus contestable.

décentrement ; dans le premier, il s'agit plutôt d'une sorte d'argumentation en pensée ; les deux démarches ne se situent certes pas exactement sur le même plan (l'éthique de la discussion s'intéressant davantage que Kant, ou que Rawls aujourd'hui, au processus effectif du décentrement), mais il ne me paraît pas certain qu'elles soient incompatibles dans leur esprit.

3. Quoi qu'il en soit de ce débat avec l'éthique kantienne, reste alors, dans le cadre d'une éthique de la discussion, à poser le problème du fondement du principe d'universalisation. Comme on sait, c'est précisément à propos d'une telle « fondation ultime » que se met en place le débat qui oppose aujourd'hui, parfois fort vivement [1], Habermas et Apel. Je ne peux ici rappeler que le nerf de ce débat : Apel s'engage dans un processus de fondation transcendantale du principe d'universalisation, laquelle constitue précisément, du moins à ses yeux, la troisième dimension « kantienne » de sa version de l'éthique de la discussion ; au contraire, Habermas conteste à la fois l'efficacité et la nécessité d'une telle démarche en objectant que le principe d'une éthique de la discussion pourrait être justifié sans être fondé au sens d'une fondation transcendantale [2].

Je ne saurais ici analyser les termes de ce débat ni le contenu de la fondation ultime à laquelle Apel croit devoir parvenir. Concernant la relation entre cette problématique de la fondation et la philosophie pratique du criticisme,

---

1. Voir notamment K.O. Apel, *Penser avec Habermas contre Habermas*, trad. par M. Charrière, L'Éclat, 1990. Sur ce débat, je renvoie à S. Mesure et A. Renaut, *La Guerre des dieux, op. cit.*, p. 153 sq.

2. Pour identifier la position de Habermas telle qu'elle consiste à justifier les règles de l'éthique de la discussion à travers une théorie de la société montrant par quelles procédures les normes valides se constituent et sont reconnues comme telles dans le fonctionnement démocratique des sociétés modernes, on se reportera à l'exposé parfait qu'en propose J.-M. Ferry, *Habermas, L'éthique de la communication*, Paris, PUF, 1987, notamment p. 364 sq. Apel objecte bien sûr à Habermas que nulle théorie de la société, de caractère « descriptif » ou, si l'on veut, phénoménologique, ne saurait permettre de faire l'économie d'une réflexion de type transcendantal mettant en évidence la nécessité *a priori* de se conformer, pour le sujet de l'argumentation en matière pratique, aux principes de la discussion rationnelle.

j'ai indiqué dans le précédent chapitre que, même si, en 1785 et en 1788, rien ne permet vraiment d'exclure, dans la lettre des œuvres, que Kant ait alors conçu la fondation comme une fondation absolue, la problématique de la *Critique de la faculté de juger* invitait à repenser la question tout autrement, dans une perspective beaucoup moins « fondationniste ». Reste que le développement, aujourd'hui, d'un tel débat entre Habermas et Apel est significatif de ce qu'a pu ainsi conserver de vivant, au moins par les prises de position divergentes qu'il suscite, un projet de fondation de l'éthique dans un principe ultime (en 1785 et en 1788 : la liberté comme autonomie de la volonté) qui permettrait de comprendre comment l'impératif catégorique (donc l'objectivité pratique) est possible. Que Kant lui-même ait, en 1790, sinon dépassé, du moins resitué et limité ce projet, et que cet approfondissement de sa réflexion à travers la troisième *Critique* doive retentir aujourd'hui, non seulement sur la lecture de la *Critique de la raison pratique*, mais sur la problématique de la fondation elle-même, souligne à quel point, jusque dans sa dynamique, la contribution qu'a pu y apporter Kant demeure au cœur de nos débats. La même observation me semble pouvoir être faite, plus largement, à propos de l'autre démarche constitutive de la *Métaphysique des mœurs*, à savoir celle de l'application, telle qu'elle caractérise plus particulièrement les *Doctrines*, mais s'enracine en amont de celles-ci.

## Le problème du schématisme pratique

De la fondation de l'éthique (*Critique*) à l'éthique appliquée (*Doctrines*), les conditions de possibilité de l'application ne sont pas sans soulever, à l'intérieur même de l'édifice kantien, un certain nombre d'interrogations sur la conception même que Kant s'était forgée d'une telle application, et notamment de ses limites. Certes, la méthode de l'application est bien connue : elle engage la détermination du procédé, que Kant appelle « métaphysique » (Métaphysique de la nature, Métaphysique des mœurs), par lequel nous pensons le rapport de l'universel au particulier. Comme on sait, ce procédé consiste à ajouter à la structure catégoriale formelle (qui définit l'objet en général, aussi bien l'objet à connaître que, si je puis dire, la « chose à faire », c'est-à-dire la fin bonne) un minimum d'empiricité, une donnée sensible aussi abstraite que possible, donc aussi proche que possible du transcendantal, de sorte que le saut soit le plus restreint possible. Je reviendrai dans la suite de ce chapitre sur cette méthode de détermination des catégories, tant théoriques que pratiques [1], ainsi que sur sa portée dans nos débats contemporains en matière d'éthique appliquée. Il est pourtant un point du dispositif kantien qui mérite à mes yeux d'être préalablement examiné avec attention : pour que cette méthode de détermination des catégories puisse être effectivement mise en œuvre, encore faut-il que le sujet pratique (le sujet de l'action ou de l'évaluation), comme le sujet théorique (le sujet de la connaissance), soit à même de se représenter les catégories sous lesquelles il doit subsumer un donné toujours particulier. À son niveau le plus radical, la théorie de l'application doit prendre en charge le problème, classique depuis Berkeley, de la représentabilité des concepts généraux : si cette représentabilité, comme l'avait soutenu la tradition empiriste, n'est pas garantie, la définition d'une méthode d'application n'a en effet rigoureusement aucun sens. Dans le champ de la connaissance, la prise en charge de ce problème avait correspondu à la théorie du schématisme, telle qu'elle impliquait, au niveau de la première *Critique*, une liaison intrinsèque, par l'intermédiaire de la théorie de l'imagination transcendantale, de la raison théorique à l'intuition – donc la finitude radicale de cette même raison. Toute la question est, cependant, de savoir si cette solution est susceptible d'être transposée dans le champ pratique, à quelles conditions et sur la base de quels aménagements. Cette question, préalable à toute méthodologie de l'application

---

1. La Préface aux *Premiers Principes métaphysiques de la science de la nature* en donne, pour les catégories théoriques, l'exposé le plus précis. Pour une construction par analogie de ce qu'il en est sur le versant pratique, voir ma présentation de la *Métaphysique des mœurs*, I, *op. cit.*, p. 33 sq.

comme à toute éthique appliquée, c'est le bref, mais complexe chapitre de la deuxième *Critique* succédant, comme c'était le cas des pages sur le schématisme dans la *Critique de la raison pure*, à la déduction des catégories – savoir, ici, le chapitre consacré, après la « table des catégories de la liberté relativement aux concepts du bien et du mal », à la « typique de la faculté de juger pure pratique » – qui s'efforce précisément de la résoudre : il ne me semble pas inutile de considérer attentivement ce qu'ont pu être à cet égard les indications de Kant [1].

Les enjeux de la Typique sont en fait de deux ordres. Tout d'abord, avec la Typique, commence, je viens de dire pourquoi, le travail de l'application, c'est-à-dire la recherche, encore à son plus haut degré de généralité, d'une solution susceptible d'être apportée au problème de la représentabilité des concepts généraux pratiques : comment ces concepts du bien et du mal, dont les déterminations les plus abstraites (pour être « bonne », une fin doit pouvoir être pensée comme universelle et non contradictoire) sont simplement explicitées par la table des catégories de la liberté selon les points de vue de la quantité, de la qualité, de la relation et de la modalité, acquièrent-ils pour nous une signification, qui rend la conscience morale du sujet agissant capable de se les représenter, donc lui fournit un premier critère de leur application ? Si la Typique est à même d'apporter à cette demande une réponse consistante, elle constitue une pièce importante de la théorie de l'application des principes moraux, importante, non seulement pour reconsidérer l'objection traditionnelle de formalisme adressée au criticisme, mais aussi et surtout pour penser la relation de l'éthique fondamentale à l'éthique appliquée : jusqu'à quel point cette relation se doit-elle concevoir comme un passage continu ? Autrement dit, les questions d'éthique appliquée s'autonomisent-elles, et dans quelle mesure, par rapport à l'éthique fondamentale (ou philosophique), en sorte qu'il faudrait

---

1. AK, V, 67-71 ; trad. par L. Ferry et H. Wismann, in *Œuvres philosophiques de Kant*, III, *op. cit.*, Bibliothèque de la Pléiade, p. 690-695.

déterminer avec prudence (et modestie) la place du philosophe dans les débats relevant de l'éthique appliquée ?

Un autre enjeu, qui n'est pas sans retentir sur le précédent, peut être assigné à la Typique. Apparemment plus
rigoureusement interne à l'interprétation de Kant, il
concerne à nouveau la question de la cohérence entre philosophie théorique et philosophie pratique, et ce du point
de vue de la théorie de la finitude. Dans l'ordre théorique,
la finitude s'exprime, nous l'avons vu, à travers ce fait que
« les concepts sans intuitions sont vides ». Encore faut-il
apercevoir pleinement ce qu'implique un tel constat.

Assurément implique-t-il, nous n'y reviendrons pas, que
la subjectivité ne soit plus pensée uniquement en termes
de spontanéité, mais aussi en termes de réceptivité (sensibilité). Que les concepts, hors de leur rapport à l'intuition, soient vides entraîne toutefois en outre – il est moins
banal de le rappeler – que, dans la réflexion sur les
concepts de l'entendement, une place soit ménagée à une
théorie de la signification, en vertu de laquelle nos
concepts, sauf à être mis en relation avec l'intuition *a
priori* du temps, sont voués à être vides de sens, parce
que irreprésentables, donc à demeurer inapplicables et à
n'ouvrir sur aucune connaissance. Or, cette double implication fait particulièrement problème dès lors que l'on
passe de la philosophie théorique à la philosophie pratique
et que l'on s'interroge sur le devenir qu'y connaît la
conception de la finitude.

Au moins selon une première apparence, la subjectivité
pratique, j'y ai déjà insisté, semble pensée comme une
pure spontanéité : dans la mesure où le sujet moral se
structure autour de l'Idée de liberté pensée en termes d'autonomie, on voit mal, de prime abord, comment la subjectivité pratique, si l'autonomie doit se concevoir comme
une spontanéité sans réceptivité, n'évoquerait pas davantage un sujet absolu (autoposition) qu'un sujet radicalement fini. Perspective dont j'ai rappelé qu'elle fut en 1929
au centre du débat sur le kantisme qu'eurent, à Davos,
Cassirer et Heidegger, le premier s'appuyant sur cette
spontanéité du sujet moral pour défendre la thématique
(peu convaincante quant à la cohérence interne du kan-

tisme) d'une percée pratique vers l'infini, le second réins-
tallant à l'aide de mauvais arguments la radicalité de la
finitude au cœur de la pensée kantienne du sujet, y
compris comme raison pratique.

Une difficulté comparable, donnant lieu au même débat,
se répète au niveau de la théorie de la signification des
concepts : dans l'ordre de la connaissance, la théorie du
schématisme établit que les concepts généraux obtiennent
une signification à travers une sensibilisation qui consiste
dans leur mise en relation à l'intuition *a priori* du temps
comme forme du sens interne, donc dans leur temporalisation ; or, les concepts pratiques ne peuvent pas recevoir
leur signification d'une temporalisation, puisque ces
concepts ne sont autres que les catégories de la liberté et
que l'Idée de liberté renvoie, comme le souligne d'ailleurs
Cassirer à Davos, à un pur intelligible, ouvrant l'espace
du suprasensible ou du supratemporel. Tant et si bien
qu'on perçoit mal, là encore, ce que devient la radicalité
de la finitude à la faveur du passage de la raison théorique
à la raison pratique, puisque la théorie de la signification,
du moins sous la forme stricte du schématisme, semble ne
pas pouvoir ici s'appliquer. Deux écueils paraissent alors
bien menaçants :

1. Ou bien il faudrait admettre que, dans cette sphère,
les concepts possèdent par eux-mêmes une signification,
donc que l'Idée de liberté et ses déterminations se peuvent
représenter (avoir un sens) indépendamment de toute relation aux formes de l'intuition : dans ce cas, un profond
réaménagement de la conception de la finitude, risquant à
nouveau de relativiser la radicalité de celle-ci, semble
requis [1].

2. Ou bien, si la voie de la temporalisation, ici impra-
ticable, demeurait la seule qui permit de conférer à des
concepts une représentabilité, il faudrait convenir que les

---

1. Ce que Kant semble parfois suggérer lui-même dans les lignes
qui précèdent immédiatement la table des catégories de la liberté, en
ouvrant ainsi une perspective déconcertante quant à la cohérence de
son système – savoir, écrit-il, que ces catégories n'ont pas à « attendre
des intuitions pour avoir une signification » et qu'ici les concepts
« deviennent immédiatement des connaissances ».

concepts pratiques restent non représentables, auquel cas
leur applicabilité deviendrait hautement problématique, et
l'objection de formalisme retrouverait sa pleine légitimité.

Ainsi l'objectif de la Typique apparaît-il fixé par l'exigence d'éviter ce double écueil et donc de fournir, pour
les concepts pratiques, une théorie de la signification qui
remplisse la fonction même qui était celle du schématisme
dans la première *Critique*, mais en aménage les modalités
de manière à intégrer les exigences inhérentes à des catégories qui sont catégories de la liberté.

Programme passionnant, mais aussi programme redoutable, dont les remarques qui suivent se proposent simplement de repérer dans quelle mesure il a été rempli par
Kant.

## *La théorie de la « présentation »*

On ne peut cerner avec précision la façon dont Kant
s'acquitte de ce programme sans resituer la tentative de la
Typique dans le cadre où elle s'inscrit – qui est donc celui
de la théorie générale de la particularisation ou encore,
dans le vocabulaire de Kant, de la « présentation » (*Darstellung*) des concepts généraux. On sait que cette théorie
distingue quatre figures d'une telle particularisation, selon
les concepts dont il s'agit : ainsi la théorie de la « présentation » prend-elle la forme, quand elle envisage les
concepts empiriques, d'une théorie de l'« exemple » ;
quand il est question des concepts purs de l'entendement,
d'une théorie du « schème » ; quand se trouvent concernées les Idées de la raison, d'une théorie du « symbole » ;
lorsque enfin la réflexion porte sur les concepts pratiques
(les déterminations générales du bien et du mal), elle se
développe comme une théorie du « type », donc comme
une Typique. Je n'ai pas à entrer ici dans l'examen de ces
quatre figures de la théorie de la particularisation des
concepts généraux : en revanche, afin de cerner ensuite
avec netteté la spécificité du type, il n'est pas inutile de
rappeler en quoi la théorie générale de la présentation des
concepts est exposée par Kant comme une théorie de
l'analogie.

Dans le chapitre de la première *Critique* qui est consacré aux « analogies de l'expérience », Kant explique selon quelles règles de synthèse le contenu des phénomènes peut être subsumé sous les catégories : il s'agit par là de donner un prolongement pour ainsi dire méthodologique à la théorie du schématisme des concepts purs en indiquant avec plus de précision les règles selon lesquelles les représentations particulières peuvent *effectivement* être synthétisées sous une catégorie et donc constituer *une* expérience.

Afin de simplement rappeler le principe de la solution kantienne, j'évoquerai brièvement la deuxième analogie, celle de la causalité, puisque la liberté est une forme de causalité et que l'on pourrait donc s'attendre à ce que la particularisation des catégories de la liberté s'accomplisse sur le modèle de la deuxième analogie.

Toute analogie étant une égalité de deux rapports, où A est dit être à B ce que C est à D, Kant distingue deux types d'analogie :

1. l'analogie mathématique, où A, B, C se trouvant connus et étant de nature arithmétique, on peut déduire D, donc l'obtenir *a priori* ;

2. l'analogie philosophique, qu'il va utiliser ici (où la détermination « philosophique » de l'analogie renvoie en fait à la « philosophie de la nature », c'est-à-dire à la physique, par opposition aux mathématiques), où le quatrième terme ne peut être obtenu *a priori* par simple déduction, mais doit être trouvé dans l'expérience – ce pourquoi l'analogie philosophique va prendre précisément la forme des « analogies de l'expérience ».

Considérons donc l'analogie philosophique de la causalité : il s'agit de savoir comment, le concept *a priori* de causalité étant posé, l'on établit qu'un phénomène est cause d'un autre phénomène. La réponse de Kant consiste à mettre en évidence qu'intervient en l'occurrence, pour ce faire, une double analogie :

1. Une première analogie est établie entre la relation de l'effet à sa cause et la détermination des instants du temps les uns par les autres, où l'instant $T_2$ se laisse représenter comme déterminé par l'instant $T_1$ qui le précède ;

en clair, on pose l'analogie selon laquelle un effet est à sa cause ce que $T_2$ est à $T_1$, et à la faveur de cette mise en relation analogique du rapport conceptuel de causalité (en lui-même non représentable) avec la forme de la succession des instants du temps (c'est-à-dire l'irréversibilité), le rapport de cause à effet se trouve, parce que temporalisé, sensibilisé. Il acquiert ainsi une représentabilité par la conscience qui donne à voir la relation causale sur le modèle de la succession des instants du temps.

2. Une deuxième analogie intervient ensuite entre le rapport de $T_2$ à $T_1$ (c'est-à-dire le rapport *formel* de succession irréversible des instants du temps) et le rapport existant entre le *contenu* de ces instants, savoir les phénomènes $PH_2$ et $PH_1$ qui s'y produisent : ainsi pense-t-on la relation entre le *contenu* des instants du temps (c'est-à-dire les phénomènes $PH_1$ et $PH_2$) comme l'on pense le rapport entre les éléments de la *forme* du temps ($T_1$ et $T_2$).

En sorte que cette double analogie, explicitée entièrement, consiste donc à poser : Effet / Cause = $T_2$ / $T_1$ = $PH_2$ / $PH_1$. Où l'on observera que l'application du concept de cause à un phénomène ($PH_1$) suppose bien que soit procurée à ce concept une dimension sensible, ce qu'opère ici sa temporalisation sous la forme de $T_1$ : bref, le rapport de causalité acquiert une signification à travers la manière dont ce rapport conceptuel est « présenté » (*dargestellt*) dans l'intuition du temps, sous la forme de la succession irréversible des instants ; à la faveur de cette présentation, le sujet devient capable, en se représentant la relation de causalité comme (= par analogie avec) la relation entre les instants successifs du temps, d'appliquer les concepts de cause et d'effet à des phénomènes, puisqu'il dispose désormais d'un critère d'application : la cause sera à l'effet comme $T_1$ par rapport à $T_2$, donc pourra être reconnue dans le contenu de $T_1$, c'est-à-dire dans le phénomène $PH_1$.

Ainsi est-il clair qu'au niveau de la *Critique de la raison pure* et de la théorie de l'analogie, donner une signification au concept (donc le rendre applicable) équivaut à lui donner une image concrète en le présentant dans l'intuition, cela dans l'exacte mesure où Kant accorde aux empiristes (et d'abord à Berkeley) qu'il n'y a pas de représentation possible des concepts généraux considérés *en eux-mêmes*, dans leur pure détermination intellectuelle. On ajoutera encore, pour mettre un terme à ces rappels, que la faculté qui opère la présentation des concepts généraux est toujours identifiée par Kant comme la faculté de juger (*Urteilskraft*), laquelle est en effet, d'une manière générale, la faculté qui accomplit toute mise en relation du particulier et de l'universel – à ceci près qu'elle peut remplir cette tâche de deux manières selon la teneur propre de ce qu'il s'agit de « présenter » :

1. Soit il s'agit des concepts purs de l'entendement, et la faculté de juger, qui est alors *déterminante*, procède de l'universel au particulier, du concept général au phénomène particulier auquel le sujet l'applique ; ce dernier possède le concept, et sa présentation, en lui donnant son critère d'application, le transforme pour ainsi dire en une méthode (dans le cas considéré, la méthode consistera, dans l'expérience, à isoler les variables et à mettre en évidence une succession irréversible);

2. Soit il s'agit des Idées, et dans ce cas la présentation va en quelque sorte de bas en haut, en ce sens que le particulier (par exemple, dans le registre esthétique, quand telle œuvre opère par sa beauté la « présentation sensible » de l'Idée de système) évoque un universel que le sujet ne parvient pas à se représenter pleinement (ne serait-ce, en l'occurrence, que parce qu'il n'y a pas d'expérience possible de la totalité de l'expérience) : il n'en demeure pas moins que, dans cette figure de la présentation aussi (présentation « symbolique » des Idées), c'est la faculté de juger qui, instaurant une relation entre universel et particulier, accomplit l'opération, mais sous la forme de ce que Kant appelle la *réflexion* par opposition à la détermination. Ainsi le propre de la faculté de juger *réfléchissante*, dans l'activité de présentation, consiste-t-il en ce que le sujet ne possède pas de représentation de l'universel : dans l'exemple choisi (celui de la présentation des Idées), l'Idée, parce que le contenu en est placé « hors des bornes de l'expérience possible », n'est pas représentable (sché-

matisable) et ne contient donc pas en elle le critère de son application (comme c'est le cas du concept schématisé) [1]. Ce pourquoi si, au-delà de la théorie du schématisme et de sa mise en œuvre dans la section sur les analogies de l'expérience, le fonctionnement de la faculté de juger déterminante ne requérait pas de légitimation critique spécifique, celui de la faculté de juger réfléchissante a pu apparaître à Kant soulever des interrogations suffisamment complexes pour requérir l'édification d'une *Critique de la faculté de juger* dont tout indique qu'elle s'acquitte en fait d'une critique de la réflexion.

Ces rappels apparemment scolaires engagent pourtant bien davantage qu'une pédagogie du kantisme. À preuve la manière dont la méconnaissance de la fonction systématique de la théorie de la présentation a égaré si longtemps les traducteurs de la *Critique de la raison pratique* et notamment de la section, qui nous retient ici, consacrée à la Typique. Kant avait intitulé son développement : *Von der Typik der reinen praktischen Urtheilskraft*, « De la Typique de la faculté de juger pure pratique ». Barni proposa pour sa part une transcription par « Typique de la raison pratique », qui rendait inintelligible la fonction du texte. Picavet (Paris, Alcan, 1888) évoqua de son côté une « Typique du jugement pur pratique », selon une solution (retenue également par Gibelin, Paris, Vrin, 1965 : « Typique du jugement pratique pur ») assurément moins absurde, mais encore difficile à entendre par le lecteur non prévenu (la faculté de juger n'est pas le jugement), d'autant que dans le corps du chapitre nulle distinction systématique ne se trouvait faite entre la représentation (*Vorstellung*) et la présentation (*Darstellung*). Insuffisances auxquelles il a certes été, depuis peu, porté remède [2], mais qui ont longtemps témoigné, par elles-mêmes, de singu-

1. Sur la différence, à cet égard, entre concepts d'entendement et concepts de raison (Idées), voir le beau texte des *Progrès de la métaphysique depuis Leibniz et Wolff*, AK, XX, 279 sq., trad. par L. Guillermit, Paris, Vrin, 1990, p. 35 sq.
2. La traduction de L. Ferry et H. Wismann, in *Œuvres philosophiques de Kant*, II, *op. cit.*, est la première à ne souffrir à cet égard aucune contestation.

lières difficultés à inscrire ce texte dans le cadre qui, seul, lui donne pourtant sens : celui de la théorie de la présentation des concepts généraux. Au demeurant, ces difficultés n'ont-elles pas été simplement le fait des traducteurs : elles correspondent en fait à des raisons intrinsèques pour lesquelles le problème de la présentation pouvait apparaître difficile à construire, voire à envisager, quand il s'agissait des concepts pratiques. Reprenant plus systématiquement les interrogations déjà suggérées plus haut, on peut en effet relever trois difficultés qui semblent ici de nature à paralyser la réflexion :

1. J'y ai déjà fait allusion : on aperçoit mal, tout d'abord, comment les catégories de la liberté pourraient être présentées, c'est-à-dire (si la présentation est conçue sur le modèle du schématisme de la première *Critique*) temporalisées ou sensibilisées, sans que cela entre immédiatement en contradiction avec ce qui constitue leur essence ; comment Kant, en effet, pourrait-il envisager que pût se présenter dans le sensible, donc dans ce qui est de l'ordre de la nature, les déterminations d'une liberté qu'il pense bien plutôt, comme autonomie, en termes d'arrachement à la nature et à son déterminisme ?

2. Si les catégories pratiques (les déterminations les plus générales des concepts du bien et du mal), parce que relevant de l'intelligible ou de l'atemporel, ne peuvent être présentées, elles ne peuvent alors acquérir de signification, et par conséquent aucun acte intervenant ou devant intervenir en quelque lieu et à quelque moment que ce soit ne pourra jamais être « jugé », puisque les concepts pratiques sous lesquels il faudrait pour cela le subsumer resteraient irreprésentables. Conclusion certes inassumable, mais qui ne rend pas acceptables pour autant les données d'une problématique de la présentation qui, ici, semble devoir conduire à défigurer les concepts qu'il faudrait présenter : si présenter équivaut à exhiber un élément phénoménal dans lequel le concept prend sens, comment une telle présentation des catégories de la liberté n'équivaudrait-elle pas, en les naturalisant, en fait à les dénaturer ?

3. À supposer même que la réflexion ne soit pas arrêtée par ces difficultés, encore faut-il ne pas omettre (ce pour-

quoi on a procédé aux rappels ci-dessus) que, pour les concepts purs de l'entendement, la présentation est simplement analogique : de fait ne consiste-t-elle pas à dire que $PH_1$ est réellement, en soi, cause de $PH_2$ (ce qui serait un énoncé relevant de la métaphysique la plus dogmatique), mais à considérer que l'on *exprime* par le principe de causalité une simple succession irréversible (ou, si l'on préfère, que l'on exprime une succession *par analogie avec* l'idée de production). Solution qui, au moins dans un premier temps, peut apparaître tentante pour l'Idée de liberté : selon une schématisation analogue à celle de la causalité naturelle, on ne prétendrait pas que les hommes sont libres, mais on se bornerait à dire dans quels cas on peut subsumer un phénomène sous les catégories de la liberté – et on opérerait cette subsomption en pensant l'acte (dans sa dimension phénoménale) *par analogie avec* les catégories de la liberté (*comme si* cet acte pouvait se déterminer en tant que produit d'une liberté). Toute la question est cependant de savoir si, dans le domaine moral, une telle solution analogique est suffisante : l'Idée de liberté, telle qu'elle fonde le jugement moral, semble en effet requérir que je sois effectivement cause de mes actes, et donc toute solution « expressiviste » consistant à soutenir que tel acte exprime ou évoque l'Idée de liberté semble devoir être, au moins de prime abord, peu satisfaisante, voire, comme l'a au demeurant cru Fichte, franchement insatisfaisante [1].

## La nature comme type de la moralité

Ces difficultés une fois repérées, reste à cerner comment Kant s'est acquitté de cette étonnante tentative pour concevoir une sorte de présentation de l'imprésentable. L'*a priori* dont il s'agit avec les concepts pratiques devant être pur de tout rapport à la sensibilité, il va falloir que la solution retenue mobilise, entre la particularité

---

1. Sur l'exigence fichtéenne que la liberté pût se présenter effectivement dans le monde sensible, voir mon *Système du droit, op. cit.*, première section.

empirique et l'universalité des concepts généraux, un autre intermédiaire que le temps. Cet intermédiaire, qui devrait permettre une schématisation sans temporalisation, la lecture de la Typique manifeste que Kant a cru pouvoir le trouver dans la forme de la loi, plus précisément, dans la forme de la conformité à la loi ou de la « légalité » (*Gesetzmässigkeit*). Solution certes connue dans son principe, mais dont il faut restituer le raisonnement qui la sous-tend en faisant paraître comment la forme de la conformité à la loi peut fonctionner comme un intermédiaire entre les actions particulières et les concepts de l'objectivité pratique, donc permettre l'application de ceux-ci à celles-là. Trois étapes me semblent en fait, dans ce raisonnement largement implicite, s'enclencher les unes aux autres :

1. Le problème équivaut au fond, on l'a compris, à trouver un terme commun à la nature, dans laquelle les actions s'inscrivent comme phénomènes, et à la liberté, donc un terme commun à la raison théorique et à la raison pratique.

2. Or, la forme de la conformité à la loi définit à la fois ce que Kant appelle la nature au sens formel (si l'on veut : la forme de la nature sensible, telle que les phénomènes s'en laissent rassembler sous des lois, impliquant ainsi que la nature a la forme de la conformité à des lois) et l'objectivité pratique, que la *Fondation de la métaphysique des mœurs* et l'Analytique de la *Critique de la raison pratique* définissent précisément par l'élévation de la maxime des actions à la *Gesetzmässigkeit* (voir sur ce point, dans la *Fondation*, le passage de l'impératif comme exigence d'universalisation à la première formule qui l'exprime – savoir qu'il faut agir comme si la maxime de l'action devait être érigée par la volonté en « loi universelle *de la nature* »).

3. Donc, si l'on fait abstraction du contenu des phénomènes naturels (la nature au sens matériel) pour n'en retenir que la forme (savoir : qu'ils se conforment à des lois, c'est-à-dire à des relations universelles et non contradictoires), il devient possible de se représenter, à travers cette conformité des phénomènes naturels à des lois (la

nature au sens formel), ce que peut signifier la conformité
des maximes, dans le registre pratique, à des lois (les critères de cette conformité, universalité et non-contradiction, pouvant alors se transposer d'une légalité à l'autre).
Car la présentation ainsi rendue possible ne fait pas
déchoir l'objectivité pratique dans le sensible, puisque la
*Darstellung* n'intervient nullement ici dans une intuition
(ce pourquoi elle n'est pas une schématisation au sens
strict), mais dans un concept (celui de la nature au sens
formel) – alors même qu'il s'agit malgré tout d'une présentation, en ce sens que la légalité de la nature (par
exemple, le principe de causalité, ou n'importe quelle
autre loi) se trouve, elle, être intuitivement présentable (en
vertu de ce qu'a établi à cet égard la *Critique de la raison
pure* grâce à la théorie du schématisme et à ses prolongements dans le chapitre sur les « analogies de l'expérience »). En ce sens, se demander si les maximes sont
universalisables, c'est s'interroger sur leur capacité à former une *nature* au sens de la *forme de la nature* : la loi
naturelle est donc le type (l'analogue) de la loi morale, et
toute légalité universelle incarnée (c'est-à-dire repérable
dans le monde sensible, sous la forme d'une loi scientifique particulière) va ainsi pouvoir fournir une présentation de l'objectivité pratique. En clair : si un acte a comme
forme (comme caractéristique formelle) cette conformité
à la loi qui définit la forme des phénomènes naturels (et
donc l'objectivité théorique), il sera subsumable sous les
catégories de l'objectivité pratique.

    La solution retenue présente l'avantage évident, on en
conviendra sans peine, de fournir une présentation sans
sensibilisation, du moins sans sensibilisation directe, par
la médiation de la nature au sens formel. De cette solution,
il convient cependant, une fois restituée sa teneur, de
dégager avec précision la portée interne, pour comprendre
comment s'organise, chez Kant lui-même, le travail de
l'application des concepts pratiques, tel qu'il conduit aux
*Doctrines,* mais aussi et peut-être surtout la portée externe,
pour une réflexion susceptible d'éclairer la problématique,
aujourd'hui si fortement accentuée, de l'application de
l'éthique philosophique.

*L'application dans les limites de la simple raison*

Vis-à-vis des exigences auxquelles les pages sur la Typique étaient supposées répondre, la solution que Kant a retenue peut assurément sembler décevante. De fait, la présentation complète de la liberté et des concepts qui en expriment les déterminations n'est pas atteinte : à suivre Kant, se demander dans quelle mesure les maximes d'un acte sont universalisables, donc morales, équivaut à s'interroger sur leur capacité à former une *nature* au sens de la *forme de la nature* ; en conséquence, si la loi naturelle est donc, répétons-le, le type de la loi morale, la présentation obtenue est intrinsèquement limitée (ce pourquoi Kant fait de la Typique un simple analogue du schématisme), en ce sens qu'elle présente la légalité sous la forme de la conformité *extérieure* à la loi, donc en laissant de côté la question des mobiles. Autrement dit (et il faut mesurer avec soin les conséquences de cette constatation) : la présentation est plus adéquate pour la légalité juridique d'un acte (qui se définit bien par la conformité extérieure à la loi) que pour la moralité proprement dite (qui requiert en outre le respect). La conformité à la loi définit, de fait, aussi bien la légalité juridique que la moralité – cernée ainsi seulement dans sa dimension la plus extérieure et « oubliée » dans ce par quoi l'Idée de liberté contient aussi la notion d'une détermination de mes actes par moi-même (et non pas par la nature en moi). En l'occurrence cette présentation est compatible avec la perspective, qu'assurément Kant n'a jamais entièrement exclue, selon laquelle peut-être n'y eut-il jamais dans le monde d'action purement morale, puisque la présentation présente seulement la légalité, et non la moralité, dont les déterminations spécifiques demeurent ainsi non représentables, donc inapplicables. Ainsi, techniquement dit, le type s'avère-t-il moins proche du schème qu'il ne l'est du symbole, c'est-à-dire d'un mode de présentation dont le champ électif d'application sera l'esthétique.

Faut-il pour autant tenir les limites de cette solution pour des insuffisances et réactiver contre Kant les vieilles objections de formalisme que j'évoquais au début de ce

312                                    KANT AUJOURD'HUI

chapitre ? Trois considérations m'incitent ici à plaider, dans ce dossier, pour davantage de prudence :

1. La perspective d'une présentation complète de l'Idée de liberté est philosophiquement inassumable et constituerait l'analogue pratique de l'idéalisme absolu. Sauf à soutenir que le réel est rationnel et à faire siennes les perspectives d'une métaphysique de l'identité, comment en effet ne pas renoncer à l'illusion d'une présentation complète de ce qui, comme Idée, correspond à un pur intelligible, c'est-à-dire à une pure exigence de la raison, dont toute présentation sensible (phénoménale) laisse inévitablement échapper une part du contenu – à moins de poser, je le répète, l'identité du réel (même simplement phénoménal) et du rationnel ? Depuis le débat entre Heidegger et Cassirer, on se demande souvent, j'y faisais moi-même allusion antérieurement, où réside chez Kant la dimension pratique de la finitude : le caractère nécessairement inachevé de la présentation pratique (séparation pour nous de l'universel pratique et du particulier) pourrait en fait constituer la marque la plus certaine de cette finitude pratique.

2. La présentation incomplète envisagée par la Typique suffit pour le droit, le jugement juridique faisant clairement abstraction des mobiles (pour que mon acte soit juridiquement juste, il faut et il suffit qu'il soit extérieurement conforme à la loi, et peu importe qu'il soit accompli par liberté ou par intérêt) : ainsi la Typique, permettant de déterminer si une action est conforme au droit ou non, fait-elle négativement apparaître la sphère proprement morale (éthique) dans sa différence. En ce sens, il n'est pas interdit de considérer que ce développement constitue aussi la contribution la plus profonde (la plus fondamentale) que Kant ait apportée au problème important de la distinction entre droit et morale : problème qu'il a largement développé par ailleurs et que Fichte a repris après lui, mais dont la Typique donne la solution la plus fondamentale, parce que se situant au niveau méthodique.

3. Malgré ses limites, la Typique suffit aussi, suggère Kant à la fin de ce développement, en vue de préserver la moralité de deux écueils redoutables, pour le repérage

desquels ce moment de la philosophie pratique me semble conserver aujourd'hui toute son importance :

a. D'une part, l'empirisme pratique, qui, en réduisant le concept du bien au principe de plaisir, ramène tout au sensible et donc supprime la liberté – ce contre quoi la Typique, en proposant un critère *a priori* de l'objectivité pratique (le type de la légalité), fournit un utile et évident cran d'arrêt.

b. D'autre part aussi (et c'est un écueil moins évident, mais peut-être plus menaçant aujourd'hui) le mysticisme pratique, dont Kant suggère qu'il consiste à croire que la présentation peut être complète et donc que l'intelligible peut être intégralement présent dans la nature matérielle, ce qui, pour des raisons déjà explicitées, est absurde : absurdité dont la dénonciation est bien compréhensible dans la logique kantienne du dualisme, mais absurdité dont on peut aussi se demander si l'exigence d'une éthique appliquée, dans ses formes les plus extrêmes, voire extrémistes, ne va pas parfois jusqu'à la commettre en exigeant du philosophe moral une déduction possible et complète de solutions aux « cas » les plus concrets, et ce à partir des principes moraux les plus universels. Contre ce mysticisme, Kant faisait valoir, dans les dernières lignes de sa Typique, « la seule chose qui convienne à l'usage des concepts moraux », à savoir ce qu'il nomme « le rationalisme de la faculté de juger », en définissant négativement ce rationalisme comme celui qui sait ne pas transformer « en schème ce qui ne sert que de symbole » : en ce sens, éclairées par la Typique, les limites nécessaires de l'éthique appliquée pourraient bien nous apparaître comme celles d'un rationalisme pratique soucieux de s'épargner les séductions, mais aussi les illusions du mysticisme.

C'est en tout cas dans le cadre de ce rationalisme pratique limité (par la manière dont la Typique définit au préalable les limites de l'application) que se développe, dans la *Métaphysique des mœurs*, l'application proprement dite, dont on ne soulignera ici la méthode que pour mieux en faire ressortir la portée.

## La méthode de l'application

Dégager le procédé selon lequel Kant a conçu l'application de la définition formelle de l'objectivité pratique, c'est comprendre en quel sens, depuis la *Critique de la raison pure*, il désigne comme « métaphysique », de manière apparemment déconcertante, les parties de sa philosophie transcendantale qui excèdent, aussi bien du côté théorique (*Métaphysique de la nature*) que du côté pratique (*Métaphysique des mœurs*), le moment critique. À cette fin, il faut rappeler que le terme « métaphysique » possède dans le vocabulaire kantien une quadruple signification :

1. La « métaphysique générale » désigne cette activité intellectuelle, sans doute légitime, mais relativement stérile, qui consiste dans l'analyse des concepts traditionnels de l'ontologie.

2. La métaphysique « spéciale » est celle que déconstruit la dialectique transcendantale.

3. La métaphysique comme « disposition naturelle » indique cette capacité que l'homme possède de s'arracher au monde simplement naturel.

4. Enfin, la « métaphysique des mœurs » et, parallèlement, celle de la « nature » désignent une activité intellectuelle légitime et utile qui vient compléter celle, encore formelle, des deux premières *Critiques* [1].

Ces deux *Critiques* (il faut laisser ici de côté le cas, tout différent, de la troisième *Critique* [2]) se tiennent en effet à un niveau bien particulier : ainsi qu'on l'a déjà entrevu, elles définissent, chacune dans sa sphère propre, l'objec-

---

1. C'est aussi en ce sens qu'il peut être question de « métaphysique » dans le titre des *Prolégomènes à toute métaphysique future qui voudra se présenter comme science*.
2. Indice de cette différence : la Première Introduction à la *Critique de la faculté de juger* explique qu'ici nulle « doctrine » ne correspond à la « critique », précisément parce que la faculté de juger (comme faculté de juger réfléchissante – celle à laquelle est consacrée la troisième *Critique*) n'a pas pour fonction de constituer une classe d'objets spécifiques, mais de rapporter des objets déjà constitués à une exigence de la raison humaine (tant théorique, l'Idée de système, que pratique, l'Idée de liberté).

tivité en général (le transcendantal). C'est clair pour la
*Critique de la raison pure*, où la table des catégories énu-
mère les critères qui définissent en général et *a priori* la
forme de tout objet, quel qu'il soit. En revanche, dans le
domaine de la philosophie pratique, par rapport à laquelle
se situeront la *Doctrine du droit* et la *Doctrine de la vertu*
(ce qui ne veut nullement dire qu'elles s'en « déduisent »),
la théorie de l'objectivité est moins aisée à percevoir.

Si l'on choisit de ne pas entrer ici dans l'examen (fort
complexe) de la table des catégories de la liberté que propose la *Critique de la raison pratique*, on peut cependant,
en s'en tenant à la *Fondation de la métaphysique des
mœurs*, indiquer que la représentation pratique de l'objectivité se laisse au mieux repérer dans la célèbre distinction
des trois types d'impératifs.

Si l'on demande en effet ce que peut être un « objet
pratique », donc, en quel sens il peut y avoir aussi une
théorie de l'objectivité pratique (une ontologie pratique),
on répondra qu'un objet pratique est une fin. Mais non
pas n'importe quelle fin – ce qu'est destinée précisément
à suggérer la tripartition des impératifs :

1. Je puis, en effet, me proposer de réaliser par mon
action des fins très différentes, et rechercher par exemple
celles qui ne valent que pour moi, qui sont, en ce sens précis, purement *subjectives* ; je suivrai alors les seuls impératifs de l'*habileté*, qui concernent uniquement la relation
moyen/fin et relèvent de ce que nous appelons aujourd'hui
la « raison instrumentale » ou encore, en termes wébériens,
la « rationalité par rapport à une fin ». Ces impératifs nous
disent : *si* tu veux obtenir telle fin – peu importe laquelle :
il peut s'agir, selon l'exemple même de Kant, aussi bien de
guérir que d'empoisonner –, *alors* il faut utiliser tels
moyens.

2. Je puis m'élever d'un cran dans l'objectivité (dans
la recherche de fins qui soient moins subjectives) en me
conformant aux impératifs de la *prudence*. Les impératifs
restent alors *instrumentaux*, hypothétiques, ils envisagent
cependant des fins communes à l'humanité, et non plus
particulières à chaque sujet. Car avec la prudence, je me
propose de réaliser des objectifs qui ne valent plus sim-

plement pour moi, mais aussi pour l'espèce humaine tout entière – l'exemple le plus simple étant ici celui de la santé : nous ne sommes plus dans l'arbitraire pur, et pourtant ce qui distingue encore la prudence de la véritable moralité, c'est que les fins qu'elle aide à réaliser ne sont communes à l'humanité qu'en tant qu'on la considère comme espèce animale ou biologique.

3. Je puis enfin accéder à l'objectivité suprême en m'imposant pour principe de réaliser des fins valant universellement, telles qu'elles peuvent même aller tout à fait à l'encontre de celles qui ne vaudraient que pour moi. J'entre alors dans la sphère de l'*impératif catégorique*, c'est-à-dire dans la sphère de la *moralité*, où sont prescrites uniquement des fins que seul un être libre peut choisir : fins de la raison qui ne sont plus seulement communes à l'humanité en tant qu'espèce biologique, mais aussi en tant qu'elle constitue l'ensemble des êtres doués de liberté et de raison (ne pas mentir, ne pas traiter autrui comme pur moyen, etc.)

Sans qu'il soit besoin de s'appesantir davantage sur ces distinctions fort connues, on perçoit ici en quel sens le moment critique de la philosophie pratique (moment dont participe, nous l'avons vu, la *Fondation*) peut être tenu pour une théorie de l'objectivité : la *Critique* nous fournit en effet, en énonçant l'impératif catégorique, le critère permettant de distinguer les fins subjectives (valables seulement pour moi) des fins objectives (valables pour l'humanité entière en tant qu'espèce raisonnable). Bref, en allant de l'habileté à la moralité en passant par la prudence, on s'élève des fins *particulières* aux fins *universelles* en passant par les fins *générales*. La question morale par excellence est donc bien la suivante : à quelles conditions puis-je penser que les fins que je me propose ne sont pas seulement mes fins subjectives, mais aussi des fins susceptibles de valoir objectivement, donc d'être admises par tous ? La moralité suppose par conséquent que l'on dépasse son point de vue particulier, son égoïsme et ses intérêts, pour considérer le bien commun ; et cet effort suppose à son tour la liberté, entendue comme la faculté de n'être pas entièrement déterminé par ses penchants. Où l'on perçoit ainsi, même à ce niveau d'extrême généralité (la moralité pure), que ces exigences formulées par Kant expriment au mieux la conscience moderne de la morale : de même que nous pensons toujours plus ou moins la légitimité en termes de convention et de contrat (d'adhésion volontaire), nous identifions spontanément la moralité avec la quête désintéressée d'objectifs universels.

Pour autant, avec une telle exigence morale d'universalité, la *Critique,* du côté pratique (comme c'est aussi le cas, au demeurant, du côté théorique), ne saurait dépasser, je l'ai déjà suggéré, la sphère formelle du transcendantal : elle ne nous indique pas par elle-même comment passer de la définition générale de l'objectivité à la détermination d'objets particuliers réels. La morale pure nous dit qu'il faut viser l'universel, mais elle ne nous dit pas ce que cet universel est effectivement dans tel ou tel cas, elle en décrit seulement la forme désincarnée – ce pourquoi, si l'on réduit la philosophie pratique de Kant à ce moment fondateur, l'on pourra assurément, en dénoncer à satiété le formalisme.

Dit autrement, et pour mieux faire percevoir la teneur de la difficulté : dans le cas de la philosophie de la nature (de la physique), on dira, techniquement, que les catégories sont *constitutives* par rapport à l'expérience possible, mais seulement *régulatrices* par rapport à l'intuition [1] – ce qui signifie, en clair, qu'on ne peut pas, à la différence

---

1. Voir sur ce point capital la *Critique de la raison pure*, A 179/B 222. Ainsi que l'établit la Déduction transcendantale, les catégories sont la forme de l'expérience en général – ce qui signifie que, s'il y a une expérience possible, je sais *a priori* qu'elle sera structurée selon les déterminations catégoriales : en ce sens, les catégories ou, plus techniquement dit, les principes (= les catégories, *plus* le temps) sont constitutifs vis-à-vis de l'expérience *possible* (= vis-à-vis de la *forme* de l'expérience, ou encore de l'expérience *en général,* ce que Kant appelle « l'objet transcendantal = X ») ; dans la mesure cependant où rien n'implique *a priori* qu'aucun contenu effectif viendra se ranger sous cette définition formelle de l'objectivité (implication *a priori* qui exigerait que le réel fût intrinsèquement rationnel, soit : la thèse de l'idéalisme absolu), catégories et principes ne sont que régulateurs par rapport aux intuitions (donc aux expériences *réelles*), ou, si l'on préfère, par rapport à l'*existence* des phénomènes, laquelle ne se peut donc, par définition, construire *a priori*.

de ce qui avait lieu chez les cartésiens par exemple et dont le projet redeviendra d'actualité à partir de Schelling, entreprendre d'élaborer une physique intégralement *a priori*. Seules les mathématiques peuvent en fait procéder absolument *a priori* parce qu'elles, et elles seulement, ne s'intéressent qu'à la forme de l'expérience, non à son contenu empirique.

De même, dans le cas de la philosophie pratique, qui seul nous retient ici, il est impossible de « déduire » *a priori* les fins concrètes que je dois me proposer de réaliser dans telle ou telle circonstance particulière. Je dispose certes d'un principe, mais le problème de l'application de ce principe à l'existence suppose un « saut ». Ce « saut » ne s'effectue cependant pas de façon arbitraire, et c'est justement l'œuvre de la *métaphysique* de la nature (pour la partie théorique) et des mœurs (pour la partie pratique) que d'en déterminer les conditions exactes.

Dans ce contexte, Kant nomme en effet « métaphysique » le procédé non seulement légitime, mais nécessaire, par lequel nous pensons le rapport de l'universel au particulier. Ce procédé [1] consiste à ajouter à la structure catégoriale formelle un minimum d'empiricité, une donnée sensible aussi abstraite que possible par rapport à l'empiricité (ce pourquoi le procédé peut être dit « métaphysique »), donc aussi proche que possible du transcendantal, de sorte que le saut soit lui-même le plus restreint possible. C'est sans doute, il faut y revenir, dans la Préface aux *Premiers Principes métaphysiques de la science de la nature* que l'on trouve les indications les plus précises sur cette méthode de détermination des catégories [2].

À suivre ces indications fournies par Kant au sujet de la métaphysique de la nature, le minimum ajouté à la structure catégoriale sera la représentation d'un mobile dans l'espace et le temps. Cette simple adjonction, qui se peut effectuer *a priori* et donc, répétons-le, peut être dite, en ce sens, « métaphysique » (puisque je sais *a priori* de

---

1. Pour une analyse plus complète, on peut se reporter utilement à B. Rousset, *La Doctrine kantienne de l'objectivité*, Paris, Vrin, 1967.
2. *Premiers Principes métaphysiques de la science de la nature*, trad. citée, p. 370 sq.

l'objet donné, quel qu'il puisse être, qu'il est situé dans l'espace et dans le temps, à quoi correspond la notion de mouvement), permettra ensuite d'en déterminer le produit à l'aide des quatre titres de la table des catégories, faisant ainsi surgir la phoronomie (quantité), la dynamique (qualité), la mécanique (relation) et la phénoménologie (modalité).

On peut alors construire par analogie ce qu'il va en être dans l'optique d'une métaphysique des mœurs. Le premier élément, véritablement minimal, qui puisse être ajouté *a priori* aux catégories de la liberté réside dans la représentation de l'existence des choses et des personnes. L'ajout d'un second « minimum », si l'on peut dire, interviendra dans la *Doctrine de la vertu* (l'existence des penchants inscrits dans les différents sujets), mais il supposera déjà la prise en compte du premier – raison pour laquelle, architectoniquement, la *Doctrine du droit* précède ce que Kant appelle aussi l'éthique.

### La portée de l'application : l'exemple de la Doctrine du droit

Ce procédé de la « métaphysique » appellerait bien des remarques. Il faut souligner tout d'abord que la portée en est telle qu'elle engage un certain nombre de prises de position sur des problèmes précis relevant de la raison pratique juridique ou morale. En ne retenant ici qu'un seul exemple, on aperçoit ainsi que, de la manière même dont se trouve construit l'objet de la *Doctrine du droit*, résultent les deux questions centrales qui vont fonder les divisions principales de l'ouvrage et déterminer l'ordre dans lequel elles seront abordées :

1. Qu'est-ce qu'être libre à l'égard des choses ? Cette première question fonde la théorie de la propriété et, plus généralement, du *droit privé*.

2. Comment les diverses libertés individuelles peuvent-elles s'accorder entre elles, c'est-à-dire s'autolimiter ? Ou encore : comment puis-je être libre sans qu'autrui soit asservi, et, réciproquement, comment autrui peut-il être

libre sans que je sois asservi ? Cette seconde question
fonde la théorie du *droit public*.

Or, la dichotomie ainsi produite du droit privé et du
droit public a bien évidemment une portée considérable
pour toute la théorie politique ultérieure, dont elle constitue même en quelque sorte l'acte de naissance [1]. Elle correspond en effet pour l'essentiel, on le perçoit sans peine,
à la distinction plus contemporaine de la société (civile)
et de l'État – ce dernier s'entendant en l'occurrence
comme le lieu du droit de contrainte qui garantit la limitation réciproque des libertés. Mais, conformément à
l'usage en vigueur dans la tradition jusnaturaliste, Kant
désignera cette dichotomie par les deux expressions
consacrées : « société naturelle » pour la sphère privée, et
« société civile » pour la sphère publique – par où l'on
comprend pourquoi le terme de « société civile » correspond encore chez lui, d'une manière qui, de prime abord,
pourrait déconcerter le lecteur, à ce que nous nommerions
plutôt aujourd'hui l'État. Reste que, quels que soient les
termes qui la désignent, la dichotomie de la société et de
l'État non seulement est ici en place, mais se trouve philosophiquement fondée. Et, de ce point de vue, la *Doctrine
du droit* marque un virage véritablement capital dans l'histoire de la réflexion juridico-politique, puisqu'elle opère
la synthèse, inédite, d'une problématique morale et d'une
problématique jusnaturaliste. Plus précisément : elle situe
le droit par rapport à la morale (pure) comme en étant
l'incarnation et, ce faisant, prenant en compte l'empiricité,
elle conduit à distinguer de façon purement philosophique
la société et l'État – par où elle apparaît très exactement
comme le lieu où s'accomplit le passage des théories du
droit naturel moderne, en tant que réflexions sur la légitimité et la souveraineté, aux théories politiques contemporaines, en tant que réflexions sur les rapports de la
société et de l'État. Ce couple étant produit, les relations

---

1. Je reprends ici une thèse que j'ai déjà développée, selon une
perspective sensiblement différente, dans *Des droits de l'homme à
l'idée républicaine, Philosophie politique,* III, Paris, PUF, 1985, p. 96-
103 (en collaboration avec L. Ferry).

qu'entretiennent les deux termes vont en effet pouvoir être envisagées selon trois modalités fondamentales :

1. La réduction de la société à l'État fondera philoso-phiquement le projet d'un *socialisme étatique*, voire tota-litaire, au sein duquel l'État deviendrait l'instance préten-dant organiser, contrôler et, en définitive, absorber la société.

2. La réduction de l'État à la société fonde, toujours au niveau des principes philosophiques, le projet *anarchiste* d'une suppression totale de l'État au profit d'une société supposée pouvoir être harmonieuse par elle-même.

3. La limitation réciproque de la société et de l'État fonde la conviction *libérale* que leur coïncidence parfaite est impossible, et que la visée de l'unité absolue s'avère en dernière instance inévitablement catastrophique.

Que Kant lui-même, en sa *Doctrine du droit*, ait déve-loppé de façon plus ou moins ambiguë le troisième de ces modèles, c'est une question qui, engageant sa compréhen-sion de la relation entre droit privé et droit public, nourrit bien des débats interprétatifs et sera examinée, indirecte-ment, ci-dessous. Encore fallait-il toutefois apercevoir d'abord que là n'est peut-être pas cependant, quant à la portée de la *Doctrine du droit*, le point essentiel : en fon-dant une division claire de la société et de l'État, la pre-mière partie de la *Métaphysique des mœurs* nous aura per-mis d'apercevoir rétrospectivement pour quelles raisons au fond systématiques il n'était et n'est sans doute pos-sible, dans le cadre de la pensée politique moderne, de concevoir que trois théories politiques fondamentales, l'anarchisme, le socialisme (nécessairement étatique) et le libéralisme.

Il n'en demeure pas moins que, précisément dans la mesure où la *Doctrine du droit* correspond au moment de la transition entre les théories du droit naturel et les théo-ries politiques contemporaines, l'on peut se demander ce que Kant conserve de la problématisation jusnaturaliste : et cela d'autant plus aisément que quelques apparences ont pu nourrir le soupçon d'une éventuelle contribution de Kant à la genèse du positivisme juridique.

## Kant et le droit naturel

Il faut en effet le rappeler : un historien de la philosophie du droit aussi brillant que Michel Villey estimait qu'au sein d'une pensée moderne tendant globalement au positivisme, c'est la « doctrine kantienne » qui, pour la première fois, « livre les juristes à l'empire des lois positives, sans restriction ni condition ». Et Michel Villey, avec beaucoup de dédain envers les philosophes, précisait que certes « une interprétation courante fait de Kant un jusnaturaliste », mais qu'en vérité cette appréhension du kantisme, « largement répandue chez les philosophes », manque l'essentiel – savoir que « Kant a détruit tous les remparts que l'histoire avait édifiés contre la toute-puissance des lois ». L'œuvre de Kant, « en dépit de ses étiquettes, et peut-être de ses intentions, signifiait la victoire totale, effrénée, du positivisme juridique » [1].

Face à cette condamnation sans nuances [2], il convient bien évidemment de se demander ce qui a pu venir l'étayer. Dans la *Doctrine du droit*, Kant soutient, comme on le verra, qu'il n'est de droit que par le passage de l'état de nature à l'état civil, et qu'il n'existe donc pas de droit en dehors de l'État [3]. De même écrivait-il en 1793, dans *Théorie et pratique*, que « tout droit dépend des lois » : proposition que la *Doctrine du droit*, quatre ans plus tard, ne fait que développer en établissant que c'est seulement dans le droit politique, dans la constitution publique de l'état civil, qu'il y a place pour un véritable droit privé et qu'il n'existe de droit qu'à partir de l'avènement d'un État.

De ces formules si souvent citées vient que certains interprètes ont tenu que Kant était le fossoyeur de l'idée

1. M. Villey, *Leçons d'histoire de la philosophie du droit, op. cit.*, p. 254-259 ; voir, dans le même sens, la préface à la traduction de la *Doctrine du droit*.
2. On pourrait l'étayer tout autant sur les thèses de L. Strauss concernant la dissolution du droit naturel par les vagues successives de la modernité, où Kant, comme on sait, se trouve inscrit en bonne place (parmi les philosophes de la deuxième vague).
3. AK, VI, 242 ; trad. citée, p. 31.

de droit naturel. Ainsi, suivant à cet égard les suggestions de Michel Villey, Simone Goyard-Fabre a-t-elle pu croire parfois trouver chez Kant, pour qui « il n'y a pas de droit véritable supérieur ou antérieur à l'État », « les prémisses du positivisme juridique » [1].

Je crains, à vrai dire, qu'il n'y ait là une singulière méprise, fortement encouragée par certaines maladresses des traducteurs, tant il est vrai qu'affirmer, comme le fait Kant avant Fichte, qu'il n'y a pas de droit avant l'État, ce n'est encore nullement rompre avec tout jusnaturalisme pour basculer dans le positivisme juridique : pour que tel soit le cas, il faudrait en effet que Kant eût estimé, non seulement qu'il n'existait pas de droit *antérieur* à l'État, mais aussi qu'il n'était point de droit *extérieur* et *supérieur* au droit institué des États existants ; car seule une telle affirmation définira expressément le positivisme juridique, par l'exténuation qu'elle implique de toute référence possible à une instance métapositive du droit. Or, cette affirmation positiviste n'a, fort heureusement, rien à voir avec ce que souligne Kant dans la *Doctrine du droit* [2].

Il faut en effet être attentif (ce que certes les traductions n'ont pas toujours permis et qui, entre autres considéra-

1. S. Goyard-Fabre, *Kant et le problème du droit*, Paris, Vrin, 1975, p. 255 sq. Il est juste de préciser que cet auteur a ultérieurement nuancé son propos : voir *Philosophie politique, XVIᵉ-XXᵉ siècle,* Paris, PUF, 1987, p. 356 sq. De même, je suis ravi que, dans une récente version révisée de son livre sur Kant (*La Philosophie du droit de Kant*, Paris, Vrin, 1996), elle ait (p. 69) intégré mes objections et repris littéralement un schéma déjà proposé dans la présentation de ma *Doctrine du droit.*
2. Dans la version révisée de son livre sur Kant, S. Goyard-Fabre, répondant à mes propres objections, avoue « ne pas comprendre » que j'attribue à Kant un « jusnaturalisme réélaboré », lors même que Kant soutient, de fait, que le droit n'existe pas hors de sa proclamation publique, c'est-à-dire de son inscription dans une « législation » : je viens de dire, ou plutôt de dire à nouveau, pourquoi, chez Kant, cette affirmation n'implique aucune rupture avec le jusnaturalisme. Quant à préciser en quoi Kant a réélaboré profondément le droit naturel, je crois qu'une philosophie du droit naturel qui 1. pense l'humanité de l'homme en dehors de l'assignation à celui-ci d'une quelconque « nature humaine », et 2. qui fait du droit naturel l'horizon, et non plus l'origine, du droit positif, constitue somme toute une réélaboration de ce concept à laquelle on doit reconnaître quelque ampleur.

tions, imposait de les actualiser) à la manière dont, au-delà de rares flottements, Kant distingue avec « subtilité » non pas deux, mais trois niveaux du droit [1] :

1. Tout d'abord ce qu'il appelle *das natürliche Recht*, si l'on veut, le droit de l'homme naturel, le droit éventuel de l'homme à l'état de nature, soit (puisqu'il s'agit d'une fiction produite par abstraction de l'État) ce que serait le droit privé indépendamment de son inscription dans un système de droit public ;

2. ensuite, ce qui est désigné comme *Naturrecht*, le droit naturel proprement dit, niveau métapositif du droit qui transcende le droit établi et, constituant un *Sollen*, permet de le juger ;

3. enfin, le droit public, droit civil ou droit politique (*das öffentliche Recht*), qui désigne le droit existant dans l'État [2].

Cela souligné, pour que Kant prépare le positivisme, il faudrait 1. qu'il soutienne que le droit de l'homme naturel n'existe pas par lui-même et qu'il n'acquiert

---

1. Sur cette « subtilité », voir la Réflexion 7084 (1776-1778), même si la tripartition de la *Doctrine du droit* n'y est pas encore pleinement établie (trad. par M. Castillo, in *Kant et l'avenir de la culture*, Paris, PUF, 1990, p. 275) : « L'usage du mot *droit naturel* (*natürliche Recht*) étant si équivoque, il nous faut recourir à une subtilité pour éviter cette équivoque. Nous distinguons le droit de la nature (*Naturrecht*) du droit naturel (*natürliche Recht*). » Il faut, à cet égard, savoir gré à J. Masson et O. Masson d'avoir pour la première fois, dans leur traduction de la *Doctrine du droit* (*Œuvres philosophiques de Kant*, III, *op. cit.*), pris en compte cette subtilité : voir leur note de la p. 1424.

2. Je suis d'autant plus enclin à imputer une lecture comme celle de M. Villey à un malencontreux effet de l'ambiguïté des traductions que celle qu'il préface, quels qu'en soient les mérites, commettait sur ce point précis une erreur redoutable : traduire par « droit naturel » aussi bien ce que Kant appelle « *Naturrecht* » que ce qu'il nomme « *das natürliche Recht* », c'était rendre malaisément intelligible la structure même de la *Doctrine du droit* ; confondre les deux en parlant à chaque fois de « droit naturel », c'était accréditer (puisque Kant soutient que le « *natürliche Recht* » n'acquiert de consistance que par le droit public) l'absurde, mais tenace, légende selon laquelle Kant, soumettant le droit naturel au droit positif, prépare le positivisme juridique d'un Kelsen – là où jamais dans le texte le « *Naturrecht* » (le droit naturel) n'est dit trouver sa vérité dans les systèmes de droit positif existants (qu'au contraire, en tant que *Sollen*, il permet de juger).

véritablement de consistance que dans un système de droit public, c'est-à-dire dans l'État – ce qu'il soutient effectivement en faisant du droit public la vérité du droit privé (comme la Déclaration de 1789 fait des droits du citoyen la vérité des droits de l'homme) ; mais il faudrait aussi 2. qu'il nie toute consistance et toute fonction assignables au droit naturel, au *Naturrecht*, en posant que la vérité du *Naturrecht* se trouve dans les systèmes de droit positif existants : or cela, pas plus que Fichte, Kant ne le fait jamais, mais il place au contraire aussi bien le droit de l'homme naturel que le droit civil sous la dépendance du droit naturel, c'est-à-dire sous la dépendance du pur concept de droit qui les transcende comme une norme rationnelle. Le schéma kantien est donc en fait le suivant :

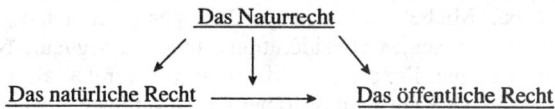

Il s'agit là d'un schéma qui n'a absolument rien de positiviste et enregistre simplement, en fidélité à la lettre comme à l'esprit de la Déclaration de 1789, qu'il est conforme au droit naturel de l'homme en tant qu'être sociable que ses droits individuels (droits de l'homme naturel) trouvent leur garantie en même temps que leur accomplissement dans un système de droit public fondé sur l'exercice des droits du citoyen (ce que Kant appelle la « constitution républicaine »). Et, de ce fait, tout le schéma inscrit la pensée du droit dans une perspective universaliste, puisque c'est l'instance du droit naturel (= du droit qui revient à tout homme en tant qu'homme) qui régit l'articulation du droit privé et du droit public. Rigoureusement dans le même sens, Fichte peut écrire en 1796 :
    « L'État [= l'État rationnel, conforme au *Sollen*] devient l'état de nature de l'homme [= ce que la tradition jusnaturaliste s'était jusqu'ici représenté comme la condition correspondant à la nature de l'homme en tant qu'homme],

et ses lois ne doivent être rien d'autre que le droit naturel réalisé [1]. »

Ici comme chez Kant, la référence au *Sollen* paraît suffire à écarter toute tentation de lire, dans l'affirmation qu'il n'est de droit que dans une communauté politique (= de droits de l'homme comme de droits du citoyen), une quelconque anticipation du positivisme juridique. Pour ainsi dire, *le criticisme juridique conserve un moment de jusnaturalisme* : quand bien même, comme j'ai essayé de le montrer ailleurs [2], il entreprend de réélaborer profondément cette notion du droit naturel, c'est en dehors du droit positif et de son fonctionnement qu'il cherche la pierre de touche du droit, dans une notion métapositive (en même temps que métahistorique) du juste.

Cette mise au point interdit-elle toutefois pleinement le soupçon de positivisme ? À vrai dire, l'accusation mise en place par Michel Villey ne perdrait pas pour autant, à partir de ces seules considérations, toute sa vigueur. Ne niant pas que l'expression de « droit naturel » ait été conservée par Kant pour désigner un « droit juste » découvert par la seule raison et destiné à guider le législateur, celui-ci estime en effet que « ce beau système théorique n'est pas, *hic et nunc*, applicable », et que le « droit rationnel » dessine un cadre trop « flou » ou trop « vague » pour constituer dans la pratique la source des décisions et des jugements [3]. Ainsi, le criticisme serait bien un jusnaturalisme théorique, mais, parce que sa référence à un droit rationnel lointain et trop indéterminé demeure sans prise sur « l'empire des lois positives », il induirait aussi un positivisme pratique.

La difficulté, cette fois, reconduit directement vers cette problématique de l'application de la morale pure, telle qu'elle concerne aussi bien la *Doctrine du droit* que la *Doctrine de la vertu* – plus précisément, elle m'invite à interroger, pour mettre un terme à cette réflexion sur la problématique de l'application, les éventuelles limites que

1. J.G. Fichte, *Fondement du droit naturel*, trad. par A. Renaut, Paris, PUF, 1985, p. 163.
2. A. Renaut et L. Sosoé, *Philosophie du droit*, Paris, PUF, 1991.
3. M. Villey, *op. cit.*, p. 255-257.

Kant, *de facto* ou *de jure*, a cru devoir imposer sous ce rapport à sa philosophie pratique.

## Finitude de la raison pratique

Très logiquement, ce devrait être au terme de la *Doctrine de la vertu* que nous pourrions trouver la mise au point la plus explicite sur ces limites au-delà desquelles le procédé de la métaphysique des mœurs perdrait toute légitimité. En effet, si limites de l'application il doit y avoir, c'est bien là où la définition formelle de l'objectivité pratique est susceptible d'atteindre son plus haut degré de contenu qu'elles seraient à même de surgir – autrement dit : là où, à la forme vide de l'objectivité (l'exigence d'universalité), ont été intégrées successivement deux dimensions qui lui étaient extérieures, à savoir l'extériorité du côté de l'objet donnée par l'existence des choses et des personnes (droit), puis l'extériorité du côté du sujet constituée par les inclinations (vertu).

Avouons-le : la conclusion de la *Doctrine de la vertu*, si elle frôle cette question, ne la thématise pas véritablement [1], et c'est plutôt par analogie avec les indications dont nous disposons dans le domaine théorique (métaphysique de la nature) qu'il nous faut concevoir la façon dont Kant s'est représenté les limites de sa métaphysique des mœurs.

On sait [2] que, dans le registre théorique, les matériaux amassés par Kant durant les dernières années de sa vie et rassemblés dans l'*Opus postumum* envisagent, au-delà de la métaphysique de la nature, la question du « passage »

---

1. On lira cependant avec attention (AK, VI, 486 sq., trad. citée, p. 367 sq.) ces pages où Kant, sur l'exemple de la religion comme doctrine des devoirs envers Dieu, suggère qu'il existe *de jure* des limites infranchissables de l'« éthique en tant que philosophie pratique pure » : au-delà de ces limites, l'ajout qu'il faudrait à nouveau intégrer à la définition formelle de la moralité pure ne pourrait plus être accompli *a priori*, mais il serait de nature pleinement empirique en requérant que la « doctrine » considérée soit « appliquée à une histoire donnée ».
2. Je ne peux, là encore, que renvoyer aux indications précieuses de B. Rousset, *op. cit.*, notamment p. 227 sq., p. 249 sq.

(*Übergang*) à la physique empirique [1]. Ajoutant à la structure catégoriale, non plus seulement le mouvement, mais les forces motrices comme substrat du mouvement, Kant semble même s'être aventuré très loin dans la déduction de l'empiricité, et corrélativement être parvenu très près de ces philosophies de la nature qu'allait construire l'idéalisme allemand, notamment Schelling. Pour autant, même dans ces textes étonnants où paraît s'amorcer le programme d'une déduction de l'*a posteriori* lui-même, Kant reste fidèle à l'esprit de la philosophie critique : sa déduction de la matière n'est pas constitutive, mais elle fournit seulement un fil conducteur ou une méthode (si l'on veut : un schème), non pour construire le donné *a priori*, mais pour se repérer dans l'empirique [2]. En ce sens, même ainsi schématisée plus avant, l'objectivité théorique demeure régulatrice par rapport à l'intuition : elle ne la produit pas, mais l'attend, ou, si l'on préfère, l'existence, comme il convient dans un système de la raison finie, n'est pas déduite du concept, et la science empirique reste extérieure à la philosophie.

Rien n'autorise à penser que Kant eût envisagé autrement le problème du « passage » sur son versant pratique. Quelques lignes du § 45 de la *Doctrine de la vertu*, qui

1. Voir sur ce point les indications rassemblées par le P.F. Marty dans la présentation de sa belle traduction de l'*Opus postumum*, Paris, PUF, 1986 : dans une lettre à Garve de 1798, Kant dit préparer un ouvrage portant sur le « passage des principes métaphysiques de la science de la nature à la physique ». Cette entreprise semble avoir été abordée depuis 1796, et c'est à elle que, surtout après 1800, Kant consacrera ses dernières forces.

2. Voir *Opus postumum*, trad. par F. Gibelin, Paris, Vrin, 1950, p. 177 : « Le schématisme des concepts de l'entendement est le vestibule du passage des principes métaphysiques à la physique » (pour d'autres textes, voir B. Rousset, *op. cit.*, p. 255). À ce niveau de l'application, il ne s'agit donc pas d'une construction, mais d'une subsomption du donné sous des concepts qui, pour s'appliquer à un donné de moins en moins concevable *a priori*, ont besoin d'un surplus de schématisation (sur le schématisme comme procédé général de l'application, voir *Opus postumum*, AK, XXII, 25, trad. par F. Marty, p. 142 : « Là où les catégories trouvent un emploi, il y a un schématisme des concepts de l'entendement, qui concerne simplement leur *application* à l'expérience »).

abordent expressément une telle entreprise, semblent à cet
égard sans équivoque :

« Tout comme l'on réclame, de la métaphysique de la
nature à la physique, un passage qui possède ses règles
particulières, on attend à bon droit de la métaphysique des
mœurs quelque chose d'analogue – à savoir que, par
application des purs principes du devoir aux cas de l'expérience, elle *schématise* pour ainsi dire ces principes et
les présente prêts pour l'usage moralement pratique [1]. »

À la différence des *Premiers Principes métaphysiques
de la science de la nature*, la *Doctrine de la vertu* amorce-
t-elle déjà par elle-même le « passage » (*Übergang*) ? La
fin du § 45 peut apparaître à cet égard fort indécise,
puisque Kant, successivement, y indique 1. que ces
« espèces d'application » (*Arten der Anwendung*) ne
peuvent ici « être développées comme des sections de
l'éthique », mais doivent bien plutôt lui « être ajoutées »,
puis 2. que « cette application (*Anwendung*) même relève
de la présentation complète du système » (de la raison
pratique). Il faut comprendre, me semble-t-il, que les
applications effectives, dans la particularité de leur
contenu, échappent à la *Doctrine de la vertu* (à l'éthique),
mais que celle-ci peut et doit fournir (là est sa limite) le
principe méthodique de l'application, présenté ici aussi, et
ce n'est évidemment pas négligeable, en termes de schématisation (c'est-à-dire en termes d'adjonction d'éléments
d'empiricité qui ne seraient plus, à la différence des précédents, concevables *a priori*). À quoi correspond très précisément la présence, dans la *Doctrine de la vertu*, de ces
fameuses casuistiques qui, sans déduire jamais les fins
concrètes que doit épouser le sujet moral *hic et nunc*, proposent, en considérant la diversité des circonstances, des

1. Trad. citée, p. 341. Il existe un texte parallèle concernant le passage dans l'ordre *juridique* (et non plus *éthique*), in *Opus postumum*,
AK, XXI, 178, trad. par B. Rousset, *op. cit.*, p. 512 : « Une discipline
de ce genre [= passage du *droit pur* au *droit statutaire*] serait fort utile
et même indispensable pour juger de la rationalité du droit empirique », et pour éviter qu'il ne se réduise à « une œuvre artificielle,
purement mécanique, nullement objective (c'est-à-dire découlant des
lois de la raison), mais simplement subjective (issue de l'arbitraire du
Pouvoir) ».

types de particularisation (schématisation) des exigences de la moralité pure : il n'en demeure pas moins que l'application effective n'est pas davantage effectuée, ici, qu'elle n'est envisagée par l'*Opus postumum* comme relevant, au-delà de l'indication de sa seule méthode, de la philosophie transcendantale.

Le système critique de la philosophie ouvre ainsi, d'un côté, sur la science empirique, de l'autre, sur la pratique du sujet agissant – savoir la politique comme horizon de la *Doctrine du droit*, l'éthique concrète comme horizon de la *Doctrine de la vertu*. L'une comme l'autre tombent en dehors de la métaphysique des mœurs, non parce que celle-ci serait restée trop abstraite ou trop formelle par rapport à ce qu'elle aurait dû être, mais parce qu'il appartient à une philosophie de la raison finie de savoir, à travers les limites de l'« application » (ou du moins de ce qui, dans l'application, relève du philosophe), reconnaître la radicalité de la finitude pratique comme elle avait su apercevoir, dès la *Critique de la raison pure*, la radicalité de la finitude théorique. En ce sens, la transformation critique de la raison, en déportant l'axe de la rationalité (donc de la philosophie) vers la sphère pratique, invitait aussi à donner toute sa place dans la réflexion à une dimension du réel sur l'irréductibilité de laquelle ouvre la raison pratique, mais au sein de laquelle se déploie pourtant l'activité du sujet agissant – à savoir l'histoire.

# TROISIÈME SECTION

# TÂCHES DE LA PHILOSOPHIE

## Chapitre VII

## PENSER L'HISTOIRE
### CONTRIBUTION À UNE CRITIQUE DE LA RAISON HISTORIQUE

Dans la dernière partie de ce livre, j'ai souhaité que l'on pût voir à l'œuvre la raison transformée, c'est-à-dire que l'on pût mesurer comment, dans la logique de cette transformation, Kant avait dessiné pour la philosophie comme des tâches nouvelles, ou du moins renouvelées dans leur teneur même. D'autres registres auraient pu être retenus, pour examiner cette mise en œuvre de la raison transformée, que les trois axes auxquels je me suis limité. La réélaboration critique de la problématique éducative, notamment, eût tout aussi aisément trouvé ici sa place. Du moins m'a-t-il semblé, à tort ou à raison, que les registres de la théorie de l'histoire, de l'épistémologie des sciences humaines et du droit constituaient ceux où l'apport de Kant, particulièrement consistant sans être définitif, avait ouvert le plus significativement la voie à ce que l'on peut désigner comme une tradition critique.

Pour ce qui est de la philosophie de l'histoire, la contribution de Kant me semble pouvoir être envisagée sous trois angles :

1. On peut tout d'abord considérer la place de l'histoire dans le système critique : en abordant les choses de ce point de vue, je voudrais montrer dans quelle mesure cette place est, en un sens, centrale (ce qui peut déconcerter puisque Kant n'a rien écrit sur l'histoire qui fût comparable à l'une de ses *Critiques*, mais ne lui a consacré apparemment que quelques opuscules) ; par là même, il me paraît possible en outre de cerner ce pour quoi, en vertu

de cette position centrale, la philosophie kantienne de l'histoire devait nécessairement être centrée sur la problématique de la culture ou – ce qui, pour Kant, revient au même (j'ai déjà formulé ces équivalences) – sur la problématique de la réalisation du droit.

2. Le deuxième angle d'approche consistera précisément à expliciter ce qui apparaît alors comme une conséquence directe de la reconnaissance de l'histoire comme centrale dans le système critique : si, *de facto* comme *de jure*, la question de l'histoire est au centre du système critique, et si ce système critique est par ailleurs celui qui fait de la question de l'homme celle où se rassemblent les diverses interrogations de la philosophie, cela implique qu'en un sens à préciser, l'homme soit histoire, ou, si l'on préfère, que l'humanité soit historicité. Que l'homme soit histoire ou que l'humanité soit une histoire, c'est là un énoncé qui, en soi, définit un humanisme de type original, puisque, plus traditionnellement, l'humanisme soutient que l'homme est une nature (au sens de la notion de « nature humaine ») : je souhaiterais examiner ici la teneur spécifique de cet humanisme critique, pour lequel l'homme est une histoire, et non pas une nature.

3. Le dernier point de vue à partir duquel la philosophie kantienne de l'histoire mérite à mon sens d'être considérée sera celui que délimiterait au mieux la question de savoir à quel type de philosophie de l'histoire nous avons affaire chez Kant. J'entends par là cette question qui donne lieu, aujourd'hui encore, à bien des discussions entre les interprètes : Kant, anticipant en quelque sorte sur la théorie hégélienne de la « ruse de la raison », conçoit-il une philosophie de l'histoire dominée par l'idée d'une logique immanente (ou d'un plan) de l'histoire, ou y a-t-il place chez lui pour ce que l'on appellerait volontiers une philosophie pratique de l'histoire, c'est-à-dire une philosophie faite par la liberté humaine (une philosophie où le progrès serait le produit de la liberté morale intervenant dans l'histoire pour y introduire ses propres exigences) ? Non seulement il se trouve que ce débat, qui fait rencontrer la question de l'éventuelle évolution de Kant en matière de philosophie de l'histoire, correspond à l'un des

plus redoutables problèmes d'interprétation qui hypothè-
quent encore notre relation à l'édifice kantien, mais il
n'est guère difficile d'entrevoir pourquoi il engage aussi,
très directement, la situation de Kant et du criticisme par
rapport à une dynamique qui allait conduire la philosophie
moderne à s'achever sous la forme d'une philosophie spéculative de l'histoire.

Interrogé selon ces trois axes, le traitement kantien de
la problématique de l'histoire me semble révéler, avec une
netteté particulière, la puissance de renouvellement et
d'inauguration de la transformation criticiste de la raison.

# I
## La place de l'histoire dans le système critique

Pour cerner le statut systémique que peut recevoir du
criticisme la question de l'histoire, il faut partir de l'interrogation majeure – au sens où elle décide de toutes
les autres – que construit Kant lorsqu'il l'aborde. Cette
interrogation majeure est formulée dès le début de
l'opuscule paru en 1784, l'*Idée d'une histoire universelle d'un point de vue cosmopolitique*, qui constitue, si
on laisse de côté l'opuscule sur les races (lequel aborde
seulement de façon latérale le problème de l'histoire),
la première contribution de Kant thématiquement consacrée à ce que nous appelons la « philosophie de l'histoire ». Nulle analyse, à ma connaissance, n'a véritablement attiré l'attention sur cette étonnante première
phrase de l'*Idée* :

« Quel que soit le concept que, du point de vue métaphysique, on puisse se faire de la *liberté du vouloir*, il
reste que les *manifestations phénoménales* (*Erscheinun-
gen*) de ce vouloir, les actions humaines, sont déterminées
selon des lois universelles de la nature, exactement au
même titre que tout autre événement naturel. »

Après quoi Kant indique que ces manifestations phénoménales de la liberté, ou ces phénoménalisations de la
liberté dans la nature, sont l'objet même de la recherche
historique : « L'histoire, écrit Kant, se propose de raconter

ces manifestations phénoménales [1]. » La philosophie critique inscrit donc sa réflexion sur l'histoire sous une problématique directrice qui est celle des effets de la liberté
dans la nature – problématique tellement importante et
décisive à ses yeux qu'on la retrouvera mise en place en
1790, dans l'introduction à la *Critique de la faculté de
juger*, comme cette problématique du « passage » entre
liberté et nature dont la troisième *Critique* fera son objet
propre. J'y reviendrai plus en détail dans le prochain chapitre, mais nous savons qu'à travers cette problématique
d'un passage recherché entre nature et liberté, la *Critique
de la faculté de juger* s'affirme comme synthétique des
deux précédentes, c'est-à-dire de la *Critique de la raison
pure*, comme philosophie théorique qui a pour objet la
*nature* en tant qu'objet de connaissance physico-mathé-
matique, et de la *Critique de la raison pratique*, comme
philosophie pratique de la *liberté* dans sa capacité de poser
des fins morales. Si nous pouvons comprendre en quoi la
réflexion sur l'histoire communique étroitement avec la
problématique du passage, et si cette problématique du
passage équivaut à celle de l'unité de la philosophie (du
terme médiateur entre philosophie théorique et philosophie pratique), il nous faudra admettre qu'en ce sens la
philosophie de l'histoire se situe, littéralement, au centre
(puisqu'au point médiateur) de ce que Kant appelle le
« système critique » de la philosophie [2].

1. AK VIII, 19 ; trad. (légèrement modifiée) par L. Ferry, in
*Œuvres philosophiques de Kant*, II, *op. cit.*, Bibliothèque de la Pléiade,
p. 188.
2. C'est sans doute Dilthey qui, un siècle plus tard, a réaffirmé avec
le plus de profondeur cette installation de l'histoire comme lieu synthétique de la nature et de la liberté : voir sur ce thème S. Mesure,
*Dilthey et la fondation des sciences historiques*, Paris, PUF, 1990,
p. 100 sq. Le plus beau texte de Dilthey, à cet égard parfaitement
« kantien », est constitué par quelques lignes de son *Introduction aux
sciences de l'esprit* (1883) qui évoquent ce qui conduit l'historien et
le philosophe de l'histoire à penser une spécificité des « sciences de
l'esprit » : « Ainsi établit-il une distinction entre le règne de la nature
et un règne de l'histoire dans lequel, au milieu de l'ensemble soumis
à une nécessité objective, et qui est la nature, la liberté jaillit, en
d'innombrables points de ce tout, comme un éclair » (trad. par S.
Mesure, in W. Dilthey, *Critique de la raison historique*, *op. cit.*,

Or, la démonstration peut s'opérer à mon sens de deux manières, tout d'abord (dans la perspective ouverte par les premières lignes de l'*Idée*) à partir d'une réflexion précisée sur l'objet que l'historien fait sien (c'est-à-dire sur le type de faits que sont les faits historiques), ensuite par une réflexion plus générale sur la logique interne du kantisme.

## L'objet de l'histoire

Revenons au début de l'*Idée* et à l'indication qu'y fournit Kant, selon laquelle l'historien se donne pour but de raconter des manifestations phénoménales de la liberté. On ne saurait mieux dire en effet que les faits historiques ont ceci de très particulier qu'ils se définissent comme ceux des événements naturels où la liberté a paradoxalement des « effets » dans une nature cependant soumise au déterminisme : caractérisation de l'histoire (comme ensemble de telles manifestations phénoménales de la liberté) dont, avant même de la comprendre, nous voyons bien à quel point elle invite déjà, pour cerner les relations entre le déterminisme de la nature et la liberté, à dépasser le cadre de la solution produite par la *Critique de la raison pure* à partir de l'examen de la troisième antinomie. De fait pouvons-nous mieux comprendre désormais pourquoi cette solution peut être dite insatisfaisante : distinguer le déterminisme des *phénomènes* (donc la nature comme *phénomène*) et l'existence *nouménale* d'une liberté, c'est en effet laisser de côté la question décisive de savoir comment la liberté peut inscrire ses effets dans une nature qui lui est hétérogène, comment la spontanéité de l'action libre peut imprimer une trace dans le déterminisme de la nature. Or, cette phénoménalisation de la liberté, la préservation de l'exigence morale la requiert, puisque si l'on ne peut penser un acte, *tel qu'il intervient ici et maintenant*

---

p. 159). C'est ce jaillissement de la liberté dans la nature qui, aux yeux de Dilthey, fait de l'histoire une sphère d'objectivité originale à laquelle, pour ce motif, il a pu envisager de consacrer une critique spécifique : même si cette tentative d'une critique de la raison historique est assurément, dans sa lettre, étrangère à l'œuvre de Kant, il n'est pas absurde de considérer qu'elle n'en est pas infidèle à l'esprit.

*dans le champ des phénomènes*, comme accompli par liberté, l'acte s'explique selon la loi du déterminisme et la notion même de responsabilité se dissout. En outre (et c'est pourquoi l'*Idée* part de là), l'histoire témoigne, de fait, d'une telle phénoménalisation – mieux : cette inscription de la liberté dans la nature définit ou circonscrit le domaine même de l'histoire, en ce sens que l'événement historique intervient certes dans le champ des phénomènes, soumis qu'il est aux conditions de l'espace et du temps (à cet égard, il relève de la *nature*), et cependant, en tant qu'il renvoie à des actes que l'on peut juger et éventuellement condamner moralement (par exemple en rendant telle ou telle initiative d'un politique responsable du cours désastreux des événements), ce phénomène renvoie aussi à l'Idée de *liberté*. En sorte que, selon une distinction qui trouvera sa terminologie chez les auteurs qui, comme Dilthey, reprendront ces problèmes à la fin du XIXᵉ siècle, le fait historique, en tant qu'acte, a la particularité de pouvoir à la fois être *expliqué*, comme tous les phénomènes, donc inscrit sous l'idée du déterminisme, mais aussi de pouvoir être *compris*, par référence à un projet ou à un choix, donc de pouvoir être aussi inscrit sous l'Idée de liberté. Pour ainsi dire, et la réflexion de Kant sur l'histoire part de là en 1784, il y a au moins un domaine qui invite à aller au-delà de la solution de la troisième antinomie, un domaine où les deux sphères de l'objectivité, au moins partiellement, se chevauchent, et ce domaine a pour nom : l'histoire.

En 1784, alors que Kant est en train d'écrire la *Fondation de la métaphysique des mœurs*, la portée de l'existence paradoxale d'un tel domaine pour la philosophie pratique ne peut que lui apparaître décisive : car si la liberté n'avait pas d'effets dans le monde sensible, la morale serait une absurdité – puisque l'impératif catégorique ne pourrait jamais se réaliser –, et la soumission à la loi morale, bien qu'impérative, ne serait qu'un mot. L'écriture de la deuxième *Critique* ne pourra que renforcer l'acuité du problème – et il demeure clairement présent, en 1784, dès les premières lignes de l'*Idée*, à travers l'indication que l'histoire est cette dimension de l'objectivité où la liberté se phénoménalise dans une nature pourtant soumise au déterminisme. Cela dit, quels peuvent être ces « effets » ? Si nous lisons l'opuscule en recherchant la réponse à la question ainsi posée par ses premières lignes, nous sommes alors conduits directement vers les raisons de fond, liées à la logique interne du kantisme, pour lesquelles une certaine réflexion sur l'histoire allait continuer, jusques et y compris dans la *Critique de la faculté de juger*, à accompagner la tentative pour résoudre cette problématique [1].

## Logique interne du kantisme

Pour entrevoir ces raisons plus vastes, repartons une dernière fois du problème mis en place en 1784 : si l'histoire est phénoménalisation de la liberté, quels peuvent être ces « phénomènes » de la liberté, ou encore, quels effets peut avoir la liberté dans la nature ? Concernant de tels effets, l'ensemble de l'opuscule démontre qu'il ne saurait en tout état de cause s'agir de l'accomplissement d'un progrès *moral* – car, dans cette éventualité, la liberté se produirait elle-même, comme volonté bonne, dans le monde sensible, ce qui n'a rigoureusement aucun sens pour Kant : si la bonne volonté apparaissait, pour ainsi dire *ès qualités,* dans le monde sensible, la distinction entre phénomènes et noumènes n'aurait plus lieu d'être ; or, quand bien même Kant s'est très certainement aperçu qu'il était nécessaire de compléter la solution, si délicate, de la troisième antinomie, du moins ne pouvait-il envisager pour autant de réaménager tout le principe de la distinction des phénomènes et des noumènes. En conséquence, si l'inscription phénoménale de la liberté ne peut résider dans le progrès *moral*, il n'en demeure pas moins que la trace de la liberté dans la nature est recherchée dans l'idée (*stricto sensu*, l'Idée) d'un progrès *légal*, c'est-à-dire dans le postulat (régulateur) qu'au fil de l'histoire

---

1. Ce problème de la phénoménalisation de la liberté sera bien sûr repris et développé par Fichte, qui considérera que Kant n'a pas été assez loin dans son explicitation juridique : voir à ce propos A. Renaut, *Le Système du droit, op. cit.*, p. 190 sq.

les actions humaines conformes au devoir (c'est-à-dire légales) sont de plus en plus nombreuses, même si elles ne sont pas accomplies par devoir (= même si elles ne sont pas morales). Dans les termes où il est posé dès les premières lignes de l'opuscule de 1784, le problème des effets de la liberté dans la nature (le problème de la phénoménalisation historique de la liberté) ne pouvait donc que prendre la forme du problème de la réalisation du droit dans l'histoire, c'est-à-dire de l'avènement historique d'une société où les hommes, en se soumettant aux lois, agissent d'une manière au moins extérieurement conforme à la loi morale. En ce sens, Kant, en 1784, fait d'ores et déjà de la solution du problème de la réalisation historique du droit la condition de l'articulation entre nature et liberté, donc entre philosophie théorique et philosophie pratique.

Ainsi se trouve induite par la démarche même de l'opuscule, en tant qu'il prend pour point de départ une définition de l'histoire comme phénoménalisation de la liberté, la perspective d'une possible corrélation entre la question de l'histoire et la question de l'unité de la philosophie autour du problème de la réalisation du droit. C'est alors cette perspective que pourrait confirmer sans peine une réflexion plus globale sur la logique interne du kantisme.

J'ai déjà évoqué dans ce livre les textes des années quatre-vingt-dix (*Cours de Logique*, lettre à Stäudlin) qui font apparaître la question de l'homme comme celle dont le développement permet à la philosophie elle-même, telle que le criticisme en a réélaboré les interrogations (« Que puis-je connaître ? », « Que dois-je faire ? », « Que m'est-il permis d'espérer ? »), de trouver le lieu de son accomplissement. Je ne réexposerai donc pas la logique de cette promotion, dont l'intelligibilité suppose la compréhension de la triple équivalence 1. entre le problème de l'unité de la philosophie et la question de l'homme (l'humanisme), 2. entre la fondation de l'humanisme et la réflexion sur l'histoire comme progrès, 3. entre cette question du progrès et celle de l'avènement historique du droit. Simplement est-il clair que c'est cette articulation qui sera exploitée dans les écrits juridico-politiques : la condition d'une élévation, en l'homme, de la nature à la liberté, c'est en effet – on se rappelle les termes utilisés à cet égard dès la première *Critique* – une « constitution qui recherche *la plus grande liberté humaine* selon des lois faisant en sorte que *la liberté de chacun puisse coexister avec celle des autres* (sans qu'elle cherche le plus grand bonheur, car celui-ci s'ensuivra de lui-même) » (B 373). Plus précisément faut-il noter d'ores et déjà comment la logique interne du système ne conduit pas simplement Kant à centrer sa philosophie de l'histoire sur ce problème de la construction politique d'un espace juridique, mais induit aussi, au moins partiellement, le type de solution que ce problème pourra recevoir : car, pour que les progrès historiques du droit fournissent effectivement une médiation entre nature et liberté, encore faut-il que le problème de la discipline de l'égoïsme naturel et, par soumission à la loi, de sa préparation à la liberté puisse être résolu sans recours à d'autres ressorts que ceux de la nature elle-même – faute de quoi le progrès (qui conduit asymptotiquement vers la liberté) ne serait nullement médiateur, mais supposerait déjà ce vers quoi il conduit (la liberté). En ce sens, l'on peut comprendre pourquoi, de 1784 jusqu'au *Projet de paix perpétuelle* (1795), Kant aura tendance à privilégier une pensée de l'histoire dont le ressort unique sera la nature en l'homme, à savoir l'égoïsme s'apercevant qu'à se déployer sans frein et à faire de la société un champ de conflits incessants, il perd plus que ce qu'il gagne ; ainsi faut-il que ce soit l'homme comme nature qui devienne par lui-même capable de résister aux inclinations sensibles et donc de se proposer des « fins libres ». La logique interne du système engendrait donc d'elle-même la perspective selon laquelle c'est en se faisant, par intérêt bien compris, sujet de droit dans l'espace politique de la cité, visant la réalisation de l'Idée républicaine, que l'homme comme sujet de l'histoire articule en lui la nature à la liberté. Certes, ce moment juridique du progrès, où la soumission à la loi est seulement extérieure, ne correspond pas encore à l'irruption véritable de la liberté : du moins la prépare-t-il, en préparant la moralité, et c'est en tant que constituant une telle préparation à la liberté que le droit ainsi engendré est médiation.

Même si Kant n'a jamais consacré thématiquement, au-delà de quelques opuscules, un ouvrage de grande ampleur à la question de l'histoire, la place de la philosophie de l'histoire au sein du système critique de la philosophie n'est donc en rien latérale ou subalterne : bien davantage se trouve-t-elle au cœur du système et reçoit-elle de cette situation très particulière à la fois sa problématique majeure et, pour le moins, l'une des solutions qu'elle lui apporte – à savoir cette solution qui mobilise, comme ressort du progrès, le principe exclusif de l'intérêt bien compris. Au demeurant apercevrons-nous dans la dernière partie de ce chapitre que Kant s'est trouvé conduit parfois, pour résoudre le problème du progrès vers le droit, à exploiter un autre type de solution que celui qui vient d'être esquissé : il faudra alors s'interroger sur ce singulier dédoublement des perspectives, mais pour le moins n'est-il pas interdit de penser que la philosophie critique de l'histoire témoignait ainsi que, de son installation virtuelle au centre du système, elle avait hérité aussi certaines des tensions profondément inhérentes à ce système. Au demeurant, cette place prise par la problématique de l'histoire était-elle si importante qu'elle avait retenti aussi sur la teneur propre de la réponse kantienne à la question : « Qu'est-ce que l'homme ? », et ce à la faveur d'une réinterprétation de l'humanisme moderne.

## II
## L'humanité comme historicité

C'est en effet une conséquence directe de la reconnaissance de l'histoire comme centrale dans le système critique : si la question de l'homme est celle qui, pour Kant, rassemble les diverses interrogations de la philosophie et si cette question communique directement avec celle de l'histoire, il apparaît nécessaire de penser qu'en un sens l'homme est histoire – ou que l'humanité est historicité. Un bref détour par Sartre nous conduira au cœur de ce qu'a été, de ce point de vue, la transformation kantienne de l'humanisme.

## De Sartre à Rousseau

Comme l'on sait, à partir d'un héritage husserlien, Sartre a entrepris, dans *L'Être et le néant*, mais aussi, à un niveau plus populaire, dans la conférence intitulée *L'Existentialisme est un humanisme*, d'insister sur la différence en quelque sorte structurelle (ou de principe) entre humanité et choséité. Ces lignes de la conférence de 1945 sont à cet égard devenues célèbres :

« Lorsqu'on considère un objet fabriqué, comme par exemple un livre ou un coupe-papier, cet objet a été fabriqué par un artisan qui s'est inspiré d'un concept [...]. Ainsi, le coupe-papier est à la fois un objet qui se produit d'une certaine manière et qui, d'autre part, a une utilité définie, et on ne peut pas supposer un homme qui produirait un coupe-papier sans savoir à quoi l'objet va servir. Nous dirons donc que, pour le coupe-papier, l'essence – c'est-à-dire l'ensemble des recettes et des qualités qui permettent de le produire et de le définir – précède l'existence [1]. »

Bref, les choses sont ce qu'elles sont, elles possèdent une définition, une essence à laquelle elles ne sauraient échapper. Par la suite, Sartre reproche à la théologie et à la tradition philosophique d'avoir conçu l'homme sur le modèle de l'objet fabriqué et, corrélativement, d'avoir pensé Dieu comme un artisan supérieur. Car, dans une telle vision du monde, la liberté humaine disparaît, l'homme se trouve prisonnier d'une nature, assigné à une finalité ou à un modèle, dont il ne peut s'évader davantage que ne saurait le faire le coupe-papier : dans cette optique, qui serait celle de l'humanisme traditionnel, « le concept d'homme, dans l'esprit de Dieu, est assimilable au concept de coupe-papier dans l'esprit de l'industriel ». L'huma-

---

1. J.-P. Sartre, *L'Existentialisme est un humanisme*, Paris, Nagel, 1970, p. 17 sq. Dans *Sartre, le dernier philosophe, op. cit.,* j'ai insisté surtout, notamment p. 52 sq., sur l'infrastructure philosophique de cette thèse populaire.

nisme authentique, en revanche, se caractérise par l'idée
« qu'il y a au moins un être chez qui l'existence précède
l'essence, un être qui existe avant de pouvoir être défini,
et que cet être, c'est l'homme [...] – l'homme, tel que le
conçoit l'existentialisme, s'il n'est pas définissable, c'est
qu'il n'est d'abord rien ».

Thèmes bien connus. Ce que l'on ignore trop souvent
en revanche (et que Sartre lui-même, selon toute vraisem-
blance, ignorait superbement), c'est qu'une telle conception phénoménologico-existentialiste de l'humanisme, loin
de rompre avec l'ensemble de la philosophie des
Lumières, rejoint au contraire, à l'insu de Sartre, les principales thèses de Kant sur l'humanité de l'homme
comprise comme historicité – thèses qui avaient été en
grande partie héritées de Rousseau [1]. Rousseau y insiste
longuement, en effet, dans le *Discours sur l'origine et les
fondements de l'inégalité parmi les hommes* : la liberté
humaine se manifeste par la capacité à s'affranchir de la
nature, soit, si l'on veut, par l'absence de définition ou
d'essence – et c'est bien là que gît le propre de l'homme.
De là procède un thème que Kant reprend expressément
au début de *L'Idée d'une histoire universelle d'un point
de vue cosmopolitique* en soulignant que « la nature a
voulu que l'homme tire entièrement de lui-même tout ce
qui dépasse l'ordonnance de son existence animale » (proposition III) :

« La nature seule fait tout dans les opérations de la bête,
au lieu que l'homme concourt aux siennes en qualité
d'agent libre. L'une choisit ou rejette par instinct et l'autre
par un acte de liberté : ce qui fait que la bête ne peut
s'écarter de la règle qui lui est prescrite, même quand il
lui serait avantageux de le faire, et que l'homme s'en
écarte souvent à son préjudice. »

Ainsi l'animal, poursuit Rousseau, peut-il mourir de
faim en présence d'aliments qu'il n'est pas instinctivement
programmé à consommer, tandis que l'homme peut boire
à en mourir. En conséquence, l'homme seul est capable

---

1. Je reprends ici et développe quelques perspectives amorcées in
L. Ferry et A. Renaut, *Heidegger et les Modernes, op. cit.*, p. 206 sq.

de s'arracher, comme le dira Hannah Arendt, au cycle de la vie, et la différence véritable entre l'homme et l'animal, celle « sur laquelle il ne peut y avoir contestation », selon Rousseau, c'est donc « la faculté de se perfectionner [...], au lieu qu'un animal est au bout de quelques mois ce qu'il sera toute sa vie, et son espèce au bout de mille ans ce qu'elle était la première année de ces mille ans ». Où l'on perçoit alors clairement en quoi Kant prolonge et explicite cette thématique rousseauiste de la perfectibilité : de fait, c'est en raison de cette capacité à ne pas être prisonnier des déterminations naturelles que l'homme seul se heurte au redoutable problème de l'histoire individuelle (éducation) et de l'histoire collective (politique). Les « sociétés » d'abeilles ou de fourmis sont des sociétés sans histoire, parce que la plupart des animaux savent, dans les instants qui suivent immédiatement leur naissance, trouver les réflexes indispensables à la survie.

Par définition, une telle conception de l'homme ne pouvait que conduire Rousseau, puis un disciple de Rousseau aussi avisé que Kant, à aborder en des termes profondément transformés ce que nous nommerions aujourd'hui la question du racisme [1]. Si l'homme est perfectibilité, si la perfectibilité est néantisation de la nature, donc construction de soi par soi, donc historicité, si cette historicité est celle de l'arrachement aux déterminations naturelles (ou sociales, ajouterions-nous aujourd'hui), comment penser en effet – tel est le problème que Rousseau, puis Kant ont abordé pour la première fois avec tant de profondeur – ces sociétés primitives qui, comme les sociétés d'abeilles ou de fourmis, semblent échapper à cette dimension proprement humaine qu'est l'histoire, enfermées qu'elles sont dans l'ordre purement répétitif de la tradition ?

---

1. Concernant les opuscules sur les races (*Des différentes races humaines*, 1775, *Définition du concept de race humaine*, 1785, auquel vient s'ajouter en 1788 l'écrit sur *L'Usage des principes téléologiques dans la philosophie*), on se reportera aux remarques judicieuses de M. Castillo, *Kant et l'avenir de la culture*, Paris, PUF, 1990, p. 79 sq.

*Humanisme critique et antiracisme*

La réponse de Rousseau, dont on sait que Kant le célébrait comme « le Newton du monde moral », est suggérée dans le *Discours sur l'origine et les fondements de l'inégalité parmi les hommes* :

« L'homme sauvage, livré par la nature au seul instinct, ou plutôt dédommagé de celui qui lui manque peut-être par des facultés capables d'y suppléer d'abord et de l'élever ensuite fort au-dessus de celle-là, commencera donc par des fonctions purement animales. »

Simple esquisse, certes, dont l'importance (et d'abord l'importance pour Kant) ne saurait pourtant être surestimée. En liaison directe avec une conception de l'homme comme perfectibilité ou comme néant, la première critique véritablement profonde du racisme trouve en effet à s'y exprimer : si le sauvage semble ne pas être encore proprement humain, ce n'est nullement parce que, au sein d'une quelconque hiérarchie des êtres, il occuperait une place inférieure à celle de l'humanité, intermédiaire en quelque sorte entre l'humanité et l'animalité, et parce qu'il serait au sens propre un « sous-homme » (*Unter-Mensch*). En fait, l'homme sauvage, même s'il ressemble encore à l'animal par son absence d'historicité, n'a rien d'un animal, car ce n'est pas par un code instinctuel qu'il est guidé, mais par des facultés, la pitié et l'amour de soi, qui viennent au contraire suppléer à l'absence de cet instinct et qui, bien qu'encore fort peu développées, portent en germe le signe d'une liberté infinie. L'espace de cette liberté se confond ainsi avec l'infinie distanciation de la nature qui caractérisera les processus de l'éducation et de la politique. Dans une telle perspective, la possibilité d'une distinction de type européocentriste entre le sauvage et l'homme civilisé demeure assurément possible, mais il reste que – et là réside l'acquis essentiel – cette distinction est d'ores et déjà abolie en droit : en conséquence, l'humanité apparaît véritablement comme une seule et même humanité. Même s'il peut en effet être dévalorisé par rapport à l'Europe (ce qui, chez Rousseau, n'a d'ailleurs rien d'évident, tant sa critique de la civilisation est acerbe), l'univers du sauvage n'est pas naturel, mais humain, et c'est à ce titre qu'il doit être respecté selon une logique qui est donc clairement celle de l'inclusion, et non point de l'exclusion.

Or, c'est précisément à Kant qu'il appartiendra de donner sa pleine cohérence à la vision de l'histoire qui sous-tend ce nouvel humanisme. Voyons comment certains des thèmes majeurs présents dans les textes kantiens sur l'histoire se laissent ainsi mettre en perspective :

– D'une part, il va devenir évident chez Kant que l'idéal d'une communication et d'une communauté universelle (l'idéal cosmopolitique) découle directement de la définition de l'homme comme néant, laquelle est elle-même la conséquence la plus spectaculaire de la désubstantialisation du sujet accomplie par la critique de la psychologie rationnelle : si toute substantialisation ou toute essentialisation de la subjectivité est une illusion métaphysique, c'est aussi en s'arrachant à la particularité des identités nationales, en les néantisant, selon une néantisation qui est constitutive de son humanité, que l'homme, européen ou non, peut s'affirmer comme tel et, entrant en communication avec d'autres cultures, atteindre ainsi à l'universalité.

– D'autre part et parallèlement, dans cette optique, il est clair que la finalité de l'action proprement humaine ne saurait être le bonheur : dans la quête du bonheur, l'homme reste en effet soumis au cycle de la vie, et c'est seulement, comme le montre le § 83 de la *Critique de la faculté de juger*, pour autant qu'il transcende le monde de la vie et se projette dans celui de la culture que l'homme peut être regardé comme une fin en soi.

Ainsi aux textes évoqués de Rousseau fait directement écho ce beau passage des *Réflexions sur l'éducation* :

« Par son instinct, un animal est déjà tout ce qu'il peut être ; une raison étrangère a déjà pris soin de tout pour lui [...]. L'homme a besoin de soin et de culture. La culture comprend la discipline et l'instruction. Aucun animal, autant qu'on le sache, n'a besoin de cette dernière [1]. »

---

1. *Réflexions sur l'éducation*, trad. par A. Philonenko, Paris, Vrin, 1966, p. 72-74.

C'est rigoureusement dans le même esprit que Fichte, disciple à cet égard (comme à bien d'autres) de Kant, écrira en 1796 :

« Tous les animaux sont achevés et terminés. L'homme est seulement indiqué et esquissé [...]. Chaque animal est ce qu'il est ; l'homme seul originairement n'est absolument rien. Ce qu'il doit être, il lui faut le devenir [1]. »

En ce sens, si l'humanité n'est rien (ce qui revient à dire qu'elle est construction de soi par soi, donc historicité), c'est donc selon des critères purement historiques et nullement naturels, accidentels et nullement essentiels, qu'il faudra rendre compte de l'existence de peuples primitifs qui paraissent comme englués dans la naturalité. Pour mythique qu'elle soit, l'explication qu'en donne alors Kant mérite ici un examen attentif. Comme l'a lumineusement montré Alexis Philonenko, le sauvage entre les sauvages prend, dans la philosophie du XVIII<sup>e</sup> siècle et tout particulièrement chez Kant, une double figure : celle du Groenlandais transi dans les glaces du pôle Nord (*Critique de la faculté de juger*, § 63), et celle, symétrique, de l'habitant de ce paradis terrestre que sont les mers du Sud (sur l'exemple du Caraïbe, *Anthropologie*, § 61). Pour récuser l'argumentation qui, selon un racisme traditionnel, ferait du Groenlandais et du Caraïbe des « sous-hommes », il s'agit pour Kant de montrer que l'un comme l'autre appartiennent de plein droit, sinon de fait, à ce monde humain qu'est l'histoire conçue comme perfectibilité. De là procède cette thèse de Kant selon laquelle, si l'arrachement à la nature et l'entrée dans l'historicité, pour les peuplades du Nord et du Sud, ne se sont pas encore pleinement accomplies, c'est, non pas en vertu de leur nature, mais simplement en raison d'un environnement naturel trop hostile dans un cas, trop favorable dans l'autre : en bref, pourquoi le Caraïbe, par exemple, entreprendrait-il de travailler et de s'arracher ainsi à la nature, dès lors que cette nature est paradisiaque ?

---

1. J.G. Fichte, *Fondement du droit naturel*, trad. par A. Renaut, Paris, PUF, 1985, p. 95.

Le cas du Groenlandais est certes un peu plus délicat, et Philonenko a eu raison d'y prêter tant d'attention[1]. Car si l'on comprend sans peine les raisons qui peuvent conduire l'homme à habiter les mers du Sud, le choix du pôle Nord n'est pas franchement intelligible de prime abord. C'est en fait par référence à l'histoire, conformément à la logique de toute sa démarche, que Kant cherchera à comprendre comment certaines peuplades, vaincues dans la guerre, ont dû par nécessité s'exiler dans ces contrées hostiles. Une fois encore, il est bien évident que cette interprétation est mythique : elle n'en garde pas moins la valeur d'un symbole, en soustrayant à la nature et en confiant à l'histoire l'explication de la pluralité des cultures.

Cela étant, on dira peut-être, on dira sans doute même, que cette représentation kantienne de l'historicité est précisément celle qui fonde l'ethnocentrisme. C'est, par exemple, ce qu'objecterait ici une argumentation soulignant quelle équivoque s'attache au projet de l'humanisme kantien : en donnant une définition de l'homme par l'historicité, l'humanisme n'impliquerait pas seulement que l'on distingue entre l'homme et les autres êtres (les animaux, les choses), mais il imposerait aussi que l'on partage les hommes entre authentiques et inauthentiques, selon qu'ils incarnent plus ou moins bien ce qui est censé définir le propre de l'homme (en l'occurrence, chez Kant, l'arrachement à la nature, certes moins accompli, à l'en croire, chez le Caraïbe que ce n'est le cas à ses yeux chez l'habitant de ce centre du monde que constituerait Königsberg[2]). Argumentation que, comme l'on sait, Derrida avait développée il y a quelques années contre Husserl et dont la portée était bien claire : il s'agissait de montrer ainsi, contre ceux qui critiquent l'antihumanisme, que de l'humanisme au racisme-colonialisme-européocentrisme, il n'y avait qu'un pas et que toute valorisation d'une dignité propre

1. Voir par exemple A. Philonenko, *L'Archipel de la conscience européenne*, Paris, Grasset, 1990, p. 23 sq.
2. Voir sur ce thème *Anthropologie*, trad. citée, p. 43.

de l'homme (= tout humanisme) coïncide en fait trop aisément avec l'attitude de l'exclusion [1].

## Pour un universalisme vide

Vis-à-vis de la version proprement kantienne de l'humanisme (telle qu'elle s'inscrit dans une tradition qui va donc de Rousseau à Sartre en passant par Kant et Fichte), l'argumentation évoquée manquerait pourtant son but. Car la dignité de l'homme, ou, si l'on veut, le propre de l'homme, chez Kant ne désigne, conformément à la thématique rousseauiste de la perfectibilité, rien d'autre que cette capacité qu'a l'être humain de ne pas être rivé à la naturalité (c'est-à-dire cela même que Sartre appelle l'arrachement, la transcendance ou l'ek-sistence). Et c'est uniquement par rapport à une telle échelle de valeurs que se trouve admise par Kant la supériorité de l'Européen sur le Groenlandais ou le Caraïbe. On peut certes soutenir que Kant, sur ce point, a eu tort et a mal évalué les différences. On peut aller jusqu'à convenir – pourquoi serait-ce gênant ? – que, dans l'évaluation même de cette prétendue supériorité, il y a eu, de la part de Kant (comme de Rousseau), une illusion : de fait, les développements récents de l'anthropologie, en particulier grâce aux travaux de Lévi-Strauss ou de Clastres, nous ont débarrassés de l'illusion selon laquelle la culture des sauvages serait plus proche de la nature que ne l'est la civilisation européenne. Nous savons certes aujourd'hui – mais d'un savoir dont ne disposait assurément pas l'époque de Kant – que la différence entre les cultures ne saurait sans risque majeur se laisser mesurer à l'aune d'une histoire téléologique de l'humanité.

Reste que cet argument, qui est juste, ne devrait pourtant pas conduire à déformer ici la position proprement criticiste : l'essentiel est non point du tout que Kant, en tant qu'individu professant la philosophie à Königsberg dans la seconde moitié du XVIIIᵉ siècle, ait valorisé la culture européenne (ce qui, après tout, est un point qui,

---

1. Voir J. Derrida, *De l'esprit*, Galilée, 1987, p. 95 sq.

*stricto sensu*, demeure à discuter), mais que la transformation criticiste de l'humanisme l'ait conduit à considérer l'histoire, en quelque lieu et chez quelque peuple qu'elle s'effectue, comme une histoire de la liberté transcendant les déterminations naturelles (et sociales). Dans la perspective d'un humanisme ainsi renouvelé, cela devient donc une pure question de fait que de décider si tel ou tel peuple, telle ou telle culture symbolisent mieux que d'autres cette capacité proprement humaine : nul évolutionnisme de principe ne vient s'inscrire dans une telle conception. C'est là, au reste, toute la différence qui sépare la philosophie critique de l'histoire et une métaphysique de l'histoire comme celle que construira Hegel et que reprendra à sa manière (c'est-à-dire incohérente) Marx : de Kant à Hegel ou à Marx, le déplacement (dont la troisième partie de ce chapitre dégagera certains des soubassements philosophiques ) résidera en ce que, désormais, ce sera non plus par liberté, mais par nécessité, par leur appartenance à un moment du devenir de l'Esprit ou par leur nature sociale, que les peuples se trouveront voués à incarner une déterminité particulière de l'historico-mondial – et, sauf accident, comme l'on sait, les peuples ne pourront plus échapper à cette loi de l'histoire. Rien de tel chez Kant, où la perspective téléologique mise en place dans l'*Idée d'une histoire universelle d'un point de vue cosmopolitique* (sous la forme de la théorie du « dessein de la nature » ) ne fournit, on va le voir, qu'un fil conducteur à l'historien, mais ne correspond nullement à une thèse sur ce que serait en soi la nécessité historique : pensée par référence à l'Idée de perfectibilité comme propre de l'homme, l'histoire individuelle et collective est par définition ouverte à la liberté comme processus infini d'arrachement à la nature. En ce sens, les textes de Kant sur l'habitant des mers du Sud ou sur le Groenlandais ne sont pas aussi ambigus qu'ils peuvent le paraître à une lecture trop rapide : reposant sur l'idée que la culture est arrachement à la nature, qu'elle est donc l'œuvre de la liberté, ils fondent, non pas un colonialisme dont nul aujourd'hui n'aurait plus le cœur de faire sérieusement l'éloge, mais plutôt la perspective selon laquelle, au plan collectif comme au plan individuel, « l'homme ne peut devenir homme que par l'éducation ». Autrement dit, ces textes de Kant sur la culture (l'histoire) comme arrachement à la nature, donc comme processus d'éducation, définiraient sans doute au mieux ce que l'on pourrait entendre par un tiers-mondisme authentique, revenu des ruineuses idéologies de l'identité nationale et pour lequel l'aide au tiers-monde ne passerait pas par la charité, mais par l'apprentissage de la liberté.

Les enjeux de la réflexion kantienne sur l'histoire sont donc loin, on l'aperçoit tout particulièrement aujourd'hui, de n'être que théoriques. Ils engagent notamment, à travers une pensée de l'humanité comme historicité, une première contribution à l'élaboration, qui s'est poursuivie après Kant, comme elle s'était amorcée avant lui chez Rousseau, d'un humanisme critique se situant à égale distance d'un humanisme naturaliste (essentialiste) et d'un antihumanisme différentialiste de type romantique : prenant ses distances avec toute forme d'essentialisme, cet humanisme critique reste sur le terrain de l'universalisme, précisément parce que, consistant à soutenir que l'homme n'est rien de définissable ou de déterminable par son appartenance à un quelconque groupe (culturel, ethnique, sexuel, social), il ouvre l'humain à l'autonomie (qui est sa destination) en même temps qu'à la véritable universalité (qui n'est pas une universalité pleine, au sens de celle qui consisterait dans le partage d'une essence ou d'une nature, mais doit se penser au contraire comme une universalité vide). En un temps, comme le nôtre, où l'universalisme est de nouveau la cible de critiques particulièrement vigoureuses, il n'est pas sans importance d'apercevoir que le criticisme nous avait légué, par avance contre tous les communautarismes, des instruments qu'il nous appartient aujourd'hui, par une réappropriation constructrice, de savoir mettre en œuvre – et ce, au-delà même de l'usage que Kant en avait fait.

### III
### Philosophie critique de l'histoire

Le souci d'une telle mise en œuvre ne saurait dispenser, pour espérer être fécond, d'un effort plus théorique en vue de clarifier ce qui a pu sous-tendre, chez Kant, cette rééélaboration de l'humanisme – à savoir, je l'ai suggéré, l'inscription même de l'histoire au cœur du système critique comme cette dimension spécifique de l'objectivité où la liberté a des « effets » dans une nature pourtant soumise au déterminisme. C'est donc à la manière très singulière dont Kant a élaboré sa philosophie d'une histoire ainsi comprise que, pour donner aux perspectives qui viennent d'être évoquées l'étayage théorique qu'elles méritent et dont elles ont besoin, je souhaiterais consacrer la dernière étape de ce chapitre. Étape particulièrement délicate, dans la mesure où elle nous reconduit vers des problèmes d'interprétation, aussi redoutables peut-être que ceux que nous avions rencontrés à propos de la chose en soi.

Que nous dit en effet Kant à propos de ces « effets » de la liberté sur la nature, en quoi consiste précisément l'histoire ? Si l'on revient à l'opuscule de 1784 en examinant la réponse que l'*Idée d'une histoire universelle d'un point de vue cosmopolitique* apporte à la question ainsi posée, ce qu'il y a de plus déconcertant pour un lecteur contemporain faisant l'effort de se dégager des approches trop scolarisées tient alors au fait que Kant fournit, non pas une, mais deux réponses à cette question, préfigurant ainsi un dédoublement que l'on retrouvera dans l'article de 1795 sur la paix perpétuelle [1].

---

1. Je réinvestis ici les grandes lignes d'une communication présentée en 1995 lors du beau colloque des Sociétés kantiennes de langue française organisé à l'université d'Ottawa par Pierre Laberge, pour le bicentenaire de l'écrit sur la paix perpétuelle. Les thèses défendues l'avaient été auparavant, à partir de problématiques différentes, par L. Ferry, *Philosophie politique*, II, Paris, PUF, 1984, et A. Renaut, *Système du droit*, *op. cit.*

*L'opuscule de 1784*

La première réponse correspond, dans l'*Idée d'une his-toire universelle d'un point de vue cosmopolitique*, à la théorie du « dessein de la nature » développée dans les propositions I-V et élargie au plan interétatique dans la proposition VII. C'est cette réponse qui est reprise en 1795 dans le *Premier Supplément* de l'écrit sur la paix perpétuelle – celui qui est consacré à la garantie de la paix. À la question de la phénoménalisation de la liberté (= quels effets peut avoir la liberté dans la nature ?), Kant répond, je l'ai déjà noté, que de tels effets ne sauraient certes consister dans l'accomplissement d'un progrès *moral*. En conséquence, l'inscription phénoménale de la liberté sera recherchée dans l'Idée d'un progrès *légal*. Dans les termes où il est posé dès les premières lignes de l'opuscule de 1784, le problème des effets de la liberté dans la nature ne pouvait donc guère que prendre la forme, en 1784 déjà, du problème de la réalisation du droit dans l'histoire.

Toute la difficulté, qui se répétera en 1795, tient au fait qu'en passant de la proposition V à la proposition VI, le modèle qui permet en 1784 la conciliation de la nature et de la liberté (la théorie du « dessein de la nature » ) et qui sera repris en 1795 *(Premier Supplément)* à travers l'image du « peuple de démons » semble brusquement démenti par la proposition VI, qui repose en des termes fort différents le problème de la réalisation de la paix civile (c'est-à-dire de la réalisation du droit). Dans la proposition VI en effet, cette réalisation semble mobiliser, cette fois, la moralité, puisque Kant explique que, pour être éduqué à la légalité, l'homme a besoin d'un maître, lequel, étant un homme, aura à son tour besoin d'un maître – selon un *regressus* qui ne pourrait être stoppé que par l'apparition d'un « chef suprême juste par lui-même », donc moral (ce pourquoi la fin de la proposition VI fait apparaître, parmi les conditions d'une solution parfaite au problème politique de la coexis-tence pacifique des libertés, une volonté bonne, « préparée à accepter cette constitution » où les libertés se résolvent à leur limitation). Dès lors, de deux choses l'une : ou bien l'on considère comme envisageable le fait de remplir une telle condition, mais, dans ce cas, la liberté apparaît elle-même dans la nature, avec tous les problèmes, déjà évoqués, que cela pose ; ou bien l'on concède que cette condition ne peut être remplie, et, dans cette hypothèse, écrit Kant, la « solution parfaite » du problème posé (qui est le problème du droit comme le problème de la paix civile) est « impossible ». Dans une perspective comme dans l'autre, le modèle envisagé n'a en tout cas (et c'est surtout cette difficulté que je retiens) plus rien de commun avec la théorie du « dessein de la nature » (ou, en 1795, du « peuple de démons »), puisque la réalisation historique de la coexistence pacifique des libertés individuelles n'est plus susceptible d'être pensée abstraction faite de la moralité.

Se signale donc là une très profonde étrangeté du texte de 1784, d'autant plus profonde que cette même théorie du « dessein de la nature », comme démentie dans le cours même de l'*Idée*, resurgit pourtant, je l'ai dit, dans le *Premier Supplément* de 1795. Précisons même que la difficulté se présente, en 1795, pour ainsi dire sous une forme inverse.

## Le problème de l'histoire en 1795

La réflexion qu'aborde Kant dans le *Premier Supplément* de sa réflexion sur la paix perpétuelle mérite en effet de réapparaître dans ce qu'elle a de déconcertant. Après avoir prescrit aux États et à leurs gouvernements un certain nombre d'exigences supposées préserver l'humanité de la guerre et donner une consistance aux espoirs placés dans l'idée de paix, Kant développe en des termes tout différents, dans ce *Premier Supplément*, la question de la réalisation de la paix : jusqu'en ce point de l'opuscule, la marche vers la paix avait été envisagée dans une optique pratique, consistant à rechercher comment « l'état de paix doit être institué », à travers une série de décisions par lesquelles les États réaménageraient leur organisation intérieure et leurs relations réciproques ; en revanche, le *Premier Supplément* invite à penser le surgissement de la paix (du moins la garantie de son surgissement), non plus en

termes de *liberté* instituant les conditions politiques de la
paix, mais en termes de *nature*, puisqu'il s'agit maintenant
de montrer comment c'est la nature qui veut la réalisation
du droit, donc à la fois « la paix intérieure et extérieure ».
Déplacement d'accent, de la *liberté* instituante à la *nature*
« irrésistible », qui s'accomplit donc dans l'ordre inverse
de ce que nous avions vu dans l'opuscule de 1784, où
Kant partait de la théorie du dessein de la nature pour
soudain, dans la proposition VI, en problématiser, semble-
t-il, la pertinence à travers une interrogation sur le rôle
joué par la liberté dans le progrès vers le droit. Reste que,
rhétoriquement inversé par rapport à l'*Idée d'une histoire
universelle d'un point de vue cosmopolitique*, le déplacement présent dans l'essai de 1795 devrait tout autant
déconcerter un lecteur moins porté à inscrire d'emblée le
contenu du texte kantien dans la perspective trompeuse de
l'évidence que nous ne le sommes par la tradition interprétative.

En me servant du *Projet de paix perpétuelle*, je préci-
serai même que c'est à mon sens sous trois rapports que
le lecteur non prévenu ne peut que s'étonner de ce qu'il
lit. Il sera déconcerté tout d'abord par la fonction positive
soudain accordée à la guerre – la guerre intérieure (les
conflits entre les individus ou les groupes d'individus)
conduisant, par simple intérêt bien compris, les égoïsmes
à s'imposer les limites du droit, tout comme la guerre
extérieure conduit, par ses désastres, « l'intérêt réciproque
des différents peuples » à presser les États de « travailler
au noble ouvrage de la paix » et, finalement, à mettre la
guerre hors la loi. Bien évidemment, ce qui se présente
ainsi, de fait, comme une justification de la guerre par une
philosophie de l'histoire et du progrès n'est pas isolé dans
l'œuvre de Kant : on sait comment le texte décisif à cet
égard aura été, en 1790, le § 83 de la *Critique de la faculté
de juger*, où Kant, approfondissant la finalité de la nature
en direction de la Providence, envisage que la guerre soit
une « tentative mystérieuse et intentionnelle de la sagesse
suprême, sinon pour établir, du moins pour préparer l'harmonie de la légalité avec la liberté des États et ainsi l'unité

d'un système de ceux-ci moralement fondé [1] ». En 1795 comme en 1790 intervient donc la perspective selon laquelle la guerre pourrait être nécessaire et même utile, en sorte que ce qui nous semble absurde et ruineux (l'affrontement des individus et des sociétés) pourrait en réalité, du point de vue de la nature ou de la Providence, être l'instrument d'un bien plus grand. Perspective insistante, donc, mais néanmoins déconcertante pour un lecteur qui ne peut pas ignorer non plus la belle et célèbre conclusion de la *Doctrine du droit*, où intervient la mention de la répugnance *éthique* que doit susciter la simple idée de la guerre – je rappelle ces lignes pour mémoire : « La raison moralement pratique exprime en nous son *veto* irrésistible : *il ne doit pas y avoir de guerre* [...].* » –, en vertu de quoi Kant ajoute, concernant la paix, qu'il nous faut « agir en vue de sa fondation et œuvrer en vue de la constitution qui nous semble à cette fin la plus appropriée [2] » : passage fameux, mais pourtant problématique, tant il est difficile de faire tenir ensemble cette condamnation morale de la guerre prononcée en 1797 et la justification naturaliste ou providentialiste dont, deux ans avant, participe le *Premier Supplément* de 1795, en s'inscrivant lui-même dans une série de textes convergents.

Au titre de ce qui déconcerte dans ce *Supplément*, j'ajoute qu'au demeurant cette justification n'est pas sans évoquer certaines thèses hégéliennes, et que l'on pourrait être tenté de rapprocher, par exemple, ce que Kant dit à propos de la fonction bénéfique de la guerre dans le *Supplément* – savoir que : « Si un peuple n'était pas forcé, par les divisions intérieures, de se soumettre à la contrainte des lois publiques, il y serait réduit par la guerre extérieure, [...] car d'après les dispositions de la nature précédemment exposées, chaque peuple trouve devant lui un voisin qui le presse de se constituer en État » – de ce que Hegel écrira dans l'addition du § 314 des *Principes de la*

1. AK, V, 433 ; trad. par A. Renaut, in E. Kant, *Critique de la faculté de juger*, Paris, Aubier, 1995, p. 430.
2. AK, VI, 355 ; trad. par A. Renaut, in E. Kant, *Métaphysique des mœurs*, II, *Doctrine du droit, Doctrine de la vertu*, Paris, GF-Flammarion, 1994, p. 182.

*philosophie du droit* : « [...] Les nations qui sont en elles-mêmes hostiles les unes aux autres trouvent, grâce à la guerre, la paix au dedans. » S'il est donc exact de souligner que l'éthique hégélienne et l'éthique kantienne s'opposent sur la question de la guerre [1], on aurait tort d'accentuer trop vite leurs divergences sur ce même point au niveau de la philosophie de l'histoire : mieux vaut, je crois, dans un premier temps au moins, enregistrer à cet égard un étonnant parallélisme qui, même si le rapprochement avec Hegel est toujours déconcertant pour un kantien, fait justement ressortir ce qu'a par elle-même de troublant la solution kantienne du problème de la garantie de la paix, telle qu'est formulée dans le *Premier Supplément*.

Cette solution est également étonnante pour une troisième raison qui peut être cernée de façon indirecte en creusant justement ce qu'a d'insolite un tel parallélisme avec les justifications hégéliennes de la guerre. Brièvement dit : la question de la guerre, indépendamment de ses implications éthiques et politiques, possède une signification philosophique profonde en ce qu'elle apparaît de nature à diviser les philosophies de la « ruse de la raison » et les visions proprement éthiques de l'histoire. Par essence, les théories de la ruse de la raison (de Leibniz à Hegel, voire à Marx ou à un certain marxisme) ne peuvent pas ne pas justifier la guerre, puisque pour elles, dans l'histoire, tout (selon la formule même de Hegel) s'est déroulé rationnellement, même ce qui paraît le plus irrationnel, donc la guerre – le pire mal (donc, là encore, la guerre) contribuant nécessairement (perspective d'une théodicée oblige) à un bien plus grand. Aussi est-il déconcertant, à cet égard aussi (c'est-à-dire quant aux présupposés philosophiques apparents d'une telle représentation de l'histoire et du progrès), de voir le criticisme développer une justification de la guerre qui paraît évoquer davantage les illusions de la métaphysique dogmatique, appliquées à l'histoire, que leur déconstruction critique : de fait,

---

1. A. Philonenko, *Essais sur la philosophie de la guerre*, Paris, Vrin, 1976, p. 55 sq.

le modèle exploité dans le *Premier Supplément* semble prendre place sur le chemin qui conduit de la solution leibnizienne du problème du mal en termes de théodicée jusqu'à la thèse hégélienne selon laquelle, même à travers le jeu des passions les plus égoïstes, la rationalité se déploie dans l'histoire. Or, c'est peu dire que de faire observer qu'une telle inscription de Kant sur ce trajet serait philosophiquement paradoxale : que deviendrait, en effet, dans l'adhésion à une telle philosophie « rationaliste » de l'histoire (au sens que Raymond Aron avait donné à cette expression), l'ouverture qu'impliquait l'Esthétique transcendantale d'une dimension irrésorbable d'extériorité, dans le champ phénoménal, par rapport aux exigences de la raison – une extériorité qui englobait précisément, à suivre la première *Critique*, le temps et donc l'histoire, alors qu'ici la temporalité historique semble intégralement subsumée sous des lois rationnelles ? Plus clairement, comment une telle subsomption serait-elle possible dans le cadre du criticisme ?

Ainsi, c'est à un redoutable problème de cohérence interne et externe que le *Premier Supplément* de l'essai de 1795 confronte à nouveau son lecteur quand il l'invite à penser que la nature elle-même, à travers les guerres, apporte à la réalisation de la paix une irrésistible garantie. Au demeurant, je le répète, ce problème n'est pas nouveau en 1795, puisqu'il était déjà, en 1784, au cœur de l'*Idée d'une histoire universelle d'un point de vue cosmopolitique*, et qu'il est permis à bien des égards de considérer que les difficultés relevées dans l'écrit sur la paix perpétuelle répètent celles de l'*Idée* : parallèlement voudrais-je montrer en quoi les principales solutions envisagées par la tradition exégétique, dans les rares cas où elle a su repérer le surgissement de ces difficultés dès l'opuscule de 1784 et dans leur prolongement en 1795, ne résolvent pleinement aucune des questions que l'on vient de soulever.

## La solution traditionnelle

Résumons le débat. En 1784, le problème de la réalisation de la paix civile et internationale était résolu à partir d'une réflexion sur l'insociable sociabilité des êtres humains, laquelle insociable sociabilité était conçue comme ce dont la nature se servait pour, à la faveur de la détresse engendrée par la formation d'un antagonisme généralisé entre les hommes, faire apercevoir aux égoïsmes que le simple souci de l'intérêt bien compris imposait la limitation des libertés et donc la mise en place d'un dispositif de contrainte régulant juridiquement les relations entre les libertés en conflit : ainsi le même ressort, celui de l'égoïsme intelligent, apparaissait-il suffisant, au plan intérieur dans les propositions I-V, au plan international dans les propositions VII-IX, pour faire triompher le droit, aussi bien dans la société qu'entre les sociétés. C'est évidemment ce modèle que Kant reprend en 1795, dans le *Premier Supplément*, à travers la perspective selon laquelle, « même pour un peuple de démons », pourvu qu'ils disposent de quelque intelligence, le problème de la constitution d'un État peut être résolu (point 1 du *Supplément*, correspondant aux propositions IV et V de l'*Idée*), suivant une solution à nouveau transposée (points 2 et 3, reprenant la proposition VII de l'*Idée*) aux relations entre les peuples. De ce fait, Kant semble bien développer, non pas une, mais deux philosophies de l'histoire (c'est-à-dire aussi deux philosophies de la paix), la première à travers la notion de dessein de la nature, donc sous l'Idée de nature (propositions I-V, puis VII et VIII, puis *Premier Supplément* de 1795), la seconde à travers cette aporie du maître que met en place la proposition VI en faisant dépendre la réalisation de la paix civile de la volonté bonne, donc en pensant le progrès non sous l'Idée de nature, mais sous celle de liberté. Comme si, par conséquent, la conciliation recherchée, le passage poursuivi entre nature et liberté, aboutissait, pour ce qui est de la genèse de la paix civile et internationale, à faire resurgir les deux termes à médiatiser sous la forme de deux philosophies du progrès : l'une, philosophie naturaliste de l'histoire (= dont le ressort est une logique immanente à l'histoire pensée comme nature) ; l'autre, philosophie de la liberté (= où la liberté comme volonté morale est à la fois terme et moteur du progrès). Deux

questions se posent alors : s'agit-il vraiment d'une antithétique ?, et, si oui, est-elle le signe d'un échec, d'une
difficulté, d'une tension incontrôlée – ou bien ce dédoublement est-il pleinement, sinon thématisé (il est clair
qu'une telle thématisation est absente du texte de 1784,
comme de celui de 1795, et même, en fait, de l'œuvre tout
entière de Kant), du moins maîtrisé et pensé (ce que je ne
crois pas impossible) ?

Afin d'avancer vers une possible réponse à ces interrogations, dont il n'est pas besoin de souligner qu'elles
sont centrales pour cerner la teneur précise de la pensée
kantienne de l'histoire, je me propose d'évoquer quelques
tentatives produites par les interprètes en vue d'articuler
ces deux modèles. Plus précisément s'agit-il de se demander s'il peut y avoir articulation du second modèle au
premier dans le cadre de celui-ci (ce que beaucoup d'interprètes défendent, auquel cas il ne s'agirait pas vraiment
d'un second modèle), ou si l'articulation est externe –
auquel cas une véritable antinomie des philosophies de
l'histoire (donc des philosophies du droit et de la paix)
serait à l'œuvre dans les écrits de Kant : c'est alors la
cohésion même de la philosophie critique de l'histoire, du
moins dans la formulation que Kant a tenté de lui apporter, qui serait l'enjeu d'une telle antinomie. Procédant à
cet examen de quelques interprétations significatives, j'en
profite aussi pour faire, à cet égard, un bilan de l'apport
français, puisque c'est dans l'exégèse francophone de
Kant que j'isole trois tentatives pour résoudre le problème
dont je viens de reconstruire les données.

La première tentative évoquée sera celle de Victor Delbos dans son ouvrage de 1926, *La Philosophie pratique
de Kant*, qui influença si durablement les lecteurs français
de ces textes. Selon Delbos, les propositions I-V de l'*Idée
d'une histoire universelle d'un point de vue cosmopolitique* (corrélativement : le *Premier Supplément* de 1795)
développent bien une représentation mécaniste de l'histoire (qu'il rapproche d'ailleurs, à juste titre, de la théorie
hégélienne de la « ruse de la raison »), mais cette représentation servirait uniquement à penser le surgissement de
la « liberté gouvernée » à partir de la « liberté sauvage ».

Selon ce modèle, il s'agirait de penser seulement l'engendrement de l'ordre juridique ; dès lors, dans la
proposition VI de l'*Idée*, Kant passerait au fond à une
autre question, en montrant l'insuffisance d'une telle
conception pour penser ensuite, non plus l'engendrement,
mais le maintien de l'ordre juridique. En clair, la volonté
égoïste risquant sans cesse, une fois constitué l'enclos de
la société civile, de réapparaître, elle doit être contenue
par l'autorité, et donc il faut à l'homme un maître moral,
suivant ce militantisme de la raison pratique qui, selon
Delbos, constituerait l'essence même de la pensée kantienne de l'histoire comme idéalisme moral. En ce sens,
les deux modèles, s'attachant à deux problèmes différents
(pacification par le droit, maintien de l'ordre juridique,
donc maintien de la paix civile), ne seraient pas contradictoires : il n'y aurait, de l'un à l'autre, nullement rupture, mais progression.

Cette interprétation, qui a pour elle l'ancienneté, a
marqué et marque encore les lectures de Kant en France,
en rendant extrêmement difficile d'ébranler sur ce point
les convictions déjà toutes faites. Pour autant, l'hypothèse
adoptée me semble philosophiquement absurde et philologiquement insoutenable.

Philosophiquement, tout d'abord, on voit mal comment
l'histoire, telle que la pense Kant, pourrait à la fois obéir
à un plan, se dérouler rationnellement selon la *nécessité*
de lois, et constituer aussi un champ neutre ouvert à la
*liberté* militante de la raison pratique : que le progrès vers
la paix civile soit nécessaire ou mécanique jusqu'à un certain point (= jusqu'à la naissance de la paix civile) et
qu'au-delà de ce point, pour que cette paix se maintienne,
il faille agir, cela aurait à vrai dire aussi peu de sens que
de soutenir, comme chez Marx, que les lois de l'histoire
se déploient avec « une nécessité de fer » (selon la formule de l'Avant-Propos du *Capital*) et d'appeler en même
temps, pour l'accomplissement du grand saut révolutionnaire, au militantisme et à l'activisme des exploités. En
fait, la représentation de l'histoire comme nécessaire suppose ou affirme la rationalité du réel, et elle est en ce sens
incompatible à l'évidence avec l'idée d'une histoire

ouverte à l'agir libre des hommes, non soumise à des lois, c'est-à-dire d'une histoire à laquelle nulle rationalité n'est immanente.

Philologiquement, en outre, la lettre du texte kantien interdit catégoriquement d'identifier le dédoublement des deux modèles comme répondant à l'examen de deux problèmes différents. En 1784, à la fin de la proposition V, les arbres poussent « beaux et droits » ; dans la proposition VI, ils restent courbes et l'on ne peut y tailler de poutres bien droites. Le problème n'est donc pas, dans un cas, d'engendrer le droit et, par l'intermédiaire du droit, la paix civile et, dans l'autre, de maintenir le droit, donc la paix, après leur engendrement. *Dans les deux cas*, il s'agit en fait de parvenir à ce que soit « mise en œuvre » (*ins Werk gerichtet wird*, dit la fin de la proposition VI) cette Idée dont nous savons qu'elle est aussi une tâche, à savoir celle d'« une constitution civile parfaitement juste », donc d'aboutir à ce que la proposition V nommait « la réalisation d'une société civile » (c'est-à-dire de l'État de droit) : ce dont il s'agit n'est donc autre que ce qu'évoquait déjà le début de la Dialectique transcendantale quand, à propos de la *République* de Platon, Kant soulignait qu'« une constitution qui recherche la plus grande liberté humaine selon des lois faisant en sorte que la liberté de chacun puisse coexister avec celle des autres », c'est-à-dire de coexister pacifiquement avec les autres libertés, est une « Idée nécessaire » qui définit un « modèle nécessaire pour rapprocher toujours davantage, par référence à lui, la constitution légale des hommes de la plus grande perfection possible ». Bref, ce qui se trouve en jeu dans l'une et l'autre des deux perspectives mises en place en 1784, c'est que puisse se trouver comblée le plus possible, selon la formule de la Dialectique, « la distance qui demeure nécessairement entre l'Idée et sa mise en œuvre » – et c'est par rapport à ce même objectif que la proposition V apparaît suggérer que cette distance peut être pleinement comblée (du moins que l'on peut *penser* les progrès de la paix comme venant la combler), tandis que la proposition VI présente la distance comme « infranchissable » (selon le terme qu'utilise aussi le développe-

ment de la Dialectique) et souligne que le franchissement
d'une telle distance n'est même pas susceptible d'être
pensé. Ainsi est-ce bel et bien par rapport au même problème que, dans un cas, l'égoïsme apparaît fonctionner
dialectiquement comme le moteur de l'avènement du droit
et de la paix civile, et, dans l'autre cas, comme l'obstacle
insurmontable à un dépassement de l'état de guerre – à
preuve, si besoin était, les titres des propositions : « Le
plus grand problème pour l'espèce humaine, dit la
proposition V (*das grösste Problem für die Menschengat-
tung*), est d'atteindre une société civile administrant universellement le droit [= la réalisation de l'État de
droit]. » ; puis Kant pose (proposition VI) : « *Ce* problème
est *en même temps* le plus difficile [...] (*dieses Problem
ist zugleich das schwerste*) [1]. »

1. Deux considérations purement philologiques, dans la succession
de ces titres, imposent de récuser ici l'éventualité, envisagée par
V. Delbos, d'un changement de problème :
– D'une part, comment lire *dieses* dans *dieses Problem* ? Pour
comprendre comme Delbos, il faudrait considérer que *dieses* est nécessairement déictique et renvoie à ce qui suit et non à ce qui précède
(comme *ceci* en français, par opposition à *cela*), et il faudrait alors
traduire (pour espérer être compris) : « ce problème que voici ». Solution que n'a adoptée aucune traduction, et pour cause, puisqu'elle
serait alors dictée par l'interprétation et non par la littéralité du texte :
en fait, le démonstratif *dieser, diese, dieses*, est tellement peu exclusivement déictique que l'allemand, quand il s'agit dans une phrase de
se référer à deux termes qui précèdent, emploie *dieser/e/es*, pour
désigner certes le plus rapproché des deux, et *jener/e/es* pour désigner
le plus éloigné, mais pour autant les deux démonstratifs renvoient alors
à ce qui précède. Je ne prétends évidemment pas que ce soit toujours
le cas, et que *dieser/e/es* ne puisse jamais être déictique, mais du moins
n'est-ce nullement fatal.
– D'autre part, le *zugleich* exclut qu'il puisse s'agir d'autre chose
que du problème qui précède, donc de celui qui a été dit susceptible
d'être pleinement résolu dans la proposition V et dont on voit maintenant qu'il est *en même temps* (*zugleich*) tel qu'il ne peut jamais être
résolu entièrement. Ce qui semble alors franchement contradictoire et
qui est même très précisément écrit pour susciter cette impression –
puisque la mention du *zugleich* fait référence à la formule même qui
définit la contradiction depuis Aristote, savoir que l'on ne peut dire
*en même temps* A et non-A du même objet si l'on se place pour cela
du même point de vue : que Kant dise en même temps du même objet,
à savoir la réalisation de la pacification juridique des conflits entre les

*L'interprétation d'Alexis Philonenko, 1968*

Philonenko, en revanche, a proposé une interprétation qui, à la différence de celle de Delbos, a le grand mérite d'enregistrer la présence d'une réelle tension au cœur de l'opuscule de 1784. Selon cette interprétation [1], dans

---

libertés, qu'elle est possible et qu'elle est impossible, cela aurait dû, me semble-t-il, orienter les interprètes, non pas du tout, comme Delbos, vers une solution par différenciation *de l'objet*, mais par différenciation *du point de vue*, puisqu'en vertu même du principe de contradiction, la seule solution pour que le texte ne produise pas ici une contradiction tout en disant bien A et non-A du même objet, c'est que les deux choses ne soient pas dites du même point de vue : hypothèse pour l'instant purement formelle, et que l'on s'efforcera de lester de contenu dans ce qui suit, mais aussi hypothèse dont je ne vois pas comment elle pourrait ne pas être la seule qui soit sérieusement envisageable quand on voit que les titres des propositions enchaînent bel et bien des considérations sur le même problème ; *dieses Problem* de la proposition VI reste *das grösste Problem* de la proposition V, de même que le confirme encore le titre de la proposition VII en évoquant « le problème de l'édification d'une constitution civile parfaite ». Toute interprétation voulant récuser que, de la proposition V à la proposition VI, il y ait rupture et prétendant y parvenir par l'hypothèse d'un changement de problème devra donc d'abord s'expliquer avec la lettre de ces textes. À cet égard, il n'est évidemment pas sans signification que Piobetta, dans sa traduction si longtemps usuelle en France, ait cru bon de ne pas traduire le *zugleich* dans le titre de la proposition VI : « Ce problème, traduit-il in E. Kant, *La Philosophie de l'histoire, Opuscules*, Paris, Montaigne, 1947, est le plus difficile [...]. » Il réserve la possibilité d'une lecture du démonstratif comme déictique (au sens de « ce problème que voici »), alors que le *zugleich* exclut précisément cette lecture. Exemple instructif de la manière dont la vulgate des interprétations (en l'occurrence, celle de V. Delbos) infléchit si souvent le travail des traducteurs en prédéterminant, en quelque sorte, les options de traduction possibles, jusqu'à la falsification du texte.

1. Dans les contributions successives apportées par A. Philonenko à la clarification de ce problème, il existe à vrai dire un certain flottement entre deux types d'interprétation. J'examine ici, tout d'abord, le premier principe de solution adopté par Philonenko, qui consiste à faire appel à l'idée d'une évolution de Kant (*Théorie et praxis dans la pensée morale et politique de Kant en 1793*, Paris, Vrin, 1968, p. 29 sq.). D'autres contributions, que j'examinerai et discuterai ensuite, tentent de recourir à une hypothèse plus structurale, mobilisant la différence des points de vue : voir notamment *L'Idée de progrès chez Kant* (1975), repris in A. Philonenko, *Études kantiennes, op. cit.*,

l'*Idée*, Kant confondrait encore morale et politique,
« règne des fins » et constitution républicaine : la séparation du droit et de la morale daterait en effet de 1785,
c'est-à-dire de la *Fondation de la métaphysique des
mœurs*, et, en amont de cette séparation, la confusion du
registre moral et du registre juridico-politique aurait interdit à Kant de trouver pleinement une solution au problème
politique de la paix civile (comme on le voit dans la
proposition VI), alors même que la structure de la solution
était déjà en place dans la proposition V. Au contraire, en
1795, lorsque Kant réexamine le problème politique, dans
le *Premier Supplément* de l'écrit consacré à la question de
la paix, il mènerait cet examen sur la base d'une distinction tranchée entre droit et morale : dès lors, et dès lors
seulement, il lui deviendrait possible d'assumer pleinement la solution envisagée en 1784 et annulée par l'aporie
de la proposition VI, donc de considérer que le problème
de la paix (civile et internationale) est susceptible d'une
solution, et ce « même pour un peuple de démons, pourvu
qu'ils aient quelque intelligence » – puisque cette solution
« ne requiert pas l'amélioration morale des hommes »,
mais simplement l'intelligence comprise comme compréhension adéquate de l'intérêt.

Cette interprétation, qui renouvelait profondément la
lecture de la pensée kantienne du progrès et de la paix en
n'évacuant pas ce que pouvait avoir de problématique sa
cohérence, me semble toutefois se heurter à une série
d'objections. Outre que l'on conçoit mal comment, vis-
à-vis d'une question aussi décisive que celle des rapports
entre droit et morale, Kant aurait pu, dans l'*Idée*, être vic-
time d'une confusion pourtant totalement dissipée lors de
la parution, l'année suivante, de la *Fondation de la métaphysique des mœurs*, l'interprétation proposée explique en
fait l'évolution attribuée sur ce point à Kant entre 1784 et
1795 par des circonstances externes, tenant à la nécessité
de défendre la Révolution française contre les critiques du
rationalisme politique développées par Burke en Angle-

et le chapitre III de *La Théorie kantienne de l'histoire*, Paris, Vrin,
1986, notamment p. 105 sq.

terre (1790) et par Rehberg en Allemagne (1793).
Répondre à ces critiques, ce serait en fait montrer a. que
la constitution républicaine, condition de la paix civile et
de la paix interétatique, est susceptible de trouver un minimum d'incarnation dans le réel (pour récuser la dénonciation de l'État rationnel comme un pur idéal dépourvu de
valeur pratique) et b. que cette réalisation, même asymptotique, n'implique pas de violence exercée sur le particulier (pour répondre à l'objection, qu'en 1793 la Terreur
va renforcer, selon laquelle une politique fondée sur la
raison impose de l'extérieur la paix et le droit au jeu des
intérêts, par une sorte de violence de l'universel à l'égard
du particulier). Satisfaire à ces deux exigences aurait alors
imposé à Kant de réaménager sa représentation du progrès
en abandonnant sa philosophie de l'histoire de 1784,
d'une part parce que la solution du problème politique y
était apparue impossible, d'autre part parce que, dans la
logique de la proposition VI, la politique rationnelle inté-
grait en elle, indispensablement, un moment de contrainte
moralisante ou moralisatrice, condition indispensable de
la pacification des conflits. Ce pour quoi, afin de répondre
à Rehberg, Kant aurait été conduit à abandonner ses
réserves de 1784 vis-à-vis d'un modèle de représentation
du progrès et de la pacification dont pourtant il disposait
déjà (dans la théorie du « dessein de la nature ») et qu'en
1795 il aurait repris pour ainsi dire à l'état pur, sans les
réserves exprimées dans la proposition VI de l'*Idée*, en
soutenant plus fermement que l'État républicain et, par
son intermédiaire, la paix définissent l'horizon vers lequel
tend d'elle-même l'humanité, sans qu'il soit besoin, pour
assurer le progrès vers cet horizon, de forcer les hommes
à devenir moraux. Et comme l'aporie, en 1784, s'intro-
duisait précisément au niveau de cette question de la
moralisation, supprimer ce qui requérait ce recours à la
contrainte, c'était du même coup annuler le risque d'une
discontinuité entre théorie et pratique politiques, donc
répondre en même temps à la première et à la deuxième
des objections contre-révolutionnaires.

Séduisante par elle-même, cette explication de l'éventuelle évolution de Kant sur ces questions présente néan-

moins l'inconvénient d'être rigoureusement externe. Or, l'on peut et sans doute même l'on doit avoir pour principe de lecture de ne recourir aux explications externes que si toutes les possibilités de découvrir à l'œuvre une logique plus interne ont été véritablement épuisées. Je n'ai pas le sentiment que ce soit le cas ici. D'autant qu'à l'hypothèse ainsi présentée, deux objections méritent d'être adressées, concernant à la fois le point de départ et le sens de l'évolution supposée :

1. Au point de départ, en 1784, il n'est nullement dit que le problème politique de la paix civile est insoluble, au sens où ce ne serait qu'en 1795 qu'il apparaîtrait comme susceptible d'être résolu : en fait, ainsi qu'on vient de le souligner, c'est dans le texte même de l'*Idée* qu'on lit à la fois, en 1784, la possibilité et l'impossibilité d'une solution, et cela à l'égard du même problème de l'avènement de la légalité et de la pacification par cette légalité.

2. Sur l'évolution même de Kant après 1784, il faut préciser qu'en 1795, dans le *Premier Supplément*, la séparation stricte du droit et de la morale permet certes de poser que le problème politique peut être résolu (« même pour un peuple de démons ») ; mais en 1798, dans *Le Conflit des facultés*, la troisième section (III, 9) estime à nouveau qu'il ne faut pas trop « nous promettre des hommes dans leur progrès vers le mieux », tant il est vrai que, s'il est « *doux* de forger par la pensée des constitutions politiques qui correspondent aux exigences de la raison (notamment du point de vue du droit) », il est « *présomptueux* de les proposer et *coupable* de soulever le peuple pour abolir les constitutions existantes » – et Kant, qui mentionne les constructions de Platon, de Thomas More, etc., conclut par cette phrase étonnante : « [...] espérer en l'avènement dans l'avenir, aussi tard que cela soit, d'une production politique achevée est un *doux rêve* », même si c'est un devoir de s'en rapprocher [1]. Donc, pour accepter l'interprétation de Philonenko, il faudrait admettre qu'en 1795, Kant sépare moralité et légalité et

1. AK, VII, 92, note ; trad. par A. Renaut, in E. Kant, *Œuvres philosophiques, op. cit.*, III, p. 903-904.

peut déclarer le problème de la paix (civile et internationale) susceptible d'être résolu, mais qu'en 1798, explicitant en quelque sorte le contenu de son expression de 1795
quand il parlait du « peuple de démons », il serait pour
ainsi dire retourné à sa position première et, liant l'effectivité de la légalité à la réalisation du règne de fins, il
aurait réaffirmé la liberté humaine comme vouée au mal
et réintégré une position pessimiste à l'égard du projet de
réaliser l'État de droit et la paix. Un tel va-et-vient théorique paraît, c'est le moins que l'on puisse en dire, largement improbable. Il conviendrait davantage, me semble-
t-il, de poser :

a. que, de 1784 à 1798, Kant a constamment oscillé
entre deux thèses sur le politique, dans ses rapports avec
la morale ; deux thèses soutenues en fait par deux pensées
de l'histoire, *dont aucune n'a jamais éliminé ni résorbé
l'autre* ;

b. que ces deux pensées de l'histoire ne se rapportent
pas l'une à l'autre comme la vérité à l'erreur, ou comme
deux thèses qui, puisque contradictoires, seraient incompatibles, mais comme *deux points de vue dont chacun a
sa validité*. Si l'on admet que Kant dit ici le même et son
contraire, en même temps et à propos du même objet, il
n'en demeure pas moins – seule perspective concevable –
qu'il ne le dit pas du même point de vue ;

c. que Kant a, en 1793, dans l'opuscule *Sur le lieu
commun* [1], et en 1795, dans le *Premier Supplément* du
texte sur la paix perpétuelle, développé l'un de ces points
de vue, et qu'en 1798 il s'est en tout cas simplement
replacé, sans contradiction, sous un angle qui correspond
à celui des deux points de vue possibles, sur l'histoire du
droit comme progrès vers la paix, qui ne permet pas de
penser comme garantie la réalisation d'une société
humaine pacifiée ;

d. que, vis-à-vis de cette dualité de points de vue, l'*Idée*

---

1. AK, VIII, 310 ; trad. par L. Ferry, *Sur le lieu commun : il se peut
que cela soit juste en théorie, mais, dans la pratique, cela ne vaut
point*, in E. Kant, *Œuvres philosophiques, op. cit.*, III, p. 297 – où Kant
reprend point par point la théorie de l'insociable sociabilité mise en
place en 1784 dans les propositions I-V et VII-VIII.

et l'écrit sur la paix partagent le même privilège : celui d'avoir pratiqué, dans le cadre d'un seul et même écrit, cet étrange dédoublement, en 1784 à travers la si frappante juxtaposition de la proposition V et de la proposition VI, en 1795 à travers la succession d'une perspective « pratique » dans le corps de l'écrit et d'une optique « naturaliste » ou « providentialiste » dans le *Premier supplément*.

Cela posé et, éventuellement, admis, tout le problème serait alors de comprendre la logique de cette dualité de points de vue – ce qui requiert, à mon sens, qu'il soit précisément porté attention à leur statut de points de vue. Par là, c'est un tout autre type d'interprétation qui se mettrait en place.

### L'interprétation d'Alexis Philonenko, 1975-1986

Il faut rendre justice à Philonenko pour avoir aussi, dans son article subtil sur « L'idée de progrès chez Kant » (1975), non pas construit cette interprétation, mais insisté néanmoins, avec beaucoup de sagacité, sur l'importance de la notion de « point de vue » pour l'interprétation de la pensée kantienne de l'histoire. Ainsi note-t-il lui-même [1] que l'évolution de Kant (dont nous venons de voir qu'elle est au principe de son interprétation des difficultés de l'*Idée*) « n'est au demeurant pas absolue : le point de vue de 1784, écrit-il, éliminé en 1793 [il songe à *Théorie et pratique*] et en 1795, se retrouve dans *Le Conflit des facultés* de 1798 ». Cela dit, Philonenko ne thématise pas ce recours à la notion de point de vue, de même que son lecteur ne sait guère si, comme le suggère la remarque que je viens de citer, il fait correspondre le texte de 1784 à un seul point de vue – ce qui serait faux – ou plutôt à deux points de vue. À cette seconde appréhension, qui serait juste, pourrait alors sembler répondre une distinction que suggère le même article sur le progrès en indiquant que tous les textes de Kant envisagent l'histoire d'un « double point de vue [2] ». Pour autant, les deux

---

1. A. Philonenko, *Études kantiennes, op. cit.*, p. 52.
2. *Ibid.*, p. 67.

points de vue distingués alors par Philonenko sont définis comme celui du progrès et celui de l'utopie, avec un très curieux découpage pratiqué dans l'*Idée*, qui serait, semble-t-il, le suivant :

– Les propositions I-VI correspondraient au point de vue du progrès vers la paix (c'est-à-dire à un procès dont on peut penser possible qu'il s'accomplisse dans l'histoire, même si c'est là, d'ores et déjà, un fil conducteur pour la réflexion, donc un *point de vue* pris sur l'histoire par le sujet). Ce point de vue du progrès articulerait lui-même deux moments : un premier moment vers le progrès, estime Philonenko, correspondrait à un mouvement de progrès spontané, où les courbures se redressent d'elles-mêmes (I-V) ; puis un deuxième moment (VI) problématiserait ce mouvement spontané, en faisant intervenir l'homme et en montrant que celui-ci ne peut se laisser porter entièrement par le jeu des passions, mais doit « y mettre du sien ». En raison de ce deuxième moment, la conclusion de la proposition VI ne parlerait plus de progrès, mais seulement d'approximation à l'infini : le redressement des courbures qui constituerait le progrès comme pacification progressive des conflits ne serait plus certain (à cause de l'aporie du maître), et donc il se produirait ici, après la proposition VI, une césure, en ce sens que, « si les six premières propositions sont placées sous le signe du progrès, les trois dernières relèvent de l'utopie », en décrivant un mouvement succédant à la problématisation (par la proposition VI) de ce progrès dont on pouvait penser dans un premier temps (I-V) l'accomplissement comme possible : mouvement utopique qui serait équivalent alors au processus d'élargissement de la paix aux rapports interétatiques.

– Le deuxième point de vue (VII-IX) s'identifierait donc comme celui de l'utopie : « C'est une chose très rare, écrit Philonenko, que de voir une théorie du progrès déboucher sur des sentences utopiques (et l'idée d'une Société des nations est l'une de ces sentences) [1]. » En clair : comme la réflexion continue après la pro-

1. *Ibid.*, p. 65.

position VI, qui avait rendu problématique le point de vue du progrès, c'est que Kant franchit lui-même « la césure entre le progrès et l'utopie », parce que la raison pratique l'exige en requérant, au nom du devoir de développer en nous toutes les virtualités de l'humanité, d'aller au-delà de la simple légalité problématiquement (à cause de l'aporie relevée en VI) édifiée à partir du jeu des passions (I-V). Plus précisément : parce que la guerre serait pour Kant « le visage même de la nature [1] », la raison pratique (animée par l'intérêt, non de la nature, mais de la liberté) exigerait l'idée utopique (l'Idée) d'une paix perpétuelle.

Progrès et utopie : il faudrait donc enregistrer là, bel et bien, la présence de deux points de vue, dont le dédoublement ainsi constaté incite Philonenko à nuancer fortement son interprétation par l'évolution de Kant : « Tous les textes de Kant, écrit-il en un passage déjà partiellement cité, connaissent, s'il s'agit du progrès, ce double point de vue, [...] et c'est pourquoi [...] il y a une évolution dans les écrits kantiens, qui n'est pas absolue, mais relative. » Ajoutons même qu'ainsi comprise, l'évolution n'en serait pas une, ou que, si l'on veut vraiment maintenir le terme, Kant évolue d'un point de vue à l'autre, au sens où il se déplace de l'un à l'autre, mais sans jamais abandonner la possibilité de faire intervenir ces *deux* points de vue.

Ainsi refondue, l'interprétation proposée par Philonenko me semble beaucoup plus près d'être satisfaisante : d'une part, elle prend acte du fait qu'en tout état de cause, il se produit, au cœur de l'opuscule de 1784 comme dans l'écrit de 1795 et plus généralement dans la pensée kantienne de la paix, une césure entre deux points de vue (ce qui me paraît juste) ; d'autre part, elle convient que la césure a quelque chose à voir, en 1784, avec la proposition VI, dont la fonction serait bien de briser ce qui était tenu jusqu'en ce point pour la représentation « vraie » du progrès comme pacification progressive du genre humain. En revanche, sur la nature exacte de la

---

1. A. Philonenko, « Kant et le problème de la paix », in *Essais sur la philosophie de la guerre, op. cit.*

brisure, ainsi que sur le statut de ce qui la précède et de
ce qui lui succède, cette interprétation me semble floue,
et cela principalement pour deux raisons :

1. Entre la séquence I-V de l'*Idée* et la séquence VII-
IX, on ne voit pas bien ce qui atteste d'un changement de
point de vue, je veux dire ce par quoi l'écriture même du
texte témoignerait d'un tel changement. Ce qui permet à
Philonenko d'inscrire les propositions I-V dans le cadre
d'une pensée du progrès et les propositions VII-IX dans
le cadre de l'utopie, c'est à l'évidence la décision de
considérer que de I à IX il n'y a en principe qu'une seule
dynamique (dynamique de pacification des conflits) et
que, comme VI vient problématiser la dynamique de la
pacification, ce qui lui succède tombe dans le registre de
l'utopie. Mais rien dans la façon dont le texte, je le répète,
est écrit n'invite à situer là le changement de point de
vue : avant la proposition VI comme après elle, Kant
décrit un mouvement de légalisation et de pacification par
le droit qui se laisse penser comme mécanique et donc
comme correspondant à une nécessité (au moins à une
nécessité pensée ou, si l'on veut, à la pensée d'une nécessité).

2. En revanche, comment estimer que, dans la
proposition VI, Kant se place du même point de vue que
dans les propositions I-V, alors que (je ne reprends pas
sur ce point l'analyse) les propositions I-V, d'une part, et
la proposition VI, d'autre part, développent *en même
temps*, sur la question du progrès du droit, deux représentations contradictoires ? Comment cette contradiction
interne à ce que Philonenko, pour sa part, homogénéise
comme constituant un premier point de vue n'inviterait-
elle pas à faire éclater cette représentation, et à inscrire
plutôt là (entre la séquence I-V d'une part, prolongée
ensuite par VII-IX, et la proposition VI d'autre part) le
changement de point de vue – seule manière de résoudre
la contradiction ? Car ce que l'on comprend mal, dans la
lecture de Philonenko, ce n'est pas, à la rigueur, l'apparition d'un mouvement utopique après un premier mouvement qui rendrait problématique le progrès vers la paix :
ce qui fait difficulté dans cette appréhension de la pensée

kantienne du progrès vers la paix, c'est bien plutôt la raison pour laquelle, dans le supposé premier mouvement, la problématisation prendrait la forme d'une présentation purement contradictoire. De fait, la stratégie d'écriture utilisée par Kant ne consiste nullement à exposer la manière dont on pourrait être tenté de se représenter les progrès vers la paix (I-V), puis à indiquer pourquoi cette représentation reste problématique (VI), et à ne prolonger dès lors la représentation du processus de pacification que dans le registre utopique (VII-IX). En réalité, l'écriture adoptée en 1784 juxtapose une représentation pour laquelle la solution du problème du progrès (pacification juridique des conflits) se laisse pleinement penser et une autre représentation pour laquelle elle est impensable. Et rien n'indique que la seconde vienne corriger la première, qui serait alors fausse : tout laisse penser, dans l'écriture, que les deux sont « vraies », qu'il existe donc deux représentations ou deux philosophies de l'histoire (comme progrès de la paix), correspondant (puisque l'objet est le même) à deux points de vue (et non pas à un seul point de vue élaboré en deux moments).

En vertu de quoi il semble indispensable de reconstruire une appréhension de la pensée kantienne du progrès adoptant le même principe que dans cette seconde interprétation tentée par Philonenko (sous la forme d'une théorie des points de vue), mais situant autrement les points de vue en présence. Pour esquisser la logique d'une telle interprétation, je proposerai simplement trois observations, visant à cerner la teneur d'une philosophie critique de l'histoire – c'est-à-dire, au fond, ce qu'aurait pu être la contribution propre de Kant à ce qui, de Dilthey à Raymond Aron, prendra le nom d'une « critique de la raison historique ».

### Vers une critique de la raison historique

1. Si l'on accepte de considérer comme insatisfaisantes toutes les interprétations qui tendent à estomper la rupture introduite en 1784 par la proposition VI (aussi bien sur le mode de Delbos que sur le mode de Philonenko, 1968),

il faut admettre que Kant mettait alors en place, sur le problème de la réalisation historique du droit et de la pacification progressive du genre humain, une dualité de points de vue par rapport à laquelle tous les autres textes sur l'histoire se laissent situer, y compris l'écrit de 1795 sur la paix.

2. On ne saurait comprendre la logique de cette dualité de points de vue sans prêter attention, précisément, à leur statut de points de vue [1] – je veux dire : à ce qui peut faire, au sein du kantisme, que ces représentations du progrès correspondent seulement à des points de vue. La réponse s'impose d'elle-même si l'on prend en compte la représentation de l'histoire des progrès du droit et de la paix qui se développe à partir de la notion d'un « dessein de la nature » et se trouve reprise en 1795 dans le *Premier Supplément* : qu'elle évoque par son *contenu*, ainsi que je le notais en commençant, les philosophies spéculatives de l'histoire ne doit pas en effet empêcher d'apercevoir que, quant à son *statut*, elle ne saurait à l'évidence avoir au sein du kantisme une valeur constitutive, c'est-à-dire posséder le statut d'une connaissance ou d'une vérité. Une telle représentation consiste en effet à penser l'histoire comme un système, où le divers des événements se laisse subsumer sous des lois toujours identiques à elles-mêmes et homogènes à celles de la nature (attraction et répulsion) ; or, dans une optique philosophique telle que celle qui définit le criticisme, un tel système, nous l'avons vu dans la première partie de ce livre, supposerait que l'on pût connaître l'objet (ici le divers historique) par concepts et déduire le particulier à partir de lois universelles, et il doit donc être tenu pour aussi inaccessible au sujet fini dans le registre de l'histoire que dans celui de la nature. En conséquence, la théorie du « dessein de la nature » (ou

---

1. L. Ferry avait suggéré cette démarche dans les notes de sa traduction de l'*Idée d'une histoire universelle d'un point de vue cosmopolitique*, in *Œuvres philosophiques de Kant*, II, *op. cit.*, Bibliothèque de la Pléiade, Gallimard, 1985, p. 1435 sq. Philonenko ne me semble pas, dans la discussion qu'il en esquisse in *La Théorie kantienne de l'histoire*, *op. cit.*, p. 105 sq., en avoir véritablement intégré la systématique.

du « peuple de démons »), relevant de l'apparence dialectique et de la métaphysique si elle est entendue comme
un savoir, ne saurait être présente au sein d'une philosophie critique de l'histoire que sur la base de sa déconstruction préalable, c'est-à-dire avec le statut du sens
(et non pas de la vérité), avec la valeur d'un point de vue
(et non, *stricto sensu*, d'une thèse), de façon régulatrice
(et non pas constitutive) : il s'agit, non d'un concept de
l'histoire, mais d'une Idée, ce que le titre de l'opuscule
de 1784 indiquait au demeurant de façon limpide. La
représentation du processus de pacification mise en place
par les cinq premières propositions de 1784 et reprise par
le *Premier Supplément* est donc peu originale par son
contenu, notamment par référence à son aval hégélien :
elle ne trouve en fait son originalité que dans son *statut*
de simple « fil conducteur de la raison » pour la réflexion
du philosophe ou de l'historien – et c'est à ce titre qu'elle
intervient en 1795 quand il s'agit de penser une garantie
de la paix, c'est-à-dire d'inscrire sa genèse dans la perspective d'une logique que nous pouvons supposer à l'histoire lorsque nous essayons de la comprendre.

Cette seule originalité a pourtant d'importantes conséquences. Car la coexistence d'une telle représentation de
l'histoire, à titre de point de vue, devient alors possible
avec une tout autre représentation, qui n'est elle aussi
qu'un point de vue [1]. On peut en effet abandonner ce point
de vue de la réflexion théorique (ou de la compréhension),
qui correspond en fait à celui que l'on adopte sur les
hommes quand, selon la formule précise utilisée dans la
première page de l'*Idée*, « on *voit* (*sieht*) exposés leurs
faits et gestes sur la grande scène du monde » et que l'on
s'efforce de trouver un sens à ce qu'ainsi l'on voit ; abandonnant ce point de vue théorique, on se place alors du
point de vue du sujet qui, pour agir, détermine ses fins –
auquel cas l'histoire, en tant que progression asymptotique
vers la paix, apparaît comme le lieu d'une perfectibilité à
jamais inachevable en perfection.

1. C'est sur cette compatibilité que L. Ferry avait mis l'accent dans
son *Système des philosophies de l'histoire*, *Philosophie politique*, II,
*op. cit.*

Plus complètement, puisque – conséquence directe de la déconstruction kantienne de la métaphysique dogmatique – la théorie du « dessein de la nature » n'a pas de valeur constitutive, elle peut coexister avec un autre point de vue (pratique) sur la progression, celui du sujet pratique qui voit la perfection (l'humanité pacifiée) sous la forme de la perfectibilité, qui la perçoit comme une « tâche » (la pacification), donc comme ne se déployant pas d'elle-même, mais comme à produire par l'action libre. Point de vue pratique qui ne peut ici être réduit à une simple illusion – ce qui sera au contraire, *ipso facto*, le cas lorsque, chez Hegel, le « point de vue » théorique deviendra une « thèse » possédant une valeur de vérité : le point de vue antithétique, celui de l'action libre, ne pourra alors que se trouver explicitement réduit à une illusion naïve, assimilée à l'ignorance de la jeunesse. Rien de tel chez Kant, puisque la représentation théorique de l'histoire n'est elle-même qu'un point de vue, qui n'implique pas, comme tel, la dévalorisation du point de vue pratique à partir duquel la réalisation de la paix (= le problème politique) n'apparaît plus comme un processus littéralement « automatique », mais comme un problème à résoudre par l'espèce humaine. C'est aussi de ce second point de vue que « l'homme a besoin d'un maître », puisqu'il lui faut agir librement et pour cela s'arracher à la nature en lui : c'est donc uniquement quand le point de vue adopté est le point de vue pratique que surgit l'aporie de la contrainte et que Kant peut présenter le problème de la pacification (civile) par le droit comme « le plus difficile », « celui qui sera résolu en dernier par l'espèce humaine » et dont « la solution parfaite est impossible », voire, selon la formule de 1798, correspond à un « doux rêve ».

\*

Je peux maintenant, pour dégager la portée d'une telle interprétation, en rassembler les enseignements pour une pensée de l'histoire qui s'organiserait aujourd'hui à partir des options constitutives du criticisme.

L'*Idée d'une histoire universelle d'un point de vue cos-*

*mopolitique* léguait au fond à la réflexion deux modèles
pour penser, à travers la réalisation historique du droit,
une pacification progressive des conflits entre les hommes
et entre les peuples – deux modèles dont chacun opérait
en outre à sa manière une (ré-)conciliation entre philosophie théorique et philosophie pratique :

1. Un *modèle théorique* (théorie du « dessein de la
nature ») où c'est l'Idée de système (l'Idée d'une histoire
pensée comme système – sur quoi insiste, tout au long de
l'opuscule de 1784, la référence à la notion d'un « plan »
de l'histoire) qui, prise comme fil conducteur, permet de
se représenter les progrès de la paix dans l'histoire des
hommes *comme s'il* existait une harmonie préétablie entre
le mécanisme de la nature et les fins de la liberté.

2. Un *modèle pratique* (la réalisation de la paix et du
droit comme « tâche ») dans le cadre duquel c'est l'Idée
de liberté (l'Idée d'un sujet moral juste par lui-même) qui,
prise comme fil conducteur pour penser le fonctionnement
d'une communauté politique où « l'homme a besoin d'un
maître », permettrait de se représenter la constitution républicaine (et donc la paix) *comme s'il* s'y réalisait une soumission de l'égoïsme naturel aux fins universalisables
d'une volonté libre.

Entre ces deux modèles esquissés en 1784, mais que la
suite de l'œuvre élaborera plus pleinement (notamment,
pour ce qui est de la ruse de la nature, dans le *Premier
Supplément* du *Projet de paix perpétuelle*), il existe au
fond deux points communs et deux différences :

1. Les deux modèles de pacification ont en commun de
présenter tous deux une réconciliation de la philosophie
théorique et de la philosophie pratique en un système dont
le moyen terme serait une pensée de la réalisation du droit
dans l'histoire – Kant semblant donc proposer non pas
une, mais deux versions possibles d'une réponse à la question du « passage » ou de l'unité de la philosophie.

2. Dans les deux cas également, la réconciliation entre
philosophie théorique et philosophie pratique est seulement postulée ou « réfléchissante » : la philosophie est
système pour la réflexion (ou encore, en d'autres termes,
le « système de la philosophie » est lui-même une Idée),

dans la mesure où le moyen terme s'en inscrit dans le registre de l'Idée théorique (système) ou de l'Idée pratique (liberté). Le système philosophique ne saurait donc ici, par définition, se clore sur lui-même (il s'ouvre, soit sur le processus infini de l'histoire, soit sur la pratique politique comme tâche infinie de pacification des conflits). Système ouvert qui correspond bien à la vocation du criticisme ; plus complètement, système ouvert sur l'histoire comme pacification à l'infini.

3. En revanche, une première différence importante apparaît entre les deux modèles selon l'accentuation plus ou moins marquée du rôle de la contrainte dans la réalisation de la paix : si le premier modèle, repris dans le *Premier Supplément*, s'accompagne d'une représentation intrinsèquement libérale de l'État, le second invite inévitablement à réfléchir sur le rôle de l'État, dans la genèse de la paix civile, non pas seulement comme garant ou protecteur des droits naturels des citoyens, mais comme créateur de ces droits. Deux politiques se profilent donc à l'horizon des deux systèmes et des deux philosophies de la pacification qu'ils développent : assez étrangement, elles se déploieront chacune électivement chez l'un des deux grands fondateurs du criticisme, la première chez Kant, la seconde chez Fichte.

4. Une seconde différence distingue les deux modèles tels que Kant les présente : le modèle théorique, s'il n'est certes pas susceptible de donner matière à une connaissance (l'histoire est une Idée), apparaît du moins comme susceptible d'être *pensé* (ce que fait en 1795 l'écrit sur la paix) ; en revanche, la proposition VI, en construisant l'aporie de la contrainte, menace jusqu'à la *pensabilité* même du second modèle : car si l'on pose que l'homme est un animal égoïste qui a besoin d'un maître, comment supposer sans contradiction que ce maître, qui est un homme (nous ne pouvons le trouver « nulle part ailleurs que dans l'espèce humaine », écrit Kant), pourrait être juste par lui-même ? Du côté de l'élaboration du modèle pratique, la difficulté du processus de pacification des conflits apparaît donc comme autrement redoutable. En ce sens, il n'est nullement incompréhensible que, lorsque

dans son *Premier Supplément*, Kant veut penser une
« garantie de la paix », ce soit au premier modèle qu'il
adosse sa réflexion. De même, dans la *Critique de la
faculté de juger* (que l'écrit de 1795 prolonge à cet égard),
lorsqu'il aborde directement la problématique de la systématicité et du « passage », c'est exclusivement le premier modèle qu'il exploite et élabore, à travers les § 83-
84 : un tel choix n'est assurément pas, là non plus, le fait
du hasard ou du caprice, puisqu'il s'agit en 1790 de penser
le passage de la liberté dans la nature, et que seul le premier modèle possède une véritable « pensabilité ».

Certes le point de vue (pratique) sur l'histoire et sur la
réalisation de la paix qui sous-tendait la seconde version
possible de la systématicité entre nature et liberté ne sera,
j'ai essayé ici de faire comprendre pourquoi, jamais abandonné – y compris en 1795, dans le corps du texte, où se
trouvent envisagées les modalités politiques, donc pratiques, d'une contribution humaine aux progrès de la paix.
Les interférences de ce point de vue pratique avec le point
de vue théorique ne sont, au demeurant, sans doute pas
sans relation avec certaines ambiguïtés souvent relevées
par les commentateurs dans la pensée politique de Kant.
Tout en mettant en place, dans sa réflexion sur la paix
civile, les conditions et les cadres conceptuels de ce qui
deviendra le libéralisme politique (notamment la conception de la société comme autonome par rapport à l'État –
conception qui se relie étroitement au premier modèle),
Kant ne pourra, de fait, jamais éliminer de sa philosophie
un certain nombre de thématiques qui évoquent bien
davantage l'absolutisme et Pufendorf, comme si l'ombre
portée du point de vue pratique (et du thème, qu'il charrie
avec lui, de la contrainte rationalisante comme moment
essentiel du politique) n'avait jamais pu être évitée. Reste
que, jamais dans le trajet kantien, les potentialités d'une
philosophie pratique du progrès ne seront pleinement
exploitées, ni dans le cadre de la réflexion sur l'unité de
la philosophie ni dans le cadre de la philosophie politique :
il eût fallu pour cela, je crois, *au minimum*, que la pensabilité de ce modèle pratique fût aux yeux de Kant moins
menacée – et que, pour cela, l'aporie de la contrainte pût

être dénouée. À beaucoup d'égards, on peut estimer au contraire que Fichte, pour des raisons que j'ai exposées ailleurs [1], s'est efforcé de privilégier le modèle pratique. Option qui lui imposa bien des difficultés, notamment celles qui ne pouvaient qu'être inhérentes à un effort pour tenter de débarrasser la solution pratique de cette aporie de la contrainte mise en avant par Kant. Je n'ai pas à examiner ici dans quelle mesure Fichte a ou non triomphé de ces difficultés : du moins n'est-il pas impossible de voir ainsi se dessiner, au-delà des pures questions d'exégèse, une vaste logique des deux criticismes, kantien et fichtéen, et des deux philosophies de la pacification des conflits qu'ils véhiculeront – le second criticisme reprenant une potentialité philosophique et systémique esquissée, mais inexploitée par Kant lui-même.

1. A. Renaut, *Le Système du droit, op. cit.,* première partie.

## Chapitre VIII

## PENSER LES SIGNES DE L'HUMAIN
### DE LA CRITIQUE DE LA RÉFLEXION
### À UNE ÉPISTÉMOLOGIE CRITIQUE DES SCIENCES HUMAINES

Comme il revint à Cassirer de le montrer avec une netteté parfaite [1], la *Critique de la faculté de juger* tire sa profondeur d'une problématique qui la requiert comme un moment logiquement indispensable de l'édifice construit depuis 1781 : comment, en effet, articuler entre elles les deux premières *Critiques* et garantir ainsi l'unité, rien moins qu'évidente, de la philosophie transcendantale [2] ? Problématique que nous avons déjà rencontrée à plusieurs reprises dans le cours de ce livre, mais dont il nous faut désormais mesurer pleinement les tenants et les aboutissants, tant il est vrai qu'à la faveur de la résolution d'une telle problématique interne à la logique de sa propre philosophie, Kant a aussi virtuellement légué à ses successeurs une tâche qui débordait de loin l'interrogation sur la cohérence du criticisme et pourrait ouvrir, s'il fallait donner un intitulé à l'entreprise par là esquissée, sur une Critique (de la raison pure) des sciences humaines. D'une telle entreprise, nous avons déjà entrevu quelques moments dans la réflexion précédente sur la philosophie de l'histoire, à travers l'émergence du problème de la phé-

1. Voir notamment l'introduction du *Problème de la connaissance*, III, trad. à l'initiative du collège de Philosophie, sous le titre : *Les Systèmes postkantiens*, Presses universitaires de Lille, 1983, p. 21 sq.
2. Je laisse ici de côté les questions d'exégèse soulevées par la genèse de la *Critique de la faculté de juger*, et par le rôle que put y jouer la « querelle du panthéisme » : voir sur ce point la présentation de ma traduction de la troisième *Critique*, *op. cit.*, 1995, p. 8-34.

noménalisation de la liberté : je voudrais maintenant donner à ce problème toute sa portée, non plus simplement pour l'élaboration d'une philosophie non spéculative de l'histoire, mais pour une interrogation épistémologique et méthodologique sur des sciences qui, en raison de leurs caractères propres, ne peuvent être conçues sur le modèle de la physique.

# I
## L'unité de la raison

La réponse de Kant à l'exigence de penser une cohérence, voire une systématicité, des diverses parties de sa philosophie consiste – bien des interprètes l'ont souligné – à produire une articulation esthétique de la philosophie théorique et de la philosophie pratique. Il est toutefois diverses manières d'expliciter cette fonction systématique de l'esthétique dans la pensée de Kant. En allant au plus simple, on peut certes se borner à montrer comment, dans l'expérience (privilégiée par Kant) de la beauté naturelle [1], la nature (objet de la philosophie théorique) présente, à travers ses belles formes, une cohésion structurée selon des lois (une « légalité ») qui : 1. évoque l'Idée de causalité intentionnelle, donc l'Idée de liberté (objet de la philosophie pratique), sans que l'on puisse au demeurant indiquer l'intention à laquelle cette cohésion correspondrait (la finalité restant en ce sens « sans fin » et la légalité demeurant donc « libre ») ; 2. figure l'idéal de cohérence ou de systématicité qui définit l'objectivité pratique [2] : une dimen-

---

1. Sur ce privilège, on se reportera notamment au § 16, à la Remarque générale sur la première section de l'Analytique, aux § 23 et 42. Voir aussi, sur ce point, A. Philonenko, *L'Œuvre de Kant, op. cit.*, p. 184 sq. ; B. Rousset, *La Doctrine kantienne de l'objectivité*, Paris, Vrin, 1967, p. 431 sq.
2. Sur cette définition de l'objectivité pratique, cf. B. Rousset, *op. cit.*, p. 499 sq. Le texte décisif est ici la *Critique de la raison pratique*, première partie, livre I, chap. II : « Du concept d'un objet de la raison pure pratique » ; une fin est objective (et donc morale) quand elle ne met pas le sujet en contradiction avec lui-même (ce qui est le cas, en revanche, quand le sujet se donne pour fin le bonheur).

sion de la nature vient ainsi symboliser l'objet même de la philosophie pratique, à savoir le Bien [1]. Ainsi une première approche de ce que peut avoir d'« esthétique » la médiation entre philosophie théorique et philosophie pratique pourrait-elle se ménager sans grande peine. Encore convient-il d'apercevoir que telle ne serait sans doute pas l'appréhension la plus riche d'une telle médiation, dont une saisie déjà plus approfondie exigerait d'être attentif au rôle joué, dans l'espace des trois *Critiques*, par la problématique de la communication.

## *Kant et le paradigme de la communication*

Pour décrire plus profondément les modalités de la synthèse esthétique entre philosophie théorique et philosophie pratique, on peut en effet, comme l'a judicieusement esquissé à plusieurs reprises Philonenko, partir d'une indication fournie par Fichte dans la *Doctrine de la science Nova Methodo* (1798) : si Kant tente une articulation esthétique entre les deux absolus de la raison théorique et de la raison pratique, ce serait alors dans l'exacte mesure où l'esthétique constituerait l'espace privilégié de la communication ou de l'intersubjectivité [2]. Perspective intéressante par elle-même, et qui mérite un examen tant soit peu attentif, puisque c'est précisément par rapport à une telle problématique de la communication que certaines tentatives contemporaines pour transformer la phi-

---

1. Voir les § 42 et 59 de la *Critique de la faculté de juger*.
2. On se reportera sur ce point à l'introduction d'A. Philonenko à sa traduction de la *Critique de la faculté de juger*, Vrin, 1986, ainsi qu'à *La Liberté humaine dans la philosophie de Fichte, op. cit.*, p. 38 sq., ou à *L'Œuvre de Kant, op. cit.*, p. 191 sq. Dans son ouvrage de 1798 (*G.A.*, IV, 2, p. 142, trad. par Y. Radrizzani, *Doctrine de la science Nova Methodo*, Lausanne, L'Âge d'homme, 1989, p. 195-196), Fichte écrivait : « Sur ce point – comment puis-je en venir à admettre des êtres raisonnables en dehors de moi ? – Kant ne s'est jamais expliqué, donc son système critique n'est pas achevé [...]. Dans la *Critique de la faculté de juger*, où il parle des lois de la réflexion de notre entendement, il était proche de ce point. » Fichte voit donc dans l'analyse du jugement esthétique l'avancée extrême de Kant vers la solution du problème de l'intersubjectivité.

losophie transcendantale mesurent les éventuels déficits de
la version qu'en avait donnée Kant.

À suivre ce que suggérait sur ce point Philonenko il y
a trente ans, l'imputation de tels déficits au kantisme serait
à vrai dire particulièrement injuste. Au principe du jugement esthétique, il y a en effet, comme Kant l'explique à
partir du § 18 de la *Critique de la faculté de juger*, la
postulation ou la « présupposition » d'une « communicabilité universelle » et directe (sans concept, donc immédiate) du sentiment de plaisir ; or, en un sens, cette
communication esthétique médiatise les deux autres
sphères, théorique et pratique, où se réalise la communication entre les hommes :

– Liée au sensible, la communication esthétique partage
en effet cet enracinement dans la sensibilité avec la
communication théorique, c'est-à-dire avec l'échange de
connaissances (de la nature) dont la *Critique de la raison
pure* a montré comment elles commencent avec l'expérience et supposent la sensibilité.

– Mais, ouvrant sur le suprasensible (puisque le Beau
est le symbole du Bien), l'intersubjectivité esthétique prépare aussi et figure déjà la communication éthique entre
les consciences par l'intermédiaire de la loi morale.

Bref, si la *Critique de la faculté de juger* fournit, avant
tout dans sa première partie, une clef en vue d'une articulation possible entre les deux versants de la philosophie,
ce serait parce que les modalités théoriques et pratiques
de la communication entretiennent ainsi des relations
symétriques avec la communication esthétique. Au
demeurant est-il frappant que ce soit effectivement à cette
éventualité d'une synthèse esthétique (dans le cadre d'une
réflexion sur les différents espaces où s'effectue la
communication) qu'il faille rattacher les espoirs placés par
le jeune Fichte dans l'ouvrage de Kant : résolu qu'il était,
au début des années quatre-vingt-dix, à donner du kantisme la présentation la plus convaincante, donc la plus
systématique possible, Fichte fut tout naturellement porté
à s'efforcer d'expliquer cette fonction systématique de
l'esthétique – ainsi qu'en témoigne son commentaire du

début de la troisième *Critique* [1]. Après tout, rien ne nous oblige, deux siècles plus tard, à considérer que Fichte était à cet égard le plus mauvais juge.

Une telle interprétation de la fonction systémique de l'esthétique, incontestable selon l'esprit du kantisme, possède en outre l'intérêt, aujourd'hui, de faire apercevoir à quel point c'est, malgré quelques apparences, en une étroite filiation avec Kant que s'est développé, chez des auteurs comme Apel et Habermas, le projet contemporain de substituer, dans le cadre d'une transformation de la philosophie transcendantale, le paradigme de la communication à celui de la conscience. Filiation certes ingrate, puisque, délibérée (stratégique) ou non, la réduction opérée par Apel ou Habermas de la philosophie kantienne du sujet à une configuration éculée (parce que virtuellement solipsiste) apparaît à l'évidence décidément abusive vis-à-vis de ce que le criticisme élabore en 1790 comme le moment central du système (critique) de la philosophie. Que l'affectation d'une telle prise de distance ait pu faciliter, pour ce qui s'est donné le nom d'« éthique de la discussion », sa réception par un public souvent plus avide de renouvellement que de continuité ou de fidélité, ne saurait dans ces conditions interdire au lecteur réfléchi de replacer la tentative dans la tradition de la philosophie critique.

La perspective qu'ouvrait Philonenko en 1966 sur le rôle joué, dans le cadre du criticisme, par la question de la communication me semble donc féconde, non point seulement pour la lecture de Kant, mais aussi pour une meilleure appréhension des ascendances déniées de certaines thématiques contemporaines. Cela posé (et pesé), il

---

1. Cf. notamment *G.A.*, II, 1, p. 345-347. En 1794 encore, dans son écrit programmatique *Sur le concept de la doctrine de la science*, lorsqu'il énoncera la structure de son propre système, Fichte confiera aux doctrines relevant de la *Critique de la faculté de juger esthétique* la transition entre la philosophie théorique et la philosophie pratique proprement dite (droit naturel et éthique). J'ai expliqué ailleurs selon quelle logique Fichte s'est ensuite éloigné de ce modèle, pour recentrer le système de la philosophie autour de ce qui allait lui apparaître comme la clef du problème de l'intersubjectivité, à savoir l'analyse de la relation juridique.

serait d'autant plus utile à mon sens de reprendre aujour-
d'hui la problématique kantienne de l'unité de la philosophie en s'efforçant de faire paraître directement à partir
de la troisième *Critique* elle-même et selon sa lettre (plutôt
qu'à l'aide des indications fournies ultérieurement par
Fichte et selon l'esprit) comment la réponse apportée par
Kant à l'exigence d'une synthèse entre nature (philosophie
théorique) et liberté (philosophie pratique) faisait émerger
une médiation esthétique, donc « communicationnelle ».

## La problématique du système critique

Je reformule avec plus de précision que je n'ai eu
besoin de le faire jusqu'ici la difficulté induite par la succession de la *Critique de la raison pure* et de la *Critique
de la raison pratique* – succession qu'au demeurant cette
dernière n'interroge nulle part, du moins thématiquement,
dans ce qu'elle pouvait avoir de préoccupant.

La première *Critique* avait établi que, dans la nature,
tout est conditionné. Plus précisément, je l'ai déjà rappelé,
la deuxième analogie de l'expérience, dans l'Analytique
des principes, faisait ressortir que, dans le temps, « tous
les changements se produisent suivant la loi de la liaison
de la cause et de l'effet ». Perspective formellement leibnizienne, que le jeune Kant avait d'ailleurs faite sienne
dans la *Nova Dilucidatio* de 1755, selon laquelle « le principe de raison embrasse l'universalité de toutes les choses
possibles [1] ». Au reste avons-nous déjà rappelé que c'est
précisément cette conception « déterministe » de l'objectivité théorique qui avait valu à Kant de se percevoir finalement comme concerné par la « querelle du panthéisme »,
puisque Jacobi, dans ses *Lettres à Mendelssohn sur la*

---

1. Voir *Nouvelle Explication des premiers principes de la connaissance métaphysique*, trad. par J. Ferrari, in *Œuvres philosophiques de
Kant*, I, *op. cit.*, p. 217. On peut se reporter aussi à M. Gueroult,
*L'Évolution et la structure de la* Doctrine de la science, I, Introduction,
notamment p. 35 sq., où l'auteur replace utilement les textes de Kant
dans le contexte du déterminisme souvent peu subtil de l'*Aufklärung*.
Je laisse évidemment de côté ici, en évoquant cette apparence de continuité entre le jeune Kant et celui de 1781, la réélaboration critique du
statut du principe de raison.

*doctrine de Spinoza* (octobre 1785), s'était efforcé de démontrer que toute philosophie rationaliste se réduisait en fait à un déterminisme de type spinoziste : argumentation certes massive, mais suffisamment troublante en son temps pour que, face à l'argumentation antirationaliste de Jacobi, le premier Fichte rencontrât, sinon une « crise de désespoir [1] », du moins de sérieux doutes [2].

Afin de rendre plus sensible encore la question de la cohérence interne du criticisme, il convient de suivre un instant l'expérience de Fichte. Dans l'été 1790, il découvre, avec retard [3], la *Critique de la raison pratique*, parue depuis déjà deux ans. On sait par sa correspondance à quel point fut enthousiaste sa réaction, qui témoigne significativement des états pour le moins contrastés par lesquels la simple succession des deux premières *Critiques* faisait alors passer leurs lecteurs les plus passionnés : « J'ai vécu mes jours les plus heureux », écrit Fichte à sa fiancée le 5 septembre 1790. S'il ne redoute pas de froisser sa susceptibilité, il ne précise pas non plus pourquoi la lecture qu'il vient d'achever l'exalte à ce point : « J'en suis maintenant absolument convaincu, la volonté humaine est libre. » C'est à la même période que la lettre à Weisshuhn, que j'ai citée plus haut, explicite la conviction ainsi brutalement acquise :

« Je vis dans un nouveau monde depuis que j'ai lu la *Critique de la raison pratique* : elle ruine des propositions que je croyais irréfutables, prouve des choses que je croyais indémontrables, comme le concept de la liberté absolue, de devoir, etc., et de tout cela je me sens plus heureux. »

Même si nous avons aujourd'hui quelques motifs (je m'en suis expliqué dans la première partie de ce livre) de

1. C'est l'expression utilisée par M. Gueroult, *op. cit.*, p. 35.
2. De fait, les *Aphorismes sur la religion et le déisme* (1790) témoignent d'un évident embarras : si le monde s'ensuit avec nécessité de l'existence d'un être lui-même nécessaire, les prétendus péchés commis par tel ou tel sont les conséquences nécessaires de sa condition, aussi nécessaires que l'existence de la divinité elle-même (*S.W.*, éd. I.H. Fichte, V, p. 6-7).
3. Sur l'occasion de cette lecture tardive, voir X. Léon, *Fichte et son temps*, I, Paris, A. Colin, rééd. 1954, p. 85 sq.

lire d'une autre manière la *Critique de la raison pratique*, on peut comprendre, en tout cas dans son principe, l'enthousiasme de Fichte : un « autre monde » s'ouvrait, puisque, là où la *Critique de la raison pure* donnait à penser l'univers (phénoménal) comme intégralement conditionné, la *Critique de la raison pratique* développait une analytique de la moralité qui montrait que l'expérience morale ne saurait se penser sans que l'on mobilisât la notion d'un inconditionné, sous la forme d'une causalité absolue entendue comme spontanéité autonome.

L'envie est un sentiment sur lequel il est certes exclu d'édifier quoi que ce soit de durable. Reste que, quand nous voyons Fichte se déclarer « maintenant absolument convaincu » que « la volonté humaine est libre », nous ne pouvons que, rétrospectivement, estimer qu'il avait beaucoup de chance. Car, dès lors que la réflexion succédait à l'enthousiasme, la pure confrontation des deux premières *Critiques* plaçait en fait le philosophe devant un redoutable problème, celui de la coexistence de deux conceptions de l'objectivité, autrement dit de deux ontologies, qu'il faudrait nécessairement parvenir à articuler, ne serait-ce (mais ce n'est évidemment pas rien) qu'en vue d'élaborer une conception vraiment satisfaisante de la liberté.

En aucune manière l'ontologie théorique (dans la nature, tout phénomène qui survient est conditionné et soumis à la règle du déterminisme) et l'ontologie pratique (ce qui est objectivement pratique, à savoir une fin morale, n'est concevable que par référence à cet inconditionné qui définit la liberté) ne pouvaient en effet être simplement juxtaposées, comme si elles cernaient deux sphères de l'objectivité parfaitement extérieures l'une à l'autre. Cette distribution, qui correspond au fond à la solution de la troisième antinomie – solution déjà délicate, je vais y revenir, dans la *Critique de la raison pure* –, ne saurait, de fait, subsister simplement comme telle après la *Critique de la raison pratique* : distinguer simplement le déterminisme des phénomènes (nature) et l'existence nouménale d'une liberté, ce serait – inutile de reprendre sur ce point l'argumentation, que je tiens pour acquise – laisser de côté la seule question véritablement importante, qui est celle de savoir comment la liberté peut inscrire ses effets dans une nature qui lui est hétérogène, comment la spontanéité de l'action libre peut imprimer une trace dans le déterminisme de la nature. Au demeurant est-ce très précisément pour cette raison que Fichte, bien vite revenu de son enthousiasme initial, ne cessera d'exiger du kantisme une démonstration irréfutable du fait que la liberté se présente effectivement dans le monde sensible, faute de quoi, écrira-t-il à Reinhold le 29 août 1795, l'impératif catégorique n'aurait rigoureusement aucun sens. Ainsi, après la *Critique de la raison pratique*, le problème de l'accord entre nature et liberté ne pouvait plus s'accommoder d'un traitement purement et simplement dualiste, mais exigeait d'être repris de fond en comble. C'est évidemment cette reprise qui, en même temps qu'elle exigeait impérieusement de remettre sur le chantier le dispositif dualiste dans le cadre duquel s'était jusqu'alors cantonnée la réflexion de Kant (et auquel se borne si souvent le kantisme scolarisé), requérait de trouver un point de passage consistant entre la philosophie théorique et la philosophie pratique, donc de penser la philosophie critique comme « système critique de la philosophie ».

## Une critique de la réflexion

La question d'un tel système est traitée dans la Première Introduction à la *Critique de la faculté de juger*, ainsi que, sous une forme plus ramassée, dans les trois premiers paragraphes de l'Introduction définitive. Kant y rappelle qu'il y a deux parties de la philosophie : la philosophie théorique, comme philosophie de la nature, montre comment les « concepts de la nature » (les catégories de l'entendement pur) rendent possible une connaissance théorique *a priori* ; la philosophie pratique, comme philosophie morale, montre comment le concept ou l'Idée de liberté sert de principe pour la détermination de la volonté, c'est-à-dire pour la construction de l'objectivité pratique. Il s'agit donc bien de deux législations *a priori* sur l'objectivité, qui, au demeurant, semblent s'exclure, surtout

quant à leur rapport au monde sensible : l'ontologie théorique pense les objets comme simples phénomènes, alors
que l'ontologie pratique conduit à mettre au fondement de
l'objectivité l'Idée de liberté, qu'on ne peut se représenter
dans l'intuition, autrement dit : une « chose en soi [1] ». En
sorte que – et l'on retrouve clairement le problème posé
dans la première phrase de l'opuscule de 1784 – il semble
difficile de se représenter un quelconque effet de la liberté
dans le monde sensible : il faudrait pour cela se représenter la causalité de la chose en soi dans les phénomènes.
Or, cela, pour de multiples raisons, paraît exclu : 1. on ne
peut se représenter la chose en soi ; 2. on ne peut, en
droit, lui attribuer le statut de cause, puisque la causalité,
comme les autres catégories de l'entendement, est, comme
on le sait depuis la Déduction transcendantale, une catégorie de l'expérience. À l'issue du § 2 de l'Introduction,
la division de la philosophie semble donc telle que nulle
relation entre ses deux parties n'est envisageable : entre
nature et liberté, « nul passage n'est possible, tout à fait
comme s'il s'agissait de mondes différents », aucun effet
de la liberté sur la nature ne paraît représentable, et, néanmoins, ajoute aussitôt Kant, le monde de la liberté « *doit*
avoir une influence » sur la nature : « Autrement dit, le
concept de la liberté doit rendre effective dans le monde
sensible la fin indiquée par ses lois [2]. » La liberté *doit*
(*soll*) exercer une influence sur la nature – et Fichte, qui,
dans son commentaire, réécrit le texte de Kant en le développant largement, ne manque pas d'y insister :

« Bien qu'assurément un incommensurable abîme se
trouve établi entre le domaine du concept de la nature, le
sensible, et le domaine du concept de liberté, le suprasensible, la causalité de ce dernier *doit* (*soll*) pourtant réaliser
dans le monde sensible une fin posée par ses lois, toutefois
sans qu'il y ait à l'imposer aux lois du monde sensible,
mais en accord avec les lois propres de celui-ci [3]. »

Sans revenir sur les raisons (éthiques) pour lesquelles

1. AK, V, 175 ; trad. citée, p. 153.
2. AK, V, 176 ; trad. citée, p. 154.
3. J.G. Fichte, *G.A.*, I, 2, p. 329.

l'« abîme » *doit* être franchi, on notera toutefois quel problème considérable se dissimule derrière cette reconnaissance qu'il est *moralement* nécessaire que la liberté inscrive ses effets dans le monde sensible. Il s'agit bien sûr, le commentaire fichtéen le met en relief avec beaucoup de vigueur, du problème des conséquences : il est impossible pour la liberté, souligne Fichte, d'être indifférente aux « conséquences que la détermination du vouloir peut avoir dans le monde sensible ». Ou, pour le dire dans les termes de Max Weber : il n'est pas d'éthique de la pure conviction, mais toute éthique est éthique de la responsabilité. Kant a-t-il perçu qu'à développer pleinement cette problématique du passage entre liberté et nature, il s'exposait à devoir réaménager sur un point central la philosophie morale qu'il construisait depuis la *Fondation de la métaphysique des mœurs* ? Rien, à vrai dire, ne l'indique, et c'est bien plutôt à Fichte qu'il reviendra, dans son *Système de l'éthique*, de dégager en 1798 les implications morales de ce que son commentaire de la *Critique de la faculté de juger* avait déjà entrevu.

Quoi qu'il en soit, la troisième *Critique* s'ouvrait par l'exigence d'un « passage » entre liberté et nature qui à la fois « n'est pas possible » et « doit être » : ainsi était-ce paradoxalement un passage impossible qui devait être trouvé. Pour penser cet impossible passage, le § 3 présente alors comme nécessaire le recours à la faculté de juger (réfléchissante) et pose que, s'il y a deux parties de la philosophie (parce qu'il n'y a que deux types d'objets et par conséquent deux ontologies), il devra donc y avoir trois *Critiques* : il faut en effet soumettre à examen cette faculté de juger réfléchissante, cette réflexion, qui (comme elle s'en était déjà acquittée, *de facto*, dans l'opuscule de 1784) va seule accomplir la prouesse d'unir en « un tout » les deux parties de la philosophie et de faire de la philosophie un système. On le perçoit immédiatement, le « système de la philosophie » aura dès lors, chez Kant, un statut très particulier : faire de la faculté de juger le moyen terme du système, c'est dire que la systématicité est pour ainsi dire conférée *après coup* aux deux parties de la philosophie, de l'extérieur, par la réflexion du philosophe sur la dualité du philosophique. Je reviendrai, au terme de cette analyse, sur ce point capital : pour en mesurer convenablement la portée, encore faut-il d'abord comprendre très précisément en quoi c'est le recours au jugement réfléchissant qui permet d'expliciter et d'élaborer la solution du problème de l'unité de la philosophie.

Dans le § 3 de son Introduction, Kant se borne avant tout à souligner que, parmi les facultés, la faculté de juger sert de « moyen terme entre entendement et raison ». Le commentaire de Fichte recopie ici, à peu de choses près, le texte kantien, non sans préciser que cette médiation s'entend entre l'entendement, « qui grâce à sa législation rend possible une connaissance de la *nature* », et la raison *pratique*, « qui grâce à sa propre législation rend possible la détermination pratique du pouvoir de désirer par la *liberté* » [1] : ainsi l'enjeu de la médiation reste-t-il clairement présent. Cela étant, pourquoi cette médiation entre entendement et raison pratique (nature et liberté) passe-t-elle par la faculté de juger (réfléchissante) ? Quelques rappels s'imposent à cet égard, si l'on veut cerner avec précision le statut même de la médiation.

De manière générale, la faculté de juger (*Urteilskraft*) subsume une intuition (le particulier) sous un concept (l'universel). Son opération, le jugement (*Urteil*), met donc en présence le *conditionné* (l'intuition), ce qui en constitue la *condition* (le concept), et, en principe, un troisième terme, à savoir le *critère* en vertu duquel il est possible de rapporter le conditionné à sa condition. Dans ce que Kant appelle un jugement déterminant (dont la théorie se trouve faite par la *Critique de la raison pure*), la condition contient elle-même la règle ou le critère de son application : comme l'a montré l'Analytique des principes, le sujet qui juge possède la condition (les catégories) et le critère de son application à l'intuition, c'est-à-dire le « principe », et la faculté de juger intervient simplement comme un juge qui applique une règle générale [2], la

1. *Ibid.*, p. 330.
2. De là la suggestion d'É. Weil, qui proposait de traduire *Urteilskraft* par la « faculté judiciaire », voire par la « judiciaire » (*Problèmes kantiens*, Paris, Vrin, 1970, p. 62).

condition au conditionné [1]. L'usage déterminant de la faculté de juger ne fait donc plus problème après la *Critique de la raison pure*, puisqu'il a été établi qu'en cet usage le sujet qui juge possède *a priori* à la fois l'universel (la catégorie) et le critère de son application au particulier.

En revanche, il y a, dans le vocabulaire de Kant, jugement réfléchissant quand il s'agit de subsumer le particulier (le conditionné) sous l'universel (la condition), mais sans que le sujet possède au préalable une représentation de la condition – ce qui intervient dans deux cas :

1. soit parce que le sujet ne possède *pas encore* le concept que le jugement réfléchissant va former ; c'est le cas de la genèse des concepts empiriques (d'une diversité d'intuitions, j'infère par abstraction le concept de « chien »), le jugement réfléchissant intervenant ici comme moyen terme entre la sensibilité et l'entendement (entre l'intuition et le concept) ;

2. soit parce que l'universel n'est pas un concept de l'entendement, mais un concept de la raison, autrement dit : une Idée, laquelle, par définition, n'est pas représentable (schématisable) et ne contient donc pas en elle le critère de son application ; ainsi en est-il dans l'Appendice à la Dialectique transcendantale lorsque l'entendement est présenté, nous l'avons vu, comme cherchant à introduire une unité toujours plus grande dans la diversité de ses connaissances, par leur subsomption sous l'Idée de système prise comme « idéal régulateur » : le jugement réfléchissant intervient cette fois entre l'entendement et la raison (théorique), c'est-à-dire entre le concept et l'Idée.

Or, c'est évidemment ce deuxième cas qui présente à la fois le plus d'intérêt et le plus de difficultés, au point de rendre nécessaire, par lui-même, une troisième *Cri-*

---

1. Par exemple, l'Analytique des principes montre comment la condition qu'est la catégorie universelle de causalité ne peut s'appliquer au conditionné (le phénomène particulier) que parce qu'elle contient en elle la règle de son application, c'est-à-dire le *principe* de causalité, qui donne le critère de l'application (à savoir la succession irréversible). La possession du critère suppose donc la schématisation (temporalisation) possible de la catégorie : elle devient alors représentable, donc applicable.

*tique* : l'usage régulateur des Idées – c'est-à-dire ce maintien d'une référence à la raison après sa critique dont j'ai soutenu ici même qu'il faisait l'originalité du criticisme et se trouvait au principe de sa fécondité – est l'enjeu direct de son analyse. Lorsque, dans la première *Critique*, Kant avait abordé brièvement l'usage régulateur des Idées, il montrait qu'en un tel usage les Idées constituent, vis-à-vis de l'entendement, un point de fuite *irreprésentable* (car « placé hors des bornes de l'expérience possible ») pour tous ses concepts, mais que les convergences qui, *de fait*, surgissent entre les connaissances de l'entendement évoquent pourtant l'Idée de système, dont elles offrent pour ainsi dire la « trace », c'est-à-dire une présentation incomplète. Puisque, ici, les termes à relier (concept et Idée) doivent l'être sans que la condition (l'Idée) soit représentable (schématisable *stricto sensu*), et donc sans qu'elle contienne en elle-même le critère de son application, il va bien falloir expliciter les conditions de possibilité de la mise en relation qui se trouve pourtant requise pour l'usage régulateur : en ce sens, il faudra donc développer une « critique de la faculté de juger réfléchissante » – ce pourquoi, puisqu'il n'est pas besoin d'une « critique de la faculté de juger déterminante », la troisième *Critique* sera en fait une critique de la réflexion [1].

## Théorie du passage

C'est directement de cette analyse du jugement réfléchissant que va alors dépendre la solution du problème de l'unité de la philosophie. De ce fait, le § 3 de l'Introduction pourra faire de la « critique de la faculté de juger » le « moyen d'unir en un tout les deux parties de la philosophie ».

Le problème du rapport entre les deux premières *Critiques* peut en effet être reposé désormais dans les termes suivants : il s'agit de découvrir une subsomption

1. Sur cette question et les problèmes qui s'y rattachent, on se reportera au beau livre de J. Kopper, *Reflexion und Determination*, W. de Gruyter, Berlin, New York, 1976.

entre un *conditionné* – la nature phénoménale telle que
l'entendement lui applique ses concepts – et une *condition* – l'Idée de liberté que la raison pratique exige de
penser. Or, s'il faut subsumer les connaissances de la
nature phénoménale sous l'Idée de liberté, ce ne peut
évidemment pas être par un quelconque jugement déterminant : c'est même d'un tel « passage » du conditionné
à la condition que Kant décrète expressément l'impossibilité, puisque, pour déterminer la nature par les fins
de la liberté, il faudrait que la liberté soit un concept
d'entendement et que ce concept soit représentable – ce
qui est évidemment absurde. Cela étant, le problème
posé relève pourtant bien de la faculté de juger : de fait,
si je me demande comment je puis penser un événement
du monde phénoménal comme l'effet d'une cause libre,
je m'efforce, comme dans chaque usage de la faculté
de juger, de penser du particulier sous des lois universelles qui le conditionnent, en l'occurrence celles de la
liberté, et cela alors même que les deux termes ne
peuvent entretenir aucun rapport de détermination.

« Le concept de liberté ne détermine rien en ce qui
concerne la connaissance théorique de la nature ; de
même, le concept de nature ne détermine rien en ce qui
concerne les lois pratiques de la liberté, et *en ce sens* il
n'est pas possible de jeter un pont d'un domaine à
l'autre [1]. »

Reste donc que la solution, puisque la moralité et aussi
l'unité de la philosophie imposent de jeter un tel pont, soit
confiée à la faculté de juger réfléchissante : formellement,
la solution est sinon produite, du moins *située* quant à ses
conditions de possibilité et quant à sa structure (celle de
la *réflexion*) dès la fin de l'Introduction :

« La faculté de juger [...] fournit le concept médiateur
entre les concepts de la nature et celui de la liberté qui
dans la notion d'une finalité de la nature rend possible le
passage de la raison pure théorique à la raison pure pratique, de la légalité selon la première à la fin finale selon

1. AK, V, 195 ; trad. citée, p. 87. C'est moi qui souligne. Cf.
J.G. Fichte, *G.A.*, I, 2, p. 345.

la dernière – car ainsi est reconnue la possibilité de la fin finale, qui peut se réaliser seulement dans la nature et en accord avec ses lois [1]. »

Exclu, mais exigé au § 2, le « passage » (*Übergang*) qui garantit l'unité de la philosophie est donc trouvé, du moins formellement ou dans son principe, au neuvième et dernier paragraphe de l'Introduction. Le contenu de cette médiation formellement posée et confiée à la réflexion ne sera toutefois explicité que dans l'Appendice à la deuxième partie (« Méthodologie de la faculté de juger téléologique »). Au demeurant, n'est-il guère difficile de percevoir pourquoi la médiation ne sera ainsi développée qu'au terme de l'ouvrage : si le concept médiateur, comme le pose programmatiquement le § 9 de l'Introduction, est bien celui d'une « finalité de la nature » (ce qu'avait déjà suggéré l'opuscule de 1784 sur l'*Idée d'une histoire universelle d'un point de vue cosmopolitique*), l'analyse du jugement téléologique, donc la deuxième partie de la *Critique de la faculté de juger*, constitue le préalable indispensable à une éventuelle utilisation légitime et réglée de ce concept par la réflexion pour penser l'unité de la philosophie. Cela clarifié, l'essentiel est donc de cerner le contenu qui est alors donné, aux § 83 et 84, à la solution réfléchissante du problème de l'accord entre la nature et la liberté.

Il apparaît d'emblée qu'à travers ces paragraphes décisifs, Kant reprend et complète la structure mise en place dès 1784 dans la théorie du « dessein de la nature ». L'argument du § 83 prolonge en effet directement ce qu'avait esquissé l'opuscule sur l'histoire : au-delà de l'« incohérence » des dispositions naturelles des hommes – incohérence qui, du fait des conflits des penchants, les plonge dans les pires « tourments » (notamment dans la « barbarie des guerres ») –, on peut *penser* que la nature, en ce qu'il faut bien alors appeler une ruse, poursuit ainsi la réalisation de sa « fin dernière (*letzter Zweck*) par rapport à l'espèce humaine », à savoir « le progrès de la culture » comme développe-

1. AK, V, 196 ; trad. citée, p. 88.

ment en l'homme de l'aptitude à dépasser la simple séduction des penchants et à se proposer des « fins qui lui plaisent » (des « libres fins »). C'est dans ce processus de culture qu'il faut alors replacer l'avènement du droit, en le *pensant* comme une étape centrale :

« La condition formelle sous laquelle seule la nature peut atteindre ce dessein final (*Endabsicht*) qui est le sien est cette constitution dans le rapport des hommes les uns avec les autres, où au préjudice que se portent les libertés en conflit s'oppose une puissance légale dans un tout qui s'appelle société civile ; c'est, en effet, seulement en cette dernière que le plus grand développement des dispositions naturelles peut s'effectuer [1]. »

En vue de la réalisation de cette « condition » (= le droit comme ce dont la nature se sert pour accomplir ses fins à elle, c'est-à-dire le dépassement en l'homme des penchants animaux vers des « fins libres » [2]), tout se passe donc *comme si* la nature utilisait l'antagonisme des libertés en vue de faire paraître la soumission à la loi (et par conséquent la « discipline des penchants ») comme le seul moyen pour les hommes d'éviter les maux résultant de la poursuite anarchique du bonheur. Ainsi retrouve-t-on en filigrane, comme dans les propositions I à V de l'opuscule de 1784, la thèse politiquement « libérale » selon laquelle l'égoïsme intelligent conduit à l'autolimitation des libertés – avec, là aussi, l'élargissement de la perspective, qui sera explicité en 1795 dans le *Projet de paix perpétuelle*, au plan des relations interétatiques, où c'est la guerre qui, cette fois, sert d'instrument à la ruse de la nature :

« Quand bien même les hommes seraient assez intelligents pour la [= la constitution républicaine] trouver et

1. AK, V, 433 ; trad. citée, p. 431. Je traduis *Endabsicht* par « dessein final » en raison de l'écho perceptible entre ce terme et celui de « dessein de la nature » (*Naturabsicht*) qui désignait en 1784 rigoureusement le même contenu.
2. Où l'on perçoit déjà que le droit va bien fonctionner comme le terme synthétique : la constitution républicaine est au centre d'un processus où la *nature* semble agir comme si elle voulait son dépassement, en l'homme, vers la *liberté*.

assez sages pour se soumettre volontairement à sa
contrainte, serait requis en outre un tout *cosmopolite*,
c'est-à-dire un système de tous les États qui courent le
risque de se nuire réciproquement. En l'absence d'un tel
système [...], la guerre [...] est inévitable : celle-ci, de
même qu'elle est une tentative inintentionnelle des
hommes (suscitée par des passions sans frein), constitue
pourtant une tentative profondément mystérieuse, peut-
être intentionnelle, de la sagesse suprême, sinon pour
installer, du moins pour préparer une légalité qui soit
compatible avec la liberté des États et, par là, une unité
d'un système des États qui soit moralement fondé [1]. »

La reprise du modèle de la « ruse de la nature » mis en
place en 1784 est donc patente : la nature, en utilisant le
conflit des volontés particulières, donne naissance à un
système légal (la constitution républicaine) qui pourra être
alors subsumé sous les catégories de la liberté, c'est-à-dire
en d'autres termes, qui pourra être pensé comme s'il avait
été l'effet de la liberté. En quoi, cependant, la *Critique de
la faculté de juger* approfondit-elle ce modèle déjà
ancien ? En 1790, dans la mesure même où l'Introduction
a insisté sur l'absence de toute détermination d'un
domaine (le mécanisme naturel) par l'autre (la liberté), le
statut réfléchissant de l'accord entre nature et liberté est
plus explicite : il s'agit à l'évidence d'un accord au fond
*contingent*, où il se trouve que la nature (la diversité incohérente des penchants) produit par elle-même des effets
que la réflexion du sujet peut subsumer sous l'Idée de
liberté. On comprend alors que le concept utilisé en 1784,
« dessein de la nature », était en réalité la version en
quelque sorte « fétichisée » de cette subsomption : par
elle-même, la nature n'a bien sûr nul dessein, mais en tant
que je la pense *comme si* le produit du mécanisme adve-
nait par liberté, je me représente comme un « dessein de
la nature » – lequel dessein est donc seulement le produit
de ma réflexion. Rapportant, en pleine fidélité à l'essence
de la démarche critique, la notion de « dessein de la
nature » à son mode de production intellectuel, la *Critique*

1. AK, V, 432-433 ; trad. citée, p. 430-431.

*de la faculté de juger* en opère donc la « défétichisation »
et en interdit toute réification : le « dessein de la nature »
n'est que le résultat de l'activité réfléchissante du sujet
subsumant le conditionné (l'événement du monde sensible) sous l'Idée de liberté (comme sa condition) grâce à
la notion purement subjective d'une « finalité de la
nature ». L'élaboration du statut, de la fonction et des
diverses modalités de la notion de finalité, tâche propre
de la troisième *Critique*, permet ainsi de préciser et de
fonder un usage qui précède largement l'ouvrage lui-
même.

L'apport de la *Critique de la faculté de juger* ne s'arrête
pourtant pas là. Car, à réduire la solution du problème de
l'accord entre nature et liberté à ce que le § 83 reprend,
en aidant à en préciser le mode de production intellectuel,
de l'opuscule de 1784, on manquerait l'essentiel de ce par
quoi Kant a enrichi son modèle initial et a conféré à sa
solution de la question de l'unité de la philosophie une
subtilité nouvelle. Il faut en effet percevoir, en analysant
avec soin la succession du § 83 et du § 84, que la solution
kantienne articule en fait deux jugements réfléchissants à
l'intérieur de chacun desquels l'homme intervient comme
fin.

Le premier jugement réfléchissant correspond, nous
venons de le voir, au § 83, tel qu'il constitue une reprise
de la théorie du dessein de la nature. Je me borne à préciser, pour que la distinction avec le second jugement soit
claire, comment la ruse de la nature ainsi décrite compose
en fait une structure à trois termes :

1. *La fin* dont il s'agit est la « fin dernière » (*der letzte
Zweck*) de la nature, à savoir : le développement des dispositions naturelles des espèces et notamment de l'homme
comme terme dernier de la chaîne des espèces.

2. *Le moyen* (dont use la nature), c'est bien sûr le
conflit des libertés.

3. *L'effet* ainsi produit réside, on l'a vu, dans le règne
de la puissance légale au sein de la « société civile » (soit,
selon le vocabulaire qui est encore celui de Kant, dans le
cadre de l'État) ; à travers cet effet, se réalise déjà la fin
de la nature, puisque l'acceptation volontaire de la

contrainte légale suppose l'intelligence. À l'intérieur de ce qui constitue donc un premier jugement réfléchissant, l'homme est, par conséquent, pensé comme s'il était la fin dernière de la nature : se trouve ainsi mise en œuvre une première Idée de l'humanité, définissable par référence à ce processus par lequel « l'intraitable égoïsme » s'élève à l'« intelligence » de son intérêt [1]. Il importe enfin de noter que cette première Idée de l'humanité n'a de sens que sous la supposition d'une finalité *interne* de la nature : en visant l'épanouissement des dispositions naturelles de l'espèce humaine, la nature comme Tout vise le développement d'un de ses éléments.

Le § 84, en traitant « De la fin finale (*der Endzweck*) [2] de l'existence d'un monde, c'est-à-dire de la création elle-même », articule alors à ce premier jugement un second jugement réfléchissant qui fait apparaître bien au contraire une finalité *externe* de la nature et, corrélativement, une autre Idée de l'humanité. La nature, si l'on considère l'effet de sa ruse à l'égard des volontés particulières (à savoir les progrès de la légalité), semble en fait elle-même être l'objet d'une *ruse de la liberté* (ou d'une Providence pensée comme souveraine Liberté) : car, à travers cet effet (la soumission des penchants à la loi), il se dégage *comme* un excès par rapport à ce que visait le dessein de la nature – excès qui n'est plus « pensable » par référence à la ruse de la nature, mais suppose le projet d'une libre Provi-

---

1. Voir AK, V, 431 ; trad. citée, p. 428 : « Si l'on considère celle-ci [= la nature] comme un système téléologique, il [= l'homme] est quant à sa destination la fin dernière de la nature ; mais cela n'intervient toujours que de façon conditionnelle, sous la condition qu'il le comprenne et qu'il ait la volonté d'établir, entre la nature et lui-même, une relation finale telle qu'elle puisse se suffire à elle-même indépendamment de la nature et constituer une fin qui soit finale, mais ne doive nullement être recherchée dans la nature. » On ne saurait dire plus clairement que la représentation de l'homme comme « seigneur de la nature » n'est qu'une Idée régulatrice, que l'homme n'apparaît tel qu'à l'homme lui-même s'il considère la nature d'un point de vue téléologique et s'il veut *se penser* au sein de ce système finalisé : il s'agit donc d'une *pensée*, non d'une *connaissance* – et par conséquent d'une *exigence* (ou d'une *destination*) et non d'une *nature humaine*.

2. Je reviendrai ci-dessous sur le choix de cette traduction.

dence. L'argument du § 84, bref et dense, peut être explicité ainsi : dans une société civile où la puissance légale
fait régner la « discipline des penchants », l'homme
devient capable de résister aux inclinations naturelles et
de se proposer des « fins libres » ; or, en tant qu'être
capable de se proposer des fins dont la loi d'après laquelle
il se les propose doit être représentée « comme inconditionnée et indépendante de conditions naturelles [1] »,
l'homme ne peut plus être pensé comme fin dernière de
la *nature* (puisqu'il apparaît désormais comme développant en lui la faculté de désirer des fins pour l'adoption
desquelles il ne peut « se tenir comme soumis à une quelconque influence de la nature ») : il lui faut donc se penser
comme la fin finale de la *création* elle-même, c'est-à-dire
se penser par référence à la sagesse d'une Providence qui,
elle-même cause inconditionnée (suprême liberté), a fait
de l'homme comme seul être naturel capable de liberté la
« fin finale à laquelle la nature tout entière est téléologiquement subordonnée [2] ».

L'articulation entre les deux jugements réfléchissants [3]
s'opère donc à partir de la considération du droit : effet
de la ruse de la nature, le progrès du droit s'accompagne

1. AK, V, 435 ; trad. citée, p. 433.
2. AK, V, 436 ; trad. citée, p. 434. À la différence de ce qu'avait
établi le § 83, la finalité de la nature est donc bien, cette fois, explicitement présentée comme *externe* : la nature est téléologiquement
pensée par référence à son autre, à savoir la liberté comme « pouvoir
suprasensible ».
3. Dans ses *Problèmes kantiens*, *op. cit.*, É. Weil a bien repéré
en ces paragraphes ce qu'il nomme lui-même « une sorte de ruse
de la nature » (p. 118), mais n'a pas distingué suffisamment les *deux*
jugements – ce qui le conduit à quelques formules imprécises. Cf.
par exemple p. 118 : « C'est donc une sorte de ruse de la nature ou
de la Providence qui fait que l'homme accède, malgré lui, à la
liberté morale [...]. La nature veut la liberté. » En fait, bien loin que
la nature veuille la liberté, le fait qu'elle produise un résultat (à
partir de son dessein propre, savoir le développement des dispositions naturelles de l'espèce humaine) qui ouvre à l'homme la voie
de la liberté est précisément ce qui conduit à repenser la « ruse de
la nature » comme prise elle-même dans une « ruse de la Providence » – les deux ruses ne se *superposant* nullement, mais *s'articulant* comme s'articulent les § 83 et 84.

d'une « éducation morale du peuple [1] » – éducation sans contrainte de l'homme à la moralité (à la liberté comme autonomie de la volonté) dont il faut alors repenser le processus à partir d'une ruse de la liberté. Bref : l'effet de la ruse de la nature (le droit) est repensé, à travers ses propres effets (l'éducation à la moralité), comme le moyen d'une ruse de la liberté. De là un second jugement réfléchissant, où les trois termes se déplacent :

1. La *fin* est désormais celle de la libre Providence, à savoir la soumission de la nature à la loi de la liberté (donc : la volonté bonne comme « fin finale » de l'« existence du monde » [2]).

2. Le *moyen* apparaît maintenant à situer dans la réalisation du droit (qui était, dans le premier jugement, l'effet de la ruse de la nature).

3. L'*effet* (des progrès de la légalité) se laisse alors penser, dans ce second jugement, comme un processus infini de moralisation de l'humanité, au fil duquel s'accomplit la fin de la création, puisqu'en se moralisant l'homme soumet « la nature tout entière » à la liberté.

Développant pleinement la logique d'un modèle déjà présent dans l'*Idée d'une histoire universelle d'un point de vue cosmopolitique* [3], les § 83-84 donnent donc au problème de l'unité de la philosophie une solution qui peut se schématiser ainsi :

---

1. Selon la formule célèbre du *Projet de paix perpétuelle*, deuxième section, premier supplément : « Ce n'est pas à la moralité qu'il faut demander la bonne constitution de l'État, c'est plutôt de cette bonne constitution elle-même qu'on doit attendre la bonne éducation morale d'un peuple. »

2. AK, V, 443 ; trad. citée, p. 441.

3. L'apport du § 84 est indéniable. Il reste qu'en 1784 déjà certaines formules en laissaient entrevoir la possibilité : la proposition IV indiquait en effet qu'« un accord pathologiquement extorqué en vue de l'établissement d'une société peut finalement se transformer en un tout *moral* » ; de même, la proposition VII inscrit l'éveil de l'« Idée de moralité » dans le processus de culture. Il fallait toutefois réinterpréter cette apparition de l'horizon moral comme un *excès* par rapport au dessein de la nature.

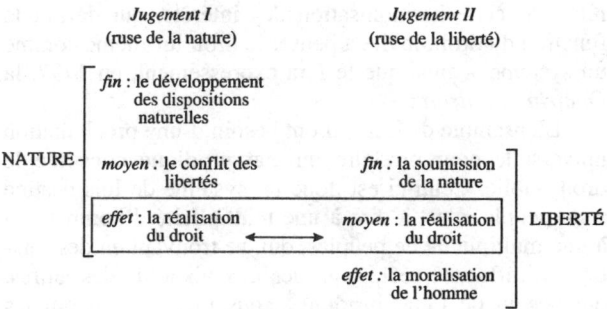

*Une solution esthétique du problème du droit*

Ainsi voit-on clairement comment s'articulent sans se superposer les deux ruses et comment s'accomplit le passage de la nature à la liberté. Il convient dès lors de s'interroger sur la teneur précise de la solution kantienne.

Certes, le « passage » recherché entre nature et liberté s'effectue par la médiation du droit et de la réflexion sur le moment juridique de l'humanité. En ce sens, l'avènement de la philosophie comme philosophie du droit (et comme philosophie politique de la réalisation de l'État de droit) représentait incontestablement un héritage possible de la contribution kantienne à la problématique du système, et c'est assurément chez Kant que Fichte, lecteur attentif de la troisième *Critique*, a découvert la fonction systémique de la réflexion sur le droit.

Si c'est autour de la question de la réalisation du droit que la philosophie de la nature et celle de la liberté s'articulent en un système, cette question n'est pourtant elle-même traitée par Kant que d'un point de vue qu'on peut désigner en fait comme *esthétique* – en sorte que la réflexion sur l'avènement du droit n'apparaît que comme un point d'application de l'analyse du jugement esthétique, et qu'en définitive, si l'on peut dire, l'esthétique englobe le droit. Selon le modèle issu de l'opuscule de 1784, c'est en effet l'histoire, pensée à partir de la nature, qui d'elle-même (par le mécanisme de l'insociable sociabilité) réalise progressivement une harmonisation des intérêts. Or, cette harmonisation des intérêts, qui définit la fonction du droit, invite à penser le droit lui-même comme un système – ainsi que le fera expressément, en 1797, la *Doctrine du droit* :

« L'ensemble de lois qui ont besoin d'une proclamation universelle pour produire un état juridique constitue le droit public. Celui-ci est donc un système de lois destiné à un peuple, c'est-à-dire à une multiplicité d'hommes ou à une multiplicité de peuples, qui, se trouvant en des relations d'influence réciproque les uns vis-à-vis des autres, ont besoin de l'état juridique, sous une volonté qui les unifie, autrement dit d'une constitution, pour recevoir leur part de ce qui est de droit [1]. »

Le droit est ainsi un système de lois qui assure l'unité d'une multiplicité d'hommes en un État. L'apparition de la notion de système est, à vrai dire, dans le registre d'une réflexion juridico-politique, fort banale et aussi ancienne que la philosophie politique elle-même. On peut souligner, malgré tout, que Kant enrichit de deux manières cet usage très traditionnel :

1. D'une part, il précise l'usage, en faisant de la république la forme de gouvernement la plus conforme au concept de droit. La république se définit en effet par référence directe à l'Idée de système : a. en tant qu'elle a pour principe une séparation des pouvoirs qui impose leur « coordination » ou leur « union » selon une articulation claire et rationnelle ; b. en tant qu'elle est intrinsèquement liée au « système représentatif », lequel est bien un système *stricto sensu*, puisqu'il assure « l'union de tous les citoyens au moyen de leurs délégués », et cela selon des principes établis par la constitution [2].

---

1. Kant, *Doctrine du droit*, § 43, trad. par A. Renaut, in E. Kant, *Métaphysique des Mœurs*, II, GF-Flammarion, 1994, p. 125.
2. Sur l'union dans la séparation, voir *Doctrine du droit*, § 48-49 ; sur républicanisme et système représentatif, voir le § 53 ; de même, le *Projet de paix perpétuelle*, deuxième section, premier article définitif : « À la forme du gouvernement, si elle doit être conforme au concept de droit, appartient le système représentatif (*das repräsentative System*), dans le cadre duquel seulement est possible un gouvernement républicain, sans quoi le gouvernement (quelle que soit la constitution) est despotique et fondé sur la violence. »

TÂCHES DE LA PHILOSOPHIE

---

2. D'autre part, la réalisation pleine et entière du concept de droit ne saurait être pensée, on l'a déjà noté, sans la référence à l'horizon d'un « tout cosmopolite », c'est-à-dire d'un système de tous les États qui « courent le risque de se nuire réciproquement » – la guerre devant, à cet égard, être tenue pour un moyen dont se sert la « sagesse suprême » pour préparer l'unité d'un système de tous les États [1].

Lorsque Kant pense la fin de l'histoire comme réalisation du droit, il pense donc aussi cet horizon en termes de *système*. Cette précision a d'importantes conséquences, car si l'histoire réalise progressivement le droit comme système (du moins si telle est l'Idée qu'il faut prendre comme « fil conducteur » pour en considérer le cours), chaque progrès accompli dans l'ordre du droit va apparaître comme une présentation sensible de l'Idée de système : il sera donc l'occasion d'une expérience esthétique, telle que cette expérience se trouve explicitée dans la Première Partie de la *Critique de la faculté de juger*, et la *bonne réforme* aura dès lors le statut d'une *belle œuvre*.

De cette considération *esthétique* des progrès historiques du droit, on pourrait fournir bien des exemples – à commencer, dès 1784, par la dernière phrase de la proposition V de l'*Idée d'une histoire universelle d'un point de vue cosmopolitique* où, énumérant les « fruits de l'insociabilité », Kant mentionne, avec une précision d'écriture qui étonne trop rarement ses commentateurs : « Toute culture et tout art dont se pare l'humanité, ainsi que l'ordre social le plus beau (*die schönste gesellschaftliche Ordnung*) [...]. » Mais l'exemple le plus limpide est sans conteste fourni par le fameux texte du *Conflit des facultés* où Kant évoque le spectacle de la Révolution française comme l'objet d'une émotion esthétique devant un progrès manifeste vers la constitution républicaine :

« La révolution d'un peuple spirituellement riche, que nous avons vu se produire de nos jours, peut bien réussir

---

1. AK, V, 432-433 ; trad. citée, p. 429-430. Tout ce développement du § 83 insiste sur la dimension « systématique » du cosmopolitisme.

ou échouer ; elle peut bien être remplie de misères et d'atrocités au point qu'un homme réfléchi, s'il pouvait, en l'entreprenant pour la seconde fois, espérer l'accomplir avec succès, ne se déciderait cependant jamais à tenter l'expérience à un tel prix ; cette révolution, dis-je, trouve cependant dans les esprits de tous les spectateurs (qui n'ont pas eux-mêmes été impliqués dans ce jeu) une *sympathie*, au niveau de ses souhaits, qui confine à l'enthousiasme, et dont l'extériorisation même mettait en danger, sympathie qui ne peut avoir d'autre cause qu'une disposition morale dans l'espèce humaine [1]. »

Tout, ici, vient corroborer la thèse selon laquelle la réflexion kantienne sur les progrès du droit dans l'histoire se situe en une perspective esthétique. Je me bornerai à mettre en relief trois points qui soulignent, en retrouvant les grandes lignes de l'Analytique du jugement de goût développée en 1790, cette nature *esthétique* de la relation aux progrès du droit :

1. l'insistance de Kant sur la *dimension intersubjective* de l'expérience : la révolution éveille de la « sympathie » (*Theilnehmung*) parmi « tous les spectateurs ». Elle est clairement l'objet d'une communication potentiellement universelle – où l'on voit réapparaître les déterminations du jugement esthétique envisagé du point de vue de la quantité (savoir que le beau « est ce qui est représenté sans concept comme objet d'une satisfaction universelle »);

2. la caractérisation du jugement des spectateurs comme *désintéressé* : la révolution suscite un enthousiasme dangereux pour ceux qui se laisseraient aller à l'exprimer trop ouvertement ; leur jugement manifeste donc – j'emprunte l'expression aux lignes qui précèdent celles que j'ai citées – une « sympathie universelle et en tout cas désintéressée » pour la cause de la révolution : on reconnaît là ce qui caractérise le jugement de goût du point de vue de la qualité (« la satisfaction qui détermine le jugement de goût est désintéressée »);

3. la mise en relation du jugement des spectateurs avec

1. AK, VII, 85 ; trad. par A. Renaut, in *Œuvres philosophiques de Kant*, III, *op. cit.*, Bibliothèque de la Pléiade, p. 894.

une « disposition morale » de l'humanité : c'est en effet une « cause morale » qui, sans qu'ils s'en rendent compte [1], incite les spectateurs à l'enthousiasme, car la constitution républicaine vers laquelle la révolution achemine les hommes est non seulement « conforme au droit », mais aussi « moralement bonne » (elle prépare à la moralité) ; en conséquence, comme dans tout jugement esthétique, le Beau (ici le droit) est symbole du Bien : la légalité présente de façon incomplète (ce par quoi il s'agit d'une symbolisation) la moralité (de façon incomplète, puisqu'elle ne fait que la préparer), et c'est donc la disposition morale des spectateurs qui trouve une satisfaction indirecte dans un tel progrès du droit et qui suscite leur sympathie.

En ce sens, c'est donc avant tout comme objet d'une expérience esthétique que le droit (à travers ses progrès historiques) permet de penser un passage de la nature à la liberté. En premier lieu, chaque progrès de la légalité, qui se laisse penser à partir du dessein de la *nature*, fait signe, comme s'il était l'œuvre d'un mystérieux génie, vers l'Idée d'un système du droit (constitution républicaine, système de tous les États). En second lieu, l'« ordre social le plus beau » qu'il évoque (et qu'il contribue à engendrer) est lui-même, en tant que systématique, symbole de l'autonomie de la volonté qui définit le Bien moral, autrement dit de la *liberté* [2] : l'« ordre social le plus beau » figure la « belle totalité morale dans toute sa perfection » qui définit le règne des fins [3]. La médiation entre nature et liberté (ou : entre les deux jugements réfléchissants des § 83 et

---

1. Où l'on retrouverait la caractérisation de la beauté comme finalité sans fin (qui, dans l'Analytique du goût, correspond au point de vue de la relation) : les spectateurs de la révolution s'enthousiasment en effet malgré les atrocités et les meurtres commis – l'événement présentant donc un *effet de sens* (si l'on veut : une finalité) sans que les spectateurs puissent énoncer ce sens (sans fin).

2. Le principe de la réflexion esthétique, à savoir l'Idée de système, contient en lui la notion de cohésion interne et celle d'autosuffisance (le système n'a pas d'extérieur) qui appartiennent aussi à la liberté comme raison pratique et comme autonomie de la volonté.

3. AK, VI, 457, trad. par A. Renaut, in E. Kant, *Métaphysique des mœurs*, II, *Doctrine de la vertu, op. cit.*, p. 326.

84) est donc, si l'on souhaite la cerner avec rigueur, procurée par une réflexion sur le droit qui a le statut d'un
jugement esthétique sur les beaux et grands moments du
progrès historique vers la constitution républicaine [1].

Éclairée dans sa teneur propre, la solution kantienne du
problème de l'unité de la philosophie peut alors être rassemblée et explicitée par quatre propositions :

1. Le droit est, en un sens seulement, le centre du système : il est l'objet d'une réflexion qui assure le passage
de la nature à la liberté.

2. Cette réflexion sur le droit mobilise la problématique
de la communication ou de l'intersubjectivité.

3. La dimension de l'intersubjectivité ainsi mobilisée
se réduit à celle de la communication esthétique autour du
plaisir procuré par les progrès historiques du droit.

4. La réponse kantienne à la question des effets de la
liberté dans la nature consiste à référer à l'Idée de liberté
de simples effets de sens : de même qu'en la beauté naturelle ou artistique la légalisation du contingent fait signe
vers une fin sans pouvoir être imputée réellement à nulle
cause finale, de même les progrès historiques du droit présentent à qui les contemple un spectacle qui paraît avoir
pour sens (ce pourquoi je parle d'« effets de sens ») d'être
l'œuvre d'une libre Providence soumettant le mécanisme
de la nature à ses fins propres ; il ne s'agit là toutefois
que d'un *jugement esthétique* du spectateur, qui éprouve
le sentiment d'une intervention de la liberté dans la
nature : comme tout jugement esthétique, il renvoie donc
non à une quelconque connaissance, mais seulement au
sentiment de plaisir et de peine éprouvé par le sujet ; or,
le rapport de représentations au sentiment de plaisir et de
peine « ne désigne rien dans l'objet », et le sujet se borne
à y sentir « comment il est affecté par la représentation [2] ».
L'accord entre nature et liberté n'a, en ce sens, nulle

---

1. Dans la troisième *Critique* (AK, V, 184), Kant mentionne lui-
même le plaisir procuré par des progrès historiques d'un autre type,
ceux de la connaissance : dans les deux cas (la belle découverte, la
belle réforme), il y a évocation de l'Idée de système (comme achèvement du savoir, comme réalisation de l'ordre social parfait).

2. AK, V, 204 ; trad. citée, p. 182.

valeur constitutive : nature et liberté ne se lient que dans l'expérience subjective du philosophe réfléchissant son sentiment de plaisir face aux progrès historiques du droit. Au cœur du « système de la philosophie », c'est donc bien le philosophe lui-même qui surgit et qui assure une médiation *sans valeur objective*. Schelling et la plupart des postkantiens, y compris Fichte, trouveront insuffisante cette systématicité et tenteront, avec des fortunes diverses, d'élaborer une systématicité véritablement interne (déductive), en montrant comment les parties de la philosophie s'engendrent à partir d'un principe unique, point de départ qui les contient déjà virtuellement. Il n'entre certes pas dans le cadre de cette présentation d'analyser de telles critiques et, moins encore, les tentatives qu'elles ont engendrées : il est clair toutefois que, partant dans la *Critique de la raison pure* de la mise en évidence des structures de la finitude, toute la philosophie transcendantale s'enracine en la reconnaissance d'un donné spatio-temporel indéductible conceptuellement et irréductible à l'activité de l'entendement ; en ce sens, le projet même de reconstruire systématiquement l'idéalisme transcendantal, au sens où il s'agirait de lui conférer une démarche réellement et exhaustivement déductive, équivaudrait à tenter de conférer à cette philosophie une *forme* contradictoire avec son *contenu*. L'absence de clôture du système, son élaboration par et pour la réflexion ne sauraient dès lors apparaître ici pour des lacunes ou des insuffisances : dans le cadre du criticisme, il est clair en effet que ces caractéristiques sont, non pas *résiduelles* (le résultat d'un échec), mais *principielles*.

Quoi que l'on doive penser de la portée de cette solution du problème du « passage » entre nature et liberté, il faut en tout cas convenir qu'un tel « passage » fait aussi accéder d'une première à une seconde Idée de l'homme. Du jugement I au jugement II, on passe en effet d'une Idée de l'homme comme fin dernière de la nature à celle de l'homme comme « être moral », donc comme fin de la Création. Il n'est à vrai dire pas étonnant qu'en son centre (là où se joue en elle le passage entre philosophie théorique et philosophie pratique), ce

soit à travers cet approfondissement de l'Idée d'humanité qu'une philosophie, aussi consciente, j'y ai insisté
tout au long de ce livre, que ses interrogations se
laissent ramener à la question : « Qu'est-ce que
l'homme ? », construise sa réponse à une telle question.
Encore faut-il toutefois ne pas se méprendre sur la
teneur la plus profonde de cette réponse.

Traduisant il y a plus de trente ans la troisième *Critique*,
Alexis Philonenko avait transcrit les titres des § 83 et 84
de la façon suivante : « De la fin dernière de la nature en
tant que système téléologique », « De la fin dernière de
l'existence d'un monde, c'est-à-dire de la Création elle-
même ». La plupart des interprètes français qui, depuis
cette traduction, ont traité de ces paragraphes n'ont pas
manqué de souligner que l'utilisation de la même expression de « fin dernière » pour transcrire les deux titres
efface ce qui les distingue dans le texte allemand : dans
le premier cas, nous l'avons vu, Kant parle de l'homme
comme *der letzte Zweck*, tandis que, dans le second, il
évoque l'homme comme *der Endzweck* ; gommer cette
différence terminologique, ce serait estomper, a-t-on souvent estimé et répété à satiété, tout ce qui oppose l'homme
comme être naturel et l'homme comme noumène – à
savoir, le dualisme foncier de la pensée de Kant [1]. Je crois
bien avoir été le seul à argumenter, sinon en faveur de la
traduction proposée par Philonenko, du moins à rebours
de ce qui animait de telles objections [2]. Tant il est vrai,
me semble-t-il, que cette querelle de traduction engage, si
l'on n'y prend garde, l'interprétation même de la *Critique
de la faculté de juger* dans ce qu'elle a de plus original –
et, au-delà, l'interprétation de l'humanisme critique dans
ce qu'il a de plus profond.

Assurément n'est-il guère difficile d'arbitrer le point de
traduction, si on l'envisage simplement comme tel. De
fait, chacun le sait bien, mieux vaut tenter de rendre deux

---

1. Cf. par exemple G. Lebrun, *Kant et la fin de la métaphysique*,
Paris, A. Colin, 1970 ; P. F. Marty, *La Naissance de la métaphysique
chez Kant*, *op. cit.*, p. 400.
2. Voir mon *Système du droit*, *op. cit.*, p. 92, note 82. J'en reprends
et en explicite ici la teneur.

termes différents par deux équivalents plutôt que par un seul [1]. Il n'en demeure pas moins que, littéralement entendus, les termes utilisés par Kant sont synonymes et que – je parle en connaissance de cause, pour avoir traduit le texte – nulle constance n'est repérable dans l'emploi kantien des deux termes [2]. Estimer que leur utilisation dans les titres des § 83 et 84 a une signification particulière relève donc purement et simplement d'une interprétation et, qui plus est, je crois l'avoir suffisamment montré, d'une interprétation contestable, parce que reconduisant Kant à un dualisme strict dans le cadre duquel la problématique de la *Critique de la faculté de juger* n'aurait même pas de sens.

En clair, et pour dire les choses nettement : cette interprétation est en réalité celle d'Éric Weil [3], et elle me paraît manquer très précisément ce qui constitue la spécificité de la troisième *Critique*. Si l'on accentue en effet l'écart infranchissable entre la destination naturelle de l'homme

---

1. Ce pourquoi, dans ma propre traduction, j'ai réservé « fin dernière » pour rendre *letzter Zweck* et ai proposé « fin finale » pour rendre *Endzweck*. Le choix ingrat de « fin finale » plutôt que de « but final » s'explique par le souci 1. de prendre en compte que, dans *Endzweck* comme dans *letzter Zweck*, c'est le même radical (*Zweck*) qui se trouve déterminé de deux façons (ce qu'efface la traduction souvent proposée par « but final »), 2. de ne pas effacer (en rendant par exemple le couple par « but dernier » et « but final ») qu'il y va encore, dans cette réflexion, de l'interrogation sur la notion de « fin » (*Zweck*), telle qu'elle traverse toute la troisième *Critique*. Je me suis donc résolu à parler, pour *Endzweck* de « fin finale », au sens de « final » qui est d'ailleurs le plus usuel en français (au sens, par exemple, de la « lutte finale »). Dans la dernière version, révisée, de sa traduction (Vrin, 1993), A. Philonenko, sans doute de guerre lasse, s'est rallié au couple « fin dernière »/« but final » – uniquement, il est vrai, dans les titres des § 83-84, mais non point dans le corps du texte : ce qui, convenons-en, ne facilite pas la lecture et risque d'induire bien des confusions !
2. J'ai attiré l'attention, dans les notes de ma traduction, sur les cas où Kant déroge visiblement au dédoublement conceptuel qu'il est supposé avoir produit : ainsi, par exemple, au § 67, *Endzweck* apparaît-il dans l'expression *Endzweck (scopus) der Natur* (traduira-t-on par « but final de la nature » ?).
3. Voir É. Weil, *Problèmes kantiens*, *op. cit.*, p. 82, où l'auteur insiste sur l'écart entre l'homme comme « fin dernière de la nature » et l'homme comme « fin ultime ».

et sa destination morale, on en revient purement et simplement à la solution de la troisième antinomie qui, dans
la *Critique de la raison pure*, laissait le lecteur aux prises
avec le face-à-face de l'homme comme phénomène et de
l'homme comme noumène – et comment ne pas voir que
se trouve alors manqué tout le sens de l'effort accompli
par la *Critique de la faculté de juger* ? La tentative de
Kant, en 1790, réside entièrement, nous l'avons suffisamment perçu, dans la recherche d'un *passage* de la nature
à la liberté, ou, si l'on veut, du phénoménal au nouménal :
dans ces conditions, opposer les points de vue du § 83 et
du § 84, c'est, non seulement annuler tout le travail de la
réflexion, mais régresser en deçà de la problématique qui,
de 1781 à 1790, s'est progressivement édifiée chez Kant
et a rendu nécessaire la *Critique de la faculté de juger*. Il
serait paradoxal que la fascination des interprètes (notamment des interprètes français) pour la première *Critique*,
ainsi que leur plus grande familiarité avec cet ouvrage
qu'avec celui de 1790, en vint à rendre inaccessible ce
par quoi la distinction « dualiste » de l'homme comme
phénomène et de l'homme comme noumène ne constitue
pas le dernier mot (ni, si j'ose dire, le plus profond) de
Kant sur la question : « Qu'est-ce que l'homme ? »

Ce qu'invite à penser la *Critique de la faculté de juger*,
et qui nous conduit directement à la problématique des
sciences humaines, c'est précisément, contre les versions
scolaires et banalisées de ce dualisme, qu'en devenant, au
fil du processus de culture, sujet de droit dans l'espace
politique de la cité visant la réalisation de l'Idée républicaine, le propre de l'homme est, non d'opposer, mais d'articuler en lui la nature et la liberté : plus précisément, à
travers la médiation que constitue le droit, la nature, par
sa soumission seulement extérieure à la loi, s'achemine
vers la liberté en préparant la moralité. Par là se conquiert,
à la question « Qu'est-ce que l'homme ? », une réponse
qui, parce qu'elle appréhende l'humain en tant que tel
comme phénoménalisation de la liberté, fait de la *Critique
de la faculté de juger* le point de départ de la réflexion
qu'elle nous lègue sur ce que nous appelons aujourd'hui
les sciences de l'homme.

## II
## La fondation des sciences humaines

La perspective d'appliquer aux sciences de la réalité historique et sociale, telles qu'elles se développèrent au fil du XIXᵉ siècle, la question transcendantale de leurs conditions de possibilité s'est assurément mise en place bien après Kant, dans une tradition, celle de la « critique de la raison historique », qui, apparue avec Dilthey et son *Introduction aux sciences de l'esprit* (1883), prolongée par Rickert, Simmel ou Weber, fut acclimatée en France par les premiers ouvrages de Raymond Aron [1]. Cette tradition a volontiers revendiqué pour elle-même, à partir de Dilthey, le mot d'ordre d'une « critique de la raison historique », en s'efforçant de transposer dans le domaine des sciences humaines les exigences que la *Critique de la raison pure* avait fait valoir à l'égard des sciences de la nature. Pour des raisons multiples [2], il est permis de se demander si l'héritage kantien qui se pouvait le plus légitimement mobiliser en vue d'une fondation des sciences de l'esprit n'était pas à rechercher bien davantage du côté de la troisième *Critique* – au point que ce serait, non pas cette « critique de la raison historique » vainement poursuivie par Dilthey et ses successeurs, mais la *Critique de la faculté de juger* elle-même qui, à beaucoup d'égards, ouvrirait la voie d'une « critique des sciences humaines ».

### Au-delà des sciences de la nature

Il n'est guère difficile d'apercevoir en quoi une fondation transcendantale des sciences de l'homme, dans leur

1. R. Aron, *Introduction à la philosophie de l'histoire* (1938), rééd. critique par S. Mesure, Paris, Gallimard, 1986 ; *Philosophie critique de l'histoire. Essai sur une théorie allemande de l'histoire* (1938), rééd. critique par S. Mesure, Paris, Julliard, 1987.
2. Voir S. Mesure, *Dilthey et la fondation des sciences historiques*, Paris, PUF, 1990, notamment p. 252 sq. Cette perspective est aussi celle qui anime l'ouvrage de l'éminent spécialiste de Dilthey qu'est R. A. Makkreel, *Imagination and Interpretation in Kant. The Hermeneutical Import of the Critique of Judgment*, Chicago and London, The University of Chicago Press, 1990.

prétention à une validité objective, communiquerait directement avec ce problème de la phénoménalisation de l'humain dont nous avons vu pour quelles raisons internes à la logique du criticisme il se trouve au cœur de l'ouvrage de 1790. Pour que de telles sciences soient simplement *possibles* comme des entreprises autonomes, revendiquant, contre la « naturalisation » positiviste de tous les champs du savoir, leurs méthodes propres, il faut en effet que, dans le monde des phénomènes, l'humain se distingue à certains *signes* qui permettent de l'identifier comme tel et imposent d'en confier l'étude à des disciplines spécifiques – bref, si l'on convient que l'apparition de l'humain a quelque chose à voir avec l'irruption de la liberté, il faut que se produise une manifestation sensible (donc une phénoménalisation) de la liberté. C'est alors pour prendre en compte une telle phénoménalisation que le projet même des sciences humaines peut s'élaborer comme supposant une autre idée de la science que celle qui définit les sciences de la nature, lesquelles travaillent en effet à produire l'intelligibilité de phénomènes dont la *Critique de la raison pure* avait établi qu'ils se succèdent suivant la loi de la liaison nécessaire (= non libre) de la cause et de l'effet. Avec les sciences humaines apparaît donc comme constitutive de l'*objet* même de diverses disciplines l'exigence que certains phénomènes ne soient pas (ou ne soient pas seulement) déterminés selon la loi de la causalité, mais qu'ils possèdent aussi un sens, c'est-à-dire qu'ils soient interprétables comme les signes d'une liberté. En d'autres termes, il faut qu'il soit inconcevable de traiter les faits humains « comme des choses ».

C'est à tort que l'on objecterait, à mon sens, que le statut ainsi conféré aux sciences humaines a quelque chose de « préwébérien ». Dans la manière dont je viens de formuler la problématique des sciences humaines [1], rien n'incite, à l'évidence, à considérer leurs objets comme ne relevant pas *aussi* de la nature comprise au sens (kantien) de

1. Sur cette problématique, on peut se reporter à la passionnante étude de K.O. Apel, *Die Erklären-Verstehen-Kontroverse in transzendentalpragmatischer Sicht,* Francfort, Suhrkamp, 1979, trad. à paraître par S. Mesure, Cerf.

l'ensemble des phénomènes situés dans l'espace et dans le temps : certes, le fait humain peut bien lui aussi, en tant qu'il se situe dans l'espace et dans le temps, être (comme tout fait naturel) soumis à l'explication causale (à la loi du déterminisme), mais il se trouve qu'il se signale aussi à nous, qui l'étudions, comme ne pouvant être *seulement* l'objet d'une approche causale. On sait, à cet égard, comment Dilthey et ses successeurs, de même qu'ultérieurement, en son domaine (celui de la science du droit), Hans Kelsen, soulignèrent fort clairement que le fait humain (ou, si l'on préfère, le fait social) n'est pas réductible à une existence causalement déterminée, succédant nécessairement à telle ou telle cause, ou à tel ou tel ensemble causal : possédant une *signification*, le fait humain est le signe d'une décision ou d'un projet, et exige d'être référé à une causalité intentionnelle, c'est-à-dire à une *liberté* – ce pourquoi les sciences de l'homme apparaîtront comme devant être, non pas seulement *explicatives*, mais aussi *herméneutiques* ou *interprétatives*, ou, si l'on préfère, *compréhensives*.

Exigences aujourd'hui bien connues et même, tout en continuant d'être discutées (notamment à travers les résurgences successives du positivisme), reconnues. Il ne faut pas ignorer pourtant les difficultés que supposait, pour des lecteurs de la *Critique de la raison pure* comme Dilthey et ses successeurs (y compris bien évidemment Weber), la prise en compte de ces exigences dans la conception du discours scientifique.

## Insuffisances épistémologiques de la solution de la troisième antinomie

Puisqu'il s'agissait en effet, pour fonder la spécificité de disciplines s'autonomisant à l'égard des sciences de la nature, de tenter à la fois d'affirmer le règne de la *nécessité* (selon le principe de la seconde analogie de l'expérience) et d'accorder cependant une place à la *liberté*, la réflexion fondatrice pouvait être tentée de se tourner, là encore, vers la solution de la troisième antinomie, laquelle, dans la *Critique de la raison pure*, posait bien, de fait, le problème de savoir s'il est possible ou non d'admettre dans le monde une causalité libre : si l'antithèse de l'antinomie, adoptant pour ainsi dire le point de vue des sciences de la nature, pose que « tout arrive dans le monde uniquement suivant des lois de la nature », la thèse consiste à affirmer que « la causalité suivant les lois de la nature n'est pas la seule dont puissent être dérivés tous les phénomènes du monde » et qu'il « est encore nécessaire d'admettre une causalité libre pour l'explication de ces phénomènes ». On pouvait donc être porté à croire que le problème posé par la spécificité des sciences de l'homme (l'exigence d'un phénomène de la liberté) s'inscrivait dans le cadre qui est celui de la troisième antinomie kantienne et qu'au fond l'autonomisation de la science du droit par rapport à la science de la nature mobilisait le point de vue correspondant à la thèse de cette antinomie. Or (et c'est ici que la difficulté apparaît dans toute son acuité) la façon dont Kant a traité ce problème dans l'examen de la troisième antinomie [1] exclut précisément ces perspectives tentantes, et cela pour deux raisons :

1. La *thèse* n'est pas la *solution* : c'est là, je le concède, un truisme grossier, mais il faut pourtant bien rappeler que la thèse de la troisième antinomie relève de l'illusion transcendantale, c'est-à-dire qu'elle est *dialectique*. Je n'ai pas à entrer ici dans l'exposé des motifs de cette condamnation de la thèse, mais on sait que, comme c'est le cas dans les quatre antinomies, la thèse est « dogmatique » et qu'elle pose donc au fondement de la série des phénomènes l'existence en soi de ce que Kant appelle un « principe intellectuel » (= dont il n'y a pas d'expérience possible) — principe certes « commode », mais « de la possibilité duquel [on] ne s'inquiète guère ». Il est donc hors de question de trouver dans une position du type de

---

1. L'examen de cette pièce centrale de la doctrine kantienne de la liberté trouve logiquement une place importante dans les deux études récentes les plus complètes : A. Gunkel, *Spontaneität und moralische Autonomie. Kants Philosophie der Freiheit*, Bern et Stuttgart, Haupt, 1989 (les pages sur l'opposition entre nature et liberté sont particulièrement précises) ; H.E. Allison, *Kant's Theory of Freedom*, Cambridge University Press, 1990.

la thèse de la troisième antinomie le soubassement nécessaire à la fondation des sciences humaines.

2. Mais d'autre part, et c'est une observation beaucoup
plus embarrassante, la *solution* kantienne de cette antinomie ne peut davantage aider à résoudre le problème que
pose une telle fondation. Car cette solution, qui reste difficile à interpréter, a pour principe, en tout état de cause,
une présentation de l'opposition entre la thèse et antithèse
comme opposition seulement apparente, dans la mesure
où, ne prenant pas le sujet de l'énoncé (le monde) dans
le même sens, elles sont en réalité toutes les deux vraies
à leurs niveaux respectifs – la thèse au niveau du monde
comme noumène, l'antithèse au niveau du monde comme
phénomène. Or, une telle solution, pour un lecteur qui
entreprendrait une fondation transcendantale de disciplines requérant l'apparition phénoménale de la liberté,
soulève pour le moins deux ordres de difficultés.

La solution de la troisième antinomie repose, tout
d'abord, sur l'idée que le monde que nous *connaissons*
(le monde de la science) est soumis sans faille à la loi du
déterminisme et que c'est seulement au plan nouménal
qu'il se pourrait trouver une place pour la liberté. C'est là
ce qu'exprime un passage célèbre, souvent commenté, de
la *Critique de la raison pratique* :

« On peut accorder que s'il nous était possible de pénétrer la façon de penser d'un homme, telle qu'elle se révèle
par des actes aussi bien internes qu'externes, assez profondément pour connaître chacun de ses mobiles, même
le moindre, en même temps que toutes les occasions extérieures qui peuvent agir sur eux, nous pourrions calculer
la conduite future de cet homme avec autant de certitude
qu'une éclipse de Lune ou de Soleil, tout en continuant
de déclarer que l'homme est libre [1]. »

Il faut comprendre, bien sûr : libre comme noumène.
Laissons de côté cette affirmation de la liberté nouménale : le problème posé par ce texte est évidemment qu'*au
plan des phénomènes*, même si, en fait (pour nous, êtres
finis), le calcul de la conduite future d'un homme reste

---

1. AK, V, 99, trad. par L. Ferry et H. Wismann, p. 728.

impossible, en droit (du point de vue d'un Dieu omniscient), ce même calcul doit être considéré comme possible – conséquence inévitable de l'affirmation de la validité universelle du déterminisme au sein des phénomènes. Comment, dès lors, ne pas juger un tel texte, selon la formule d'Alexis Philonenko, « terrifiant pour la doctrine kantienne de la liberté » ? Effroi, ou du moins inquiétude, que ne peut alors que renforcer la perception d'une seconde difficulté découlant de la première.

Si nous procédons en effet uniquement comme si le déterminisme régissait intégralement le monde des phénomènes, il devient logiquement impossible d'opérer une distinction entre le monde humain et le monde de la nature : difficulté qui retentit évidemment sur la fondation des sciences de l'homme, laquelle suppose, on l'a vu, la possibilité de reconnaître l'humain (la liberté) à quelque signe distinctif. C'est très précisément ce problème que Fichte, à partir de 1794, soulèvera dans une série de textes qui mériteraient d'être analysés de près [1], mais dont le plus célèbre reste le début de la deuxième des *Conférences sur la destination du savant*, où se trouvent repérées les questions préalables qu'il faut résoudre si une science du droit doit être possible. Parmi ces questions, celle-ci : « Comment l'homme en vient-il à admettre et à reconnaître des êtres raisonnables de son espèce en dehors de lui ? » On ne saurait signifier plus clairement qu'il est indispensable d'aller au-delà de la solution de la troisième antinomie : dans le cadre de la réflexion développée par Fichte, c'est évidemment le fait juridique qui le requiert, puisque, comme limitation réciproque des libertés, le droit suppose bien que les libertés se reconnaissent comme telles, autrement dit qu'« il existe des marques distinctives (*Merkmale*) qui nous permettent de distinguer ceux-ci [les êtres raisonnables] de tous les autres êtres qui ne sont pas raisonnables et par conséquent n'appartiennent pas à la communauté [2] » ; reste qu'au-delà même du droit et plus généralement, il serait tout aussi vrai d'estimer aujour-

1. Voir mon *Système du droit*, *op. cit.*, p. 196 sq.
2. *Ibid.*

d'hui que de tels signes de l'humanité se trouvent requis
pour la possibilité même de sciences de l'homme entendant ne pas traiter les faits humains uniquement « comme
des choses ». Si quelque philosophe ambitieux se décidait
un jour à écrire une Critique des sciences de l'homme, il
lui faudrait bien, en effet, poser à la distinction (qu'à ma
connaissance personne de raisonnable ne nie plus véritablement) entre sciences humaines et sciences naturelles la
question *quid juris ? ;* or, si l'ensemble du monde phénoménal, naturel aussi bien qu'historique, est tenu pour
régi uniquement par le déterminisme, plus rien ne distingue l'humain (l'historique) et le naturel – et donc les
deux types de sciences deviennent identiques. Autrement
dit, l'autonomie des sciences humaines est suspendue à la
possibilité d'élaborer une « critériologie d'autrui » ou, si
l'on préfère, une phénoménologie de la liberté – ce qui
suppose à l'évidence que soit en quelque sorte au moins
méthodiquement introduite, *au niveau même des phénomènes*, une brèche dans l'application universelle du principe de causalité, c'est-à-dire dans le mécanisme. Et à cet
égard, il faut en convenir, la première *Critique* n'est plus
d'aucun secours. Toute la question est alors de savoir si,
en raison de la place qu'elle accorde à la problématique
du « passage », la *Critique de la faculté de juger* a quelque
chance d'être ici plus féconde.

## *L'antinomie de la faculté de juger téléologique*

C'est la seconde partie de l'ouvrage, nous avons vu
dans quels termes en évoquant les § 83-84, qui permet de
penser le « passage ». Or, cette pensée du « passage »
entre nature et liberté est rendue possible par la solution
de l'antinomie autour de laquelle se structure toute cette
section – savoir l'antinomie de la faculté de juger téléologique. Comment, dans ces conditions, ne pas se demander
ce que peut apporter cette antinomie – dont on sait qu'elle
est très particulière dans l'œuvre de Kant [1] – à la recherche

---

1. Je renvoie sur ce point à l'analyse qu'en donne A. Philonenko,
« L'antinomie du jugement téléologique », *Revue de métaphysique et
de morale*, 1978 (repris in *Études kantiennes, op. cit.,* p. 135 sq.).

d'une solution du problème de la distinction méthodique, au sein même des phénomènes, entre monde humain et monde naturel, entre liberté et déterminisme ? En fait, l'antinomie téléologique présente de ce point de vue un double intérêt :

– En premier lieu, elle conduit à montrer qu'en réalité le point de vue mécaniste n'est pas le seul possible sur le monde phénoménal, puisqu'il faut, dans certains cas particuliers, recourir, sur un mode que Kant précise, au point de vue de la finalité.

– Mais, d'autre part, il est clair que la finalité présente une analogie avec l'idée de liberté : l'idée de finalité renvoie en effet toujours à celle d'action intentionnelle, au sens, par exemple, où l'organisme biologique, lorsqu'il s'adapte à son milieu, agit comme s'il était doué d'intelligence, comme s'il agissait librement (par décision consciente). Là où il faut recourir à la notion de finalité, il se présente donc, au minimum, comme une *analogie* avec une action libre.

L'enjeu de l'antinomie du jugement téléologique ne peut dès lors qu'apparaître décisif dans le contexte de l'interrogation sur les conditions de possibilité d'une reconnaissance de la liberté ; si l'on parvient en effet à établir a. que le finalisme n'est pas exclu par le mécanisme, donc que la causalité efficiente n'est pas le seul principe régissant le monde des phénomènes, b. que les phénomènes qui relèvent de la finalité présentent (au minimum) une analogie avec des êtres libres, un pas décisif est accompli dans le projet de distinguer au niveau des phénomènes la nature et la liberté. Bref, l'antinomie de la faculté de juger téléologique vient réintroduire une distinction dans ce champ des phénomènes que la solution de la troisième antinomie avait, de façon homogène, abandonné intégralement à l'emprise du déterminisme. Cela dit, la solution complète du problème de la phénoménalisation de la liberté ne sera véritablement fournie (et, avec elle, la fondation des sciences humaines ne sera pleinement menée à bien) que s'il devenait possible de distinguer aussi, *parmi les phénomènes relevant de la maxime finaliste*, ceux qui sont

naturels (car la nature elle-même produit des êtres fina-
lisés, notamment ces « êtres organisés » dont traite précisément la deuxième partie de la *Critique de la faculté
de juger*) et ceux qui sont proprement humains, c'est-
à-dire ceux qui sont effectivement capables de certaines
actions libres. C'est au niveau de cette nouvelle et
ultime distinction que Fichte estimera insuffisante la
*Critique de la faculté de juger* elle-même et entreprendra, notamment dans la deuxième section du *Fondement
du droit naturel* de 1796, d'enrichir l'apport kantien en
faisant faire à la phénoménologie de la liberté un nouveau pas.

On n'examinera pas ici ce complément fichtéen. Je me
bornerai à rappeler brièvement ce qui constitue l'apport
propre de Kant. Par rapport à la solution de la troisième
antinomie, l'antinomie téléologique apporte en fait trois
éléments nouveaux :

1. La thèse (qui affirme le mécanisme) et l'antithèse
(qui soutient le point de vue finaliste) portent toutes deux,
je le répète, sur des objets visibles, c'est-à-dire sur des
phénomènes. Il n'est besoin, pour s'en convaincre, que
d'être attentif à l'énoncé des deux thèses par le § 70 :
« toute production d'*objets matériels* est possible par le
mécanisme », « quelques productions de la *nature matérielle* ne sont pas possibles par le simple mécanisme, mais
exigent le point de vue finaliste ». En conséquence, une
solution du type de celle de la troisième antinomie, consistant à soutenir qu'un principe vaut pour l'en-soi et l'autre
pour les phénomènes, est par définition exclue. Techniquement dit : il ne s'agit pas ici de *subcontraires*, le sujet
des deux propositions étant pris dans le même sens. À la
différence des troisième et quatrième antinomies de la *Critique de la raison pure*, l'affrontement de la thèse et de
l'antithèse donne donc lieu cette fois à une véritable
contradiction. Il faut souligner aussi – mais c'est une évidence – que l'on ne se trouve pas non plus, formellement,
face à un cas semblable à celui des deux premières antinomies de la raison pure, où la thèse et l'antithèse se révé-
laient en fin de compte toutes les deux fausses (ainsi, par
exemple, pour la première antinomie : le monde n'est ni

fini ni infini, mais il est indéfini) : cette figure (celle d'une opposition de *contraires*) ne saurait convenir ici, puisque la thèse, qui reprend le point de vue de la seconde analogie de l'expérience, ne saurait manifestement être fausse. L'antinomie téléologique a donc une structure particulière – observation assurément banale, mais importante, dans la mesure où cette spécificité structurale se répercute sur la nature de la solution elle-même, qui sera elle aussi d'un type unique.

2. Cette singulière antinomie introduit, d'autre part, l'idée qu'il est nécessaire, pour connaître les phénomènes, d'accorder une place au point de vue finaliste, alors que, partout ailleurs (et notamment dans la solution de la troisième antinomie), Kant avait posé le principe de causalité comme valant universellement pour les phénomènes et avait donc identifié l'acte de connaissance et l'explication causale. L'apport est bien sûr décisif, rétrospectivement, pour la définition de disciplines qui, comme les sciences humaines, doivent recourir, pour penser leur objet, à l'Idée de liberté : reste que l'on comprend mal, à première vue, comment un tel apport est même simplement possible, c'est-à-dire compatible avec l'affirmation du mécanisme comme valant universellement pour les phénomènes. Le problème est d'ailleurs d'autant plus sérieux que, comme beaucoup de commentateurs l'ont noté, Kant ne donne aucune démonstration de la nécessité d'admettre le point de vue finaliste : fait unique, là encore, dans toutes les antinomies kantiennes, il n'y a pas ici de démonstration, ni directe ni apagogique, de la thèse et de l'antithèse. Cette constatation ne surprend pas pour la thèse mécaniste, puisque cette thèse a déjà été démontrée dans la première *Critique* (seconde analogie de l'expérience). C'est en revanche, apparemment, plus étonnant pour l'antithèse. Mais, à y réfléchir, on s'aperçoit sans peine que l'antithèse finaliste ne peut recevoir de démonstration, puisqu'il ne pourrait s'agir, comme dans les antinomies de la raison pure, que d'une démonstration apagogique – ce qui équi-vaudrait à montrer l'absurdité de la thèse : or, la vérité du mécanisme ayant été établie dans l'Analytique transcen-dantale, il est par définition exclu d'en démontrer l'ab-

surdité. Il n'en demeure pas moins que, dans ces conditions, l'on ne voit pas ce qui rend nécessaire d'admettre
le point de vue finaliste, ni d'ailleurs sur quel mode l'admettre – étant entendu en effet qu'admettre ce point de
vue ne doit pas entrer en un conflit non maîtrisable avec
le fait que la légitimité du point de vue mécaniste a d'ores
et déjà été établie. Difficultés sérieuses, il faut l'accorder,
mais qui doivent pouvoir être résolues, faute de quoi l'apport de l'antinomie téléologique par rapport à la *Critique
de la raison pure* s'annulerait de lui-même – et avec lui
l'introduction du finalisme dans le processus de la
connaissance phénoménale.

La résolution de ces difficultés peut s'accomplir –
ainsi que l'a montré Philonenko – en trois moments.
Pour admettre la finalité (en supposant que nous ayons
besoin de l'admettre), il faut évidemment limiter le
mécanisme, et cela au niveau même des phénomènes,
ce qui semble incompatible avec les acquis de la première *Critique*. La contradiction est cependant susceptible d'être évitée (donc la limitation du mécanisme est
possible), si l'on perçoit que cette limitation peut n'être
que *méthodique*. Comprendre que certes le mécanisme
reste d'une validité absolue, mais comme *méthode de
construction* des objets scientifiques dans le temps (si
l'on veut : comme schème), et non pas comme *principe
ontologique*. Dit en termes plus techniquement kantiens :
il vaut pour la forme de l'expérience, mais non pas pour
la totalité du réel. Ou encore : le principe de causalité
est déterminant ou constitutif au niveau de l'expérience
possible, mais il est réfléchissant ou régulateur au
niveau de l'expérience réelle – ce pourquoi il est, *stricto
sensu*, un *principe*. Observation au demeurant de pur
bon sens : car, si la démonstration de la validité universelle du mécanisme prétendait en fonder la validité
ontologique pour la totalité de l'être, il faudrait pouvoir
affirmer que tous les êtres sont *en soi* de toute éternité
soumis à la loi de la causalité, ce qui supposerait
l'adoption possible, sur le monde, du point de vue de
Dieu ou, comme dit Kant, du Soleil. De cette précision,
il résulte en tout cas que la limitation du mécanisme

devient concevable : la limitation porte en fait sur son *statut* et non pas sur son *contenu* – ce qui signifie que ce principe a bien une validité universelle, mais comme méthode et non pas comme vérité ontologique.

Si dès lors l'on rencontre dans l'expérience réelle des phénomènes dont la production est infiniment improbable par le simple mécanisme (les êtres organisés, mais aussi, pour nous, les faits sociaux), il sera possible d'adopter à leur endroit un point de vue autre que le mécanisme, pour cette simple raison que, face à eux, le mécanisme s'avère *de facto* (et non *de jure*) insuffisant. Il va de soi que la finalité ainsi mobilisée ne sera pas, elle non plus, posée comme valant en soi, mais seulement à titre de point de vue.

Il n'y aura donc pas de démonstration de la validité du point de vue finaliste (ce qui confère à l'antinomie son aspect déconcertant), puisque la nécessité du recours à la finalité est seulement un *fait*. Comme telle, cette nécessité ne peut être démontrée : il suffit qu'elle soit *constatée* et que le recours au point de vue finaliste ait été rendu légitime par la mise en évidence qu'il est possible de limiter méthodiquement le mécanisme. Au demeurant, à l'inverse, pour démontrer l'illégitimité de ce recours, il faudrait commettre l'erreur dogmatique qui consisterait à poser la causalité comme un principe valant pour la totalité de l'être.

Les difficultés qui risquaient d'annuler le deuxième apport de l'analyse du jugement téléologique (apport qui consiste en ce que le point de vue finaliste apparaît comme ne pouvant être évacué, vis-à-vis des phénomènes, sauf à se placer du point de vue de Dieu) peuvent donc être considérées comme levées. Reste alors à expliciter une troisième et dernière dimension de cet apport kantien à la phénoménologie de la liberté.

3. Cet ultime apport est constitué par la façon dont la solution de l'antinomie des deux points de vue (§ 71-78) ne consistera pas, dès lors, à *supprimer* leur contradiction, mais bien plutôt à la *situer* avec précision quant à son véritable statut. Sur cette solution, je serai ici délibérément très bref, car elle a souvent été fort correctement analy-

sée [1] : au demeurant, l'essentiel s'en trouve préparé par ce qui précède. La suppression de la contradiction ne peut nullement, en effet, être même envisagée, puisque les deux points de vue, je l'ai souligné, portent sur le même objet (les phénomènes). La solution de l'antinomie se bornera donc à *désontologiser* les deux thèses, c'est-à-dire à les transformer en maximes pour le travail scientifique : au lieu de dire que toute production de chose matérielle *est possible* par le mécanisme (ce qui supposerait, pour être vérifié, que l'on se place d'un point de vue omniscient), on dira seulement que toute production de chose matérielle *doit être jugée possible* par le mécanisme ; au lieu de dire que quelques objets *ne sont pas possibles* par le mécanisme, on dira qu'ils *ne peuvent être jugés possibles* d'après de *simples* lois mécaniques [2]. La contradiction entre les deux principes est ainsi renvoyée du niveau ontologique à celui de la *réflexion*, dont elle est en quelque sorte constitutive – puisque, pour la supprimer (comme Hegel ou Schelling en feront ultérieurement la tentative), il faudrait se placer du point de vue de Dieu et voir comment, *en soi*, le mécanisme n'est qu'un moment du déploiement de la finalité, ou inversement. Autrement

1. A. Philonenko, art. cité, in *Études kantiennes*, p. 156-157 ; L. Ferry, *Philosophie politique*, II, PUF, 1984.

2. Ce qui ne signifie pas qu'ils sont soustraits entièrement (comme l'entraînerait un dualisme ontologique que Kant a précisément dépassé) à l'approche mécaniste (explicative) : il faut entendre seulement que l'approche explicative n'en épuise pas la teneur, et que si, comme tous les phénomènes, ils doivent être expliqués, leur spécificité est telle qu'ils exigent encore une autre approche pour rendre compte de leur sens – ce pourquoi il nous faut *aussi* les comprendre en les abordant *comme si* leur existence renvoyait à un projet ou à une intention, bref à une causalité par liberté. Dois-je ajouter que nous ne savons évidemment pas s'ils sont effectivement, en eux-mêmes, les produits d'une telle liberté ? Mais que savons-nous des choses en soi ? Parce que le dualisme épistémologique (sciences de la nature/sciences de l'homme) ne repose sur aucun dualisme ontologique, mais au contraire sur la constatation (ontologiquement moniste) qu'au sein des phénomènes (nature) il se produit comme des éclairs de la liberté, fonder transcendantalement, à partir de l'apport kantien, l'irréductibilité de l'approche mécaniste et de l'approche finaliste (explication/compréhension) ne reconduit nullement en amont de ce qu'a pu être l'apport wébérien.

dit : la dualité des deux points de vue nécessaires à la connaissance des phénomènes est le signe indépassable de la finitude humaine.

Ce qu'à travers l'antinomie du jugement téléologique et sa solution, Kant a pu apporter à une phénoménologie de la liberté, et du même coup ce que le criticisme peut continuer d'apporter à la définition de sciences dont le modèle ne peut être celui des sciences de la nature, se trouve ainsi, certes non pas entièrement mis en lumière, mais du moins suffisamment cerné : un tel apport passe par la transformation bien comprise et assumée (ce qui est loin d'être toujours le cas dans l'histoire des sciences humaines) du mécanisme et du finalisme en maximes méthodiques, l'Idée de système et l'Idée de liberté fonctionnant alors comme des principes de la réflexion, c'est-à-dire comme des *horizons de sens*.

### Limites de la contribution criticiste

Assurément peut-on trouver limité l'apport que je viens de tenter de cerner – limité notamment par rapport aux questions diverses que fait surgir la pratique effective des sciences humaines. Encore faudrait-il toutefois, pour justifier avec sérieux une telle appréciation, examiner la passionnante « méthodologie », rarement analysée, qui succède à la solution de l'antinomie. Encore faudrait-il, aussi, percevoir cet apport, non comme un point d'aboutissement, mais comme l'indication d'une tâche à poursuivre.

La mise en évidence d'un autre type de limitation me semble plus redoutable. Certaines difficultés de la solution de l'antinomie téléologique avaient été relevées par Schelling en 1797 dans les *Idées pour une philosophie de la nature* : elles sont plus proprement spéculatives et, dans la mesure où elles n'engagent pas la problématique des signes de l'humain, je les laisserai ici de côté[1]. Les réserves les plus consistantes, en même temps que les premières, vinrent en fait de Fichte et concernèrent, je l'ai déjà suggéré, le problème d'une distinction possible, au

---

1. Pour une analyse et une réfutation parfaites de l'objection de Schelling, voir L. Ferry, *Philosophie politique,* II, *op. cit.*, p. 227-232.

sein même de la finalité, entre ce qui est libre (les actions humaines) et ce qui, bien que finalisé, ne constitue pas un phénomène de la liberté et renvoie seulement à la nature (les êtres organisés, plus généralement : les effets de finalité qui sont produits par la nature elle-même). Ce problème apparemment très théorique est en fait capital pour la fondation des sciences de l'homme, puisque, faute de pouvoir préciser encore, à ce niveau, le critère de distinction entre l'humain et le naturel, c'est la perspective même de pouvoir distinguer entre des sciences de la nature et ce que nous appelons aujourd'hui des « sciences humaines » qui s'estomperait.

L'objection fichtéenne apparaît dès 1794, dans la deuxième des *Conférences sur la destination du savant*. Après avoir soulevé la question des « marques distinctives qui nous permettent de distinguer les êtres raisonnables », Fichte précise, en songeant évidemment à la solution kantienne :

« Le premier trait qui s'offre à nous ne caractérise que négativement la rationalité : c'est le fait d'avoir une action d'après des concepts, une activité d'après des fins. Ce qui a le caractère de la finalité peut avoir un auteur raisonnable ; ce à quoi le concept de finalité ne peut se rapporter n'a certainement pas un auteur raisonnable [1]. »

La référence implicite est bien sûr ici le § 64 de la *Critique de la faculté de juger*, où Kant expliquait, à partir du célèbre exemple de l'hexagone régulier découvert, tracé dans le sable, au bord de la mer, que, rencontrant un tel objet, *vestigium hominis video* : la finalité était ainsi posée comme le signe ou la trace de la liberté. Or, Fichte souligne que cette marque distinctive est insuffisante : là où il n'y a pas finalité, assurément il n'y a pas d'auteur raisonnable (libre), mais là où il y a finalité, il est certes possible, mais non certain que l'auteur soit libre. En d'autres termes :

« Cette marque distinctive est ambiguë : l'accord du divers résultant dans une unité caractérise la finalité ; mais il y a plusieurs espèces de cet accord qui peuvent être

1. *S.W.*, VI, p. 304 ; trad. citée, p. 47.

expliquées à partir de simples lois de la *nature* – assurément pas des lois *mécaniques*, mais des lois *organiques* ; nous avons donc encore besoin d'une marque distinctive pour pouvoir conclure avec certitude d'une certaine expérience à une cause raisonnable de cette expérience. »

Or, c'est là, très exactement, le problème ultime que rencontre une fondation transcendantale des sciences de l'homme : à quoi reconnaître « avec certitude » qu'un événement est le résultat des initiatives d'un individu ou d'un groupe d'individus – plus précisément dit (la formulation n'est jamais assez critique) : à quoi reconnaissons-nous qu'un phénomène doit être abordé comme s'il était le produit d'intentions humaines ? Soit : quel est le signe de la liberté ou, lorsqu'il s'agit non d'interpréter, mais de juger, de la responsabilité ? De là provient cette demande supplémentaire, que Fichte est le premier à formuler : comment doit-on distinguer, « quand ils sont également donnés dans l'expérience », l'effet de finalité qu'il faut penser comme s'il était malgré tout « produit par la nécessité » de l'effet de finalité qu'il faut penser comme s'il était « produit par la liberté » [1] ?

J'ai analysé ailleurs la tentative que Fichte lui-même a développée, notamment dans le *Fondement du droit naturel*, pour compléter dans cette direction l'apport de la *Critique de la faculté de juger*. Simplement faut-il observer, pour apprécier à leur juste valeur à la fois cet apport et, éventuellement, ce complément, que la recherche ainsi entreprise d'un critère permettant de définir avec rigueur le champ des sciences de l'homme, relevant d'une fondation transcendantale de ces disciplines, n'a évidemment pas la moindre fonction opératoire pour la pratique de ces sciences. Constatation qui, pour autant, n'annule pas la fécondité de la démarche critique ni la contribution qu'elle peut apporter aujourd'hui, si on tente de la prolonger, à une philosophie des sciences sociales : comme en toute démarche de type criticiste, il ne s'agit ici, en réalité, que de discerner les conditions de possibilité (pensabilité) d'un

---

1. Pour un texte parallèle, voir J.G. Fichte, *Fondement du droit naturel*, trad. par A. Renaut, PUF, 1985, p. 52 (voir aussi p. 92, 106).

fait. En l'occurrence, le fait consiste en ce que, depuis l'apparition de l'histoire comme science et surtout depuis le dernier tiers du XIXᵉ siècle, un certain nombre de disciplines ont revendiqué leur autonomie par rapport aux sciences de la nature. Or, si l'on veut *légitimer cette prétention bien comprise*, il faut déterminer avec rigueur ce qui rend à la fois possible et nécessaire cette autonomisation. De ce point de vue, l'apport de la *Critique de la faculté de juger* reste capital : le modèle mécaniste (dont, après Kant, le positivisme, sous ses diverses formes, revendiquera encore l'universalisation) apparaissait comme n'étant pas épistémologiquement généralisable, dans la mesure où se trouvaient désignés des phénomènes relevant, non pas seulement de l'explication mécaniste, mais *aussi* de la compréhension par référence à l'Idée de causalité intentionnelle.

Il n'en demeure pas moins vrai que, pour Kant, ces phénomènes appartenaient d'abord et avant tout à ce qu'on a appelé depuis la biologie et qui n'est après tout qu'une science *naturelle* ; et même si, de l'opuscule de 1784 aux paragraphes de la *Critique de la faculté de juger* sur le processus de culture, la transposition de ces acquis dans le domaine de l'histoire était clairement envisagée, la légitimité d'une autonomisation des sciences prenant pour objet les faits *humains* restait largement à expliciter et même à approfondir. Dans ce processus d'approfondissement, qui passait avant tout par l'indication d'un critère de distinction absolue permettant de discerner, parmi les phénomènes, l'humain et le naturel, c'est sans doute Fichte qui accomplit le premier pas, avant que la question ne soit reprise par Dilthey et ses successeurs. Signe que la *Critique de la faculté de juger* inaugurait ainsi une tradition dont la logique allait moins être, au-delà des « retours » proclamés à Kant, celle de la répétition que celle de la fidélité à un style d'interrogation.

Chapitre IX

PENSER LE DROIT

RÉPUBLICANISME ET COSMOPOLITISME

Les textes juridiques et politiques de Kant ont souvent
donné lieu à des appréciations plus que nuancées. Dans
ses *Lectures on Kant's Political Philosophy*, Hannah
Arendt les estimait à peu près dénués d'intérêt et trouvait
bien davantage dans la *Critique de la faculté de juger* et
dans sa réflexion sur l'« espace public » ce qu'elle désigne
comme la « véritable philosophie politique de Kant »[1].
Présentant la *Doctrine du droit*, Michel Villey jugeait
Kant « loin des réalités » et voyait dans son ouvrage « le
sommet d'une période d'oubli de la philosophie du
droit »[2]. Je trouve de telles appréciations passablement
injustes, et je voudrais consacrer ce dernier chapitre à suggérer pourquoi, dans le mouvement de libre réappropriation du kantisme qui caractérise aujourd'hui la philosophie
politique, ces écrits de Kant, parfois périphériques, certes,

1. Voir H. Arendt, *Juger. Sur la philosophie politique de Kant*, trad.
par M. Revault d'Allonnes, Paris, Seuil, 1991. La formule citée est
empruntée aux documents inédits publiés par R. Ludz, in H. Arendt,
*Qu'est-ce que la politique ?*, trad. et préf. par S. Courtine-Denamy,
Paris, Seuil, 1995, p. 200 : « Nous pouvons toujours nous référer à
Kant, dont la véritable philosophie *politique* se trouve dans la *Critique
de la faculté de juger* et a jailli du phénomène du Beau. » À partir
d'une autre perspective et de manière plus nuancée, telle est aussi
l'appréciation qui sous-tend l'étude de L. Ferry, in *Dictionnaire des
œuvres politiques*, sous la dir. de F. Châtelet, O. Duhamel, E. Pisier,
Paris, PUF, 3e éd., 1995, p. 571-581, où l'article « Kant » est consacré
pour l'essentiel à la troisième *Critique*.
2. M. Villey, préface à E. Kant, *Doctrine du droit*, trad. par
A. Philonenko, Paris, Vrin, 1971, p. 21, p. 25.

par rapport à son système, et quelles qu'aient pu être leurs limitations, ne méritent pas de demeurer absents – ce qu'au demeurant ils ne sont plus [1].

J'ai fréquemment et longuement développé cette idée ailleurs – à savoir que, vis-à-vis de la réactivation des problématiques juridiques, puis morales qui s'est accomplie depuis une quinzaine d'années, le criticisme fournit sans doute la philosophie pratique qui apparaît le mieux à même, pour des raisons internes, d'en assurer l'appareillage conceptuel. Contre toutes les tentations antimodernes, ce n'est de fait pas un hasard si, chez Rawls ou ailleurs, l'évitement des dissolutions historicistes et positivistes du droit a pu trouver ses concepts directeurs dans une position philosophique qui, pour critique qu'elle soit à l'égard des errances de la spéculation moderne, reste sur le terrain même de la modernité, c'est-à-dire sur le terrain d'une philosophie de la subjectivité où l'objectivité, tant théorique (le vrai) que pratique (le bien ou le juste), ne se définit que pour et par le sujet [2]. Je n'entends pas reprendre ici ce type d'argumentation, mais bien plutôt procéder en quelque sorte *a contrario*, en partant des deux thèmes qui ont sans doute suscité, vis-à-vis de la pensée politique et juridique de Kant, le plus grand nombre d'objections.

Étrangement, cette pensée a en effet été l'objet, pour l'essentiel, de deux critiques antithétiques. Elle s'est vu reprocher, d'une part, son incapacité à constituer proprement une philosophie politique au sens où l'entendait Leo Strauss, c'est-à-dire au sens d'une enquête sur le « meilleur régime » ou sur l'idéal d'un « ordre politique juste et bon » : comme on sait, Strauss estime que, malgré ou plu-

---

1. Voir par exemple (j'y reviendrai ci-dessous) la discussion récente et très attentive du texte *Sur la Paix perpétuelle* par J. Habermas, in *Die Einbeziehung des Anderen. Studien zur politischen Theorie*, Suhrkamp, 1996, p. 192-236 : « Kants Idee des ewigen Friedens – aus dem historischen Abstand von 200 Jahren. » Ces pages sont traduites par R. Rochlitz, in I. Habermas, *La Paix perpétuelle. Le bicentenaire d'une idée kantienne*, Paris, Cerf, 1996.

2. Voir notamment, en collaboration avec L. Sosoé, ma *Philosophie du droit, op. cit.* ; et, avec L. Ferry, *Des droits de l'homme à l'idée républicaine*, III, *Philosophie politique*, Paris, PUF, 1985, ainsi que *Système et critique*, 2ᵉ éd., 1992, deuxième et troisième parties.

tôt à cause de sa distinction (trop) rigoureuse de l'être et du devoir-être, Kant aurait tellement « déréalisé » l'instance du droit naturel que, l'idée du juste une fois vidée de toute consistance, plus rien n'aurait prémuni contre la sacralisation de la positivité [1]. L'idéalisme pratique de Kant ne serait alors que le masque grossier d'un réalisme, voire d'un positivisme, qui signerait l'acte de mort de la philosophie politique comme telle, puisque le repli sur le droit existant comme unique valeur consistante en donnerait l'horizon : à preuve, estime-t-on alors volontiers, la condamnation explicite par Kant de tout droit de résistance ou de révolution, telle qu'elle entérinerait ce retour du réalisme dans l'idéalisme.

Symétriquement, depuis Hegel, la dimension juridico-politique du criticisme a été mise en cause pour son formalisme ou son idéalisme excessifs, voire son utopisme invétéré. Dès l'essai de 1802-1803 *Sur les manières de traiter scientifiquement du droit naturel*, Hegel associe Kant à Fichte en leur attribuant une séparation radicale de l'élément formel du droit et de l'effectivité de la vie éthique, telle que la philosophie pratique ainsi conçue se vouerait à demeurer incapable de rejoindre le réel en déterminant *hic et nunc* ce qui doit être fait : à quoi Hegel oppose alors l'empirisme pratique, dont, chacun à leur manière, Aristote et Montesquieu avaient illustré la part de vérité. Dans la logique de cette objection, c'est tout naturellement, y compris pour un Hegel plus tardif (celui des *Leçons sur la philosophie du droit*), l'écrit *Sur la paix perpétuelle* qui exprimerait le lieu de cette insuffisance du kantisme, en inscrivant sa réflexion dans l'espace de l'utopie. Critique dont on sait à quel point elle a été majoritairement entérinée par la tradition interprétative, notamment vis-à-vis de cette contribution de Kant à la fondation du « pacifisme juridique » [2], et, pour se prémunir contre ses supposés dangers, on n'hésite dès lors pas même à se

---

1. Je renvoie sur ce point à mon analyse (en collaboration avec L. Sosoé) de la critique straussienne de Kant, in *Philosophie du droit op. cit.,*, p. 99 sq.
2. Voir à cet égard les observations nuancées de J. Chanteur, dans son beau livre *De la guerre à la paix*, Paris, PUF, 1989, p. 231 sq.

référer à Carl Schmitt et à sa dénonciation mordante des duperies de l'humanisme pacifiste [1].

Condamnée tantôt pour son réalisme excessif, tantôt pour son utopisme impénitent, la pensée politique de Kant constituerait ainsi la partie la plus vieillie et la plus contestable du système critique : c'est cette appréciation que je voudrais discuter dans ce chapitre, en partant des deux questions sur lesquelles le criticisme donne le plus aisément prise, en tout cas chez Kant, à ces accusations symétriques – la question du droit de révolution d'une part, la question du pacifisme cosmopolitiste d'autre part.

# I
## La question du droit de révolution

En soulignant la confusion commise par certains interprètes (et traducteurs) entre droit naturel et droit de l'homme à l'état de nature, j'ai évoqué plus haut les raisons théoriques pour lesquelles il me paraît impossible de considérer, malgré l'autorité d'un historien de la philosophie du droit aussi brillant que Michel Villey, qu'au sein d'une pensée moderne tendant globalement au positivisme, c'est la « doctrine kantienne » qui, pour la première fois, « livre les juristes à l'empire des lois positives, sans restriction ni condition ». Pourtant, cette mise au point n'interdit pas à elle seule le soupçon : le criticisme pourrait fort bien être un *jusnaturalisme théorique* et en même temps (selon l'argumentation développée par Leo Strauss), parce que sa référence à un droit rationnel lointain et trop indéterminé demeurerait sans prise sur les lois positives, induire un *positivisme pratique*. À preuve, suggère Michel Villey lui-même, la manière dont « Kant revient périodiquement sur le caractère irrésistible des ordres de l'État tel qu'il est », qu'il s'agisse « de la monarchie française avant la Révolution » ou, « après la Révo-

---

1. On se reportera sur ce point au texte de J. Habermas cité ci-dessus et à sa discussion, que je partage entièrement, des objections schmittiennes et de leur postérité, *op. cit.*, p. 81 sq.

lution, du gouvernement républicain »[1] : loin de fonder la dimension critique inhérente à la référence au « droit naturel », la version kantienne du jusnaturalisme moderne aboutirait ainsi, dans les faits, à une défense sans faille de l'obéissance aux lois positives.

Plus consistante sous cette forme, l'accusation de positivisme (ou, selon une autre optique, de réalisme) semble assurément pouvoir s'autoriser de la condamnation kantienne du droit de révolution : une telle condamnation n'implique-t-elle pas, en effet, un acquiescement à la positivité, signe que, même formellement conservée, l'idée du droit naturel aurait en fait, ici, été vidée de sa substance ? Éventualité si ruineuse, à l'égard de la portée du criticisme juridique, qu'il faut l'examiner attentivement.

## Kant et la Révolution

Souvent étudiée, l'attitude de Kant vis-à-vis de la Révolution française apparaît marquée par une singulière tension. Certes, par deux fois, en 1793 (*Sur le lieu commun : cela est bon en théorie, mais cela ne vaut point pour la praxis*) et en 1795 (*Projet de paix perpétuelle*), Kant est intervenu pour s'opposer aux critiques réactionnaires de la Révolution[2]. Ayant déjà défendu les Lumières lors de la « querelle du panthéisme » (1785), il ne pouvait voir dans ces critiques, sans doute à juste titre si nous songeons au rôle de Jacobi, qu'un second assaut lancé par l'anti-rationalisme, aussi redoutable que le premier, même si le terrain s'en était déplacé de la métaphysique vers la politique : sa défense de la Révolution fut donc d'abord et avant tout une défense des droits de la raison. De cette défense portera encore témoignage, en 1798, le fameux passage du *Conflit des facultés* qui, en dépit d'une appré-

---

1. M. Villey, *Leçons d'histoire de la philosophie du droit,* Dalloz, 1962, p. 258.
2. Sur la logique de cette intervention kantienne, et les deux types de réponse qu'elle mobilise contre les adversaires de la Révolution, cf. L. Ferry, article « Kant », in *Dictionnaire des œuvres politiques, op. cit.*

ciation lucide des faits [1], décrit la Révolution comme « un événement de notre temps qui prouve [la] tendance morale de l'humanité » et désigne, dans la contribution apportée par la France à la marche infinie vers la constitution républicaine, un incontestable « progrès ».

Pourtant, toute la philosophie juridique et politique de Kant est dominée, d'un autre côté, par une condamnation du droit de révolution dont on sait à quel point elle est sans appel [2]. Contre Rousseau estimant que « l'émeute qui finit par étrangler ou détrôner un sultan est un acte aussi juridique que ceux par lesquels il disposait la veille des vies et des biens de ses sujets [3] », Kant rejoint Pufendorf pour déclarer illégitime tout recours à un prétendu droit de résistance. Position qui mobilise essentiellement deux arguments : 1. la notion d'un droit de révolution est contradictoire en elle-même, car il n'y a de droit que là où le peuple se soumet à la volonté du « souverain législateur de l'État [4] » ; 2. le droit n'existe pas hors de sa proclamation publique, c'est-à-dire de son inscription dans une législation [5] : comme nul ne saurait raisonnablement songer à inscrire dans une constitution, qui définit les conditions d'un ordre public, une légitimation du désordre, le prétendu droit de résistance à l'oppression demeure nécessairement soustrait au principe de la publicité du droit et, en ce sens, il n'est pas un droit. Et chacun

1. On oublie trop souvent que ce texte (Deuxième section, § 6, trad. par A. Renaut, *Œuvres philosophiques de Kant*, III, *op. cit.*, Bibliothèque de la Pléiade, p. 894 sq.), écrit vers 1794, en pleine Terreur, exprime en effet de graves réserves : « La Révolution est tellement remplie de misères et d'horreurs qu'à ses frais, un homme bien-pensant ne se déciderait jamais à répéter cette expérience, même si, en l'entreprenant une seconde fois, il pouvait espérer la réussir. »
2. Ce thème a été étudié notamment par W. Haensel, *Kants Lehre vom Widerstandsrecht*, Suppl. au vol. LX des *Kant-Studien*, Berlin, éd. Rolf Heise, 1926.
3. J.-J. Rousseau, *Discours sur l'origine et les fondements de l'inégalité parmi les hommes*, *Œuvres complètes*, III, Paris, Gallimard, Bibliothèque de la Pléiade, 1964, p. 191.
4. *Doctrine du droit*, trad. citée, in *Métaphysique des mœurs*, II, p. 136.
5. Voir *Projet de paix perpétuelle*, trad. par J. Darbellay, Paris, PUF, 1958, p. 159.

connaît les conclusions que Kant tire de son argumentation : « Toute résistance à la puissance législatrice suprême, [...] toute agitation cherchant à rendre actif le mécontentement des sujets, [...] toute mutinerie débouchant dans la rébellion, est de tous les crimes dans la communauté le plus grand et le plus punissable parce qu'il en ruine les fondements », quand bien même « le chef suprême de l'État aurait été jusqu'à violer le contrat primitif et se serait privé, aux yeux de ses sujets, du droit d'être un législateur, en rendant le gouvernement tyrannique » (*Théorie et Pratique*). « La moindre tentative à cet égard est une *haute trahison* (*proditio eminens*), et celui qui est un traître de cette espèce, cherchant à tuer sa patrie, ne peut être puni de rien de moins que de sa mort » (*Doctrine du droit*). « Toute amélioration de l'État au moyen d'une révolution est injuste car le fondement n'y réside point dans le droit du régime préexistant et, par conséquent, entre celui-ci et le suivant intervient un état de nature, où il n'existe nul droit extérieur » (Réflexion 8045, AK, XIX).

Cette condamnation du droit de révolution est dépourvue de toute équivoque. Elle fonde une conception réformiste du progrès qu'exprime en toute clarté la *Doctrine du droit* : « Un changement dans la constitution politique (quand elle contient des défauts), qui peut bien parfois être nécessaire, ne saurait donc être opéré que par le souverain lui-même, à travers une *réforme*, mais non point par le peuple, à travers par conséquent une *révolution* [1]. » Sans vouloir inutilement alourdir le dossier, on rappellera aussi que l'obligation ainsi prescrite d'obéir absolument à la législation établie (que chacun peut « discuter publiquement » sans avoir jamais le droit de s'y opposer) conduit à recommander de « laisser en vigueur un droit politique entaché d'injustice », « parce que enfin une quelconque constitution juridique, encore qu'à un faible degré conforme au droit, vaut mieux qu'aucune constitution du tout (anarchie) qui résulterait d'une réforme précipitée » [2].

1. Trad. citée, p. 139.
2. *Projet de paix perpétuelle*, trad. citée, p. 61.

C'est bien évidemment par là que Kant exposait sa philosophie juridico-politique à l'objection d'avoir sacralisé la légalité : immérité en théorie (puisque Kant ne nie aucunement qu'un ordre établi puisse être injuste), ce reproche n'est du moins pas absurde dans la pratique – tant il est vrai que si la seule contestation légitime d'une légalité existante est celle qui s'accomplit conformément aux dispositions que cette légalité elle-même prescrit, la légitimité, à ce niveau, se fonde bien en fait sur la légalité.

Fichte, le premier, dès 1793, a attiré l'attention sur cette difficulté du kantisme, dans ses *Contributions destinées à rectifier l'opinion du public sur la Révolution française*, et il a tenté au contraire pour sa part de légitimer un processus révolutionnaire parfaitement accordé à ses yeux avec l'esprit même de la « révolution copernicienne » qu'avait accomplie en philosophie le criticisme, mais dont Kant n'aurait pas su tirer les conséquences pratiques. En vertu de quoi Fichte pouvait écrire en 1795 que son propre système constituait « le premier système de la liberté » et qu'il offrait, en hommage à la Révolution française et à sa tentative pour affranchir l'humanité de ses chaînes matérielles, sa propre et modeste tentative (si tant est que rien ait été jamais modeste chez Fichte) pour la délivrer du « joug de la chose en soi ». Ce serait assurément une entreprise bien délicate que d'indiquer les médiations, si elles existent, qui relient, chez Kant, la question de la chose en soi et sa condamnation du droit de révolution. Du moins la volonté fichtéenne de réformer, sur ces deux points, le criticisme peut-elle nous apparaître aussi comme le signe qu'en tout état de cause la confusion de la légalité et de la légitimité n'était pas inscrite comme une fatalité dans l'esprit du criticisme juridique. Pour autant, il ne serait pas non plus insignifiant que le criticisme, si tel est bien le cas, ait été, chez Kant, capable d'une telle confusion.

Je voudrais pour ma part plaider que la question, en réalité, est plus complexe qu'elle n'en a l'air. Pour cerner avec précision ce qu'a pu être la lecture kantienne des événements de France et notamment de leurs épisodes les plus tragiques, il faut tenir compte en effet du redoutable problème posé à l'interprète par la rencontre des deux séries de textes que je viens d'évoquer, ceux qui procèdent d'une défense de la Révolution française et ceux qui attestent le refus constant de reconnaître un quelconque droit de révolution. La difficulté est en effet évidente : comment Kant peut-il juger positivement, même avec de sérieuses nuances, une entreprise que tout le conduit à désigner, selon une formule de l'*Anthropologie*, comme un état d'« injustice publique » ? Comment ce qui ne procède d'aucun droit peut-il manifester un « caractère moral » de l'humanité ?

On contribue, certes, à lever l'apparence de contradiction en distinguant, chez Kant, une critique du processus révolutionnaire en tant que tel et une appréciation positive de ses résultats, à savoir les progrès de l'humanisme juridique ou (ce qui revient au même) la marche vers la constitution républicaine [1] : « Même si une révolution, estime l'écrit *Sur la paix perpétuelle*, provoquée par une mauvaise constitution, avait arraché par des moyens violents et illégaux une constitution meilleure, il ne serait pas permis de ramener le peuple à l'ancienne [2]. » Pour être pleinement éclairante, cette distinction me semble toutefois devoir être complétée par la mise en lumière précise de ce qui, dans les événements français, a pu apparaître à Kant relever d'une entreprise proprement révolutionnaire et, comme tel, mériter d'être condamné. Non seulement il convient de distinguer le processus de la Révolution et ses acquis (Kant condamnant le premier et défendant les seconds), mais il s'agit encore de discerner, dans la globalité de la séquence qui s'ouvre symboliquement en 1789, le virage à partir duquel il s'est agi proprement d'une révolution. J'avancerai à cet égard une hypothèse, que la suite entreprendra de justifier : aux yeux de Kant, la Révolution française ne devint, pour son malheur, véritablement révolutionnaire qu'avec la condamnation et, *a fortiori*, avec l'exécution du roi. Il n'y aurait pas eu de révolution en France avant le régicide et la Terreur.

1. Cf. en ce sens L. Ferry, *Philosophie politique*, II, Paris, PUF, 1984.
2. *Projet de paix perpétuelle*, trad. citée, p. 139.

Comme telle, toute la séquence qui précède, aussi bien dans son contenu que même dans sa forme, pourrait être appréhendée positivement et même être défendue, ainsi que Kant (même si le tableau est sombre, il ne faut pas non plus le noircir entièrement) n'a pas hésité à le faire contre ses adversaires.

## La mort du roi : une condamnation juridique

Dans l'une de ces déclarations sibyllines dont il a le secret, Alexis Philonenko m'avait, il y a déjà longtemps, fait part de son désir d'écrire un jour un ouvrage intitulé : *La Mort du roi*. Je ne sais s'il le fera un jour ou si ce livre, comme je le soupçonne, se trouve dans ses cartons, mais la chose m'a longtemps intrigué et les recherches que j'ai entreprises, et qui ont donné lieu à des esquisses successives [1], sur l'appréhension kantienne du régicide doivent beaucoup à cette déclaration d'intérêt pour un épisode dont la manière dont il concerne le philosophe ne m'avait pas frappé.

Lorsque, dans des Réflexions datées de 1776-1778, Kant utilise le terme de « révolution », il y recourt en fait d'une façon encore très générale pour désigner un « changement » politique : ainsi « les révolutions (*Revolutionen*) de Suisse, de Hollande et d'Angleterre » ne sont-elles distinguées de cet autre « changement » survenu « en Russie » que par le plus grand profit qui a pu en résulter pour

1. Je saisis cette occasion pour remercier François Furet et Mona Ozouf d'avoir accueilli une première version de ces recherches dans le volume qu'ils ont édité à partir d'un colloque organisé par eux, à Paris, en 1988 : voir *The Transformations of Political Culture, 1789-1848* (tome III de *The French Revolution and The Creation of Modern Political Culture*), Oxford, New York, Pergamon Press, 1989, p. 213-224. L'institut Raymond Aron, que dirigeait alors François Furet à l'EHESS, a constitué à cette période et durant quelques années un lieu de collaboration privilégié entre historiens, philosophes, politistes, juristes (L. Ferry, J.-M. Ferry, M. Gauchet, P. Manent, M. Ozouf, E. Pisier, Ph. Raynaud, P. Rosanvallon, T. Todorov, H. Wismann, etc.) dont je n'ai jamais connu d'autre exemple, si ce n'est celui du Collège de Philosophie, que Luc Ferry et moi-même avons animé de 1975 à 1990. Depuis lors, les disciplines sont rentrées chez elles.

le monde (Réflexion 1438, AK, XV). En 1793, dans *Théorie et Pratique*, elles seront à nouveau évoquées, mais en tant qu'elles constitueraient des révoltes ou des soulèvements (*Empörungen*) [1]. Comme si Kant, par conséquent, se résolvait désormais à ne parler proprement de « révolution » que sous bénéfice d'un inventaire plus poussé et plus précis de conditions hors desquelles l'expression risquerait d'être inadéquate. Mon hypothèse est qu'une méditation rigoureuse du cours de ce qui fut très vite désigné globalement, trop globalement peut-être aux yeux de Kant, comme « la Révolution française » n'est pas étrangère à ce scrupule terminologique.

Pour donner corps à cette hypothèse, il faut prêter attention aux quelques textes, peu nombreux, où Kant a consigné son appréciation des événements se déroulant en France, sous la forme de *Reflexionen* figurant dans le tome XIX de l'Akademie-Ausgabe. J'en retiendrai une série d'indications importantes pour délimiter le point à partir duquel, selon Kant, il s'est agi vraiment, à l'ouest du Rhin, d'une « révolution ».

Une première justification, non négligeable, est apportée par la Réflexion 8018 (située par les éditeurs de l'Académie de Berlin entre 1789 et 1795) à la décision que prirent les États généraux de se transformer en Assemblée constituante : « Lorsqu'un roi convoque le peuple en la personne de ses représentants pour réformer l'État, aucune obligation ne les retient alors de donner à l'État une tout autre forme, et ils peuvent immédiatement s'investir de la souveraineté. » Afin de légitimer ce que l'on pourrait tenir, à tort selon lui, pour le commencement d'un processus révolutionnaire, Kant souligne que, là où le souverain « tient sa prérogative, non d'un contrat, mais simplement du fait », le peuple ne dispose d'aucune souveraineté : en conséquence, puisqu'« il est contraint à tout par le fait du souverain », le peuple, réduit à un « subordonné passif », n'a évidemment pas « le pouvoir de contraindre », mais il n'a pas non plus « celui de s'obliger à quoi que ce soit, comme

1. *Théorie et pratique*, trad. par L. Ferry, in *Œuvres philosophiques de Kant*, III, *op. cit.*, Bibliothèque de la Pléiade, p. 284.

s'il avait une volonté libre ». Raison pour laquelle ses représentants, une fois réunis par le roi « pour *réformer* l'État » (*réformer* : le terme est à noter), n'étaient limités en rien quant à l'ampleur des réformes à envisager : les réformes projetées pouvaient être radicales ; quand bien même elles donneraient une « tout autre forme » à l'État, elles ne suffiraient pourtant nullement à inaugurer un processus révolutionnaire.

Kant déplaçait ainsi vers l'aval le commencement de la Révolution. Son analyse est confirmée et même accentuée dans ses effets par la Réflexion 8048, où il examine la question de savoir « si, lorsqu'un souverain convoque la nation entière et la laisse se donner une représentation complète, il conserve à ce moment les droits d'un souverain ». Il s'agit donc cette fois de savoir si l'Assemblée constituante avait proprement le *droit* de définir, voire de délimiter ou même d'anéantir, les pouvoirs du roi, sans s'engager encore (si droit il pouvait ici y avoir) dans cette subversion de tout droit qui définit une révolution. La réponse que Kant apporte à cette question présente l'intérêt de nous permettre de saisir avec netteté jusqu'où va son adhésion au cours des événements français :

« Il [le roi] n'était rien d'autre que représentant, lieutenant, avec lequel le peuple n'a pas fait de contrat, mais à qui il a simplement confié la charge de représenter ses droits. Aussi longtemps que le roi joue ce rôle, il peut s'opposer à tous les mouvements du peuple, animé de l'intention de se faire constituant. Mais les a-t-il une fois convoqués et se sont-ils faits constituants, son autorité n'est pas seulement suspendue, mais elle peut même cesser, comme le crédit de tout représentant quand celui dont il tient l'autorité est lui-même présent. »

Argumentation dont on accordera qu'elle était limpide, mais aussi singulièrement audacieuse : puisque le roi, sans contrat, était de fait le représentant du peuple, il n'avait le pouvoir de s'oppposer aux mouvements du peuple qu'aussi longtemps qu'il exerçait sa fonction de représentant ; le principe de la cessation de son pouvoir est donc inscrit dans la décision de réunir le peuple en États généraux – puisque cette décision elle-même, en abolissant la structure représentative roi/peuple, subvertit le fondement de l'autorité royale et transfère l'autorité aux nouveaux représentants que sont les membres de l'Assemblée constituante. Bref, ce serait le roi lui-même qui aurait mis fin à son pouvoir, et de ce fait la réorganisation des pouvoirs décidée par les membres de l'Assemblée constituante pouvait parfaitement être légitime : il n'y aurait pas, là non plus, matière à désigner l'engagement d'un processus révolutionnaire [1].

Le diagnostic n'est pas différent dans la plus longue réflexion consacrée aux événements français (Réflexion 8055, entre 1789 et 1795) : « En France, l'Assemblée nationale pouvait changer la constitution, quoiqu'elle ne fût convoquée que pour mettre de l'ordre dans les finances de la nation. Ils étaient en effet représentants de l'ensemble du peuple, après que le roi avait autorisé qu'on décrétât les pleins pouvoirs. Auparavant le roi représentait le peuple ; cette fois, il s'est trouvé réduit à rien du fait de la présence effective du peuple. »

Une distinction subtile intervient à cet égard, dans les lignes qui suivent, entre l'Angleterre et la France :

« En Grande-Bretagne, explique Kant, on peut dire, non que le roi représente le peuple, mais que conjointement avec les ordres, et le premier de tous, il constitue le peuple et est par rapport à eux *primus inter pares*. » Différence de statut entre le roi de France et le roi d'Angleterre dont Kant tire alors une conséquence capitale :

« Parce qu'il [le roi de France] représente le tout, il s'annihile quand il fait comparaître ce tout, dont il n'est pas une partie, mais seulement le représentant. S'il en était une partie [= comme le roi d'Angleterre], le tout ne pourrait jamais sans son consentement prendre corps et une volonté générale ne pourrait jamais en naître qui possédât la toute-puissance législative. »

Plus nettement dit : si le roi de France avait été le roi d'Angleterre, la décision unilatérale prise par l'Assemblée de changer la constitution sans le consentement du roi eût été révolutionnaire. Inversement : puisqu'en France le roi

---

1. De même, *Doctrine du droit*, trad. citée, p. 166.

ne représente pas lui-même un ordre et n'est pas doté
d'une voix s'ajoutant à celles des représentants des autres
ordres, il n'y a pas de révolution en 1789, ni même en
1791, lorsqu'une nouvelle Constitution émane des travaux
d'une Assemblée que le roi lui-même avait convoquée,
acceptant ainsi par définition de s'« annihiler ». Kant
complète même son argumentation en décrivant comme
parfaitement légitime l'instauration d'un État républicain :

« L'Assemblée nationale fut convoquée pour sauver
l'État en couvrant de sa garantie toutes les dettes dont les
dépenses du gouvernement l'avaient grevé (ils ne se sont
pas bornés à élever des doléances). Ils devaient donc se
porter volontairement garants au prix de leur propriété. Il
leur fallait pour cela se mettre dans une situation qui leur
permît de disposer seuls de leur propriété, et donc dans la
position de la liberté, certes sous des lois, mais de celles
qu'ils se donnaient eux-mêmes, c'est-à-dire un État républicain ou de liberté civile. Et la cour a dès lors renoncé
d'elle-même au droit de leur faire porter la charge. Mais
pour pouvoir fournir cette caution, il leur fallut établir une
Constitution qui ne pût exercer sur eux de violences. »

Ainsi non seulement, bien que n'ayant été convoqués
que pour assainir les finances de la nation, les États généraux avaient toute liberté (donc le droit) de se transformer
en Assemblée constituante, mais en outre, puisqu'on
demandait aux représentants du peuple de cautionner la
dette, il était parfaitement légitime que ces représentants
en vinssent à réformer l'État dans un sens tel que les
devoirs dont ils se chargeaient fussent compatibles avec
les droits nécessaires à leur accomplissement : la marche
vers une constitution républicaine, éventuellement à travers une monarchie républicaine, était inscrite, et juridiquement fondée, dans les motifs eux-mêmes qui avaient
présidé à la réunion des États généraux [1].

Si l'on suit Kant, il ne s'était donc agi jusqu'alors que
d'une succession de *réformes*, non d'une *révolution* : c'est
une évolution *juridique* qui, par un transfert légal de souveraineté, conduit jusqu'à la déposition de Louis XVI,

1. *Ibid.*

simple enregistrement de ce qui avait été en fait une abdication légale [1]. Par là s'explique que, pour toute cette séquence, Kant ait pu approuver non seulement le *contenu* de ce que nous appelons la Révolution, ses acquis (à commencer par la Déclaration des droits de l'homme), mais aussi – ce qu'on n'a jamais observé suffisamment – sa *forme*, puisqu'en fait la Révolution, à ses yeux, n'avait pas encore eu lieu. Kant, bien sûr, n'a pas repris entièrement ces remarques dans ses écrits publiés : du moins expliquent-elles grandement comment, dans son œuvre publique, la condamnation du droit de révolution peut coexister avec un refus de toute adhésion au parti contrerévolutionnaire. Est-il permis d'ajouter que, si certes, du point de vue de Kant, les événements survenus jusqu'à la déposition du roi, y compris celle-ci, étaient acceptables puisque légaux, l'ampleur de ce qui est ainsi accepté invite à relativiser la perspective selon laquelle la conception kantienne du droit induirait une acceptation passive de l'ordre établi ?

Cela étant, puisque, de proche en proche, le commencement de la Révolution proprement dite se trouve ainsi retardé, est-ce à dire que, pour Kant, la Révolution française, décidément, fut une « révolution introuvable » ? Tout change, on s'en doute, avec le procès du roi et avec le régicide : la mort du roi marque que, rompant avec une politique de réforme, la France a basculé dans la Révolution. L'unique texte sur cette nouvelle séquence est constitué par une longue note de la *Doctrine du droit* [2], souvent citée, mais qui reste difficile à appréhender, dans la mesure où Kant y mêle une condamnation sans appel de l'exécution de Louis XVI et une explication historique du régicide, qui le conduit à rechercher pour les criminels des circonstances atténuantes [3]. Suivons l'analyse dans

---

1. En ce sens, il faut nuancer le jugement d'A. Philonenko, selon lequel Kant condamna la Révolution « dès la déposition du Roi » (*Théorie et praxis chez Kant et Fichte*, Paris, Vrin, 1968, p. 51, note 14).

2. *Doctrine du droit*, trad. citée, p. 138-139.

3. Voir déjà H. Cohen, *Kants Begründung der Ethik* (1877), 2ᵉ éd. augmentée, Berlin, 1910, p. 437 sq. : Cohen reproche à Kant d'avoir

toute sa sinuosité, pour tâcher d'y déterminer la nature
précise de ce qui apparaît cette fois, irrécusablement,
comme la condamnation d'un fait. Quatre moments se
laissent repérer dans cette argumentation :

1. L'illégalité, dans une condamnation prononcée au
demeurant par les députés légitimes du peuple souverain,
est située par Kant dans une rédaction fallacieuse de l'acte
d'accusation : on a voulu juger « le souverain à cause de
son administration passée », ce qui était absolument
contraire au droit, puisque tout ce que cette personne « a
fait auparavant en qualité de souverain, ne peut qu'être
considéré extérieurement comme légal ». En effet, du
point de vue du droit, le peuple doit son existence à la
législation du souverain : en prétendant juger ce dernier,
il s'érige donc en souverain du souverain et subvertit totalement le principe même qui est au fondement du droit
public ; condamner le souverain, c'est chercher à « tuer

---

confondu, dans son argumentation, « l'autorité de la loi elle-même »,
donc la « personne morale » du souverain, et la « personne physique »,
et soutient que « si la personne physique meurt, la personne morale
continue de vivre, conformément à la constitution ». Une interprétation
attentive de ce passage est aussi fournie par D. Losurdo, *Autocensure
et compromis dans la pensée politique de Kant* (1985), trad. par J.-
M. Buée, Presses universitaires de Lille, 1993, p. 179 sq. (cette interprétation est reprise pour l'essentiel par A. Tosel, *Politique de Kant*,
Paris, PUF, 1988). J.-M. Beyssade a discuté amicalement certains
aspects de mon interprétation, in « 1792-1992 : République et régicide
chez Kant », *Bulletin de la Société française de philosophie*, n° 1,
A. Colin, 1993, – selon une perspective que reprend en partie
S. Goyard-Fabre, *La Philosophie du droit de Kant*, Paris, Vrin, 1996,
p. 212 sq. (contre la perspective selon laquelle, pour Kant « le bascu-
lement de la Révolution française a commencé avant même qu'elle
n'ait lieu », à savoir dès la convocation des États généraux, je main-
tiens que les textes que je viens d'analyser autorisent littéralement à
reporter jusqu'au régicide l'inauguration véritable, et non pas seulement virtuelle, d'un processus révolutionnaire : certes, virtuellement,
l'élimination du roi est déjà comprise dans la convocation des États
généraux, mais aux yeux de Kant c'est le procès du roi qui marque
symboliquement et décisivement le passage de la réforme à la révolution). Dans une tout autre perspective, on consultera aussi sur ce
texte l'article de J. Rogozinski, qui toutefois n'intègre pas l'état de la
discussion : « Un crime inexpiable (Kant et le régicide) », *Rue Descartes*, n° 4, collège international de Philosophie, Albin Michel, 1992,
p. 99 sq.

TÂCHES DE LA PHILOSOPHIE

son pays » et en ce sens le régicide, qui est un parricide, devrait être puni de mort. Dit autrement : les représentants du peuple avaient le droit de juger Louis XVI, non comme roi, pour l'exercice passé de sa souveraineté, mais comme le simple citoyen Capet, pour ses tentatives en vue de reconquérir par la force (et, qui plus est, par la force des armées étrangères) un pouvoir qu'il avait abdiqué légalement. C'est très exactement dans ce déplacement, et en lui seulement, que réside le crime : on a jugé et condamné, non un citoyen, pour haute trahison, mais, rétroactivement, un monarque, pour une action qui, source du droit, « ne saurait être injuste ».

2. Ayant ainsi désigné l'inacceptable, Kant insiste sur ce qui le rend particulièrement monstrueux et qui « saisit d'un frisson d'horreur l'âme remplie des Idées des droits de l'homme », à savoir « *l'exécution dans les formes* » : comme souvent lorsqu'il évoque la Révolution (on songe à nouveau au fameux texte du *Conflit des facultés*), Kant se place ici du point de vue d'un spectateur dont le jugement serait guidé par la doctrine des droits de l'homme, et donc, par cet intermédiaire, du point de vue des droits de l'homme eux-mêmes. Cette constatation n'est pas intégralement négligeable si nous essayons, comme c'est le cas ici, de cerner dans quelle mesure la référence à l'Idée du droit conserve chez Kant une portée critique. Se plaçant de ce point de vue, Kant se demande alors comment expliquer ce sentiment qu'il qualifie de « moral », au sens où il y va en lui d'une indignation devant ce qui est perçu comme le plus inexpiable des péchés. L'interrogation se déplace donc : il ne s'agit plus de déterminer directement l'illégalité du régicide, mais, parce que l'acte a suscité chez les contemporains une épouvante analogue à celle que produirait la vision du mal absolu, il faut évaluer cette éventuelle immoralité, qui conduirait à expliquer l'exécution de Louis XVI par la monstruosité de ses juges.

3. En vue d'une telle opération, tout le deuxième alinéa de la note de la *Doctrine du droit* est consacré à une mise au point abstraite sur ce que l'on pourrait appeler la structure psychique de la transgression de la loi ou du crime en général. Si tout crime suppose en effet l'adoption *libre*

(comment, sinon, pourrait-il être jugé ?) par le criminel d'une certaine maxime (par laquelle il se prescrit d'agir d'une manière déterminée), deux cas de figure peuvent être envisagés : ou bien le criminel considère la règle qu'il donne à son action comme « valant universellement », ou bien il y voit simplement « une exception à la règle » qui définit la loi. En clair : ou il subvertit totalement la règle du droit, en instaurant pour nouvelle règle la décision d'agir systématiquement à l'opposé de la loi, ou, au contraire, il n'anéantit pas son respect en général pour la loi, mais choisit de s'en dispenser « occasionnellement ». Force est par conséquent pour « un système de la morale », précise Kant en concluant cette analyse formelle, d'envisager deux types de criminel, dont le premier, correspondant à l'adoption de la subversion systématique de la loi pour maxime de ses actions, incarnerait donc l'idée même de « méchanceté » pure [1]. Sur la base de cette typologie du crime, il s'agit alors de déterminer dans quelle catégorie ranger le crime commis par les auteurs du régicide : exception à la maxime du droit ou perversion intentionnelle de cette maxime ?

4. Le dernier alinéa de la note fait à cet égard preuve d'une grande subtilité. Le texte doit ici être lu avec la plus extrême attention :

« La raison de ce qu'il y a d'horrible dans la pensée de l'exécution d'un monarque dans les formes *par son peuple* consiste en ce que, si le *meurtre* est simplement l'*exception* à la règle que ce peuple s'était donnée pour maxime, l'*exécution* en revanche ne peut qu'être conçue comme un complet *renversement* des principes régissant la relation entre le souverain et le peuple [2]. »

S'agissant d'expliquer le sentiment d'horreur éprouvé

1. L'éventualité envisagée ici par Kant l'est aussi par B. Erhard, en 1795, dans son *Apologie du diable* (trad. par Ph. Secrétan, prés. par S. Goyard-Fabre et A. Renaut, Caen, Bibliothèque de Philosophie politique et juridique, 1989) : Erhard circonscrit l'espace diabolique de la méchanceté radicale comme celui au sein duquel toutes les maximes morales seraient, non pas seulement transgressées (exception), mais inversées. Il n'est pas interdit de penser que Kant a ici en tête l'essai d'Erhard.

2. *Doctrine du droit*, trad. citée, p. 139.

par les spectateurs et leur sentiment d'avoir assisté, dans l'ordre de la moralité, à une monstruosité, il faut donc distinguer le fait lui-même – le meurtre du roi – et les modalités selon lesquelles il s'est accompli, c'est-à-dire comme une exécution « dans les formes », se donnant les apparences d'une procédure juridique : ce qui, explique Kant, a tant effrayé les spectateurs et peut faire croire à un acte de méchanceté pure, ce n'est pas en effet l'assassinat (qu'on accepterait d'interpréter aisément comme une exception faite par rapport à la maxime du droit), mais bien davantage son travestissement juridique. Car cette fois, à travers la mise des formes légales au service d'un acte dont l'illégalité est patente (puisqu'on ne pouvait juger le roi pour son administration passée), l'impression naît bel et bien que la maxime du droit a été totalement inversée et pervertie : ainsi le régicide s'expliquerait-il par une sorte de méchanceté radicale ou de diabolisation des consciences. Tel est d'ailleurs, il faut le souligner, le discours le plus couramment tenu par les contre-révolutionnaires sur l'exécution de Louis XVI.

Est-ce là toutefois la position de Kant ? La majeure partie des commentateurs de ces lignes de la *Doctrine du droit* l'ont cru, ou du moins l'ont laissé penser. Or, considérons avec attention la manière dont, une fois expliquée la réaction des spectateurs, l'analyse se conclut :

« On a donc raison d'admettre que le consentement à de telles exécutions ne provenait pas effectivement d'un principe prétendument juridique, mais de la crainte devant la vengeance que l'État, s'il venait à reprendre vie un jour, exercerait sur le peuple, et que tout cet attachement au respect des formes n'a été pratiqué que pour donner à cet acte l'apparence d'un châtiment, et par conséquent d'une *procédure juridique* (ce que le meurtre ne pourrait être). »

Il faut mesurer, en résistant une fois de plus à une tradition interprétative qui prédétermine la lecture, ce que les lignes ont d'étonnant : si nous faisons l'effort de suivre la logique de l'argumentation à laquelle elles viennent mettre un terme, elles imposent de nuancer profondément ce que la plupart des commentateurs croient pouvoir dégager de cette fameuse note, à savoir l'assimilation kantienne du

régicide à un acte diabolique où transparaît l'« Idée du
mal le plus extrême ». Une telle lecture consiste en réalité
à attribuer purement et simplement à Kant ce sentiment
des spectateurs tandis que, nous venons de le voir, toute
l'analyse s'efforce au contraire, le mettant pour ainsi dire
à distance, de le déconstruire pour en expliquer la genèse.

Une fois opérée cette déconstruction, que nous dit pour
son propre compte Kant ? Qu'en vérité la décision du régicide s'explique, non par une perversion intentionnelle de
la maxime du droit (l'adoption d'un principe qui, « prétendument juridique », viserait en fait délibérément la destruction du droit), mais par ce que l'on doit bien appeler
des circonstances atténuantes : les représentants du peuple
ont redouté une possible vengeance exercée sur ce peuple
par l'État si Louis XVI était parvenu, à l'aide des armées
étrangères, à reprendre le pouvoir. La thèse de Kant est
donc que le crime ainsi commis s'explique, non par une
méchanceté intrinsèque du peuple, mais par une situation
d'urgence (ou perçue, à tort ou non, comme telle) qui a
faussé le bon fonctionnement de la raison juridique, a suscité un acte d'accusation illégal et a fait basculer le cours
des événements, de la réforme, dans la révolution. Bref,
il s'agissait purement et simplement d'un assassinat suscité par une réaction de défense, voire par une panique,
et c'est pour masquer cette réalité des faits qu'on a voulu
leur donner une apparence juridique : l'exécution dans les
formes renvoie donc moins à une méchanceté radicale du
peuple qu'à une peur honteuse de soi et soucieuse de se
dissimuler à elle-même.

Mesurons alors la portée de la mise au point : tout en
aidant à esquisser ce qu'eût pu être une interprétation kantienne de la Terreur (ou ce que, menée dans l'esprit du kantisme, elle pourrait être aujourd'hui), elle permet – et la
chose concerne plus directement, ici, mon propos – de
dégager la nature précise de la critique adressée par Kant
à la Révolution française. Manifestement, si Kant avait
voulu écrire sur la Terreur [1], son interprétation eût explicité

1. Seules les pages de la *Doctrine du droit* sur la séparation absolue
des pouvoirs (§ 45, p. 128 sq.) portent en elles une condamnation de
la concentration des pouvoirs dans le Comité de salut public.

ce qui est présent, en filigrane, dans son analyse du régicide : d'une part, d'un point de vue normatif, là commence
véritablement une révolution, c'est-à-dire un état d'injustice publique déclarée légale ; d'autre part, du point de vue
de l'explication, le processus qui s'enclenche avec le régicide n'est pas intrinsèquement lié à ce qui était en cours
depuis 1789, mais l'attitude de Louis XVI (intelligence
avec l'ennemi), les menaces contre-révolutionnaires ont
créé, à travers une réaction de peur, un enchaînement
conduisant jusqu'à la guerre civile. Près d'un siècle avant
Clemenceau croyant devoir réaffirmer que « la Révolution
est un bloc » pour la défendre contre la droite antirépubli-
caine, Kant avait au contraire estimé nécessaire au rejet des
thèses contre-révolutionnaires une fragmentation de la
séquence ouverte en 1789 : parmi d'autres, il rendait ainsi
possible de construire les termes de la question de la Terreur, telle qu'elle nous reste posée aujourd'hui.

L'analyse d'une telle fragmentation de la séquence
communément tenue pour « révolutionnaire » éclaire en
outre grandement, à mon sens, ce pour quoi j'avais
convoqué ici ces documents – savoir le problème de déterminer dans quelle mesure la philosophie kantienne du
droit ouvre sur une sacralisation de la légalité et de la
positivité, qui la rendrait incapable de condamner au nom
du droit une décision ou un acte de la puissance publique.
Il faut y insister fortement : à la différence de ce qui interviendra par exemple chez Kelsen vis-à-vis des systèmes
totalitaires, la condamnation du régicide, loin de se réfu-
gier sur le terrain de l'indignation morale, est et demeure,
chez Kant, exclusivement *juridique*. Sans doute le principal objectif de cette étonnante note de la *Doctrine du
droit* était-il même de prévenir tout dérapage du registre
juridique vers le registre moral : juridiquement inacceptable parce que renversant les rapports du peuple et du
souverain et mettant ainsi en cause les principes mêmes
de l'État de droit, le régicide n'a pas besoin en outre, pour
être condamné et expliqué, d'être imputé à une quelconque méchanceté foncière du peuple. Pourquoi Kant a-
t-il tant tenu à écarter cette tentation, tout en soulignant
ce qui pouvait la susciter ? Il s'agissait là, nous l'avons

vu, du diagnostic même des adversaires de la Révolution, conformément à un des ressorts classiques du discours contre-révolutionnaire depuis 1790, à savoir l'argument (présent évidemment en 1793 chez Rehberg) qui consistait à insister sur la faiblesse d'un genre humain prisonnier des passions et à en déduire l'absurdité de tout projet politique fondé sur l'idée d'une souveraineté du peuple : comment, devenu souverain, un peuple traversé par l'égoïsme des passions, donc intrinsèquement méchant, pourrait-il être animé par la considération du bien commun ? On comprend sans peine qu'à ceux qui partageaient une telle conviction, le régicide soit apparu comme une tragique confirmation. On comprend aussi que Kant, adversaire de Rehberg dès 1793, ait entrepris, quelques années plus tard, de déminer un terrain – celui du débat sur l'exécution de Louis XVI – susceptible d'accréditer singulièrement les thèses réactionnaires : de là procède à mon sens tout son effort, que je crois précieux, pour séparer condamnation juridique et condamnation morale, pour montrer que l'exécution du roi pouvait être expliquée par d'autres ressorts psychologiques que la méchanceté pure, et court-circuiter ainsi le possible renforcement d'un camp contre-révolutionnaire prompt à voir là l'éclatante preuve de ses thèses. On peut ajouter aujourd'hui, vis-à-vis d'autres épisodes de l'histoire récente qui suscitent l'horreur des spectateurs, que, là non plus, l'imputation des faits à la méchanceté d'un peuple ne serait pas sans doute la façon la plus radicale d'en développer la critique, et qu'il serait incontestablement plus pertinent, ici aussi, de restituer la détermination de l'inacceptable sur un terrain aussi résolument juridique que celui où Kant a situé sa discussion de la « révolution » [1].

Quoi qu'il en soit, à travers son analyse du régicide, Kant pour sa part défend encore la Révolution (ou plutôt ce que nous appelons aujourd'hui la Révolution), jusques

---

1. De ce point de vue, l'effort accompli par J. Habermas, depuis le *Historiker Streit*, pour maintenir sur le terrain d'une critique menée au nom du droit et des idéaux démocratiques la discussion allemande contemporaine sur le passé nazi me semble à la fois exemplaire et d'esprit parfaitement « kantien ».

et y compris à travers la condamnation (plus précisément :
à travers le type de condamnation) qu'il prononce à
l'égard de son épisode le plus inacceptable. Le régicide,
pour radicalement condamnable qu'il soit, ne prouve pas,
rétrospectivement, qu'il était absurde de vouloir fonder un
ordre juridique, en 1789, sur la souveraineté du peuple et
sur les droits de l'homme ; il manifeste seulement qu'en
1793 une grave erreur juridique a été commise, dans des
circonstances qui l'expliquent sans l'excuser, par le nouveau pouvoir, ouvrant, avec la subversion des principes
mêmes du droit, l'espace d'une révolution proprement
dite. Avant le régicide, Kant pouvait défendre à la fois le
contenu de ce qui se construisait en France (l'humanisme
juridique) et la forme de sa construction (la réforme) :
après la mort du roi, il ne pouvait plus qu'en condamner,
tout aussi indissolublement, la forme (le processus révolutionnaire) et le contenu (la Terreur comme suspension
de l'État de droit). Attitude qui, tant vis-à-vis du régicide
qu'à l'égard de ce qui l'a précédé, s'accommode mal, on
en conviendra, de l'hypothèse selon laquelle, chez Kant,
le réaménagement du jusnaturalisme théorique dissimulerait un positivisme, voire un réalisme, pratiques : fon-
dant la possibilité d'une critique *juridique* de ce qui vient
s'inscrire dans la positivité, le criticisme, loin d'ouvrir la
voie à la négation positiviste de l'idée du juste ou à la
dissolution de l'interrogation sur un « ordre politique juste
et bon », fournissait sans doute les moyens d'offrir à cette
interrogation les chances qui lui permettait d'avoir un avenir et de redevenir centrale dans la philosophie politique
de notre temps [1].

1. Au demeurant n'est-il pas sans signification qu'un des protagonistes, aujourd'hui, de la réflexion sur la problématique de la justice
politique, M. Walzer, se soit lui-même affronté, dans *Régicide et Révolution. Le procès de Louis XVI. Discours et controverses*, trad. par
J. Debouzy et A. Kupiec, Paris, Payot, 1989, au problème d'interpréter
l'épisode analysé par Kant. Même s'il n'évoque que très succinctement
l'analyse kantienne, Walzer souligne que la *Métaphysique des mœurs*
constitue « la seule œuvre philosophique majeure qui traite du régicide » (p. 133).

## II
## Le droit cosmopolitique

Symétrique et inverse de celle que je viens de discuter, une autre critique traditionnelle, pour ne pas dire rituelle, de la contribution kantienne à la philosophie politique consiste à en dénoncer le caractère démesurément idéaliste ou utopique. La discussion hégélienne, comme l'on sait, s'était située d'ores et déjà sur ce terrain. Visant expressément Kant, l'additif au § 324 des *Principes de la philosophie du droit* souligne que, lorqu'on présente « la paix perpétuelle comme un idéal vers lequel l'humanité devrait tendre », une telle idéalisation de la politique, caractéristique du projet kantien d'une « ligue fédérative des princes » chargée de « régler les conflits entre les États », oublie que « l'État est une individualité et que la négation est essentiellement contenue dans l'individualité » : bref, il faut que l'État, comme toute individualité, « se crée un opposé ou un ennemi » ; contre toute idéalisation pacifiste, c'est l'effectivité même de l'État qui implique une relativisation de la valeur de la paix, donc aussi une mise en cause de ceux qui condamnent abstraitement la guerre sans voir qu'ainsi, à leur insu, ils absolutisent l'égoïsme du propriétaire privé refusant de sacrifier la jouissance personnelle de son bien propre. Critique sévère en même temps que célèbre, qui avait pour horizon, dans la pensée contemporaine, aussi bien les thèmes schmittiens de la distinction ami/ennemi comme constitutive de l'espace politique que, sous une forme moins excessive, donc moins négligeable, la discussion du pacifisme juridique par Max Scheler.

### La critique de Max Scheler

Cette discussion schélérienne intervient dans un essai paru à titre posthume en 1931, mais elle remonte en fait à des conférences prononcées en 1926-1927, lorsque s'était mise en place la Société des nations, dont on sait

qu'elle était intervenue au terme d'un assez long processus
où une inspiration intellectuellement kantienne avait, chez
les premiers concepteurs de l'institution, joué un certain
rôle. Dans cet essai [1], parmi les diverses sortes de pacifisme qu'il distingue, Scheler présente le « pacifisme juridique », ou « pacifisme du droit », comme ayant eu pour
origine Grotius et Pufendorf, à travers l'application de la
doctrine moderne du droit naturel au droit international
(ce que Grotius et Pufendorf ont appelé le « droit des
gens »). Quant aux principaux lieux de développement
d'un tel pacifisme, l'essai mentionne alors les théories de
l'abbé de Saint-Pierre, la pensée de Kant et le « socialisme
utopique » : dans les trois cas, il s'agirait de la position
qui a pour « but suprême » le « remplacement de l'*ultima
ratio* des États par une cour de justice se référant à un
système établi de normes et réglant tous les conflits entre
États par une décision juridique ». Or, pour Scheler, c'est
dans son principe même que ce pacifisme juridique est
vicié par une « erreur fondamentale » – qui expliquerait
les « désillusions » que se vouent à produire toutes les
tentatives d'institutionnalisation souhaitant s'en inspirer.
Ces désillusions apparaissant de fait, avec le recul, comme
bel et bien réelles, l'argumentation schélérienne mérite
d'être brièvement restituée.

L'« erreur systématique profonde » du pacifisme tel
qu'il se réclame volontiers de Kant et de son *Projet de
paix perpétuelle*, ce serait en fait, selon Scheler, l'erreur
même de l'*Aufklärung*, à savoir la conviction que la raison
possède par elle-même une force propre, qu'il y a une
force intrinsèque des idées ou de l'« idée » comme telle –
en l'occurrence une « force propre de la pure idée du
droit », une « force du droit » que les pacifistes opposent,
en tant que telle, au « droit de la force ». Or, explique
encore Scheler (en se fondant sur une conception du droit
que l'on n'est certes pas tenu de partager, mais qui a mal-
heureusement une vérité historique), tout droit positif n'est
qu'une formulation juridique, orientée d'après certaines

---

1. M. Scheler, *L'Idée de paix et le pacifisme*, Paris, Aubier, 1953,
notamment p. 79 sq.

idées rationnelles *a priori*, de rapports de forces correspondant à des « intérêts », et « le droit civil d'un État n'est
jamais indépendant du sort de cet État dans l'univers ».
Bref, l'erreur que dénonce Scheler à partir d'une représentation du droit qui évoque curieusement Marx [1] consisterait de la part de la tradition kantienne à n'avoir pas vu
que l'affirmation du droit ne prenait consistance qu'adossée à des forces non comprises dans son idée, mais incar-
nées notamment par l'État.

De la dénonciation d'une telle erreur découle chez
Scheler un extrême pessimisme vis-à-vis des tentatives de
produire ou de garantir la paix par le droit : du point de
vue des chances de la paix, plutôt que de se perdre dans
des perspectives trop vastes et utopiques (comme celle du
pacifisme juridique), la « première exigence de l'heure »
pour préserver l'Europe d'une nouvelle guerre, qui signifierait le « crépuscule des dieux » de toute la culture européenne, serait de préserver la jeunesse (allemande) de la
séduction susceptible d'être exercée sur les consciences,
après la défaite et dans les conditions créées à Versailles,
par une sorte de néoromantisme militariste ; en ce sens, il
conviendrait surtout de développer, à l'intérieur même de
la nation, une critique claire des « idéologies guerrières
romantiques », notamment en récusant toute pensée de la
revanche, et en suscitant dans les consciences la conviction qu'aimer la patrie et aimer l'humanité peuvent coexister – ce pourquoi Scheler, en une conclusion assez pathétique, préconise de rechercher des « tâches spécifiquement
européennes », susceptibles de rassembler les peuples
autour d'objectifs communs, et propose notamment à cet
égard la création d'une « université paneuropéenne ».
Perspective assurément intéressante, j'en conviens, et qui
reste d'actualité : du moins est-il clair qu'elle correspond
à un programme plus pragmatique peut-être, mais en tout
cas infiniment moins ambitieux que ne l'ont été les tentatives pour incarner dans la réalité l'espoir d'une paix par

1. Voir notamment *ibid.*, p. 111, où M. Scheler, bien que très
éloigné à tous égards du marxisme, reprend expressément la thèse
selon laquelle le droit naturel « n'a jamais été, partout où il a paru,
qu'une idéologie traduisant les intérêts de certains groupes ».

le droit. Faut-il entériner les objections schélériennes et la révision « à la baisse » que ces objections induisent vis-à-vis de ce qu'avait été à cet égard l'ambition kantienne ? Tel est au fond le point que je voudrais discuter ici en resituant le projet kantien dans ce qui lui donnait son sens, à savoir la décision d'aborder l'histoire, non seulement passée, mais aussi à venir, « d'un point de vue cosmo-politique ».

## Le point de vue cosmopolitique

Pour espérer comprendre la fondation kantienne du pacifisme juridique, il faut en effet revenir un instant à l'ouvrage décisif que constituait déjà, à cet égard aussi et avant même le *Projet de paix perpétuelle*, l'opuscule de 1784 intitulé *Idée d'une histoire universelle d'un point de vue cosmopolitique*. L'écriture de cet opuscule, que j'ai analysé jusqu'ici plutôt sous l'angle de la philosophie de l'histoire que sous celui de la philosophie politique, avait en effet été due à une circonstance quelque peu contingente. Dans la *Gotaische gelehrte Zeitung*, une note parue le 11 février 1784, à laquelle l'opuscule fait allusion dès sa première page, présentait ainsi « une idée chère au professeur Kant » :

« Une idée chère au professeur Kant est que le but final du genre humain est d'atteindre la constitution politique la plus parfaite, et il souhaite qu'un historien philosophe veuille bien entreprendre de nous livrer une histoire de l'humanité écrite dans cette perspective, et de montrer dans quelle mesure elle s'est approchée ou éloignée de ce but aux différentes époques, ainsi que ce qui reste encore à accomplir pour l'atteindre [1]. »

Comme beaucoup de commentateurs l'ont souligné, c'est en fait pour répondre à l'attente suscitée par cette note que Kant écrivit dans la *Berlinische Monatsschrift* de novembre 1784 l'article qui devint l'*Idée d'une histoire universelle d'un point de vue cosmopolitique*. J'ajoute

---

1. *Œuvres philosophiques de Kant*, II, *op. cit.*, Bibliothèque de la Pléiade, p. 1435.

simplement que, si j'ignore évidemment devant qui Kant a pu formuler le souhait évoqué par l'auteur de cette note (il nous dit qu'il s'est agi d'un « entretien avec un savant de passage »), il n'est en revanche pas difficile d'apercevoir sur quoi pouvait se fonder, en 1784, un lecteur de Kant pour lui attribuer la conviction qui allait être au centre de l'*Idée* et selon laquelle « le but final du genre humain » serait la réalisation de « la constitution politique la plus parfaite ». Dès 1781, dans la *Critique de la raison pure*, le début de la Dialectique transcendantale, en un passage déjà rencontré, expliquait en effet qu'« une constitution qui recherche *la plus grande liberté humaine* selon des lois faisant en sorte que *la liberté de chacun puisse coexister avec celle des autres* (sans qu'elle cherche le plus grand bonheur, car celui-ci s'ensuivra de lui-même) » est une « idée nécessaire, que l'on doit prendre pour fondement, non seulement dans l'esquisse des premiers contours d'une constitution politique, mais aussi à l'occasion de toutes les lois ». Bref, il s'agissait là, précisait Kant, d'un « modèle » en vue de « rapprocher toujours davantage, par référence à lui, la constitution légale des hommes de la plus grande perfection possible » (A 317). C'est évidemment la perspective d'une telle approche infinie de la constitution permettant la coexistence la plus parfaite des libertés, donc d'une approche infinie d'une paix civile parfaite, qui va, dans l'opuscule de 1784, définir le fil conducteur prescrit à l'historien pour découvrir de l'intelligibilité dans l'histoire. Et c'est précisément ce fil conducteur qui va être désigné comme ce « point de vue » dont Kant nous indique – dès le titre de son article – qu'il doit intervenir s'il s'agit de penser l'histoire et de lui donner une intelligibilité : savoir le « point de vue cosmopolitique ». Désignation qui toutefois, intervenant dans le titre, était quelque peu énigmatique (d'autant que la référence au cosmopolitisme ne réapparaît vraiment que dans la proposition VIII), et qui, pour être comprise dans sa teneur précise, nous reconduit, chez Kant, très en amont du texte de 1784.

Une telle dénomination, à consulter les *Reflexionen*, était en fait couramment pratiquée dès 1773-1775, par

exemple dans la Réflexion 1420. Kant y expose en effet
déjà la problématique qui sera celle de l'*Idée* : il postule
d'ores et déjà que les « fins différentes » poursuivies par
les êtres humains « ont nécessairement des rapports intrinsèques selon une idée qui, même si elle n'est pas visée,
constitue pourtant l'aboutissement de leurs aspirations
contradictoires » – en sorte que « l'unité de l'histoire à
partir d'une telle idée en fait un système ». Le projet est
donc, dès ce moment, celui d'une « histoire systématique », comme la nomme alors Kant en suggérant que,
« s'il y a partout quelque chose de systématique dans
l'histoire des actions humaines », c'est dans la mesure où
« une idée les conduit toutes, celle de leur droit » – et la
Réflexion 1420 pose alors, sans développer davantage ce
point : « Le plan de l'histoire est soit cosmographique, soit
biographique, soit cosmopolitique. » La formule, on en
conviendra, est étrange, et elle mérite quelque éclaircis-
sement [1].

Ce que Kant entend par « plan cosmographique » correspond en fait à la démarche qui est définie en 1755 dans
les premières lignes de l'*Histoire générale de la nature et
la théorie du ciel* : il s'agirait de mettre en évidence,
comme Kant s'y essaya alors, « le lien systématique qui
réunit, dans toute l'étendue de l'infinité, les éléments de
grande dimension de la création », et l'on cherche alors à
« déduire la formation des corps célestes eux-mêmes et
l'origine de leur mouvement à partir du premier état de
nature, selon des lois mécaniques » [2].

Le plan biographique, en revanche, correspond au projet d'une histoire documentaire qui serait celle des grandes
figures de l'humanité, au sens où Kant évoque, comme
« purement biographique », « l'histoire même des bons
monarques », par exemple « Titus et Marc Aurèle »
(Réflexion 1436). Ce type d'histoire est bien sûr le moins
systématique, puisqu'une histoire prenant comme fil

1. Je reprends ici quelques suggestions précieuses de M. Castillo,
dans son ouvrage déjà cité – auquel j'emprunte les traductions des
*Reflexionen* citées ci-dessus.
2. Trad. par F. Marty, in *Œuvres philosophiques de Kant*, I, *op. cit.*,
Bibliothèque de la Pléiade, p. 37.

conducteur les interventions ponctuelles de tel ou tel
« grand homme » irait des parties au tout, alors qu'une
lecture systématique du cours de l'histoire procède « non
des parties au tout, mais inversement » (Réflexion 1438).
En conséquence, pour espérer systématiser (rationaliser)
la diversité historique, il faut plutôt partir d'une perspective globale et généralisante pour voir comment viennent
s'y inscrire, en apportant chacune leur contribution au
mouvement du tout, les interventions particulières.

À quoi correspond alors le mieux, selon Kant, la perspective qu'il nomme, dès ces années 1770, « cosmopolitique », en entendant par là le point de vue de l'espèce
humaine dans son ensemble envisagée sous l'angle de sa
destination – et ce selon un raisonnement que l'on peut
reconstituer de la manière suivante : la destination de
l'humanité est la destination morale, tout homme étant
destiné à être membre du règne des fins ; or, le règne du
droit est la condition extérieure de la moralité, dans la
mesure où la soumission à la loi commune, même obtenue
par contrainte, prépare à la soumission morale (libre) des
penchants à la loi de la raison pratique ; en conséquence,
c'est à travers l'avènement d'une constitution permettant
la coexistence pacifique des libertés sous la loi du droit
que l'humanité s'achemine vers sa destination ; mais,
comme l'on sait et comme je vais y revenir, c'est la
constitution républicaine, selon Kant, qui correspond à
l'idéal d'une telle pacification politique des relations entre
les libertés – et l'on n'ignore pas non plus que (ce sera le
sens des dernières propositions de l'*Idée* comme du *Projet
de paix perpétuelle*) Kant fait s'équivaloir l'acheminement
des États existants vers la constitution républicaine et
l'instauration progressive entre ces États républicains d'un
état juridique de paix se substituant au régime de la
guerre : cet état juridique de paix correspond à l'avènement de ce que Kant nommera un « droit cosmopolitique »
(notamment à la fin de la *Doctrine du droit*). Ce pourquoi
la proposition VIII de l'*Idée*, en 1784, pourra se conclure
en rassemblant en quelque sorte les deux étapes extrêmes
du raisonnement que je viens de restituer (le point de
départ et le point d'aboutissement) : au terme de la

proposition VIII, Kant conclut en effet que le dessein suprême de la nature (qui consiste à épanouir toutes les dispositions de l'espèce humaine de manière qu'elle accomplisse sa destination *morale*) se réalise à l'infini dans l'avènement d'un « État cosmopolitique universel ». Ce thème, nous verrons ci-dessous comment Kant l'a nuancé après 1784 : du moins comprenons-nous que ce qu'il appelle le « point de vue cosmopolitique », et qui donne son sens (supposé) à l'histoire passée et future, équivaut aussi bien au point de vue du droit qu'au point de vue de la paix – plus précisément : il équivaut aussi bien au point de vue des progrès du droit qu'au point de vue de la réalisation d'une communauté civile universelle, la citoyenneté cosmopolitique correspondant à un dépassement de la citoyenneté nationale vers un rassemblement du genre humain dans l'unité de sa destination morale.

C'est évidemment sur la signification et sur la portée politique précise de ce thème, présent dès le début des *Reflexionen* des années soixante-dix où Kant évoque « un système cosmopolitique de l'histoire universelle » conçue comme « histoire de l'état civil », qu'il convient de s'interroger. Par elle-même, cette série de Réflexions nous invite déjà à considérer que, si « l'homme civil est moralement plus parfait » que l'« homme naturel », « l'ultime perfection » est atteinte à travers « la confédération des peuples » comme condition de la paix entre les États (Réflexion 1499). La Réflexion 1501 va dans le même sens : « Le genre humain, écrit Kant, finit par atteindre complètement sa destination » grâce à « la perfection de la constitution civile et par là de la constitution politique », laquelle perfection elle-même ne s'atteint que « quand les peuples établissent entre eux une loi et un pouvoir communautaires », c'est-à-dire quand s'instaure une « confédération des peuples ». Dans ce cas, écrira Kant quelques années plus tard dans la Réflexion 8077, l'homme peut « se penser en droit, à la fois comme citoyen d'une nation et comme membre à part entière de la société des citoyens du monde » – ce qui est « l'idée la plus sublime que l'homme puisse concevoir de sa destination ».

Il résulte directement de ces observations que la pensée kantienne du progrès, sur la structure de laquelle je n'ai plus à revenir, sera indissolublement par son contenu une philosophie du droit et une philosophie de la paix – mieux : une philosophie de la paix par le droit, ce qu'exprime précisément la notion de « pacifisme juridique », telle que l'utilise par exemple, même si c'est pour en critiquer l'objet, Max Scheler. Cela dit, si cette philosophie du progrès est une philosophie de la paix, il est clair que sa portée politique dépendra directement des conditions et des modalités d'instauration de la paix qu'elle va retenir. Or, c'est ici que, dans la philosophie politique de Kant, les choses se compliquent singulièrement, tant il est vrai que la représentation de ces conditions et de ces modalités d'instauration apparaît, au fil des textes, traversée par ce qui a pu souvent être interprété comme un flottement quant à la représentation des relations entre les États et donc quant à la conception même du cosmopolitisme.

## Le modèle de 1784

Concernant cette question du cosmopolitisme, le plus court chemin part du titre de la proposition VII de l'*Idée*, tel qu'il associe deux problèmes : d'une part, « le problème de l'édification d'une constitution civile parfaite » (paix civile), dont nous savons qu'il communique directement, chez Kant, avec la réalisation à l'infini de l'Idée républicaine ; d'autre part, « le problème » (dont Kant nous dit que le précédent lui est tellement « lié » qu'il ne peut être résolu sans lui) de l'établissement d'une « relation extérieure légale entre les États » (paix entre les nations). Dit autrement : d'un côté, le républicanisme ; de l'autre, le cosmopolitisme – puisque la dernière phrase de la proposition VIII identifie comme une « situation cosmopolitique universelle » l'avènement de relations légales entre les États, mettant en quelque sorte la guerre hors la loi. Le lien ainsi affirmé entre le programme du républicanisme (« travailler à une constitution civile légale entre individus particuliers ») et le programme du cosmopolitisme (« une législation et une concertation communes à l'extérieur », selon la formule de la proposition VIII) soulève au moins deux questions :

1. Quelle implication exacte s'instaure entre le modèle républicain et le projet de « mettre en place de nouvelles relations entre les États » ? De fait, une telle implication n'est nullement évidente, puisque Fichte, par exemple, la récusera et pensera que la constitution républicaine peut se mettre en place sans impliquer un véritable remodelage de l'ordre international (il se contentera d'inviter l'État républicain à se refermer sur lui-même, ce qui pour le moins n'implique rien qui pût ressembler à l'avènement de la légalité comme principe de la relation interétatique).

2. Sur quel contenu exact, quant à la définition du programme cosmopolitiste, ouvre une telle implication ? La proposition VII évoque « une Société des nations dans laquelle chaque État, même le plus petit, pourrait attendre sa sécurité et ses droits, non de sa propre force ou de sa propre appréciation du droit, mais uniquement de cette grande Société des nations (*Foedus Amphictyonum*), c'est-à-dire d'une force unie et de la décision légale de la volonté unifiée ». Néanmoins le même écrit indique que cette idée peut paraître *schwärmerisch* [1] : non pas simplement une idée « folle », mais une idée « exaltée », au sens où la *Schwärmerei* désigne chez Kant cette « exaltation de l'esprit » où il voit une subversion de la raison et qu'il repérera bientôt, électivement, dans le courant philosophique qui, autour de Jacobi, a, lors de la « querelle du panthéisme », défendu, contre les valeurs des Lumières, celles du « génie ». Lorsque Kant, en 1784, écrit que l'idée de Société des nations peut paraître *schwärmerisch*, l'indication est donc très forte et signifie qu'il s'agit d'une Idée susceptible, au moins dans certaines conditions, de rendre l'esprit « exalté » ou de faire délirer la raison, comme c'est le cas, précise-t-il, quand elle intervient sous la forme qu'elle a prise chez l'abbé de Saint-Pierre et chez Rousseau [2]. La perspective évoquée en 1784 d'une Société

---

1. Trad. citée, in *Œuvres philosophiques de Kant*, II, *op. cit.*, Bibliothèque de la Pléiade, p. 197.
2. Sur ces deux références, il faut rappeler qu'en fait, chez Kant,

des nations dotée d'« une force unie et de la décision légale de la volonté unifiée » correspond en ce sens à une idée complexe dont, en raison même des risques qu'elle est supposée présenter, le lecteur de l'opuscule aimerait savoir quelle est avec précision la version non *schwärmerisch*, non exaltée, qu'en retient Kant lui-même.

L'indication principale donnée à cet égard en 1784 intervient à la fin de la proposition VIII, où Kant nous dit que des liens tels – notamment économiques (les liens de l'« industrie ») – sont en train de se développer entre les États qu'ils accomplissent « par avance tous les préparatifs nécessaires à l'avènement d'un grand corps politique futur dont le monde passé ne peut fournir aucun exemple » : c'est à propos de l'avènement, encore très éloigné, de ce « grand corps politique futur » que Kant nous dit qu'il correspondrait à « une situation cosmopolitique universelle ».

Ces quelques éléments constituent-ils un modèle, et quelle peut en être aujourd'hui la portée ? Dans son texte récent sur le pacifisme de Kant, Habermas, avec beaucoup de subtilité, montre à la fois qu'en un sens, sur chaque point essentiel, sa doctrine des relations futures entre les États a été pendant près de deux siècles démentie par les faits, et que, cependant, en un autre sens, Kant n'a pas eu tort, vis-à-vis de ce qui est en voie de s'esquisser aujourd'hui, d'envisager ainsi l'horizon du progrès [1]. Je partagerais volontiers la plupart des suggestions émises ainsi par Habermas, à cette seule réserve près qu'encore fau-

---

elles n'en font qu'une. Kant ne connaissait en effet l'abbé de Saint-Pierre et son *Projet pour rendre la paix perpétuelle en Europe*, paru à Utrecht en 1713, que grâce à l'écrit de Rousseau, *Extrait du projet de paix perpétuelle de monsieur de l'abbé de Saint-Pierre*, *O.C.*, III, p. 562 sq.

1. J. Habermas, *La Paix perpétuelle*, *op. cit.*, notamment p. 28 sq. Par exemple, Kant n'a pas perçu que les États républicains eux-mêmes pouvaient devenir nationalistes et belliqueux, mais il est vrai que les guerres que mènent les communautés républicaines changent de caractère et ne sont plus exclusivement déterminées par une raison d'État essentiellement particulariste (elles peuvent l'être « également par le désir de favoriser l'expansion internationale de formes d'État et de gouvernement de type non autoritaire »).

drait-il s'entendre exactement, avant de déterminer et pour déterminer si « Kant, dans l'immédiat, s'est trompé, mais indirectement a eu raison », sur ce qu'il a exactement défendu. Or, de ce point de vue, les indications de 1784 sont si ramassées qu'elles obligent à mon sens le lecteur et l'interprète à se demander aujourd'hui encore quelle est la position exacte de Kant sur le contenu de l'idéal cosmopolitique, quand il n'est pas rendu délirant par la *Schwärmerei*, mais s'inscrit dans l'héritage légitime de l'*Aufklärung* : comment l'idéal cosmopolitique, qui peut donner naissance à une *Schwärmerei*, c'est-à-dire, pour Kant, à l'opposé de l'*Aufklärung*, peut-il aussi se situer, s'il est justement compris, à l'horizon de l'application de l'*Aufklärung* aux principes de gouvernement ? Et la question se pose d'autant plus que non seulement les indications fournies sur ce point sont elliptiques, mais qu'elles peuvent même apparaître non dépourvues d'ambiguïtés.

Il n'est pas en effet évident de prime abord que les deux indications données par Kant – celle qui fait référence à l'idée d'une Société des nations, celle qui fait référence à un « grand corps politique futur » (évoquant ainsi l'idée d'un État mondial) – se superposent sans difficulté. Il est significatif à cet égard que deux types d'interprétation du cosmopolitisme visé par Kant aient pu être proposés, dont il n'est guère douteux qu'ils reproduisent l'équivoque susceptible d'être repérée dans l'*Idée d'une histoire universelle d'un point de vue cosmopolitique*.

## Deux cosmopolitismes

Un premier type d'interprétation consiste à estimer que le « souverain bien politique » (pour reprendre l'expression de la conclusion de la *Doctrine du droit*) serait réalisé dès lors qu'adviendrait un monde dans lequel tous les États seraient républicanisés et dans lequel tous ces États auraient réuni leurs volontés dans une *Völkerbund*, dans une « Société des nations », afin de soumettre leurs différends à des voies de droit. Telle est par exemple la thèse défendue par Georges Vlachos [1], qui explique que, pour établir la paix perpétuelle, il faut 1. « que la constitution des États soit républicaine », c'est-à-dire qu'il s'agisse de régimes à base élective ou, en tout cas, pour le moins, représentatifs (comme l'est, selon Kant, cette monarchie éclairée dont le *Conflit des facultés* explique qu'elle est conforme à « l'esprit du républicanisme ») ; il faut aussi 2. que le droit des gens soit désormais fondé sur une « fédération des États libres », selon l'exigence qui sera mise en avant dans le second article définitif du *Projet de paix perpétuelle* : en ce sens, le point décisif dans la définition kantienne de l'idéal cosmopolitique se situerait dans la critique du droit international classique et dans la distinction impliquée par cette critique entre un simple « traité de paix » (*pactum pacis*), qui a pour but de mettre fin à une seule guerre, et une « fédération pacifique » (ainsi Vlachos propose-t-il de traduire l'expression de *foedus pacificum*), dont l'objectif est de mettre fin à toutes les guerres. Pacifisme fédéraliste (visant une « fédération des États libres ») : telle serait la position véritable de Kant, issue en 1795 de ce qu'esquissait déjà en 1784 l'idée de « *Völkerbund* » et de « *Foedus Amphyctionum* » – Vlachos soulignant, à partir des indications du *Projet* et de *Théorie et pratique* – qu'il s'agirait d'atteindre à une fédération cherchant à préserver la liberté des États alliés, sans que ces États aient donc à se soumettre (comme c'est le cas des individus vis-à-vis de l'État) à des lois publiques assorties d'un pouvoir de contrainte. Bref, le « point de vue cosmopolitique » correspondrait en fait à la visée d'une vaste alliance internationale, avec simplement deux différences par rapport aux alliances courantes : son caractère permanent [2] et la recherche de son universalisation potentielle.

Un tout autre type d'interprétation a été développé

1. G. Vlachos, *La Pensée politique de Kant*, Paris, PUF, 1962, p. 568 sq.
2. J. Habermas, *op. cit.*, p. 20, souligne fort judicieusement les difficultés inhérentes à cette détermination – car, si les États conservent leur souveraineté, comment la permanence de l'alliance peut-elle être garantie ?

notamment par Théodor Ruyssen, l'un des inspirateurs du courant pacifiste qui s'investit dans la création de la Société des nations [1]. Le droit cosmopolitique kantien est alors présenté comme la recherche d'un « droit universel », visant la « constitution de la Cité universelle », par « extension à l'humanité entière du droit interne des cités ». Telle fut aussi la position de Georges Del Vecchio, affirmant que « Kant soutient que l'humanité est appelée à former un État unique », et que les États doivent « constituer un État cosmopolitique » [2].

Ce type d'interprétation se fonde essentiellement sur deux indications textuelles : d'une part, l'évocation, dans le *Projet*, et sur la lancée du « grand corps politique futur » évoqué dans l'*Idée*, de la nécessité, pour les États, d'aller, s'ils souhaitent remplir pleinement les exigences du droit, au-delà de l'idée fédérative pour « former un État des nations » (*Völkerstaat, civitas gentium*) ; d'autre part, l'apparition en 1797, dans la *Doctrine du droit*, de la notion même d'un « droit cosmopolitique » (*Weltbürgerrecht, jus cosmopoliticum*), que Kant utilise dans la « doctrine du droit public » (§ 62) pour définir un droit devant reconnaître aux hommes le statut juridique de « citoyens du monde » (*Weltbürger*) : droit des citoyens du monde, donc, ou droit des cosmopolites, en entendant par là les hommes non plus comme membres d'un État particulier (*Bürgerrecht*), mais comme habitants de la Terre – ce que les interprètes mentionnés comprennent comme désignant les citoyens d'un État mondial. Auquel cas le droit cosmopolitique serait le droit constitutionnel d'un État mondial comme horizon ultime vers lequel devrait tendre un monde dans lequel les deux concepts préalables d'un droit politique républicain et d'un droit des gens confédératif auraient été réalisés : la Société des nations ne serait alors qu'une étape vers l'État des cosmopolites, et c'est par la succession de ces deux étapes, elles-mêmes précédées par la républicanisation des États particuliers, que s'explique-

---

1. « Les origines kantiennes de la S.D.N. », in *Revue de métaphysique et de morale*, XXXI, 1924, et *Les Sources doctrinales de l'internationalisme*, II, Paris, 1958, p. 365 sq.
2. *Philosophie du droit*, Dalloz, 1953, p. 121 sq.

rait le flottement ou l'équivoque apparente perceptible dans le texte de 1784.

L'hypothèse qui correspond à cette deuxième interprétation est assurément ingénieuse – car, de fait, ce flottement ou cette équivoque sont perceptibles en 1784, et surtout parce que l'on trouve, ici ou là, un certain nombre de formules de Kant qui vont dans le sens d'une telle interprétation. Ainsi, en 1795, dans le *Projet*, Kant, prolongeant l'évocation du « grand corps politique futur » mentionné en 1784, écrit-il que le droit des cosmopolites (*Weltbürgerrecht*) « considère les hommes et les États comme citoyens d'un État universel de l'humanité ». En remontant la chronologie de l'œuvre, on aperçoit aussi qu'en 1793, *Théorie et pratique* envisage la perspective d'une « République cosmopolite sous un chef » (*weltbürgerliches gemeines Wesen unter einem Oberhaupt*) comme alternative à une simple confédération internationale : l'objectif pourrait être alors une « constitution cosmopolite des peuples » (*weltbürgerliche Verfassung*), et même un « État universel » (*allgemeiner Völkerstaat*) [1]. Enfin, toujours en remontant le temps de l'œuvre kantienne, en 1790, la *Critique de la faculté de juger* mentionne, comme fin de la culture, la formation d'un « tout cosmopolite » (§ 83). La tentation peut donc être forte de placer la vérité de l'idéal cosmopolitique dans la filiation de ces quelques textes et de situer la réalisation de cet idéal dans la fondation d'un État universel du genre humain qui répéterait purement et simplement le contenu formel du droit politique interne (c'est-à-dire la cocitoyenneté contractuelle) au niveau planétaire. Au reste, le mouvement même du texte de 1784, juxtaposant la genèse du droit civil (I-VI) et du droit international (VII-IX), milite en faveur d'une telle répétition pure et simple. Cette interprétation me semble pourtant devoir être catégoriquement écartée.

---

1. *Théorie et pratique*, trad. par L. Ferry, in *Œuvres philosophiques de Kant*, II, *op. cit.*, Bibliothèque de la Pléiade, p. 297 sq.

*Le refus de la république universelle*

Deux raisons justifient ce refus. En premier lieu, les pages de la *Doctrine du droit* que Kant consacre thématiquement au *Weltbürgerrecht*, au droit des cosmopolites, ne vont pas du tout dans ce sens. En fait, Kant définit toujours le droit cosmopolitique [1] comme un droit des étrangers qui abordent un pays ou comme un droit des peuples qui cherchent à entrer en commerce avec d'autres peuples : les peuples étrangers ou leurs ressortissants ont le droit, vis-à-vis d'un peuple donné, de tenter d'entrer avec eux dans une relation d'échange réciproque et ils ont le droit d'en faire l'essai sans que ce peuple puisse pour cela les traiter en ennemis ; ainsi tout citoyen de la Terre a-t-il le droit (cosmopolitique) « de tenter d'être en communauté avec tous » et, pour cela, il a « le droit d'explorer toutes les régions de la Terre ». De même, le *Projet* de 1795 définissait déjà le droit cosmopolitique comme « le droit qu'a l'étranger de ne pas être traité en ennemi dans le pays où il arrive » – ce que reprend la *Doctrine du droit* en parlant, sous ce nom, du droit qu'ont les peuples de « se prêter à un échange réciproque ». Par conséquent, si le droit des cosmopolites est le droit des étrangers qui abordent dans un pays ou s'il est le droit des peuples cherchant à entrer en commerce avec d'autres peuples, c'est que, nécessairement, ce droit et l'idéal dont il participe s'inscrivent dans un monde où il y a des peuples politiquement indépendants les uns des autres, une pluralité de communautés politiques – un monde où, par conséquent, tous les hommes ne sont pas citoyens d'un État cosmopolite. Clairement et distinctement se trouve ainsi exclue, d'ores et déjà, l'éventualité que l'idée de *Völkerbund* se fût complétée et comme accomplie, chez Kant, à travers celle de *Völkerstaat*. Il faut noter même, l'on va y revenir, que, dans la *Doctrine du droit*, ce n'est plus tant à travers l'idée fédérative elle-même que le thème

1. Je ne peux que renvoyer sur ce point à la très belle étude de S. Chauvier, *Du droit d'être étranger. Essai sur le droit cosmopolitique kantien*, L'Harmattan, 1996, notamment p. 35 sq.

cosmopolitiste trouve à s'exprimer qu'à travers cette
notion d'un droit des peuples à entrer en communauté de
commerce et d'un droit de visite de l'étranger : l'idée d'un
Congrès permanent des États est certes présente au § 61
(limitée qu'elle se trouve d'ailleurs immédiatement par la
considération qu'en fait ce Congrès permanent des États
ne peut être qu'une union arbitraire de « quelques États »,
et une union, qui plus est, « en tout temps révocable ») ;
toutefois, ce n'est même plus à cette version limitée de
l'idée fédérative que le thème cosmopolitiste s'associe,
puisque l'évocation de l'idée fédérative met un terme au
développement sur le droit des gens (§ 53-61), tandis que
s'en trouve soigneusement distingué le « droit cosmopolitique » du § 62. J'ajoute, toujours au titre de cette première objection, que Kant, loin d'associer ici à ce concept
du droit cosmopolitique, des développements sur le fonctionnement de ce supposé État mondial, parle surtout des
Bédouins, des Chinois, des colonisateurs européens –
autant d'exemples qui seraient peu pertinents s'il s'agissait
par là d'évoquer une sorte de réconciliation politique
ultime de tous les hommes et de tous les peuples dans une
sorte d'État métanational.

Une deuxième objection à l'interprétation « mondia-
liste » du cosmopolitisme kantien consisterait à souligner
que l'on voit mal comment Kant aurait pu associer son
idéal cosmopolitiste à la perspective d'un droit constitutionnel mondial, dans la mesure où, en tout cas dans le
texte de 1795 sur la paix, il conteste expressément que la
notion d'un État cosmopolitique puisse avoir un caractère
juridique et constituer un objectif désirable. Dans les deux
exposés qu'il consacre au droit des gens en 1795 et en
1797, Kant tient en effet le pluralisme politique (au sens
du pluralisme des États) pour une donnée indépassable,
au moins dans le champ phénoménal : en ce sens, le seul
objectif souhaitable est celui d'un Congrès permanent
d'États libres, autrement dit celui d'une Confédération
d'États se républicanisant. La formule qui clôt le
deuxième article définitif du *Projet de paix perpétuelle* est
à cet égard sans équivoque :

« À défaut de l'idée positive d'une république universelle (*Weltrepublik*), il n'y a (si l'on ne veut pas tout perdre) que l'ersatz *négatif* d'une alliance (*Bund*) permanente, sans cesse élargie, qui puisse préserver de la guerre [1]. »

Au reste, si cette formule de 1795 exprime encore une certaine nostalgie vis-à-vis de l'horizon d'un État mondial (« à défaut de l'idée positive d'une république universelle [...] »), la *Doctrine du droit* de 1797 fait disparaître sous ce rapport toute ambiguïté :

« Par *congrès*, écrit Kant, n'est toutefois entendu ici qu'une réunion arbitraire de différents États, *susceptible d'être dissoute* à tout moment, et non pas une union (comme celle des États américains) qui est fondée sur une constitution politique et par conséquent est indissoluble ; c'est uniquement par un congrès de ce genre que peut être réalisée l'Idée de mettre en place un droit public des peuples, permettant de trancher leurs différends de manière civile, pour ainsi dire par un procès, et non pas de manière barbare (à la façon des sauvages), c'est-à-dire par la guerre [2]. »

Si Kant a donc jamais véritablement défendu la perspective d'un État cosmopolitique, il l'abandonne ici clairement – et il n'est pas sans intérêt de souligner que c'est précisément alors, dans le § 62 de la *Doctrine du droit*, qu'il va donner un contenu concret précis au droit cosmopolitique, autour des notions, évoquées il y a un instant, selon lesquelles chaque homme devrait pouvoir jouir, sur le sol des peuples étrangers, des droits du citoyen du monde : l'idéal cosmopolitique, comme le montre parfaitement l'étude de Stéphane Chauvier, se concrétise dans l'idée des droits de l'étranger ou vis-à-vis de l'étranger, au sens où le droit cosmopolitique est celui, disait déjà Kant en 1795, « qu'a l'étranger de ne pas être traité en ennemi dans le pays où il arrive », ou encore le « droit qu'ont les peuples d'entrer en commerce avec d'autres peuples étrangers » (1797, § 62).

Malgré les débats entre les interprètes, il ne saurait donc

---

1. AK, VIII, 357 ; trad. citée, p. 105.
2. *Doctrine du droit*, § 61, trad. citée, p. 177 sq.

y avoir de doute sur la position propre de Kant : de plus
en plus clairement, il a choisi, entre les deux versions de
l'idéal cosmopolitiste, non pas celle qui s'incarnerait dans
l'État mondial, dans la république universelle du genre
humain, mais bien plutôt celle qui passe par une coexistence juridiquement réglée entre les divers États souverains. Une telle coexistence juridiquement réglée impose
à ses yeux *au minimum* (je fais allusion ainsi à la limitation finale, par Kant, de la version fédérative elle-même)
des règles juridiques aussi bien quant aux droits qu'ont
les peuples d'entrer en relations les uns avec les autres
que quant aux droits du citoyen dans une communauté
politique qui n'est pas la sienne. La seule question qui
reste posée serait donc en fait de savoir pourquoi Kant a
exclu l'Idée par elle-même disponible, et qui affleure parfois dans ses écrits, de l'État universel. Question d'autant
moins contournable que son principal héritier philosophique, Fichte, effectue, durant l'année 1797, rigoureusement le même choix en refermant son *Fondement du
droit naturel* sur une annexe consacrée au droit des gens
et au droit cosmopolitique qui défend, elle aussi, la formule d'une « confédération de peuples » en l'opposant à
celle, catégoriquement exclue, d'un « État multinatio-
nal » : à la question complémentaire de « savoir si doit
être instituée une armée permanente spécifiquement fédérale, ou si ne doit être rassemblée qu'une armée d'exécution au cas où il y a effectivement la guerre, à l'aide de
contributions des États confédérés », Fichte opte même, là
encore, pour la solution minimale, puisqu'il se déclare
convaincu que, la guerre ne risquant dans ces conditions
de se produire que rarement et de moins en moins souvent,
une armée fédérale permanente serait « la plupart du
temps oisive », donc inutile [1].

1. J.G. Fichte, *Fondement du droit naturel*, trad. citée, p. 389-391.
J'ajoute que Fichte définit alors le droit cosmopolitique en des termes
très proches de ceux de Kant, puisque, pour les membres des États
confédérés, il leur accorde « le droit de se livrer à ses activités sur tout
le territoire de l'État » qui n'est pas le leur, et considère que même
les membres d'États n'appartenant pas à la confédération ont un droit
de visite et qu'ils disposent, plus généralement, « du droit humain

Notamment dans les travaux préparatoires au *Projet de paix perpétuelle* [1], Kant expose un certain nombre de considérations en vertu desquelles la création d'un super-État entrerait en contradiction, à ses yeux, avec l'idée même de droit international : la réponse réside, j'y ai déjà fait allusion, dans la valorisation kantienne du pluralisme des États. Certes, ce pluralisme, en tendant à occulter la coappartenance des hommes à une même humanité, est ce qui rend la guerre possible, et l'on pourrait donc penser que l'État universel constitue la solution la plus radicale du problème de la guerre (telle est par exemple la position qui venait d'être défendue par Anacharsis Cloots, dans ses deux traités célèbres de 1792, *La République universelle*, et de 1793, les *Bases constitutionnelles de la République du genre humain*). Kant ne s'engage jamais franchement dans cette voie (qui consisterait à montrer que la République, animée par l'idée des droits de l'homme, sera uni-

---

originaire, qui précède tous les contrats juridiques et seul les rend possibles » – savoir « le droit de présupposer pour tous les hommes qu'ils peuvent entrer avec lui par des contrats dans une relation juridique » : c'est même, conclut Fichte, dans ce droit de circuler librement sur le territoire et de s'offrir pour contracter des liens juridiques que consiste le droit de simple *citoyen du monde* » (p. 393-394). Les dates respectives de publication des deux œuvres (*Doctrine du droit, Fondement du droit naturel*) étant fort proches et d'ailleurs mal connues avec précision, on ignore si Fichte a lu le texte de Kant avant de boucler le sien : reste qu'il avait lu le *Traité de paix perpétuelle* de 1795, dont il avait donné en 1796 un compte rendu (trad. in J.G. Fichte, *Machiavel et autres écrits philosophiques et politiques*, trad. et prés. par L. Ferry et A. Renaut, Payot, 1981, p. 183 sq.) – d'ailleurs moins mesuré, quant à la définition ultime du cosmopolitisme, que ne le sera l'annexe du *Fondement du droit naturel* (dans son compte rendu, trad. citée, p. 190-191, Fichte estime que « la fédération des peuples, *Völkerbund*, proposée par Kant pour maintenir la paix est simplement un état intermédiaire » en vue de ce « grand but » qu'est « un État des nations, *Völkerstaat*, au sein duquel leurs conflits sont tranchés selon des lois positives »). Sur les positions ultérieures de Fichte, voir la présentation de ma trad. des *Discours à la nation allemande*, Imprimerie nationale, 1992, et la trad. par J.-C. Merle de *La République des Allemands au début du XXII$^e$ siècle*, in *Opuscules de politique et de morale*, Caen, Bibliothèque de Philosophie politique et juridique, 1989.

1. Sur ces documents, voir G. Vlachos, *op. cit.*, p. 571.

verselle ou ne sera pas), et, en tout cas à partir de 1795, il la condamne catégoriquement. La raison en tient à la manière dont Kant a esquissé une sorte de déduction du pluralisme politique, c'est-à-dire une justification de la division politique de l'humanité, qui implique un rejet de l'idée d'État universel. Il existe, en effet, un certain nombre de textes qui indiquent que Kant a jugé que la diversité des peuples était au fond, tout se trouvant convenablement pesé (y compris le risque des guerres), un bien essentiel – par exemple la Réflexion 1499 : « L'intention de la Providence était que les peuples se forment, mais ne fusionnent pas [1]. » Dans le même sens, les *Conjectures sur les débuts de l'histoire humaine* soulignent que la « fusion des peuples en une société » serait « un obstacle à toute culture plus élevée ». Quant aux racines kantiennes de cette conviction, elles m'apparaissent être principalement de deux ordres.

Une première explication est inhérente au contractualisme en général, même si aucun contractualiste, Kant pas davantage que les autres, ne thématise ce point. Le thème ou le schème du contrat social, si important dans la philosophie politique de Kant, présuppose en effet, pour simplement fonctionner, que les contractants soient en quelque sorte prégroupés avant tout acte de leur volonté, qu'ils forment déjà une collectivité que le contrat va doter de certains attributs juridiques et politiques ; ce thème du contrat impose même que cette collectivité existe déjà en soi, mais aussi, si je puis dire, *pour soi*, c'est-à-dire que les membres soient conscients de former une unité collective qu'ils vont alors vouloir rendre « légitime et sûre », selon la formule de Rousseau, en la dotant d'attributs politiques précis. Dès lors, il y aurait en quelque sorte un tribut payé par tout contractualisme politico-juridique à l'individualisme qui le fonde, à savoir que les individus qui contractent aient un sentiment de coappartenance – problème que vient résoudre précisément l'existence des individus en peuples distincts où ils sont déjà prégroupés par des liens de proximité. Dit autrement, et je reviendrai

1. Voir, dans le même sens, les Réflexions 1353 et 1498.

sur cette question en concluant cette analyse : entre les individus isolés et la collectivité structurée d'après le contrat et par le contrat, il faut, pour faire fonctionner le schème contractualiste, que soit disponible un prégroupement antérieur au contrat qui le rende possible – et, de ce point de vue, l'existence de peuples divers est un bien, puisqu'elle rend possible l'enclenchement du procès de contractualisation, et ce aussi bien entre les individus qu'ensuite entre les États.

Une deuxième justification du pluralisme des États, plus explicite, est directement liée au refus de l'État universel : en disciple de Rousseau, Kant a conçu qu'un État trop vaste serait nécessairement despotique. Ainsi, en 1793, *Théorie et pratique* indique-t-il qu'un « état de paix universelle », tel qu'il est souvent « advenu à des États trop grands », est « encore plus dangereux pour la liberté » que ne l'est la guerre, « puisqu'il conduit au plus terrible despotisme » [1]. Ce que précise ensuite le *Projet* de 1795 en expliquant que « l'idée d'un droit des gens suppose la séparation de plusieurs États voisins et indépendants les uns des autres » – situation qui, concède Kant, peut certes conduire à un état de guerre, mais est « préférable aux yeux de la raison à la fusion de tous les États entre les mains d'une puissance qui envahit toutes les autres et se transforme en une monarchie universelle » : car, ajoute une bien belle phrase, « les lois perdent toujours en vigueur ce que le gouvernement gagne en étendue, et un despotisme sans âme, après avoir étouffé les germes du bien, finit toujours par conduire à l'anarchie » [2]. Thèse confirmée enfin dans la *Doctrine du droit* :

« À la faveur de l'extension vraiment excessive d'un tel État des peuples, jusqu'à de lointains territoires, son gouvernement finit nécessairement par devenir impossible, ainsi que, par conséquent, la protection de chacun de ses membres [3]. »

Par là risque donc de se réintroduire « à nouveau un

1. Trad. citée, in *Œuvres philosophiques de Kant*, III, *op. cit.*, Bibliothèque de la Pléiade, p. 297.
2. *Premier Supplément*, trad. citée, p. 125.
3. *Doctrine du droit*, trad. citée, p. 177.

état de guerre » – au point que la paix par l'État universel se nierait elle-même à travers le despotisme. Il n'est guère difficile d'apercevoir qu'en fait deux objections contre l'État universel se combinent dans ces textes – dont l'argumentation implicite peut se formaliser ainsi :

1. Le premier bien politique, c'est la république (c'est-à-dire la liberté sous des lois) ; or, un État mondial ne peut être que despotique ; donc un État mondial est incompatible avec le premier de tous les biens politiques.

2. Un État mondial devrait apporter la paix ; or, un tel État serait nécessairement despotique et verserait dans l'anarchie, c'est-à-dire dans la guerre de tous contre tous ; donc un État mondial ne peut apporter la paix.

Ces considérations suffisent pour expliquer que Kant, comme l'avaient fait les premiers chapitres du livre III du *Contrat social*, ait estimé (selon la formule de Rousseau) que « plus l'État s'agrandit, plus la liberté diminue [1] ». *A fortiori*, une telle perspective sur les grands États vaut-elle pour l'État universel : le pluralisme politique s'en trouve *ipso facto* justifié, à la fois au nom de la liberté et de la paix, et par là même le contenu de l'idéal cosmopolitique ne peut plus consister en la visée d'un État mondial au sein duquel les nations se confondraient.

Concernant cette exclusion de la thématique de l'État mondial, ou d'un grand ensemble international politiquement unifié, conçu comme condition politique de la paix planétaire, j'ajoute encore une considération : si l'on cherche les lieux théoriques où cette thématique a trouvé à s'exprimer politiquement, on en perçoit d'emblée un certain nombre d'ambiguïtés dont la prise en compte contribue aussi à éclairer son rejet par Kant. En fait, la perspective de la création d'un espace politique unifié, au moins de taille continentale (à la mesure de l'Europe), a surtout été formulée et défendue, à l'époque, dans le mou-

---

1. Le thème est d'ailleurs courant à l'époque, puisqu'on le trouve déjà chez Montesquieu, *De l'esprit des lois*, VIII, 19 : « Un grand empire suppose une autorité despotique dans celui qui gouverne. Il faut que la promptitude des résolutions supplée à la distance des lieux, que la crainte empêche la négligence du gouverneur ou du magistrat éloigné, que la loi soit dans une seule tête [...]. »

vement romantique naissant, puis tout au long de la tradition romantique pleinement développée : la critique de
l'État-nation, comme obstacle à l'ascension de l'humanité
vers son unité totale, telle qu'elle relie la cité terrestre à
la cité de Dieu, est d'abord une idée romantique, en ceci
qu'elle implique une mise en cause du libéralisme, puis
du capitalisme industriel, *en tout cas* des formes modernes
d'organisation de la société.

Dans sa révolte antimoderne, le romantisme se tourne
vers le passé, vers le Moyen Âge et vers l'Antiquité, où
il croit trouver, à tort ou à raison, des formes d'organisation politique plus aptes à exprimer cette unité, cet Un
auquel il aspire, et que la brisure moderne de l'humanité
à travers les États-nations (qui institutionnalisent la multiplicité) lui apparaît interdire : le premier internationalisme, en tout cas la première recherche d'une politique
métanationale ou postnationale, fut, on l'oublie trop
souvent, romantique, c'est-à-dire antimoderne. Cette
recherche se développe tout d'abord dans le camp opposé
à celui des Lumières et, après 1789, opposé à celui de la
Révolution française. On en perçoit des éléments dès
1796, dans le texte dit *Le plus ancien programme systématique de l'idéalisme allemand*, rédigé en commun par
Hölderlin, Schelling et Hegel, où la critique de l'État
moderne comme union d'individus atomisés est sous-ten-
due par la perspective d'une unité supérieure à celle de
l'État-nation [1]. Et lorsque cette unité supérieure à celle de
l'État-nation sera recherchée politiquement (ce qui n'est
pas toujours le cas dans le romantisme : elle peut l'être
religieusement ou poétiquement), on verra surgir chez
Novalis, par exemple dans *Heinrich von Ofterdingen*
(commencé en 1799 et interrompu par la mort en 1801),
l'idée selon laquelle il s'agit de progresser vers des formes
d'organisation supérieure, notamment par la disparition
des anciennes nations au profit de « nouvelles nations »
qui auront comme principale caractéristique de constituer

---

1. Pour un commentaire magistral de ce document, on se reportera
à J. Rivelaygue, *Leçons de métaphysique allemande, op. cit.*, p. 211-
254.

en quelque sorte, non plus des facteurs de division, mais
des moments sur la voie de l'Unité ; d'où le thème européen, chez les Schlegel ou chez Novalis lui-même, par
exemple dans l'essai de 1799 sur *La Chrétienté ou l'Europe* (il faut comprendre : la Chrétienté, c'est-à-dire l'Europe) qui montre que c'est en tournant le dos aux valeurs
révolutionnaires des droits de l'homme (lesquelles sont,
pour Novalis, les valeurs de l'individualisme, donc de la
séparation et de la guerre) que l'Europe se réconciliera
autour de l'héritage chrétien, c'est-à-dire autour des
valeurs de la tradition et de la hiérarchie (ce pourquoi,
évidemment, le romantisme sera « catholique », au sens
où, c'est évident par exemple chez les Schlegel, l'Église
lui apparaîtra comme une figure de l'unité). Que les
romantiques aient eu tendance à incarner cette réunifica-
tion de l'Europe et cette pacification européenne autour
d'un nouveau « Saint Empire romain » où l'Allemagne,
selon la formule de Wilhelm von Schlegel, assumerait
« l'héritage de Rome », ce n'est bien sûr pas douteux –
mais il faut se méfier, dans tous ces débats, de la référence
« nationale » ou « nationaliste », et notamment, pour le
romantisme, ne pas ignorer qu'elle est portée en fait par
cette thématique de la dissolution des États-nations
modernes et de la recomposition de l'unité de l'Europe,
ou plus largement par la perspective d'un État transcendant les clivages des États-nations modernes. On en trouve
clairement l'écho chez Fichte en 1807 dans ce texte foncièrement antiromantique [1] que constituent les *Discours à
la nation allemande*, dont le treizième est consacré à
dénoncer deux thèmes politiques majeurs du romantisme :
celui d'un « équilibre des puissances en Europe », qui
venait d'être défendu par cette figure de proue du romantisme qu'était devenu l'ancien kantien von Gentz ; et celui
d'une « monarchie universelle [2] » – dont Fichte dénonce

---

1. Indépendamment du présent thème, les autres éléments qui justifient cette appréciation sont rassemblés dans la présentation de ma
traduction des *Discours à la nation allemande*, où je prends sur ce
point, avec la franchise de l'amitié, le contrepied des suggestions de
Bl. Kriegel (notamment *L'État et les esclaves*, Calmann-Lévy, 1979).
   2. *Discours à la nation allemande*, trad. citée, p. 333 sq.

le « fantasme » uniformisant et à quoi il oppose la réalité des « nations », telles qu'elles constituent autant de présentations sensibles diverses de l'Idée d'humanité. Ce pourquoi Fichte, dans les *Discours* comme dans les *Dialogues patriotiques* de 1806-1807, soutiendra que le vrai patriotisme est un cosmopolitisme et que le vrai cosmopolitisme est un patriotisme – non pas, comme on le croit souvent, parce qu'il basculerait dans un nationalisme rompant avec ses anciens idéaux, mais parce que, comme Kant, il considère que le pluralisme des États-nations est l'horizon indépassable du cosmopolitisme : cela, directement contre le romantisme et son fantasme de la monarchie universelle, donc de l'État mondial.

Ces thèmes, à l'époque, se trouvent donc fortement chargés d'investissements intellectuels et philosophiques qui en rendent complexes le maniement et, aujourd'hui, le décryptage. En ce sens, lorsque nous voyons Kant rejeter une version du cosmopolitisme qui eût impliqué la perspective d'un État mondial, après avoir évoqué en 1784 la possibilité pour l'idéal cosmopolitique de donner lieu à des versions grevées de *Schwärmerei*, nous pouvons lui accorder rétrospectivement le bénéfice de la lucidité, tant il est vrai que la *Schwärmerei* romantique, pour n'évoquer qu'elle, qui allait surgir dès 1785 à la faveur de la « querelle du panthéisme », s'est effectivement emparée à sa manière de cet idéal et en a creusé précisément la version qui passait par l'idée d'un corps politique mondialement, ou du moins continentalement, unifié. Que Kant, défenseur des Lumières, ait, après 1784, opté de plus en plus clairement, en 1793, en 1795 et en 1797, pour des versions moins exigeantes du cosmopolitisme, ce n'est dès lors – si l'on considère, dans le débat si important entre Lumières et romantisme, la logique des positions – pas véritablement déconcertant ni décevant : Kant défend, sur cette question et compte tenu du clivage entre les positions en présence, celle qu'on eût aimé lui voir défendre. D'autant qu'il n'est pas non plus très difficile d'apercevoir pour quelles raisons c'est l'option républicaine elle-même qui lui apparaissait requérir également l'adhésion à un cosmopolitisme ainsi compris.

*Logique de l'Idée républicaine*

En quoi l'Idée républicaine, telle que la conçoit Kant, peut-elle inscrire dans sa cohérence politique propre la reconnaissance du droit cosmopolitique compris à la fois comme droit des citoyens du monde (droit de l'étranger dans une société qui n'est pas la sienne) et droit des peuples à « se prêter à un échange réciproque » (droit du commerce entre les peuples) ? En première apparence, la réponse à cette question ne fait pas difficulté, et l'on désignera sans grande peine les raisons pour lesquelles, chez Kant, la républicanisation des États conditionne et prépare les progrès du pacifisme cosmopolitiste – selon une perspective où le conditionné serait donc la paix entre les nations et la condition de possibilité la paix civile (républicaine). Tel est d'ailleurs ce que Fichte dégage en 1795 de sa lecture du *Projet de paix perpétuelle*, puisque son compte rendu souligne qu'entre des États prenant, chacun pour eux-mêmes, le droit pour principe (donc, entre des États républicains), les motifs de guerre disparaissent et que la paix devient universellement possible : comment un État de droit ne reconnaîtrait-il pas le droit des autres à leur souveraineté ? Bref, « cette constitution, écrit Fichte à propos de la constitution républicaine, serait la seule juste en soi conformément au droit civil et engendrerait la paix perpétuelle qui est exigée par le droit des gens », car, poursuit-il en commentant Kant, « on ne doit pas s'attendre à ce que les citoyens décident de s'imposer eux-mêmes les tourments de la guerre qu'un monarque peut facilement décider pour eux sans lui-même y perdre quoi que ce soit » [1]. Le « républicanisme », défini par la séparation des pouvoirs et le système représentatif, serait donc la solution du problème de la guerre entre les nations – perspective bien connue dont Fichte, commentant le deuxième article définitif, résume la teneur par cette formule frappante : « *le droit est la paix* », qui signifie que, « si un état légitime [= une situation politique où le pouvoir serait conforme à l'idée du droit] était réalisé, il n'y

---

1. J.G. Fichte, trad. citée, in *Machiavel et autres écrits*, p. 189.

aurait pas de guerre ». D'où procède la conclusion du
compte rendu, où Fichte suggère que chaque progrès du
droit « dans nos États » (donc de la paix civile) est un
signe qu'est aussi en train de s'installer entre les États
« une relation conforme au droit des gens, donc la paix
perpétuelle ». Et Fichte trouve alors de tels signes à la fois
dans l'avènement du « libre État (*Freistaat*) nord-améri-
cain qui s'est implanté sur l'autre hémisphère » (et « d'où
se répandront » partout « lumière et liberté »), et dans la
« grande république européenne » qui est en voie de s'édifier [1].

Devenue au reste tout à fait traditionnelle, cette appréhension fichtéenne des relations établies par Kant entre
républicanisme et pacifisme, dont on verra ci-dessous
pourquoi à mon sens elle n'épuise pas totalement la question, n'a guère besoin d'être explicitée. Une telle articulation se déduit directement, de fait, des analyses précédentes : puisque Kant refuse la perspective d'un État
mondial qui conduirait, selon lui, au despotisme, donc à
une nouvelle négation du républicanisme et de ses valeurs,
le républicanisme ne peut trouver à s'associer qu'à un seul
type de relation entre les États-nations, à savoir celui où,
entre des États multiples, s'instaurent des relations léga-
lisées ou juridicisées précisément par la reconnaissance
commune du contenu du droit cosmopolitique – reconnaissance commune qui suppose que, de ce droit, les
États-citoyens soient chacun colégislateurs et que le respect d'un tel droit commun puisse être internationalement
garanti. Donc le républicanisme (condition) implique le
pacifisme cosmopolitiste (conditionné). Plus précisément
pourrait-on même, à partir d'une telle implication, faire
surgir le contenu précis du droit cosmopolitique tel que

1. Sur cette lecture et cette conviction fichtéennes, voir encore *Destination de l'homme* (1800), *S.W.,* II, p. 273 sq., trad. de J.-C. Goddard,
GF-Flammarion, 1995, p. 178 sq. « La droiture dans les relations extérieures des peuples les uns aux autres et la paix universelle entre eux
résultent donc nécessairement de l'établissement d'une Constitution
fondée en droit à l'intérieur et de la consolidation de la paix entre les
individus. »

l'entend Kant, c'est-à-dire le droit de l'étranger à ne pas être traité en ennemi dans l'État qui n'est pas le sien.

Je me borne à esquisser cette déduction. L'Idée républicaine constitue clairement, chez Kant, la traduction politique de l'idée d'autonomie – l'autonomie politique qu'implique l'Idée républicaine se définissant par la possibilité, pour un peuple, de se donner à lui-même sa loi et, par extension, par le fait de ne vivre que sous sa loi. En termes politiques, l'Idée d'autonomie (c'est-à-dire l'Idée républicaine) signifie donc pour le moins que, dans un État républicain, les citoyens peuvent se représenter la communauté à laquelle ils appartiennent *comme s'ils* y étaient les auteurs de la loi – ce qui suppose que leur gouvernement soit « représentatif », c'est-à-dire que le peuple soit représenté (*Doctrine du droit*, § 52). Thèmes bien connus, sur lesquels il n'est pas nécessaire d'insister, mais dont le simple rappel permet de voir comment, dans une perspective spécifiquement républicaine, se pose le problème de l'étranger.

Déchoir de sa républicanité, ce serait en effet pour une république perdre son autonomie, c'est-à-dire ou bien recevoir sa loi d'un autre, ou bien ne plus pouvoir se donner à soi-même sa loi. En termes plus concrets : ou bien se voir dicter directement sa loi par l'étranger, ou bien ne pas pouvoir, en tout cas, se donner à soi-même la loi que l'on souhaiterait. La question devient donc la suivante : une république ouverte (1. à la visite et à l'installation de l'étranger, à qui elle reconnaîtrait ces « droits cosmopolitiques », 2. au commerce avec les États étrangers) recevrait-elle ses lois de l'étranger ou perdrait-elle sa capacité à se donner les lois qu'elle souhaite ? Le Fichte de 1800 l'a cru, et de là procède le projet insensé de l'*État commercial fermé*. Kant, pour sa part, ne l'a jamais cru, et de là découle son intérêt pour une traduction juridique de l'idéal cosmopolitique prenant la forme, non d'un État mondial, mais de la reconnaissance d'un droit cosmopolitique. Cela reste pour moi en partie un mystère de comprendre comment, à partir d'une adhésion partagée à la même Idée républicaine, c'est-à-dire à l'idéal d'autonomie politique, Kant et Fichte sont parvenus à des

options si opposées. Pour ce qui est de Kant, son raisonnement me semble en tout cas s'être développé ainsi : les
États républicains, bien que juridiquement indépendants et
par conséquent souverains, ne peuvent, dans une situation
où il n'existe pas et ne doit pas exister d'État mondial,
faire comme si les autres États n'existaient pas, et il leur
faut donc subir les conséquences de cette coexistence avec
des États étrangers, en même temps que les conséquences
de ce qui s'y passe et qui peut conduire, par exemple, un
nombre plus ou moins important de ressortissants de ces
États à user de leur droit de visite ; néanmoins, dans cette
situation qui est celle, pour Kant, des États modernes
(commerçants) et qui, pour nous, possède, pour d'autres
raisons aussi, une actualité toute particulière, comment
définir les principes du droit cosmopolitique de telle façon
que l'autonomie républicaine soit préservée ?

## Colonisation et immigration

Prenons l'exemple du droit de visite, et considérons les
deux présentations qu'en donne Kant dans ses exposés du
droit cosmopolitique. En 1795, le *Projet de paix perpétuelle* stipule que le droit cosmopolitique doit « être borné
aux conditions d'une hospitalité universelle », par conséquent que le droit de visite est le seul droit dont peuvent
s'autoriser les étrangers dans un État qui n'est pas le leur
(ce qui exclut notamment le droit d'acquérir le sol) : pourquoi cette forte limitation ? Contrairement à quelques
apparences, Kant, qui n'avait vraiment nulle raison de
craindre l'installation à Königsberg d'une foule d'immi-
grants, ne songe aucunement ici, en priorité, à limiter les
droits de ce que nous appelons aujourd'hui les nouveaux
arrivants : ce à quoi songe Kant en l'occurrence [1], c'est

---

1. Je suis, ici encore, les suggestions de S. Chauvier, *op. cit.*, notamment p. 154 sq., où l'auteur cite et analyse *Doctrine du droit*, § 58,
trad. citée, p. 174, où apparaît expressément la question de la colonisation : « Une *colonie* ou province est un peuple qui, certes, possède
sa constitution, sa législation, son sol, sur lequel les ressortissants d'un
autre État sont simplement des étrangers, alors que cependant cet autre
État dispose sur ce peuple du pouvoir exécutif. Ce dernier État s'appelle la métropole. »

au problème de la colonisation, que ses contemporains commencent à envisager, et il estime que le droit de visite est au fond le seul droit cosmopolitique dont peuvent s'autoriser légitimement les Européens dans les pays qu'ils colonisent en allant très au-delà de ce droit. Autrement dit : ce que Kant entend signifier, c'est au fond que le droit de visite est le maximum juridique qui peut être reconnu aux Européens dans ces pays, ou à l'inverse, en se plaçant du point de vue des droits du citoyen du monde, qu'un tel droit de visite constitue la seule limitation qu'il convient d'apporter à la liberté et à la souveraineté d'une communauté politique, si du moins l'on veut préserver ses chances d'accéder à l'autonomie républicaine. Il s'agit donc ainsi de ménager la liberté et la dignité virtuelles des nations colonisées, en bornant le droit cosmopolitique aux conditions d'une hospitalité universelle pour mieux promouvoir le droit des communautés colonisées à décider elles-mêmes de l'opportunité et des conditions d'installation des Européens sur leur sol. Ainsi – telle a été du moins la conviction de Kant – les relations du fort au faible (qui vont subsister, puisqu'il n'y aura pas d'État mondial) pourront-elles être maintenues dans les limites d'une relation interhumaine compatible avec le principe de l'égale dignité des hommes et de leur droit égal à la liberté.

Symétriquement, dans la *Doctrine du droit*, Kant insiste (§ 58) sur le fait que l'État, vis-à-vis de l'étranger qui entre sur son sol, a le devoir de lui ménager tous les droits que lui donne son statut de visiteur, mais que, si cet étranger vient à s'installer, donc à entrer en commerce avec les citoyens, l'État a le droit de veiller à ce que l'activité sociale de l'étranger ne porte pas atteinte aux droits des citoyens : si l'installation viole le droit d'un quelconque des citoyens, l'État a en effet le droit de refuser cette installation et de la soumettre aux conditions de sa compatibilité avec les droits des citoyens. Il reste que, si l'État a ce droit [1] (qui se déduit de sa fonction, à savoir celle d'as-

---

1. Droit qui correspond à ce que S. Chauvier appelle l'« exclusion républicaine » (p. 133 sq.).

surer la coexistence juridique de chacun avec tout autre),
il n'a *que* ce droit – ce qui signifie que seule la préservation du droit des citoyens peut fonder soit l'exclusion,
soit l'inclusion conditionnelle de l'étranger : en clair, *tout
autre motif que le droit et la protection des droits est
incompatible avec le droit républicain.* Ai-je besoin de
souligner la portée d'une telle limitation du droit de l'État
à la seule vérification que l'installation de l'étranger ne
porte pas atteinte à la sécurité des personnes et des biens ?
S'il le fallait, je renverrais simplement pour ce faire à la
belle formule de la *Doctrine du droit* :
  « Le prince a le droit de favoriser l'*immigration* et l'installation d'étrangers (colons), quand bien même ses conci-
toyens autochtones ne le verraient pas favorablement, à
condition que la propriété privée que ceux-ci possèdent
sur le sol n'en soit pas diminuée [1]. »
  Comme toute condition, celle-ci est assurément limitative (mais que serait un État républicain qui ne veillerait
pas à ce que tous ses citoyens puissent atteindre à une
pleine indépendance civile, à une pleine activité, au sens
de la citoyenneté active ?). Reste que, si la condition est
limitative, elle est aussi *exclusive* de toute autre condition,
notamment celle, si redoutablement utilisable, qu'imposerait la prise en compte du consentement « subjectif » des
citoyens au nom par exemple d'un quelconque droit à un
environnement ethniquement homogène. Pour Kant, dans
la logique de l'Idée républicaine, ce droit n'en saurait
jamais constituer un, précisément parce qu'il entre en
contradiction avec les principes du droit cosmopolitique
qui se déduit du républicanisme. Où l'on aperçoit suffisamment, je pense, que la révision progressive, par Kant,
de son idéal cosmopolitique – révision qui s'opère en un
sens, je l'ai montré, très à la baisse, puisqu'il n'est plus
question d'État mondial, même sous une forme fédérale –
n'en annule aucunement la portée effective : la transformation que cet idéal subit en devenant, non plus un projet

1. *Doctrine du droit*, trad. citée, p. 161. Je m'étonne que
J. Habermas, incluant sa réflexion sur le *Projet de paix perpétuelle*
dans un ouvrage portant sur l'« intégration de l'autre » (*Die Einbeziehung des Anderen*), n'ait pas davantage exploité ces textes de Kant.

politique, mais un cadre juridique pour des relations non interrogées jusque-là par la tradition du droit des gens, n'empêche pas l'idéal du cosmopolitisme d'avoir une signification précise ; mieux : elle permet à cet idéal de préciser cette signification et, par là, de participer d'autant plus efficacement à cette inscription du droit dans la réalité qui constitue chez Kant l'horizon du pacifisme juridique comme pacifisme républicain.

Je ne prétends évidemment pas, dans ce qui précède, que les solutions kantiennes soient définitives. Par exemple, il est transparent qu'une réponse sensée à la question des limites de l'immigration ne saurait plus mobiliser désormais, à l'âge de la mondialisation de l'économie et de l'appropriation des moyens de production par des capitaux internationaux, la défense du droit de propriété : en ce sens, Habermas a pleinement raison de souligner, à propos d'autres questions, qu'il conviendrait aujourd'hui de reformuler les perspectives kantiennes « compte tenu de la situation actuelle du monde », et que sur bien des points les suggestions juridico-politiques de Kant ont été « dépassées par l'évolution des choses ». Pour autant ne saurait-on contester raisonnablement (et je suis satisfait que Habermas l'ait également enregistré) ni que Kant, sur ces questions complexes et situées à la périphérie de son système, ait eu la force « d'anticiper très loin » et « de façon clairvoyante », ni qu'en repoussant les visions les plus exaltées de l'idéal cosmopolitiste, il ait témoigné de ce qu'il faut bien désigner, contre l'accusation d'utopie, comme un réalisme [1].

*

Laissant ouverte la possibilité d'une critique de la positivité là où on lui impute un réalisme impénitent, intégrant le souci de l'effectivité et même de l'efficacité quand on lui reproche un idéalisme effréné, le criticisme me semble donc dessiner l'espace possible d'une philosophie poli-

1. J. Habermas, *op. cit.*, p. 23 (les citations précédentes proviennent des p. 10, 42, 58).

tique évitant les deux principaux écueils auxquels s'expose ce type d'entreprise. La part de réaménagement qu'impose, vis-à-vis des questions qui viennent d'être débattues et notamment vis-à-vis de l'« idée kantienne de l'état cosmopolitique », la prise en compte d'une « situation du monde profondément transformée [1] » est évidemment laissée, par définition, à l'appréciation de chacun. Dans sa réflexion sur la paix perpétuelle, Habermas estime à cet égard que la première représentation, plus exigeante, que s'était forgée Kant de l'idéal cosmopolitique, pourrait, compte tenu des déplacements survenus dans l'état du monde, être redébattue et réimplantée dans la discussion contemporaine. Je ne suis pas loin de partager cette conviction, dont la prise au sérieux signifierait que puisse réellement s'envisager l'ouverture d'un âge postnational de la politique, où les États-nations consentiraient à repenser l'alliance des peuples en acceptant à de réelles limitations de souveraineté [2]. Ce n'est pas ici le lieu de justifier une telle appréciation.

En revanche, il entre dans mon propos de suggérer comment, de ce point de vue même, l'œuvre politique de Kant est traversée par une tension dont la mise en évidence pourrait être féconde. J'ai épousé dans les développements précédents la ligne interprétative la plus naturelle, à savoir celle qui, inaugurée par Fichte dès son compte rendu du texte sur la paix perpétuelle, fait de la républicanisation des États la condition du procès de pacification des relations interétatiques. Littéralement, cette interprétation, je le répète, est satisfaisante et ne peut être contestée. Reste que, dans l'esprit, une autre virtualité était offerte par la structure même de la doctrine kantienne du

---

1. *Ibid.*, p. 47.
2. Voir sur ce thème J. Habermas, *ibid.*, p. 51 sq. : « Le concept kantien d'une alliance des peuples qui soit permanente tout en respectant la souveraineté des États n'est pas consistante. » Pour une perspective proche, nourrie par la constatation que l'échec de la Société des nations, puis les carences de l'O.N.U. et de la Communauté européenne sont imputables pour l'essentiel au renoncement des États à envisager toute limitation réelle de leurs souverainetés respectives, je renvoie aussi à mon texte : « La nation entre identité et différence », *Revue de philosophie politique*, PUF, 1997.

droit. À suivre l'ouvrage de 1797, la relation entre le droit privé et le droit public, considérée selon l'ordre des choses, est inverse, comme l'on sait, de ce qu'elle est dans l'ordre du discours kantien : le livre de Kant va certes du droit privé au droit public, mais pour établir que le second terme est en fait la condition de possibilité du premier et que – c'est une thèse que nous avons rencontrée – il n'y a véritablement de droit privé (par exemple de droit de propriété) que dans et par l'État, donc à partir du droit public. Or, pourquoi l'articulation du droit public et du droit interétatique serait-elle d'une autre nature ? Tout indique en effet, aussi bien la structure globale de la pensée juridique de Kant qu'un certain nombre d'indications précises, que la désignation du républicanisme comme condition de possibilité d'une effectuation du pacifisme juridique gagnerait à être complexifiée, au point que, plus fondamentalement, il nous faudrait réfléchir à l'éventualité selon laquelle il n'y aurait vraiment d'État de droit, donc de droit public authentiquement républicain (conditionné) qu'à la faveur et à l'horizon de « l'établissement d'une relation extérieure légale entre les États » (condition). Revenons en effet une dernière fois à l'*Idée d'une histoire universelle d'un point de vue cosmopolitique*, et plus précisément au titre de la proposition VII, auquel je viens d'emprunter la dernière expression citée : « Le problème de l'édification d'une constitution civile parfaite est lié au problème de l'établissement d'une relation extérieure légale entre les États, et ne peut être résolu sans ce dernier [1]. » Le lien entre républicanisme et cosmopolitisme (pacifisme juridique), cette fois, s'inverse clairement : la mise en œuvre du droit cosmopolitique et d'une relation juridiquement réglée entre les États devient la condition de possibilité de leur républicanisation. Pourquoi ce renversement, que l'héritage kantien, y compris chez Fichte, a trop peu exploité ? Dans le développement de cette proposition VII, Kant argumente cette perspective en suggérant qu'on perçoit mal pourquoi les êtres humains se

---

1. Trad. citée, in *Œuvres philosophiques de Kant*, II, *op. cit.*, Bibliothèque de la Pléiade, p. 196.

donneraient la peine de « travailler à une constitution civile légale entre individus particuliers » (constitution républicaine), avec l'effort que cela implique de renoncer à la liberté naturelle comme « liberté sans frein » et le processus de culture que cela requiert, si une telle « liberté sans frein » (donc la nature sauvage et inculte) continuait de se développer entre les États : ainsi serait-ce la mise en œuvre des conditions de réalisation de la paix « internationale » (ou « postnationale ») qui fonderait la possibilité même d'une solution pleine et entière du problème de l'édification d'une constitution civile parfaite. Bref, la relation entre le droit public et le droit cosmopolitique serait à concevoir sur le modèle de celle qui s'établit entre le droit privé et le droit public. Ce n'est pas seulement le souci techniquement philosophique d'une cohérence interne à la doctrine du droit considérée dans son ensemble, mais aussi la volonté politique de prendre en compte les enseignements de l'histoire qui me semblent imposer d'accueillir favorablement cette hypothèse : il en résulterait que la thèse la plus profonde léguée par Kant sur ces problématiques consisterait, non pas, comme l'a cru Fichte, à considérer que « le droit est la paix » (ou que la républicanisation des États pacifie les relations interétatiques), mais bien que la paix est le droit. Si l'on préfère : seules la mise de la guerre hors la loi et la recherche des conditions institutionnelles (notamment au plan des instances internationales) permettant le remplissement effectif de ce programme obligeraient les États à être des États de droit, c'est-à-dire des États républicains – dussent-ils pour cela repenser la question de leur souveraineté.

# CONCLUSION

Dans son dernier ouvrage, où il discute les thèses récentes de Rawls, Habermas souligne qu'il admire le projet dont ces thèses procèdent, qu'il en tient pour justes les résultats essentiels, et que son désaccord « demeure dans les limites étroites d'une querelle de famille (*Familienstreit*) [1] ». Je trouve cette mise au point heureuse. Elle fait ressortir entre deux des plus importantes contributions contemporaines à la philosophie pratique une convergence d'inspiration que dissimulent trop souvent, sinon, en l'occurrence, la pratique des polémiques inutiles, du moins les stratégies de distinction en usage dans la corporation. Au terme de ce livre, je voudrais dire ma conviction que le partage d'un criticisme réfléchi compte aujourd'hui pour beaucoup dans la possibilité de déminer ainsi, dans le paysage philosophique de notre temps, certaines oppositions qui ne relèvent parfois que de « querelles de famille ». Non qu'il s'agisse certes de cultiver à tout prix l'art du consensus : j'ai une conception et une pratique suffisamment polémologiques de la philosophie pour ne pas m'exposer à ce soupçon, et ici même je n'ai rien caché, par exemple, de mes objections sur la façon dont l'éthique de la discussion appréhende l'héritage kantien. Pour autant faudrait-il peut-être, afin de mieux féconder cet héritage, réserver aux véritables clivages une part plus justement

1. J. Habermas, *Die Einbeziehung des Anderen. Studien zur politischen Theorie*, Francfort-sur-le-Main, Suhrkamp, 1996, p. 65-66.

appréciée de l'énergie et du temps que requiert le débat philosophique.

Une telle proposition n'a de sens que si le legs kantien peut lui-même donner lieu à un accord sur sa délimitation et sur son évaluation. J'ai formulé à cet égard, dans les différentes étapes de cette étude, un certain nombre d'hypothèses sur lesquelles je n'entends pas revenir. Aussi laisserai-je au lecteur le soin de recenser la série de déterminations sur lesquelles, au-delà de nuances « familiales », toute une part de la philosophie contemporaine, par référence au criticisme, peut trouver à s'accorder, et qui me paraissent suffisantes pour contribuer à dessiner aujourd'hui, par référence au criticisme, un site philosophique consistant. Encore faudrait-il se demander pour quelles raisons au juste c'est aujourd'hui par référence au criticisme que cette convergence se dessine. Ma réponse consisterait à faire valoir que, par définition, la philosophie critique combine deux exigences.

Elle tient ferme, tout d'abord, à l'idée de raison, même après les critiques de la rationalité métaphysique, et plus particulièrement de la raison pratique. Aussi bien vis-à-vis de la résorption techno-bureaucratique, ou « positiviste » au sens français du terme [1], de la raison pratique dans la raison théorique, que vis-à-vis de la dissolution décisionniste de toute objectivité pratique [2], la position originale du criticisme conserve sa validité, qui s'enracine dans la défense menée par Kant (puis par Fichte) de la Révolution et des Lumières contre les adversaires politiquement réactionnaires et philosophiquement néoempiristes d'une politique rationnelle ; cette défense, qui n'était pas purement conservatrice, avait aussi comme arrière-plan théorique une déconstruction radicale des figures illusionnées de la rationalité et donc comme horizon une transformation de la raison. Par là même, ni dogmatique

---

1. Sur ce thème, je renvoie à S. Mesure et A. Renaut, *La Guerre des dieux. Essai sur la querelle des valeurs*, op. cit., p. 75 sq.
2. Je reprends ici la forte construction par J. Habermas, dans *La Technique et la science comme idéologie*, Médiations, 1973, p. 97-132, de l'antinomie des deux négations symétriques de la raison pratique que constituent la technocratie et le décisionnisme.

ni relativiste, le criticisme ménageait un espace qui demeurait disponible pour la question de savoir s'il existe une vérité spécifique des propositions prescriptives ou normatives, et comment elle peut se légitimer.

Si, dans cet espace, une telle question pouvait trouver les conditions de son déploiement, c'est d'autre part dans la mesure où, j'y ai insisté dans la première partie de ce livre, le criticisme disposait, précisément quant à la vérité, d'un concept original qui l'ouvrait à la perspective selon laquelle une objectivité pratique peut se penser. Parce que la problématique de la représentation conduit Kant à redéfinir la vérité théorique, non plus en termes d'adéquation d'une proposition à l'en-soi, mais à travers sa capacité à fonder, sur son contenu, un sens commun ou une dimension d'intersubjectivité, un tel remodelage de la notion même d'objectivité fournissait des instruments tout particulièrement irremplaçables pour construire et, aujourd'hui, pour reconstruire le problème de l'objectivité pratique.

La philosophie pratique a pour tâche, à son plus profond niveau de radicalité, d'indiquer si et à quelles conditions il peut exister des vérités d'ordre pratique, et éventuellement, dans les divers registres où elle se développe, d'en dégager les principes. Une telle déduction (au sens proprement kantien d'une légitimation) de l'objectivité pratique est aujourd'hui devenue impossible, pour bien des raisons, sous la forme d'une référence à l'idée d'un quelconque Bien ou Juste en soi auquel devrait correspondre une fin pour être bonne ou juste : cette définition de l'objectivité pratique comme adéquation ou conformité à un Bien ou à un Juste en soi préexistant – outre qu'elle tombe sous le coup des difficultés générales inhérentes, nous l'avons appris précisément de Kant, à toute saisie de l'objectivité en termes de conformité à un en-soi – mobilise des investissements métaphysiques lourds qu'il n'est plus guère imaginable d'envisager aujourd'hui. De ce point de vue, nous philosophons après l'effondrement moderne des fondations ontologiques ou cosmologiques de l'objectivité pratique, et toute la démarche de la philosophie pratique ne peut que s'en trouver, profondément, modifiée. Parce que nous philosophons dans ce contexte, il n'est pas dif-

ficile au demeurant de comprendre comment la tentation
du décisionnisme subjectiviste a pu être et peut rester si
forte dans la philosophie contemporaine, et notamment
dans les variantes françaises du postnietzschéisme : puisqu'aucune fin ne peut plus être tenue pour correspondant
à un Bien ou à un Juste en soi, toute fin – telle pourrait
être la conclusion induite par cette situation contemporaine de la problématique éthique, juridique ou politique
– ne vaut que pour celui qui la pose. Or, indépendamment
des difficultés proprement pratiques auxquelles une telle
conclusion exposerait ( et qui sont les difficultés du relativisme), il existe une faille dans ce raisonnement sédui-
sant, mais erroné : la conclusion ne s'en impose en effet
que dans l'exacte mesure où le seul concept de l'objectivité que l'on retient est précisément celui de la correspondance à un en-soi. Or, si un tel concept de l'objectivité
est périmé depuis Kant dans l'ordre de la philosophie
théorique, pourquoi ne le serait-il pas dans l'ordre de la
philosophie pratique – je veux dire : pourquoi là aussi,
dans le registre de la philosophie pratique, ne pourrions-
nous recomposer un cognitivisme et réassumer l'entreprise
de déduction de l'objectivité à partir de cet autre concept
de l'objectivité qui est disponible et qui consiste à mesurer
l'objectivité d'une représentation (y compris d'une représentation pratique, c'est-à-dire d'une fin), non à sa conformité à un en-soi, mais à sa capacité de valoir non seulement pour moi, mais pour tous, donc à sa validité
intersubjective, c'est-à-dire à sa communicabilité ou à sa
« partageabilité » ?

Cette démarche était bien évidemment déjà présente
chez Kant, notamment sous la forme de la doctrine de
l'impératif catégorique. Elle intervient aussi dans les ressources que la *Critique de la faculté de juger* offre pour
comprendre et peut-être lever un certain nombre de difficultés inhérentes à la *Critique de la raison pratique*.
Pour autant, cette question a largement accompagné tout
notre parcours : la démarche ainsi initiée, quant à la fondation des normes ultimes du Bien ou du Juste, ne tombe-
t-elle pas, malgré tout, sous le coup des objections éma-
nant aujourd'hui de l'« éthique de la discussion » – savoir

que, formellement « intersubjectiviste », une telle fondation, dans une philosophie qui « part de la subjectivité »,
participerait encore de la mythologie « métaphysique »
d'une raison pratique solitaire, donc d'un paradigme
solipsiste rendu caduc par les avancées de la pensée
contemporaine ?

J'ai essayé de montrer, au fil de ce livre, que cette
conclusion est pour le moins contestable – comme m'était
apparue ailleurs devoir être contestée la manière dont
Habermas met en cause, pour les mêmes motifs, l'adoption par Rawls, dans sa propre fondation des principes de
justice, d'une démarche d'inspiration kantienne [1]. Ne peut-
on en effet être attentif surtout au fait que, chez Kant
comme chez Rawls, la constitution de normes valides
requiert ce que Habermas lui-même présente comme un
décentrement, prévenant les déformations de perspectives
qu'introduisent les intérêts personnels ? Assurément peut-
on concevoir la production de ce décentrement à partir de
la discussion, par la « participation effective de chaque
personne concernée à la discussion » ; on peut toutefois la
concevoir aussi sur le mode d'une abstraction méthodique
de ce qui nous différencie et de ce qui nous individualise.
Dans un cas (Habermas), ce qui fonde le décentrement,
c'est une « discussion réelle » ; dans l'autre cas (Kant ou
Rawls), l'accès à la raison pratique (présenté ou non selon
le procédé du voile d'ignorance) correspond davantage à
une argumentation en pensée. Les deux démarches ne se
situent certes pas rigoureusement sur le même plan
(Habermas s'intéressant davantage au processus *effectif* du
décentrement), mais il ne me paraît nullement certain
qu'elles soient incompatibles *dans leur esprit* – ce pourquoi il m'est arrivé de souligner à cet égard le risque d'un
malentendu introduisant un clivage qui contribuerait à
masquer une profonde communauté d'héritage. C'est de
ce point de vue que je tiens pour non négligeable la
volonté manifestée par Habermas, dans l'une de ses dernières mises au point, de réduire l'ampleur du désaccord.

1. Je renvoie à mon article : « Habermas ou Rawls », in *Réseaux*,
n° 60, juillet-août 1993, p. 123-136, dont quelques éléments sont repris
in S. Mesure et A. Renaut, *La Guerre des dieux, op. cit.*, p. 178 sq.

Si l'on souhaite préserver cette communauté d'héritage dans sa teneur propre et la faire fructifier, ne faut-il pas cependant aller plus loin encore, et ne pas se borner à enregistrer ici de simples inflexions différentes, mais en apprécier la légitimité respective ? Dans un article où il discute amicalement mon appréhension du débat, Jean-Marc Ferry se place du point de vue de Habermas pour problématiser toute philosophie qui partirait aujourd'hui encore de la conscience et de la personne comprise comme pouvoir d'autoréflexion [1]. En quelques mots : à partir du moment où l'on suppose, comme le fait Rawls à travers son procédé « kantien » du voile d'ignorance, que c'est l'arrachement aux différences constitutives des individualités empiriques qui fait surgir en chaque partenaire de la discussion sur les normes « l'universalité du sujet pratique », on postulerait – selon un kantisme décidément impénitent – que c'est chacun pour lui-même, à la faveur de cet arrachement à l'individualité différenciée, qui se constitue comme un sujet pratique universel, donc à travers un travail sur soi, et que c'est à partir de leurs propres travaux respectifs sur eux-mêmes que les partenaires en viennent à reconnaître des principes communs. En ce sens, il existerait donc bien un écart entre une éthique « kantienne » (même assouplie ou élargie) et une « éthique de la discussion » : pour cette dernière, la discussion correspond en effet à une procédure où les divers acteurs confrontent effectivement les interprétations qu'ils défendent des situations d'intérêt qui sont les leurs – chacun, dans cette confrontation, bénéficiant de l'analyse de tous les autres, puisque, les analyses renvoyant à des vécus différents et se différenciant en fonction de ces vécus, personne ne peut imaginer les arguments que produira l'autre ; ainsi chacun a-t-il effectivement besoin de tous les autres pour qu'à travers l'affrontement d'arguments qu'il ne peut pas construire *a priori,* se dégage en fin de compte le « meilleur argument », qui suscitera l'accord des parties concernées. Bref, on pourrait soutenir

1. J.-M. Ferry, *Philosophie de la communication,* II, Éd. du Cerf, 1994, p. 49-61.

que, chez Rawls et plus généralement dans l'héritage d'une raison pratique encore « kantienne », ce n'est pas seulement le voile d'ignorance qui est une fiction, mais tout aussi bien la discussion, puisque chacun, s'arrachant à ce qui l'individualise, parvient de lui-même à l'universalité du sujet pratique. L'écart entre monologisme résiduel et dialogisme authentique serait donc patent : entre le maintien du paradigme autoréflexif du sujet et l'adoption du paradigme (seul vraiment postmétaphysique) de la communication, il y aurait plus qu'une nuance, et pour être « de famille », la querelle n'en serait pas moins profonde.

Sans revenir sur les arguments que j'ai déjà utilisés au cours de ce livre, mais pour en rassembler une dernière fois la portée, j'opposerai à cette forte appréhension du débat l'indispensabilité, dans le cadre même d'une philosophie de la communication et de l'intersubjectivité, d'une référence au paradigme « kantien » du sujet, et cela même après le tournant linguistique [1]. Force est, en effet, de distinguer avec le plus grand soin deux problèmes que je crois non superposables.

Un premier problème, traditionnel dans l'histoire de la philosophie morale et politique, est celui de l'établissement ou de la genèse des propositions pratiques (normatives) prétendant avoir une valeur de vérité. Vis-à-vis de ce problème du surgissement des vérités pratiques, rien n'empêche à mon sens, bien au contraire, de faire siens les principes de l'éthique de la discussion : parce que nous sommes des Modernes, et parce que le ciel des Idées est vide, il nous faut inventer les vérités pratiques, et sauf à imaginer une sorte d'intuition des vérités morales, nous ne saurions plus espérer désormais les trouver chacun à partir de soi, mais uniquement dans cette confrontation des argumentations qui oblige chacun à se placer du point de vue de tous les autres et produit ainsi une sorte de mise

1. À ce propos, je ne peux que regretter, pour l'équilibre du débat philosophique contemporain, que les thèses de D. Henrich soient si mal connues en France, et que ses ouvrages les plus représentatifs d'une philosophie de la conscience ne soient pas accessibles au lecteur francophone.

en œuvre effective de l'impératif catégorique. L'éthique de la discussion, en tout cas le paradigme de la communication, répond surtout, me semble-t-il, à ce premier type d'interrogation, qui concerne la genèse des vérités morales.

Il existe pourtant un second problème, qui correspond à la nécessité de thématiser en quelque sorte l'intentionnalité de l'éthique [1] : si nous entendons en effet cerner le projet moral ou éthique en général, en tant qu'il passe par l'affirmation de la responsabilité, ne sommes-nous pas contraints, pour ce faire, de mobiliser une référence incontournable à un horizon d'autonomie ou de subjectivité sans la visée duquel il est difficile de comprendre comment la conscience pratique pourrait s'éprouver comme responsable de quoi que ce soit ? Or, pour penser cette prétention, où se joue la responsabilité, à être à la racine de ses choix et de ses décisions, une référence au paradigme de la conscience n'est-elle pas incontournable ?

Aussi serais-je de plus en plus porté à estimer que les deux paradigmes (sujet, communication) sont indispensables, parce qu'ils correspondent à deux problèmes posés aujourd'hui par les vérités pratiques. Dans l'ordre de cette intentionnalité de l'éthique, même au terme d'une délibération argumentative de type dialogique, la reconnaissance du meilleur argument passe bel et bien par un moment d'adhésion qui engage le rapport de soi à soi, et non plus le rapport de soi aux autres : c'est parce que je ne vois pas de meilleur argument (moi et nul autre à ma place) que je me reconnais dans le produit de la discussion et que celui-ci se trouve pour moi, et par moi, légitimé. Un moment de monologisme se doit donc ici repérer et assumer : il faut que moi, et moi seul, je puisse me reconnaître comme fondement de l'adhésion ultime au résultat de l'argumentation, qui est *atteint ou produit* selon le paradigme de la discussion, mais *assumé* par chacun comme un devoir selon le paradigme de la subjectivité et

---

1. Perspective déjà suggérée, à partir d'un tout autre contexte, dans *L'Ère de l'individu, op. cit.*, p. 257 sq., contre Lévinas et son projet de fonder l'éthique sur un principe d'hétéronomie.

de la conscience, donc de façon monologique et non plus dialogique. Que, dans l'héritage de Kant (chez Rawls ou ailleurs), ce soit à partir de moi, par un travail sur moi qui m'arrache à mon individualité et me constitue comme instance de légitimation, que je construise les vérités pratiques, cela ne me semble donc ni devoir être contesté ni constituer aucun inconvénient, bien au contraire. Je n'y vois même aucune incompatibilité avec le fait que la genèse des principes, comme de toute vérité pratique, passe par la discussion argumentative – laquelle donne un contenu à l'idée de ce travail sur soi par lequel je me constitue comme un sujet pratique : en revanche, il faut maintenir que c'est comme un tel sujet pratique, dans le rapport de moi à moi, que je légitime les principes obtenus, et non pas parce qu'ils proviennent de la discussion ; car, au sortir de la discussion, encore faut-il que je les *réinterprète* comme s'ils étaient posés par ma liberté autonome – faute de quoi je les recevrais pour ainsi dire de l'extérieur, les subirais de manière hétéronome, sans cette dimension d'adhésion et de reconnaissance qui suppose, non plus le rapport à l'autre, mais ce rapport de moi à moi où je peux me reconnaître dans cette part de moi-même qui a participé à la discussion et qui a produit la loi ou le principe de justice. En ce sens, nulle contradiction n'intervient entre les deux paradigmes : la « querelle de famille » apparue dans l'héritage contemporain du kantisme renvoie plutôt à deux problématiques différentes et complémentaires, dont rien n'indique pourquoi celle qui correspond à l'éthique de la discussion serait plus profonde et plus incontournable que l'autre.

Ces suggestions ne signifient pas, je l'ai indiqué sur de multiples points au fil de ce livre, qu'il suffise aujourd'hui de répéter Kant ni qu'il faille nécessairement cultiver ici l'orthodoxie : le fait même qu'en Allemagne, aux États-Unis, en France ou ailleurs, nous assistions aujourd'hui, par exemple sous les intitulés d'« éthique de la discussion », de « théorie de la justice », d'« humanisme non métaphysique », à des mises en œuvre non superposables des ressources offertes par la référence criticiste manifeste suffisamment que l'orthodoxie n'est pas ici la voie la plus

sûre de la fécondité. D'autre part, si la recomposition postmétaphysique de la philosophie comme philosophie pratique passe plutôt, aujourd'hui, par le programme de ce
que l'on appelle un « kantisme élargi » que par la gestion
d'un kantisme orthodoxe, c'est aussi dans la mesure où le
dispositif édifié par Kant, puis par Fichte, sous des assauts
successifs (à commencer par celui de la critique hégélienne), s'est profondément lézardé : il faut donc aussi
tenir compte de ces critiques (et non pas seulement, bien
sûr, de celles de Hegel, mais tout aussi bien, je les ai ici
largement prises en compte, de celles de Heidegger), pour
intégrer dans la réflexion leur part de vérité. Aucune de
ces considérations ne doit nous empêcher pourtant de
reconnaître, avec humilité, mais aussi avec une conscience
claire du renouvellement de nos tâches et de leur originalité, ce qu'est notre ascendance.

# INDEX DES NOMS

508                                    KANT AUJOURD'HUI

PIOBETTA, Stéphane, 364 n. 1.
PISIER, Évelyne, 442 n. 1.
PLATON, 9, 12, 20, 142, 363, 368.
PLOTIN, 266.
PUFENDORF, Samuel, 380, 438, 457.
PUTNAM, Hilary, 12.

RAWLS, John, 12, 13, 294 n. 1, 295 n. 1, 296, 434, 495, 499, 500, 501, 503.
RAYNAUD, Philippe, 442 n. 1.
REHBERG, Wilhelm, 291 n. 1, 367, 454.
REINHOLD, Charles-Léonard, 24, 54 n. 1, 91 n. 2, 391.
RENAUT, Alain, 13, 36 n. 1, 43 n. 1, 49 n. 1, 84 n. 4, 108 n. 1, 109 n. 1, 112 n. 1, 118 n. 2, 120 n. 3, 121 n. 1, 146 n. 1, 249, 250, 261 n. 1 et n. 2, 276 n. 1, 291 n. 1, 296 n. 1, 308 n. 1, 320 n. 1, 339 n. 1, 344 n. 1, 353 n. 1, 420 n. 1, 434 n. 2, 435 n. 1, 496 n. 1, 499 n. 1.
RENOUVIER, Charles, 19 n. 2.
RICKERT, Heinrich, 15, 415.
RIVELAYGUE, Jacques, 17 n. 3, 66 n. 2, 68 n. 1, 73 n. 1, 74, 211, 221 n. 1, 289 n. 2, 479 n. 1.
ROSANVALLON, Pierre, 442 n. 1.
ROUSSEAU, Jean-Jacques, 343, 344, 345, 346, 347, 350, 352, 438, 465, 476, 477, 478.
ROUSSET, Bernard, 172 n. 2, 173 n. 1, 318 n. 1, 327 n. 2, 328 n. 2, 384 n. 1 et n. 2.
RUYSSEN, Théodor, 469.

SAINT AUGUSTIN, 113 n. 2.
SAINT-PIERRE, abbé Charles Irénée de, 457, 465.
SARTRE, Jean-Paul, 19, 50, 54 n. 1, 342, 343, 344, 350.
SCHELER, Max, 279, 456, 457, 458, 464.
SCHELLING, Friedrich Wilhelm Joseph, 17 n. 3, 26, 59 n. 1, 106, 235, 318, 328, 411, 428, 479.

SCHLEGEL, Wilhelm von, 480.
SCHMITT, Carl, 436.
SCHOPENHAUER, Arthur, 249, 259.
SCHULZE, Gottlieb Ernst, 24, 56.
SCHUTZ, 283.
SIMMEL, Georg, 415.
SIMON, Jules, 19 n. 2.
SOSOÉ, Lukas, 112 n. 1, 326 n. 2, 434 n. 2, 435 n. 1.
SPINOZA, Baruch, 14, 64 n. 1, 81 n. 2, 82, 155, 156, 157, 158, 159, 160, 161, 165, 166, 167, 248, 266, 389.
STAÜDLIN, Carl Friedrich, 103 n. 2, 225, 340.
STEPHENS, Schuyler, 86 n. 1.
STRAUSS, Leo, 322 n. 2, 434, 436.
SULZER, Johann Georg, 56.

TAVOILLOT, Pierre-Henri, 81 n. 2, 288 n. 1.
TODOROV, Tzvetan, 442 n. 1.

VAYSSE, Jean-Marie, 81 n. 2.
VIELLARD-BARON, Jean-Louis, 93 n. 1.
VILLEY, Michel, 293 n. 1, 322, 323, 324 n. 2, 326, 433, 436.
VLACHOS, Georges, 468, 475 n. 1.
VLEESCHAUWER, Hermann J. van, 75, 286.
VUILLEMIN, Jules, 36 n. 2.

WALZER, Michael, 455 n. 1.
WEBER, Max, 393, 415, 417.
WEIL, Éric, 394 n. 2, 403 n. 3, 413.
WEISSHUHN, August, 289, 389.
WILLASCHEK, Markus, 130 n. 1.
WINDELBAND, Wilhelm, 15.
WISMANN, Heinz, 442 n. 1.
WITTGENSTEIN, Ludwig, 14, 109 n. 2, 187.
WOLFF, Johann Christian, 159.
WUNDT, Wilhelm, 18, 221.

ZAC, Sylvain, 81 n. 2.
ZELLER, Eduard, 15.

# TABLE

TABLE 511

*Cet ouvrage a été
transcodé par l'imprimerie FLOCH et
achevé d'imprimer en août 1999
sur les presses de l'imprimerie Maury Eurolivres
45300 Manchecourt*

N° d'éditeur : FH143601.
Dépôt légal : août 1999.
N° d'impression : 72508.

*Imprimé en France*